*Women, Feminism and Development*
*Femmes, féminisme et développement*

# WOMEN, FEMINISM AND DEVELOPMENT
# FEMMES, FÉMINISME ET DÉVELOPPEMENT

EDITED BY/SOUS LA DIRECTION DE
HUGUETTE DAGENAIS ET DENISE PICHÉ

Published for/Publié pour
The Canadian Research Institute for the Advancement of Women
L'Institut canadien de recherches sur les femmes

by/par
McGill-Queen's University Press
Montreal & Kingston • London • Buffalo

© Canadian Research Institute for the
Advancement of Women 1994
L'Institut canadien de recherches sur les femmes
ISBN 0-7735-1184-9 (cloth)
ISBN 0-7735-1185-7 (paper)

Legal deposit second quarter 1994
Bibliothèque nationale du Québec

Printed in Canada on acid-free paper

---

**Données de catalogage avant publication (Canada)**

Vedette principale au titre:
Women, feminism and development –
Femmes, féminisme et développement

Texte en anglais et en français.
ISBN 0-7735-1184-9 (rel.) –
ISBN 0-7735-1185-7 (br.)

1. Femmes dans le développement. 2. Femmes – Conditions sociales.
I. Dagenais, Huguette II. Piché, Denise, 1947-
III. Institut canadien de recherches sur les femmes.
IV. Titre: Femmes, féminisme et développement.

HQ1106.w64 1994        305.42        c93-090644-6F

---

**Canadian Cataloguing in Publication Date**

Main entry under title:
Women, feminism and development –
Femmes, féminisme et développement

Text in English and French.
ISBN 0-7735-1184-9 (bound) –
ISBN 0-7735-1185-7 (pbk.)

1. Women in development. 2. Women – Social conditions.
I. Dagenais, Huguette II. Piché, Denise, 1947-
III. Canadian Research Institute for the Advancement of Women.
IV. Title: Femmes, féminisme et développement.

HQ1106.w64 1994        305.42        c93-090644-6E

---

This book was typeset by
Typo Litho composition inc.
in 10/12 Baskerville.

# Contents
# Table des Matières

Foreword / Avant-propos ix

INTRODUCTION

Huguette Dagenais et Denise Piché
Conceptions et pratiques du développement: contributions féministes
et perspectives d'avenir / Concepts and Practices of Development:
Feminist Contributions and Future Perspectives 3

LES CONCEPTS ET LES MÉTHODES PASSÉS À LA
CRITIQUE / CONCEPTS AND METHODS UNDER
SCRUTINY

Eva M. Rathgeber
WID, WAD, GAD. Tendances de la recherche et de la pratique dans
le champ du développement 77

Rosina Wiltshire
Indiginization Issues in Women and Development Studies in the
Caribbean: Towards a Holistic Approach 98

Huguette Dagenais
Quand la réalité fait éclater les concepts ...
Réflexion méthodologique sur les femmes et le développement dans
la région caraïbe 111

Lila E. Engberg,
Susan A. Beckerson and
Edith François
Women and Household Production: An Ecosystem Perspective
with a Comparison of Two Studies from Africa 152

THE CONSEQUENCES OF DEVELOPMENT POLICIES
FOR WOMEN/LES EFFETS DES POLITIQUES DE
DÉVELOPPEMENT SUR LES FEMMES

Cecilia Ng
Women and Rice Production in West Malaysia   181

Ellen Judd
Alternative Development Strategies for Women in Rural
China   204

Laurel Bossen
Gender and Economic Reform in Southwest China   223

Nancy E. Johnston and
Glenda S. Roberts
Thankless Tasks and Scarce Incentives: The Work and Life
Experiences of Chinese Nurses   241

Penny Van Esterik
Gender and Development in Thailand: Deconstructing
Display   264

Arlette Gautier
Programme de planification familiale et liberté reproductive au
Yucatan, Mexique   280

LE POUVOIR DES FEMMES SUR LE DÉVELOPPEMENT:
MOBILISATIONS ET ACTIONS/THE
EMPOWERMENT OF WOMEN THROUGH ALTERNATIVE
ACTIONS

Rosalind E. Boyd
Empowerment of Women in Contemporary Uganda: Real or
Symbolic?   305

Kathryn Kopinak
The Double-edged Role of Religious Politics in Empowering Women
Maquiladora Workers in Juarez, Mexico, from 1968 to 1988   327

Rosemary Brown
Lubicon Lake Cree Women: Responses to Rapid Social Change   358

Peggy Brizinski and
Linda Jaine
Native Women as Entrepreneurs   378

Linda Cardinal,
Annette Costigan and
Tracy Heffernan
Working towards a Feminist Vision of Development   409

TESTIMONIES / TÉMOIGNAGES

Mary Two-Axe Early
Indian Rights for Indian Women   429

Aani Palliser Tulugak
Inuit Women in Action   434

Sonia M. Cuales
Feminism and Development in the Caribbean   439
Collaboratrices / Contributors   443

# Foreword
# Avant-propos

This book originated in the November 1988 Conference of the Canadian Research Institute for the Advancement of Women (CRIAW) held in Québec City under the auspices of the Groupe de recherche multidisciplinaire féministe (GREMF) of Laval University on the theme "Women and Development". However, it is unlike conventional conference proceeding in that all papers were selected for their original contribution to our understanding of the relations between women and development, and then thoroughly revised by their authors.

Many people and institutions gave us their support in our editing task. CRIAW, the Canadian International Development Agency through its Public Participation Program and the GREMF contributed financially. Francine Lavoie was responsible for the organization of the Conference. Lee Cooper and Lynda Blythe, as well as Joan McGilvray from McGill-Queen's University Press, helped with translation, linguistic revision and proof reading. Lise Giguère, Denise Léonard and France Grenier did the typing, formatting and other secretarial work. CRIAW's Executive Committee, especially its director Linda Clippendale, were always most supportive. We thank them all warmly.

Finally, we would like to pay a very special tribute to all the authors who, through the quality of their research and the attention they paid to their texts, made this book possible.

Ce livre a pour point de départ le colloque de l'Institut canadien de recherches sur les femmes (ICREF) organisé par le Groupe de recherche multidisciplinaire féministe (GREMF) de l'Université Laval à Québec en novembre 1988, sur le thème de « Femmes et développement ». Il ne s'agit pas vraiment des actes du colloque, puisque les textes qui sont

présentés ici ont d'abord été sélectionnés pour leur contribution
originale à la connaissance des rapports entre femmes et développement, puis révisés en profondeur par leurs auteures.

Plusieurs personnes et institutions ont apporté leur support à notre
entreprise d'édition. Nous avons pu compter, en particulier, sur l'aide
financière de l'ICREF, du Programme Participation du public de
l'Agence canadienne de développement international et du GREMF;
sur le travail des organisatrices du colloque sous la direction de
Francine Lavoie; sur les services de traduction et de correction
linguistique de Lee Cooper et Linda Blythe, ainsi que sur l'assistance
de Joan McGilvray, de McGill-Queen's University Press; sur le travail
secrétarial de Lise Giguère, Denise Léonard et France Grenier, et sur
l'encouragement constant de la direction de l'ICREF, en particulier sa
directrice générale, Linda Clippendale. Nous les remercions toutes et
tous chaleureusement.

Enfin, nous voulons rendre un hommage à toutes celles qui, par la
qualité de leurs travaux et le soin qu'elles ont apporté à leur texte, sont
les véritables artisanes de cet ouvrage.


Huguette Dagenais et Denise Piché
GREMF
Université Laval

HUGUETTE DAGENAIS ET DENISE PICHÉ

# Conceptions et pratiques du développement: contributions féministes et perspectives d'avenir

L'apport du féminisme à la théorie et à la pratique du développement sert de toile de fond à la présentation des dix-huit contributions de ce livre. Un certain nombre de convergences théoriques, méthodologiques et thématiques sont identifiées. C'est ainsi que les thèmes de l'entrepreneurship, de la religion, de la violence et de la sexualité émergent comme des problématiques récentes dans le champ du développement, alors qu'ils sont bien ancrés dans les préoccupations des féministes des pays développés. Sont également soulevées des questions qui, selon les co-éditrices, exigent une réflexion de la part des féministes. Ce sont les conséquences du recours de plus en plus fréquent au terme « genre » plutôt que « femmes » pour la théorie et la pratique féministes du développement; la place de la reproduction dans les politiques de développement, notamment au regard des politiques de population et de l'expérience quotidienne des femmes; la quasi-absence de travaux sur les petites filles et les adolescentes; la globalisation des échanges et son impact sur l'environnement et le milieu de vie des femmes; la nécessité d'établir des alliances entre femmes et féministes de diverses origines.

## Concepts and Practices of Development: Feminist Contributions and Future Perspectives

Feminist contributions to the theory and practice of development is discussed, providing background for the presentation of the various chapters of this book. Several theoretical, methodological and thematic convergences are identified. Entrepreneurship, religion, violence and sexuality emerge as recent themes in the field of development, although they have been addressed widely by feminists from other fields in the developed countries. Some questions which feminists will be facing in the future are also raised, including the consequences of the widespread use of the term "gender" instead of "women" for feminist theory and practice; the little attention given to reproduction in development policies, in particular with respect to population policies; the lack of work on young girls and adolescents; the globalization of exchange and its impact on environment and women's everyday life setting; and the importance of alliances between women and feminists of different backgrounds.

Quand on parcourt les nombreux ouvrages sur le développement parus au cours des dix dernières années, on s'aperçoit qu'il y a consensus quant à la « crise » ou même « l'impasse » dans laquelle se trouve la théorie du développement. Les auteur/e/s reconnaissent volontiers la « fin des certitudes » que semblaient procurer les grands schémas théoriques des décennies précédentes et, conséquemment, la nécessité d'un changement profond dans les « paradigmes ». On assiste actuellement au « remplacement des grandes synthèses théoriques » par une « réflexion plus fondamentale sur le sens des notions de développement » (Thériault 1988:3) et cette réflexion s'étend désormais davantage aux plans éthique et épistémologique. « En fait », pour reprendre le diagnostic établi par Henri Rouillé d'Orfeuil au terme d'un examen des théories du sous-développement, « ce qui apparaît, c'est à la fois le malaise des théoriciens d'avoir si mal décrit les évolutions et le malaise des praticiens de devoir oeuvrer le plus souvent à l'aveuglette » (Rouillé d'Orfeuil 1987:31).

Sur les plans terminologique et stylistique, toutes ces clarifications et remises en question conceptuelles et idéologiques se traduisent par une multiplication des termes. Aux concepts ou « notions » (car, apparemment, plusieurs hésitent dorénavant à parler de concept) de Tiers Monde, centre et périphérie, Nord et Sud, dépendance, maldéveloppement se sont ajoutées celles de développement alternatif, endogène, autocentré, durable *(sustainable)*, d'écodéveloppement, de développement à visage humain, etc. De plus, on est souvent frappé, par le haut niveau d'abstraction du discours et le ton désabusé, sinon franchement cynique, adopté par beaucoup d'auteurs, particulièrement dans la francophonie. Cette situation témoigne de nuances et de divergences réelles dans les positions théoriques, mais elle favorise aussi le maintien entre les auteur/e/s de cette « distinction » si importante dont a parlé Pierre Bourdieu (1979) et facilite l'évitement des termes à connotation morale (richesse, pauvreté) ou militante (exploitation, oppression). Certes, les formules lapidaires et les trouvailles stylistiques présentent souvent l'avantage de synthétiser, sous une forme percutante, donc aisément mémorisable et facile à citer, des points de vue et des enjeux complexes, mais une fois estompée la fascination qu'exerce inévitablement une telle agilité, la compréhension des phénomènes en cause n'est pas assurée pour autant. De plus, l'ardeur des débats entraîne parfois une inflation du discours savant qui n'est pas sans provoquer à son tour une certaine confusion. À tel point, d'ailleurs, qu'Ignacy Sachs n'hésite pas à parler de « combat d'étiquettes » et de « débat purement sémantique » (Sachs 1987:19; Dagenais 1988).

Heureusement, pendant que ces spécialistes, très majoritairement masculins et occidentaux, il va sans dire, jonglent avec les concepts et les mots, des démarches concrètes, moins spectaculaires mais, comme dirait J.-Yvon Thériault, « peut-être plus durable[s] en regard de la construction d'une société plus juste » (Thériault 1988:3), se poursuivent. Il en est ainsi de la recherche féministe sur le développement. Par des études empiriques « théoriquement informées » (Sklair 1987:62), elle approfondit notre compréhension du processus, des effets, des lacunes et également des espoirs du développement. Même si leurs travaux sont largement ignorés par les spécialistes du développement, en particulier dans la francophonie[1], ce sont, sans l'ombre d'un doute, les féministes qui, ces vingt dernières années, ont poussé le plus à fond la critique des théories et des actions de ce vaste champ, puisque non seulement elles contestent l'impérialisme capitaliste à la base des pratiques et des concepts dominants mais elles ont démontré le rôle clé des rapports sociaux de sexe.

En recherche féministe, cependant, l'imprécision des notions ne constitue pas un prétexte à des débats, car cette recherche ne part pas des catégories du discours ou des théories mais des vrais problèmes et des personnes, en particulier des femmes, dans leur contexte social, culturel et historique propre (Dagenais 1987). De ce fait, il n'est pas étonnant qu'elles soient animées par ce que Huguette Dagenais (1988) appelle un sentiment d'urgence. Loin de céder au désabusement et au cynisme de bon ton, qui caractérisent bon nombre de textes sur le développement, et plutôt que de « refuser » d'emblée le développement comme « mystification » occidentale (Latouche 1986a et 1987) ou « abandonner » simplement le terme parce que la représentation courante ne correspond pas à la réalité historique (Vuarin 1988), elles préfèrent re-politiser les concepts et travailler à l'élaboration d'« alternatives » (Sen et Grown 1987) théoriques et pratiques en vue d'un « autre développement » (Dagenais 1988). Pour elles, contrairement à ce qu'en pense Serge Latouche (1986b: 241), un tel objectif n'est pas « un mythe ». De même, si « l'objet "Tiers-Monde", pour différentes raisons, est devenu à peu près impensable aujourd'hui » (Caillé 1987:9), l'expression conserve pour bon nombre de féministes une connotation historique et politique soulignant « les multiples oppressions » (de classe, de sexe, ethnique, nationale) (Sen et Grown

1987) subies par les femmes concernées. En d'autres mots, dans les travaux féministes, la terminologie demeure instrumentale et souple. C'est pourquoi, en tant qu'éditrices de ce livre, nous sommes pleinement d'accord, cette fois, avec Serge Latouche quand il explique: «Pays sous-développés, pays en voie de développement, Tiers-Monde, Sud[2], périphérie, tous ces termes sont inadéquats, mais on ne peut s'en passer. Personnellement, je les utilise tous. D'une part, cela évite les répétitions. Et puis, étant tous inadéquats, ils sont tous aussi adéquats, d'une certaine façon parce qu'ils parlent d'une réalité qui se transforme, difficile à cerner » (Latouche 1987:13). Même si les contributrices de ce livre ne s'attardent pas à définir explicitement le concept de développement, leurs textes s'inspirent tous d'une même conception holistique, sensible aux dimensions historique, politique et contextuelle du processus, que la définition suivante, empruntée à Kate Young, synthétise bien, selon nous.

Development is viewed as a complex process involving the social, economic, political and cultural betterment of individuals and of society itself. Betterment in this sense means the ability of the society to meet the physical, emotional and creative needs of the population at an historically acceptable level, and to free human labor time from an incessant treadmill of basic needs production. It thus involves increasing standards of living but not conspicuous consumption, and it implies a form of society which allows for equal distribution of social wealth. (Young 1988a:7)

Nous faisons nôtre cette définition de Young, en réitérant, avec le Collectif DAWN, l'importance de partir des femmes les plus pauvres (« from the vantage point of poor women »), les premières concernées par l'urgence de l'augmentation du pouvoir *(empowerment)*[3] des femmes (Sen et Grown 1987), et avec Maria Mies, celle de ne pas perdre de vue les deux « pôles extrêmes » de l'ordre économique et social international que représentent actuellement le « surdéveloppement » des pays riches et puissants d'Occident et le sous-développement des pays colonisés d'Afrique, d'Asie et d'Amérique latine (Mies 1986).

C'est cette communauté de vue et d'objectifs qui assure l'unité de ce livre et qui nous a permis de réunir des auteures oeuvrant dans une grande diversité d'univers organisationnels (recherche, intervention), professionnels (université, agence gouvernementale, ONG) et disciplinaires (anthropologie, démographie, éducation comparée, études autochtones, nursing, relations internationales, sociologie) et des contributions qui s'appuient sur des études et des actions réalisées dans des aires culturelles (Chine, Asie du Sud-Est, Afrique, Amérique latine, Nord canadien, Antilles) fort différentes.

## CONTRIBUTIONS FÉMINISTES EN VUE D'UN AUTRE DÉVELOPPEMENT

Sans prétendre peindre un portrait synthèse de l'importante contribution féministe aux perspectives théoriques et appliquées sur le développement, le présent livre illustre néanmoins, par la grande variété des travaux réunis, l'ampleur du terrain conceptuel, thématique et géographique couvert. Il vise aussi à mettre un peu plus en valeur la spécificité de l'apport féministe, notamment en regroupant les textes de façon à établir un dialogue entre la théorie et la pratique, entre la recherche et l'action. Car c'est bien là une des grandes caractéristiques du féminisme que de chercher à construire une interprétation de la société qui parte de l'expérience des femmes pour mieux y retourner sous la forme d'orientations pour le changement social. Plusieurs des auteures sont d'ailleurs engagées à la fois dans la recherche et dans l'action.

Même si le livre contient quelques contributions de chercheuses d'ailleurs, ce qui assure des comparaisons et une variété de points de vue, avec ses quatorze contributions canadiennes, il met en valeur le travail fait ici. Il en montre aussi l'originalité, puisqu'en dépit de la résistance des organismes de développement international à aborder la question du Quart-Monde, il ne saurait être question de passer sous silence ici le sous-développement des conditions de vie des peuples fondateurs. Une autre caractéristique de cette publication canadienne est bien sûr de réunir des textes en langues anglaise et française, quoique, malheureusement, sur ce plan, elle soit débalancée et ne rende pas justice à la recherche francophone, notamment du Québec.

Les contributions ont été regroupées sous quatre grandes thématiques reflétant des préoccupations communes aux auteures et correspondant chacune à une section du livre. Dans la première section, les auteures réfléchissent sur le sens et les fondements, tant théoriques, épistémologiques et méthodologiques que politiques, des recherches et des interventions sur les femmes et le développement. Dans la deuxième section, à partir d'études de cas, des chercheuses procèdent à un examen critique des effets, tantôt bien réels, tantôt anticipables, de certaines priorités étatiques de développement sur la situation des femmes et des rapports sociaux de sexe. La troisième section est consacrée, au contraire, à des actions visant explicitement l'augmentation du pouvoir *(empowerment)* des femmes du Tiers-Monde et des régions économiquement défavorisées des pays riches, désignées par l'expression Quart-Monde, actions dont l'impulsion provient aussi bien du dynamisme communautaire et personnel des femmes que des institutions. La quatrième section présente les témoignages de trois militantes de la première heure qui, en réfléchissant sur leur propre engagement, éclairent l'évolution du mouvement des femmes et du développement dans leur région.

*Les concepts et les méthodes passés à la critique*

Le premier texte du livre aborde de front les orientations théoriques et les pratiques des grandes agences de développement concernant les femmes depuis les années 1960, première décennie du développement. En se basant sur son expérience professionnelle au sein et au contact des organismes de coopération internationale, Eva Rathgeber procède d'abord à une présentation critique des trois courants de pensée qui ont, selon elle, caractérisé les interventions de ces institutions auprès des femmes, à savoir *Women in Development, Women and Development* et *Gender and Development,* respectivement désignés par les acronymes *WID, WAD* et *GAD.* Comme Rouillé d'Orfeuil, cité précédemment, elle constate que « les spécialistes en développement oublient trop souvent la théorie sous-jacente à leur pratique ». Optant pour l'approche *GAD,* « genre et développement », parce que, contrairement aux précédentes, cette approche, dit-elle, « lie les rapports de production aux rapports de reproduction et tient compte de tous les aspects de la vie des femmes », Rathgeber examine ensuite la mise en pratique de ces perspectives théoriques par les principales agences de développement. Le bilan n'est pas reluisant. Même l'approche *GAD,* jugée plus adéquate, semble plus volontiers appliquée en recherche que dans le domaine de l'intervention. L'auteure termine d'ailleurs en citant quelques exemples de projets de recherche réalisés dans cette perspective par des chercheuses africaines.

Délibérément percutant, le titre de la contribution de Rathgeber remplit une double fonction ethnographique et démystificatrice quant aux pratiques politiques et discursives des organismes et des spécialistes du développement. En effet, on ne peut manquer d'être frappée par la facilité avec laquelle ceux-ci mettent de l'avant de nouvelles priorités, de nouveaux mots d'ordre et les traduisent en slogans, avant même que des changements tangibles et significatifs aient eu le temps de se produire pour les populations concernées. Pensons seulement au mot d'ordre des « besoins essentiels » *(basic needs approach),* qui semblait enfin placer la priorité sur les personnes, et à la rapidité avec laquelle il a été remplacé par celui du « développement durable » *(sustainable development)* » et par les « programmes d'ajustement structurel » (PAS), pour faire place actuellement – mais comment et pour combien de temps? – à « l'ajustement à visage humain ». On aurait tort, cependant, de penser qu'il s'agit là de simples variations rhétoriques ou de *buzzwords* à l'usage des initié/e/s (Jensen 1990); chaque nouveau mot d'ordre se traduit concrètement par des changements dans l'attribution des fonds, dans le choix des thèmes de recherche et des domaines d'intervention (Dagenais 1988).

Indirectement, le texte de Rathgeber attire aussi l'attention sur les professionnelles qui oeuvrent dans les bureaux « Femmes et développement » des agences internationales et les structures gouvernementales du Tiers-Monde et sur les difficultés qu'elles rencontrent dans leur entreprise de changement social. Comme le souligne Adrienne Germain, c'est à ce petit groupe de femmes convaincues, qui travaillent dans un grand isolement, sans personnel suffisant et avec des budgets dérisoires, qu'incombe depuis 1975 environ « la tâche de prouver que le genre est important et que les femmes sont vitales au développement national et dans l'élimination de la pauvreté » (Germain 1989:4–5). Sans elles et sans l'ancrage de leurs actions dans le mouvement des femmes, il est peu probable que même la perspective libérale WID aurait pénétré ces forteresses du pouvoir mâle.

Par ailleurs, ce texte témoigne aussi de différences entre spécialistes anglophones et francophones car si, parmi les francophones, l'approche WID trouve son équivalent sémantique dans l'« intégration des femmes au développement » ou IFD, les deux autres approches ne sont pas aussi facilement repérables, ni au plan chronologique, ni au plan théorique. L'expression « femmes et développement » continue, et continuera vraisemblablement, d'être utilisée dans la francophonie, davantage parce qu'elle constitue une façon simple et pratique de circonscrire l'ensemble du champ que par adhésion à un cadre théorique féministe socialiste; à notre connaissance, elle n'a pas une connotation théorique aussi précise que celle présentée ici par Rathgeber. Quant à l'expression « genre et développement », elle est utilisée depuis peu par des francophones canadiennes pour les raisons évoquées par l'auteure, mais elle soulève, selon nous, quelques questions de fond que nous évoquerons plus loin. Dans ces circonstances et parce que FED (femmes et développement) et GED (genre et développement) n'ont pas en français l'impact sonore des acronymes WID, WAD et GAD, nous avons décidé de conserver ces derniers dans la version française.

La contribution de Rosina Wiltshire se situe également au plan théorique et épistémologique. L'auteure remet en question l'application au Tiers-Monde de perspectives élaborées dans les métropoles intellectuelles du Nord et affirme la nécessité d'« indigénisation » des concepts et des approches du champ « Femmes et développement ». Elle illustre ses propos par le cas des études sur les femmes *(Women's Studies)* et sur « Femmes et développement » *(Women and Development Studies)* dans la région caraïbe. Comme Rathgeber pour les organismes internationaux d'aide au développement, c'est de l'intérieur que Wiltshire analyse le domaine de la recherche et de l'enseignement. Si les emprunts de concepts et de méthodes sont inévitables, en particulier dans les premiers moments de l'institutionnalisation d'un champ d'étude, il faut cependant qu'ils soient soumis à une critique systématique et puissent, compte tenu de l'histoire propre de chaque société, être modifiés, adaptés, et réappropriés de manière à nourrir, sans inhiber, ni biaiser inexorablement la production intellectuelle locale. Cela nécessite de la part des pays du Nord qui subventionnent la mise sur pied de ces institutions, l'ouverture à des approches différentes dans la conception et la mise en oeuvre des programmes, des approches favorisant l'expertise locale et la démocratisation de l'accès à l'éducation supérieure.

Car, en effet, en plus de devoir composer avec des théories et des méthodes élaborées principalement par des spécialistes du Nord, l'« indigénisation » de la recherche et de l'enseignement dans les pays du Sud est fortement ralentie par les inégalités locales de sexe, de classe, d'ethnie qui atteignent des proportions telles qu'aujourd'hui encore, seule une minorité de femmes de la minorité dominante ont la possibilité de faire des études supérieures, de réaliser des recherches et de devenir les porte-voix, en quelque sorte, de leurs compatriotes moins favorisées. Toutefois, l'analyse critique et sans pitié que fait ici Wiltshire de l'évolution des études sur « Femmes et le développement » à UWI (University of the West Indies), les pistes théoriques qu'elle évoque, telle la notion de famille transnationale, et le dynamisme des études féministes dans la Caraïbe anglophone en particulier (voir les notes 5 à 8 du texte de Dagenais et le témoignage de Cuales plus loin dans ce livre) inspirent indéniablement confiance pour la poursuite du processus, complexe mais nécessaire, d'« indigénisation ».

La contribution d'Huguette Dagenais porte également sur la Caraïbe. Se basant sur une connaissance de la vie quotidienne des femmes, issue de plusieurs années de recherche féministe dans la région, l'auteure procède à une lecture qualitative et critique de certaines statistiques qui illustrent, selon elle, les limites des approches quantitatives et macrosociales dominantes actuellement dans le champ du développement. Consciente des avantages indéniables que représentent pour la recherche la quantité, la qualité et la variété des statistiques disponibles dans la région, comparativement aux difficultés qu'occasionne leur absence dans beaucoup de pays du Tiers-Monde,

Dagenais en fait un usage extensif mais critique et démystificateur, au service de son approche féministe. Ce renversement de perspective fournit une représentation plus adéquate des rapports sociaux de sexe et de la réalité des femmes antillaises, en même temps qu'il relativise et augmente tout à la fois les possibilités heuristiques des indicateurs statistiques conventionnels.

Pour l'auteure, cependant, l'objectif n'est pas que méthodologique; il est également théorique et politique. C'est pourquoi ses propos se situent principalement dans le domaine de la reproduction humaine, domaine dont elle donne une définition qui intègre, sans s'y limiter, les dimensions biologiques et s'oppose aux postulats naturalistes sous-jacents à la majorité des statistiques lorsqu'elles sont ventilées par sexe. Pour elle, dans la Caraïbe comme ailleurs dans le monde, le contrôle des femmes sur leur corps et leur fécondité demeure un enjeu politique majeur et un besoin stratégique, tel que défini par Caroline Moser (1989), dans une perspective de changement social.

Le texte de Dagenais comprend trois grandes parties. Après une brève présentation où elle oppose aux stéréotypes la complexité sociologique antillaise, l'auteure poursuit son entreprise de démystification en examinant successivement la situation des femmes et des rapports sociaux de sexe en Haïti et en Guadeloupe, deux territoires qui, selon les indicateurs usuels, représentent respectivement les deux pôles du sous-développement et du développement dans la région. L'auteure met en évidence non seulement les différences, mais aussi les incohérences, les contradictions, les paradoxes du développement et, surtout, les inégalités sociales qui caractérisent la vie des femmes dans ces deux pays, en particulier dans le domaine de la reproduction. Elle conclut à la nécessité de poursuivre la recherche dans le champ du développement avec une approche qualitative et féministe qui accorde véritablement la priorité aux personnes et aux plus opprimées d'entre elles, les femmes.

La démarche conceptuelle et méthodologique de Lila Engberg, Susan Beckerson et Edith François est d'une autre nature. Les auteures exposent le cadre d'analyse écosystémique domestique (« household ecosystem framework ») qu'elles ont développé en vue d'élaborer une théorie sur les femmes et le développement pouvant rendre compte tout à la fois de l'ensemble de leurs activités de production (« the whole sphere of production activities ») et de l'interdépendance entre les individus, les maisonnées et l'environnement physique et social. Après une discussion de cette approche complexe, des principaux concepts sur lesquels elle repose, dont celui de production « séparable » et « inséparable », et des méthodes de collecte des données, en particulier celle des budgets-temps, les chercheuses présentent deux études de cas réalisées en Afrique, l'une en milieu rural, au Malawi, et l'autre en milieu urbain, au Ghana. Au moyen de cette approche, les auteures peuvent dresser un portrait très détaillé du quotidien des femmes, marqué par de longues heures de travail et l'inégalité dans la répartition sexuelle des tâches.

En milieu rural, contrairement aux hommes, les heures de travail des femmes sont invariables, quels que soient la saison et le lieu de résidence. Celles-ci portent aussi tout le fardeau des politiques de transformation de l'agriculture de subsistance en une agriculture commerciale. En effet, il apparaît que, là où une culture commerciale est introduite – il s'agit ici du tabac –, le temps global dévolu à l'agriculture de subsistance est fortement amputé et les hommes désinvestissent ce domaine d'activité, non pas pour davantage de travail à la culture commerciale, mais pour profiter de plus de temps libre. Cette réorganisation du temps de travail n'est pas sans provoquer des effets sur la santé des femmes qui travaillent aussi aux cultures commerciales. Les auteures retrouvent les mêmes longues heures de travail chez les femmes en milieu urbain, mais avec une variation interpersonnelle plus grande. Elles constatent que ce sont les femmes qui travaillent à l'extérieur de la maison qui ont les plus longues heures de travail, ce qu'elles expliquent par le fait que celles-ci ne peuvent superposer leurs activités, contrairement aux femmes qui sont cantonnées dans l'économie informelle, c'est-à-dire qui ont des activités de production de biens ou de services à domicile. Les auteures ne trouvent aucun lien significatif entre les heures de travail et diverses variables personnelles ou environnementales. Ainsi, la modernisation de la maison, un facteur fortement relié à la participation au marché du travail, n'apparaît pas comme un facteur permettant de sauver du temps.

### Les effets des politiques de développement sur les femmes

Les textes de la deuxième section du livre s'intéressent aux effets pratiques et idéologiques pour les femmes des changements dans les priorités de développement de certains États, en l'occurrence ceux de la Malaysia, de la Chine et du Mexique. Les questions soulevées et les constats présentés par les auteures sont issus de recherches sur le terrain et les conclusions sont formulées en fonction des intérêts stratégiques des femmes en vue de mettre fin à leur état de subordination. Le fait que la majorité de ces études aient été réalisées en Chine permet d'aborder plusieurs facettes de ce vaste pays; de même, la proportion importante de textes de ce livre portant sur l'Asie compense en partie pour le peu de recherches effectuées au Québec et dans l'est du Canada en général sur les femmes de cette région du monde (comparativement aux travaux beaucoup plus nombreux sur l'Amérique latine et l'Afrique). Rappelons toutefois que c'est sur la base des thèmes abordés, des problèmes traités que les contributions ont été réunies et non pas sur une base géographique ou culturelle.

À partir d'une enquête auprès de 101 maisonnées du village de Sawah Sempadan, situé dans la région rizicole de Tanjong Karang, Cecilia Ng présente une analyse des effets de la « révolution verte », en cours en Malaysia depuis le début des années 1960, et en particulier de l'intensification récente de la mécanisation, sur la division sexuelle du travail, l'accès à la terre et à la nouvelle technologie de même que sur les rapports sociaux de sexe. Ng constate que, même si des différences importantes existent entre les classes paysannes pauvres, moyennes et aisées, la « révolution verte » a eu globalement pour conséquences de diminuer la participation des femmes de la région aux activités agricoles proprement dites, de réduire leur niveau de connaissance et d'usage de la technologie, les tracteurs et autres machines agricoles étant comme en Occident *de facto* réservés aux hommes, et, ce faisant, de les reléguer de plus en plus aux activités de reproduction. De plus, associée au contrôle accru des hommes sur les moyens et le procès de production rizicole, cette « domestication » des femmes (Rogers 1980) conforte l'idéologie islamique dominante quant aux rôles masculins et féminins. Dans les familles riches en particulier, comme l'illustre un des deux cas présentés par Ng, la concentration des ressources sous le contrôle des hommes renforce leur autorité sur les femmes et s'avère une condition propice au développement de maisonnées de type patriarcal. Pourtant, comme l'a montré également Marie-Andrée Couillard, par ses recherches auprès de la majorité ethnique malaise, dans ce pays, les paysannes jouissaient traditionnellement d'une large autonomie dans leur travail, aussi bien productif que reproductif (Couillard 1988).

Il ne fait pas de doute, cependant, que le succès de la « révolution verte », dans une perspective étroitement économique, a amélioré sur certains plans les conditions matérielles d'existence. Ainsi, les femmes concernées apprécient la disparition d'activités agricoles pénibles et le plus grand confort dont elles peuvent jouir dans l'accomplissement de leurs tâches domestiques. Mais, comme le note Ng en conclusion, pour que cette prospérité relative profite à long terme à l'ensemble des femmes, il faudrait que l'État démontre autant d'ardeur au rééquilibrage de l'emploi en faveur des femmes et à la reconnaissance de la valeur des activités de reproduction qu'il l'a fait pour la promotion de la « révolution » dans la production agricole.

À la lumière de ces changements, et quoique la situation chinoise pré-révolutionnaire (dominance du patriarcat) et révolutionnaire (socialisation de la production, notamment) diffère grandement de la situation malaisienne, on comprend les questions que se posent Laurel Bossen et Ellen Judd face aux changements en cours en Chine dans le passage d'une économie planifiée à une économie de marché. Quels seront les effets sur les femmes rurales de ces changements d'orientation économique, changements entrepris, comme le rappelle Judd, sans égard à leur sort? Quels seront, en particulier, les effets du développement de la production marchande au sein d'entreprises domestiques *(household-based commodity production)*? Alors que ces réformes font actuellement l'objet de beaucoup de spéculations, aussi bien optimistes que pessimistes, soulignant tantôt les avantages économiques pour les femmes et tantôt les dangers de renforcement du patriarcat, les deux chercheuses ont choisi d'étudier ces changements d'orientation décrétés d'en haut en partant de la base, c'est-à-dire de la vie quotidienne de villageois et villageoises directement concernées.

Concentrant son attention sur la division sexuelle du travail, Ellen Judd examine successivement les trois principaux secteurs économiques où des activités génératrices de revenu sont accessibles aux femmes rurales. Ces trois secteurs sont l'agriculture, l'industrie rurale et la petite production domestique marchande. L'auteure observe les changements récents qui s'y sont produits quant aux possibilités de travail rémunéré pour les femmes dans trois villages de la province de Shandong. En agriculture, même dans les villages où la production collective a été abolie et où les inégalités entre ménages dues à la spécialisation agricole de certains ont disparu, les femmes, mariées surtout, constituent la majorité de la force de travail et accomplissent la plupart des activités agricoles « ordinaires ». Mais, comme par le passé, alors qu'était privilégiée l'organisation communautaire, les postes de responsabilité demeurent masculins et les femmes sont moins bien payées que les hommes. Le secteur industriel rural, en pleine expansion, offre davantage de perspectives d'emploi et de meilleurs revenus aux femmes que le secteur agricole mais ces emplois sont destinés principalement aux célibataires et offrent peu de chance de promotion. Ils ne modifient pas non plus la position respective des hommes et des femmes dans la hiérarchie professionnelle. C'est la production domestique marchande ou petite production marchande qui semble offrir les meilleures perspectives d'emploi aux femmes, à la fois aux plans des revenus immédiatement disponibles et de l'autonomie. Ce secteur jouit d'ailleurs du support actif de la Fédération des femmes chinoises. Son succès, illustré par l'expérience du village de Huaili, étudié par Judd, tient en bonne partie au fait qu'il fait appel à l'initiative et aux compétences des femmes de même qu'à des ressources déjà disponibles dans les villages.

De son côté, à partir d'une recherche dans le village de Weixing, une communauté agricole et industrielle de la banlieue de Kunming, la capitale de la province de Yunnan, Laurel Bossen examine plus en détail les unités domestiques ou familiales de production. Afin d'évaluer les effets concrets de cette nouvelle priorité pour la petite production domestique marchande et les femmes, elle compare, en particulier, la division sexuelle du travail et des revenus, à trois moments différents de l'histoire chinoise: en 1939, pour l'époque pré-révolutionnaire; en 1979, après trente années d'expérience communiste, et en 1988, au moment des réformes (« while the reforms are in full swing »). Si l'auteure a pu appuyer ses données de 1988, obtenues par observation directe et par entrevues, sur des statistiques, pour les données concernant le passé, elle a dû utiliser les résultats d'une autre recherche, réalisée dans un village similaire de la même province, et, tout en en reconnaissant les difficultés, s'appuyer très fortement sur la mémoire des villageoises et des villageois.

Au terme de son enquête, Bossen ne se contente pas de constater que les femmes n'ont pas atteint l'égalité économique avec les hommes; elle renverse la perspective: elle évalue la contribution économique de ceux-ci à l'aune de celle des femmes et attire l'attention sur la participation « plus limitée » des hommes au travail familial, à fois quant à la durée et aux types d'activités accomplies. Elle ne manque pas de souligner non plus le décalage paradoxal entre le postulat marxiste, voulant que la Révolution augmente la participation des femmes au travail productif, et la réalité quotidienne reflétée par les témoignages: il semblerait qu'un des effets positifs de la Révolution pour les femmes ait été plutôt de réduire les occasions de paresse (*idleness*) des hommes.

D'après les résultats préliminaires de Bossen et de Judd, les réformes récentes ne semblent pas avoir empiré la situation des femmes rurales chinoises, ni quant à leurs revenus, ni quant à la durée de leur travail. Comme en Malaisia, les femmes apprécient l'augmentation générale des revenus et des biens de consommation; elles apprécient tout particulièrement la plus grande autonomie dont elles jouissent maintenant dans l'organisation de leur temps, de leurs activités et la disposition de leur revenus. D'autant plus, comme le souligne Bossen, que la politique de l'enfant unique[4] a grandement réduit les contraintes de la maternité. Les deux auteures sont cependant très prudentes dans leurs évaluations, car elles ne peuvent évidemment pas tirer de conclusions, ni établir de prévisions pour toute la Chine à partir de quelques études de cas seulement. Toutefois, les mêmes dangers de « domestication » des femmes, de dévalorisation de leur contribution économique et de retour au contrôle patriarcal, décrits par Ng

pour la Malaysia, demeurent, même s'ils ne semblent pas s'être concré-
tisés, tout au moins dans les deux provinces chinoises où les auteures
ont effectué leurs enquêtes. Ceci dit, le fait que, dans le sixième plan
chinois, on ait, pour la première fois, accordé de l'importance à des
éléments de la vie quotidienne, tels les biens de consommation (y compris les divers appareils ménagers qui vont de soi dans les foyers occidentaux) et les services de crèche, aura certainement des effets
bénéfiques pour les femmes au plan des charges domestiques, du bien-
être et de l'état de santé (Li Hong et Hengjun 1988).

Les textes de Judd et Bossen, portent directement sur ce que cette
dernière appelle l'économie sexuée *(gender economics)* en agriculture,
mais on peut trouver des manifestations du patriarcat en Chine dans
d'autres secteurs économiques et professionnels. C'est ce que démontrent Nancy Johnston et Glenda Roberts par leur analyse de la profession infirmière. Même en tenant compte des particularités du
système de santé chinois et de l'origine occidentale de la profession infirmière, il est impossible de ne pas interpréter comme du sexisme le
statut inférieur des infirmières chinoises. Alors que, pour les profanes
en Occident, le système de santé chinois est automatiquement – et uniquement – associé aux « médecins aux pieds nus », les spécialistes
s'accordent pour dire qu'il est contrôlé par des médecins formés à
l'occidentale et vise le développement d'un médecine moderne. Or,
en Occident, la profession infirmière est un des piliers de cette moder-
nité. Toutes proportions gardées et compte tenu de l'insertion particulière de cette profession dans l'ensemble des services de santé chinois,
telle que décrite par les auteures, la situation des infirmières en Chine
comporte plusieurs affinités avec celle de leurs consoeurs occidentales
en général. Il s'agit d'un « ghetto » d'emploi féminin où les salaires
sont relativement peu élevés et dont le statut social est subordonné par
rapport à d'autres groupes professionnels, en particulier les médecins.
Johnson et Roberts soulignent aussi les liens entre la position subor-
donnée de la profession et l'importance accrue accordée dans le système de santé chinois aux dimensions techniques plutôt qu'aux soins
comme tels, ce qui encore une fois rejoint directement les critiques
faites des systèmes occidentaux (voir Gendron et Beauregard 1985;
Saillant 1991).

Dans le texte suivant, Penny Van Esterik présente une réflexion critique sur les rapports entre culture et développement, rapports qui, jusqu'à présent, ont occupé peu de place dans la littérature de ce champ.
Elle s'intéresse en particulier aux concours de beauté et à la prostitution en Thaïlande, où ces deux formes d'exploitation commerciale du
corps des femmes font partie intégrante des stratégies de développement économique, fortement axées sur le tourisme international.

Fondant sa démarche sur l'histoire et la culture thaï, l'auteure montre que, bien que les interprétations traditionnelles locales de ces deux phénomènes soient différentes, notamment au sein de la religion bouddhiste d'État, des fonctions commerciales qu'elles remplissent actuellement, les concepts thaï de beauté physique et de prostitution ont constitué un terrain idéologique favorable au développement des formes contemporaines d'exploitation sexuelle des femmes (location d'épouses, *sex tours*, prostitution, concours de beauté) qui font accourir chaque année en Thaïlande des milliers de touristes masculins. Sur ce même fond culturel, Van Esterik souligne aussi les liens quasi organiques entre le travail des femmes en usine, qui fait également partie intégrante des stratégies de développement, et la consommation, par les ouvrières, de cosmétiques et autres biens de consommation destinés à rehausser leur beauté. Elle expose ainsi les contradictions d'un développement qui promeut l'exploitation sexuelle des femmes en même temps qu'il endosse les politiques d'IFD et illustre une forme particulière d'articulation entre économie et idéologie dans l'oppression des femmes.

L'auteure reconnaît que c'est la pauvreté des femmes et l'endettement du pays qui sont à la base de telles pratiques et de telles stratégies de développement mais, en intégrant ainsi la dimension culturelle, elle réalise une critique du développement qui échappe au réductionnisme et au manichéisme malheureusement trop courants. La Thaïlande, pas plus que n'importe quelle autre société, n'existait dans un vacuum culturel avant la colonisation européenne et l'expansion mondiale du capitalisme; même les phénomènes les plus « universels » apparemment, comme le développement actuel du tourisme international, doivent être étudiés dans leur contexte culturel précis. Van Esterik préconise une nouvelle approche des données culturelles et souhaite que des efforts soient faits en vue d'« opérationnaliser » le concept de culture, plutôt que de considérer celle-ci seulement comme un frein au changement.

Par ailleurs, alors que les anthropologues en général ont bien du mal à concilier des prises de position morales avec le respect des cultures, l'auteure prend clairement position sur la prostitution et les concours de beauté et invite les féministes locales à en faire autant. Ce faisant, elle touche à d'autres contradictions, qui se situent cette fois au sein même du mouvement des femmes. Comment les féministes peuvent-elles travailler avec les prostituées? Comment concilier les objectifs politiques à long terme des unes avec les besoins immédiats des autres? Et comment faire en sorte que les politiques de développement intègrent les préoccupations féministes concernant le corps des femmes, la sexualité, etc.? Autant de questions qui doivent retenir notre attention en tant que féministes mais aussi, comme le recommande Van Esterik, celle de l'ACDI (Agence canadienne de développement international) et des autres agences de développement.

La contribution d'Arlette Gautier porte également sur les effets pour les femmes de priorités de développement établies par l'État, mais elle se situe dans un contexte culturel fort différent, celui de la société mexicaine, caractérisée par la prégnance du catholicisme, du machisme et du patriarcat. Comme celle d'Huguette Dagenais, la recherche d'Arlette Gautier porte sur la reproduction. L'auteure y présente les résultats d'une enquête effectuée auprès de professionnel/le/s du système de santé (médecins, sages-femmes, infirmières), de curés et de pasteurs et, surtout, de couples, dans cinq villages agricoles, représentatifs de la situation en matière de natalité au Yucatan. L'objectif de cette recherche était d'étudier les intérêts en jeu pour les hommes et les femmes dans la procréation et, en particulier, dans la politique de réduction de la fécondité qui a valu au gouvernement mexicain le prix de la population de l'ONU en 1986.

Les résultats exposés par Gautier montrent qu'en matière de contraception et de planification familiale, les femmes de cette région mexicaine sont soumises à des pressions contradictoires de la part de l'Église, des hommes et des médecins, c'est-à-dire, pour reprendre l'expression de Marie France Labrecque (1988), les représentants de « la domination masculine institutionnalisée ». Ceux-ci ne fournissent pas toute l'information nécessaire concernant les effets secondaires éventuels et à long terme des diverses méthodes. De plus, même si les femmes font porter leurs choix sur les méthodes qui leur apparaissent les plus efficaces, compte tenu des conditions socio-économiques et conjugales dans lesquelles elles se trouvent, ces choix sont souvent « surdéterminés » par les préférences institutionnelles, notamment pour la ligature des trompes, et peuvent entraîner des abus dont les femmes, bien entendu, font alors les frais. Cependant, qu'elles subissent l'influence médicale ou au contraire qu'elles fassent fi des avis médicaux et religieux, les informatrices de Gautier semblent intégrer la contraception et la stérilisation dans leur démarche vers l'autonomie. Aussi, malgré la nature patriarcale du système de santé, le bilan que dresse l'auteure de la planification familiale au Mexique est-il mitigé: il est largement positif pour les femmes qui réussissent à l'intégrer dans leur stratégie personnelle en matière de reproduction mais pourrait, dit-elle, s'inverser si la pression en faveur de la stérilisation s'intensifiait. C'est ce qui amène Arlette Gautier, en conclusion, à poser autrement la question du lien reconnu entre la réduction de la fécondité et l'autonomie des femmes: peut-être, dit-elle, l'augmentation de l'autonomie des femmes est-elle une conséquence plutôt qu'une cause de la diminution de la fécondité. Sur ce plan, elle rejoint d'ailleurs les réflexions de Dagenais à propos des femmes guadeloupéennes.

*Pouvoir des femmes sur le développement:*
*mobilisations et actions*

Les textes de la troisième section, qui portent tous sur l'action des femmes pour mieux contrôler les formes du développement, illustrent la multiplicité des voies vers l'augmentation de leur pouvoir. La solidarité entre les femmes, l'émergence de leaders féminines, l'action des organisations communautaires, les politiques et résistances des pouvoirs officiels, étatiques, religieux ou communautaires, sont autant de forces qui s'incarnent et se conjuguent de façon particulière selon la conjoncture et le contexte. Cependant, à travers les différentes situations historiques et culturelles décrites par les contributrices, des constantes apparaissent. D'une part, les femmes ne recherchent pas le pouvoir pour lui-même, mais bien comme un moyen d'orienter le développement vers des valeurs qui émergent de leur expérience de femmes. D'autre part, elles visent à transformer les formes mêmes du pouvoir en redéfinissant, plutôt qu'en renversant, les rapports sociaux, ce qui les amène à miser sur les connivences féminines et communautaires plutôt que sur l'affrontement et les rapports de force.

La contribution de Rosalynd Boyd s'intéresse aux transformations du pouvoir des femmes dans un contexte révolutionnaire, le gouvernement du Mouvement de résistance nationale en Ouganda, qui, inspiré par une approche IFD, s'efforce de placer les femmes au coeur des stratégies de développement. L'auteure décrit comment, dans ce pays déchiré par les conflits inter-ethniques, laissé en ruine par les guerres civiles et les dictatures, honni par la communauté internationale, les femmes, qui ont participé activement au mouvement de libération nationale, ont réussi, grâce à la complicité du président, à assumer une place d'importance dans la nouvelle organisation politique. Les changements sont effectivement significatifs dans la pyramide politique, puisque des femmes ont été nommées à la tête d'organismes influents – ministères de l'Agriculture, des Femmes dans le développement, de l'Industrie et Secrétariat des femmes – et qu'une structure de comités de résistance décentralisés, où au moins un poste est réservé à une femme, assure une communication entre les organismes centraux et les personnes à la base. Mais, au-delà de la simple présence de femmes dans les structures de pouvoir, c'est l'influence qu'elles ont eue sur le changement des valeurs politiques qui marque leur condition et qui rapproche les politiques ougandaises de celles qu'elles revendiquent. Par exemple, le gouvernement fait des denrées alimentaires sa première politique. Comme les femmes forment 80% des agriculteurs et agricultrices, c'est donc vers elles que se tourne l'État en faisant un tel choix politique.

En dépit des problèmes qui demeurent, tels le manque de moyens de transport, l'oppression des femmes dans le privé et la résistance des hommes dans les rapports de travail entre patrons et ouvrières et entre ouvriers et ouvrières, et même si les femmes devront demeurer vigilantes face à la cooptation possible par l'État des forces vives de la base pour ses propres fins, le jugement d'ensemble est positif. Il faut cependant considérer que le pouvoir politique ne fera pas de miracle à l'échelle nationale dans un contexte d'intégration mondiale de l'économie et de politiques de restriction et d'ajustement structurel imposées par les bailleurs de fonds internationaux. Les femmes, parce que les plus démunies, sont les premières victimes de l'ordre mondial. Même avec des politiques nationales d'ouverture, leur condition ne s'améliorera pas si la détérioration économique se poursuit.

Dans le chapitre suivant, Kathryn Kopinak présente le cas d'une organisation de travailleuses des *maquiladoras* situées au nord du Mexique, le long de la frontière avec les États-Unis. Après un bref rappel de l'histoire et de la spécificité politique et économique de ce mode d'industrialisation dans le contexte mexicain, elle analyse le rôle catalyseur joué par Guillermina Valdez de Villalva et le *Centro de Orientacion de la Mujer Obrera* (COMO) dans l'éducation populaire et l'organisation auprès des travailleuses de Juarez selon des orientations s'inspirant tout à la fois du féminisme, du renouveau charismatique et de la théologie de la libération. En scrutant les fondements idéologiques de ces luttes, cette recherche se distingue des études antérieures qui avaient toutes occulté la dimension religieuse de cette dynamique sociale et politique, en partie parce que, dans un pays où l'État craint les forces conservatrices religieuses, son exposition aurait nui à l'action du groupe, mais aussi parce que les chercheuses et les chercheurs se méfient en général des discours religieux.

En plaçant l'accent sur la croyance dans la justice sociale, la compassion humaine et le pouvoir conféré par le « baptême » – pouvoir spirituel bien sûr, mais aussi pouvoir personnel de transformer le monde et pouvoir émergeant d'un groupe de support mutuel –, ce modèle de mobilisation convenait bien aux femmes (de même qu'aux pauvres et aux minorités ethniques) qui, du fait de leur position dans la structure sociale, peuvent difficilement entreprendre des actions politiques efficaces. Il favorisait aussi l'exercice d'un leadership féminin. Dans un pays où les rapports hommes-femmes sont dominés par l'idéologie du *machismo* et du *marianismo*, il n'en fallut pas plus pour provoquer la suspicion de l'État et l'opposition des forces réactionnaires sexistes de l'Église catholique, sans parler de la prise de contrôle de l'association par des leaders masculins. Le COMO et sa fondatrice seront éventuellement cooptés par l'État, et la force politique du mouvement charismatique et de la théologie de la libération sera amoindrie par les rappels à l'ordre du Vatican.

Une interprétation pessimiste des événements à Juarez pourrait nous faire conclure à l'échec de ce type de mobilisation, mais Kopinak insiste plutôt sur le changement qui a eu lieu parmi les femmes de COMO. Si celles-ci n'en sont pas empêchées par les attitudes et les structures patriarcales, elles continueront probablement à occuper des postes de responsabilité et de leadership. En outre, les liens qui se sont tissés entre elles, ainsi que les mécanismes de prise en charge qu'elles ont instaurés, telles les coopératives de travailleuses et travailleurs, devraient survivre. L'auteure conclut en recommandant une position d'ouverture; selon elle, l'exemple de Juarez montre qu'une association entre le renouveau charismatique, la théologie de la libération et le féminisme, trois mouvements apparemment incompatibles, est possible et peut déboucher sur un mode alternatif d'organisation. Le charismatisme n'est probablement pas en soi un vecteur de changement social mais, conjugué avec des luttes sociales, il peut le devenir. Chose certaine, alors que toutes les grandes religions contemporaines et les structures étatiques sont fortement hiérarchiques et patriarcales, les mouvements religieux qui intègrent les femmes et deviennent des moteurs du changement social méritent d'être étudiés attentivement.

La fonction politique et libératrice des groupes de base décrits par Kopinak se retrouve dans l'étude menée par Rosemary Brown auprès de la bande des Cris du lac Lubicon, au nord de l'Alberta. Cette contribution aurait pu se retrouver dans la deuxième section du livre puisqu'elle étudie les effets, sur cette communauté de 457 membres et plus particulièrement sur les femmes, des activités d'exploration pétrolière et gazière entreprises sur son territoire ancestral de trappage. Mais l'auteure souligne que la littérature a bien démontré l'impact sur les communautés autochtones du conflit entre leurs manières d'exploiter les ressources du territoire et celles appartenant aux modes de développement provenant du Sud (voir note 2). Elle insiste plutôt sur le processus de mobilisation des ressources engagées par les femmes cries pour faire face aux changements apportés par le « développement » imposé, non sans avoir auparavant démontré qu'à l'opposé des thèses soutenues dans la littérature sur le Nord, les femmes ne sont pas moins touchées que les hommes. Au contraire, lorsque les traditions d'une bande s'effritent, leur mode d'insertion dans la communauté et les conditions d'exercice de leurs rôles sont menacés: leur travail productif lié aux modes de vie traditionnels, leur fonction communautaire de distributrices des biens et leur rôle dans le maintien des réseaux communautaires d'aide et de support sont tour à tour remis en question. De plus, elles supportent alors tout le poids du cycle de l'anomie qui s'installe chez les membres de la bande – disparition du travail productif traditionnel, assistance sociale, soif de consommation de biens importés, perte des valeurs traditionnelles, problèmes d'alcool, de ruptures familiales et communautaires – et vient annihiler les avantages de la modernisation.

C'est en grande partie à cause de leurs responsabilités traditionnelles que les femmes mettent en oeuvre tous les moyens dont elles disposent pour contrer la perte de cohésion sociale dans leur communauté. Leur but ultime n'est pas le pouvoir, mais une qualité de vie et un avenir meilleur pour leurs enfants. Malheureusement, aux plans économique et politique, leurs ressources sont limitées. D'une part, leur position sur le marché du travail est précaire et leurs stratégies de formation ne porteront fruit qu'à long terme. D'autre part, elles ne sont toujours pas représentées dans les instances de décision de la bande et doivent donc se rabattre sur leur capacité de persuasion pour obtenir qu'une priorité politique soit accordée aux services à la jeunesse. En conséquence, les femmes mobilisent surtout leurs ressources personnelles et sociales pour tisser entre elles des liens étroits, qui leur permettent par exemple d'aider les jeunes qui abusent de l'alcool et des drogues et de faire face aux maris violents. Comme dans le cas du COMO décrit par Kopinak, cette mobilisation doit beaucoup aux rassemblements religieux qui, selon Brown, suppléent aux structures sociales et idéologiques traditionnelles en apportant aux femmes réconfort et renforcement personnel ainsi qu'en facilitant l'établissement de réseaux d'entraide.

L'auteure ne conclut pas. Son témoignage suffit à expliquer comment les ruptures dans l'économie et la culture traditionnelles viennent alourdir les tâches de reproduction et cantonner la production dans des secteurs peu lucratifs sur lesquels les femmes exercent peu de contrôle. Il montre surtout comment celles-ci mobilisent des ressources, depuis leurs positions subalternes et dans des situations quasi désespérées, afin de protéger la dignité des membres de la communauté. Pour pousser plus loin la réflexion, il faudra jumeler de telles observations à l'analyse des politiques de développement et voir comment celles-ci peuvent être infléchies pour soutenir l'action des femmes, donc le pouvoir qu'elles arrivent à se donner.

Peggy Brizinski et Linda Jaine n'hésiteraient pas à qualifier d'entrepreneurship la mobilisation des ressources observée par Rosemary Brown. Dans leur contribution, après avoir revu les principales définitions de l'entrepreneurship formulées depuis les travaux de

Schumpeter au début du siècle, elles adoptent le point de vue qu'une entrepreneure est une innovatrice qui sait évaluer les situations et rassembler les personnes et les ressources requises pour mettre ses idées en oeuvre. Tirant leurs observations d'une recherche menée auprès des femmes cries du Nord de l'Ontario et d'audiences tenues par un groupe de travail sur les femmes autochtones et le développement économique, elles parlent, comme Rosemary Brown, de l'inquiétude des femmes autochtones face à l'impact du développement sur leur communauté, en particulier sur l'avenir de leurs enfants, et elles présentent les forces de leur entrepreneurship traditionnel et actuel.

Dans l'enquête d'une des auteures auprès des femmes de Monsoonee et Monsoonee Factory, les répondantes les plus âgées confirment les conclusions de nombreuses études anthropologiques à l'effet que, dans la société traditionnelle, les femmes jouaient une grande diversité de rôles et que plusieurs étaient reconnues pour leurs compétences et leur leadership. Plus touchées par la période de transition d'une économie d'autosuffisance vers une économie d'assistance et de dépendance étatiques, les répondantes d'âge moyen, surtout celles qui ont su préserver des rapports avec la culture traditionnelle et qui ont connu un milieu familial positif (mère encourageante, mari qui partage les tâches), manifestent encore un important entrepreneurship: non seulement s'adaptent-elles en emploi, mais elles mettent aussi sur pied des services communautaires et sont des agentes de facilitation sociale. Toutes ces femmes partagent un même désir de voir la communauté se reprendre en main et les gens se réconcilier afin de préparer pour les jeunes un avenir et une qualité de vie meilleurs. En revanche, les jeunes femmes ont une vie plus difficile que leurs aînées, car elles aspirent aux conditions de vie qui prévalent dans le Sud, sans pour autant être préparées à faire des choix dans un milieu profondément transformé par le « développement ». Il est donc d'autant plus urgent pour les femmes plus âgées, les mères de ces jeunes femmes, d'infléchir le cours de celui-ci en exerçant leadership et entrepreneurship.

Malheureusement, une grande distance sépare la conception que les femmes autochtones ont du développement et celle qui anime les programmes de soutien à l'entrepreneurship autochtone. Le principe de la réciprocité au sein de la famille étendue demeure intact comme idéologie guidant la pratique de ces femmes. Leur entrepreneurship est fondé sur une tradition de coopération plutôt que de compétition. Après avoir vu l'équilibre de leur communauté se désintégrer sous l'influence de l'assistance sociale et de la domination coloniale, elles ne peuvent accepter l'esprit de compétition pour les ressources rares, induit par les programmes et politiques d'aide, et ses effets destruc-

teurs sur les mécanismes traditionnels de contrôle communautaire, sur
les rapports ancestraux au territoire et sur les modes habituels de pour-
voir au bien-être de tous les individus de la société. Contrairement à
l'État qui accorde la priorité à la création d'entreprises et à l'établissement d'entrepreneurs (entendre « capitalistes ») locaux, elles valorisent la création d'emplois et les entreprises ayant une signification
culturelle et communautaire.

Rejoignant ainsi les conclusions de nombreux travaux canadiens et
québécois sur l'entrepreneurship au féminin, les auteures démontrent
que les femmes possèdent les compétences et l'assurance requises pour
mettre sur pied de petites et moyennes entreprises et que leurs projets
et leur gestion sont souvent plus rigoureux que ceux des hommes. Si
cet entrepreneurship pouvait se déployer, les entreprises ainsi créées
donneraient de l'emploi tout en répondant aux besoins en biens et services de la communauté. Son actualisation exigerait cependant un
changement de cibles dans les programmes d'aide vers un entrepreneurship qui maximise l'utilité sociale et minimise le développement
des inégalités, qui repose sur la coopération plutôt que la compétition,
et qui vise la qualité de vie de tous les membres de la communauté. En
plus d'une telle réorientation des programmes, pour contrer le poids
de la discrimination, les femmes autochtones demandent également
des programmes créés spécifiquement à leur intention et placés sous
leur contrôle.

Alors que toutes les autres contributions de cette section sur la
mobilisation en vue du pouvoir sur le développement portent sur
l'expérience des femmes du Tiers-Monde et du Quart-Monde, le
dernier chapitre parle de liens entre ces femmes et celle des régions
et pays développés, d'échanges réciproques entre femmes des pays
donateurs et des pays donataires. Linda Cardinal, Annette Costigan
et Tracy Heffernan y présentent MATCH, une organisation non-
gouvernementale féministe créée par des Canadiennes dans le but de
soutenir l'action des femmes des pays en développement, et dont l'histoire est fortement marquée par un vigoureux dialogue entre la théorie et la pratique féministes du développement.

À ses débuts, MATCH suit le modèle de l'intégration des femmes
dans le développement, soit l'approche *WID* décrite par Eva
Rathgeber. Il finance, grâce au soutien de groupes de femmes canadiennes, de petits projets de femmes du Tiers-Monde. Ce faisant, son
objectif initial d'encourager les échanges entre les femmes de tous les
pays sur leurs besoins passe, malgré lui, à l'arrière plan. Toutefois,
après dix années d'existence, à la faveur d'une période de réflexion intensive sur la théorie et la pratique féministes, MATCH évalue, puis ré-
oriente son action. Les approches féministes du développement, en

particulier la perspective *GAD*, dont il est aussi question dans le texte d'Eva Rathgeber, et celle du « féminisme global » sont étudiées et évaluées à la lumière de l'expérience passée. Du premier modèle, on retient l'accent mis sur la lutte contre la subordination et l'oppression des femmes et pour la satisfaction de leurs besoins « stratégiques » (Moser 1989), alors que du « féminisme global » on adopte une stratégie de mise en réseau des féministes autour de leurs problèmes communs et de leurs luttes collectives. S'occupant dorénavant d'idéologie beaucoup plus que de satisfaction des besoins essentiels, MATCH est ainsi devenu une organisation vouée à l'augmentation du pouvoir des femmes et à la consolidation du mouvement des femmes dans le monde. Son action se concentre aujourd'hui sur la violence faite aux femmes, la formation des intervenant/e/s à une approche « genre et développement », la mise en valeur de la voix des femmes par la création d'un réseau international d'auteures et d'éditrices et des projets de recherche-action avec des femmes canadiennes, sud-américaines et sud-africaines.

*Témoignages*

Dans la dernière section du livre, trois femmes engagées dans l'action nous livrent un témoignage sur leurs luttes avec leurs soeurs contre les multiples oppressions que subissent les femmes: lutte politique pour la reconnaissance légale chez les femmes autochtones canadiennes, actions spontanées et communautaires chez les femmes inuit, mouvement des femmes dans la Caraïbe.

Mary Two-Axe Early dépeint les aléas de la lutte que les femmes autochtones canadiennes ont dû mener dans le monde des institutions politiques pour la reconnaissance de leurs droits et de leur statut. Pourtant la cause de ces femmes était on ne peut plus juste: en mariant des non-Indiens, elles étaient exclues des réserves et perdaient ainsi tous leurs droits d'Indiennes, la réciproque n'étant pas vraie. Il aura fallu trente ans de travail acharné pour qu'elles obtiennent enfin justice. À travers cette histoire, Mary Two-Axe Early montre comment des groupes culturels, et particulièrement les femmes, voient leurs traditions et leurs droits menacés par les conquêtes, et comment celles-ci puisent dans ces traditions l'énergie et les solidarités nécessaires à leurs luttes. Dans sa conclusion, cette militante établit des liens entre la lutte des femmes et la quête d'une société de paix, de dignité et de justice.

Aani Palliser Tulugak décrit une lutte de femmes dans le quotidien pour modifier les façons de faire et d'être d'une communauté et des individus qui la composent. Le cheminement exposé est souvent privilégié par les femmes engagées dans des pratiques de transformation du

milieu (voir par exemple Mies 1983; Després et Piché 1992): les
femmes discutent ensemble de leur condition afin de se dégager des
conditionnements qu'elles ont subis et entreprennent par la suite des
actions libératrices. Réunies au sein d'une église, les femmes dont
parle Aani Palliser Tulugak développent, au fil de leurs échanges, une
conscience féministe qui les amène à remettre en cause les rôles de bénévoles et d'auxiliaires auxquels elles sont couramment associées. Puis,
redécouvrant la tradition inuit et s'inspirant de la notion de « continuité dans la chair et le sang », elles commencent à s'interroger sur
l'avenir de leurs filles. D'une discussion à l'autre, ces femmes abordent
entre elles, puis avec la communauté, des sujets aussi divers que la connaissance du corps, la nutrition, l'éducation des jeunes, la responsabilité parentale, les rapports homme-femme dans le couple, la violence
contre les femmes et les enfants et le peu de visibilité des femmes des
minorités dans les programmes gouvernementaux développés pour les
femmes. Selon l'auteure, une telle recherche-action menée à la base
contribue véritablement à une meilleure compréhension et à une plus
grande maîtrise par les femmes des transformations sociales affectant
leur communauté.

Passant en revue la condition des femmes dans la région caraïbe,
Sonia Cuales, tout comme sa compatriote Rosina Withshire, insiste sur
la nécessité de bien ancrer la lecture de l'expérience des femmes dans
les conditions qui prévalent dans leur milieu. Une situation géographique particulière – une multitude d'îles – et une période de
globalisation des échanges économiques rendent difficile la vie des
marchandes de la région. Sans changement structurel dans l'organisation sociale et sans une redéfinition des rapports de sexe, comment les
femmes pourront-elles participer ou continuer leur participation dans
la commercialisation intrarégionale de la production alimentaire, dont
elles sont les principales responsables? L'auteure décrit aussi les
nombreuses anomalies liées au fonctionnement du secteur social dans
la région, dont l'inéquité en emploi et la stérilisation des femmes
pauvres. Selon Sonia Cuales, c'est parce que les perspectives féministes
visent avant tout le bien-être des gens qu'elles sont essentielles à la réalisation d'un plein et véritable développement. Elle termine sur une
note d'espoir: ces perspectives animent de plus en plus l'action des
Antillaises, et même celle de leurs gouvernements.

Ces trois témoignages mettent en évidence les parallèles et les
constantes dans la condition des femmes à travers le monde: violence,
pauvreté, position de subordination dans le quotidien et dans l'organisation sociale et politique sont le lot de toutes. Ils insistent toutefois sur
les conditions spécifiques dans lesquelles ces constantes s'incarnent et
sur les discriminations multiples et inextricables subies par les femmes

lorsque le sexisme se double de racisme et d'ethnocentrisme. Ce sont là des situations qui donnent tout son sens à l'indigénisation des concepts, dont il a été question plus haut.

## DES CONVERGENCES THÉMATIQUES

Dans les sections précédentes, nous avons souligné tout à la fois la diversité des éclairages et certaines similitudes dans les dix-huit chapitres de ce livre. Nous terminerons cette introduction en reliant brièvement les points de vue des auteures à certains des enjeux plus globaux du développement pour les femmes et en dégageant quelques questions et pistes pouvant guider notre réflexion et notre action en tant que féministes.

Ainsi, alors que le champ du développement est toujours régi par des conceptions étroites du politique et de l'économique, les contributions de ce livre rappellent la nécessité de tenir compte de l'histoire, de la culture et de l'idéologie pour la compréhension du changement social et des freins au changement. Elles montrent que les référents culturels et idéologiques sont à comprendre comme des systèmes dynamiques, ouverts à des influences internes et externes qui les transforment et les situent historiquement. La prise en considération de la culture et de l'histoire est une condition essentielle pour échapper à l'ethnocentrisme et pour permettre, comme le revendique Wiltshire, l'indigénisation des concepts et des pratiques de développement. Les textes sur la Chine et la Thaïlande, en particulier, témoignent de la profondeur historique et de la résistance *(resilience)* du patriarcat qu'il faut plus qu'une révolution politique et économique pour enrayer, surtout lorsque les priorités de celle-ci sont établies du haut d'une structure sociale hiérarchique (et bureaucratique de surcroît) contrôlée par des hommes. Sur ce plan, ils constituent une invitation à la vigilance pour les féministes des autres pays où l'État, comme en Ouganda et au Mexique, par exemple, semble devancer les revendications des femmes.

Au plan méthodologique, les auteures plaident par l'exemple en faveur d'une approche humaniste, privilégiant la recherche qualitative de terrain et des pratiques de développement impliquant la participation et l'autonomie des femmes dans leur démarche d'*empowerment.* Dans leur diversité, leurs textes illustrent aussi la complémentarité des approches et des disciplines, l'interpénétration des divers types d'engagement (personnel, professionnel, scientifique) et le lien entre théorie et action qui, comme nous le notions précédemment, caractérisent les travaux féministes. De ce fait, ils invitent au resserrement des liens entre les chercheuses féministes « académiques » et les praticiennes des agences de développement; entre celles-ci, originaires encore très majoritairement des pays riches du Nord, et les collègues desdits Tiers-Monde et Quart-Monde, de même qu'entre les féministes oeuvrant dans le champ du développement et celles des autres champs et disciplines.

Au plan des thématiques, les textes rejoignent des problématiques centrales dans les luttes féministes partout dans le monde. Il en est ainsi de la question du travail des femmes – travail caché et tâches simultanées, séparables et inséparables – et de ce qu'il est convenu d'appeler, en attendant que des termes moins dichotomiques rendent compte des remises en question théoriques actuelles, les liens entre production et reproduction. Si ces questions occupent une place importante dans les préoccupations théoriques et pratiques des féministes, c'est non seulement parce qu'elles correspondent au vécu des femmes mais aussi parce qu'elles ont permis jusqu'à présent de détecter les effets pervers des politiques de développement, notamment quant à l'augmentation de la dépendance des femmes et l'occultation de leur participation au développement dans ses dimensions sociale et économique. Les textes de Dagenais, Engberg, Beckerson et François, Ng, Bossen, Judd, Brown et Cuales s'inscrivent explicitement dans cette voie.

En quête de pouvoir dans et sur leur travail, les femmes partout dans le monde mènent des luttes importantes pour la reconnaissance de leurs droits et pour l'amélioration de leurs conditions dans le secteur de l'économie formelle, en créant de nouvelles organisations, comme le COMO décrit par Kopinak, ou en cherchant à modifier les orientations des organisations syndicales existantes, comme c'est le cas en Ouganda. À côté de cet intérêt pour l'organisation des travailleuses, on voit poindre dans plusieurs contributions de ce livre une nouvelle approche du travail qui « récupère » le concept d'entrepreneurship pour rendre compte de la multitude d'initiatives des femmes dans le secteur informel de l'économie et de leur volonté de transformation des finalités de l'économie formelle. On retrouve des formes d'entrepreneurship dans les petites productions autonomes des femmes chinoises (Bossen et Judd), dans les projets de femmes soutenus par MATCH à travers le monde (Cardinal, Costigan et Heffernan), dans les initiatives communautaires des femmes autochtones (Brizinski et Jaine, Brown, Palliser Tulugak) et chez les productrices et marchandes africaines (Engberg, Beckerson et François) et antillaises (Cuales). Les coopératives de production mentionnées par Kopinak offrent encore un autre modèle d'entrepreneurship et de contrôle sur le travail.

Cet entrepreneurship féminin semble indissociable du *développement local*. En effet, les femmes ancrent leur action dans un milieu qu'elles connaissent, où elles peuvent s'épauler l'une l'autre et faire reconnaître leurs compétences et leur leadership. Mais au-delà de l'accès au pouvoir, nombre de femmes visent, par leurs entreprises et l'expansion dans la sphère publique de leur production domestique, le développement local et la subordination de l'économie au bien-être de la communauté. Dans la mesure où les femmes font les frais du système capitaliste mondial, non seulement en supportant l'ensemble des activités de reproduction, mais aussi en constituant une réserve de main d'oeuvre à bon marché – une force de travail essentielle et structurellement dépendante –, il n'est pas étonnant que quantité de travaux féministes, en particulier ceux issus des luttes de libération nationale, s'attachent à penser un « autre développement » qui a beaucoup d'affinité avec l'idée de développement auto-dépendant, donc centré sur le local et sur les besoins immédiats de la collectivité. Cette perspective a l'avantage de tenir compte de la production des femmes, tant dans les sphères domestique et économique que communautaire; d'être pro-active plutôt que réactive; de viser la création d'emplois stables, la mise à profit du capital local dans la communauté, ainsi que la production des biens et services importants pour la survie et le bon fonctionnement de celle-ci; et même de se préoccuper d'une saine gestion de l'environnement (Anadon, Masson, Tremblay et Tremblay, 1990). En revanche, comme le souligne Afshar (1991), en s'en tenant à cette seule stratégie de développement, les femmes pourraient aussi se voir confinées, avec tous les désavantages que cela comporte, dans le secteur informel de l'économie, ou encore dans la moitié faible d'une économie à deux temps, où s'opposent un secteur non capitalisé d'autoproduction et un secteur de grandes entreprises.

Si, comme on pouvait s'y attendre, la question du pouvoir des femmes est au coeur de toutes les contributions de ce livre – pouvoir sur le travail, comme nous venons de le voir, mais aussi pouvoir sur soi, pouvoir au sein de la famille, pouvoir économique, pouvoir politique –, certaines auteures se penchent plus particulièrement sur les stratégies d'*accès au pouvoir (empowerment)*. Kopinak, Brown, Brizinski et Jaine et Palliser Tulugak accordent une large place à la conscientisation des femmes, au support mutuel et à des démarches qui laissent une grande place au personnel, alors que Van Esterik, Boyd, Two-Axe Early et Cardinal, Costigan et Heffernan traitent d'une organisation plus formelle des femmes dans des groupes et réseaux, tant aux niveaux local et national qu'à l'échelle internationale. Ce rapport dialectique entre le vécu et les échanges interpersonnels d'une part, et l'organisation politique davantage structurée et éloignée de la vie quotidienne d'autre part, revient constamment dans les travaux féministes. Nous croyons qu'il devrait faire l'objet d'une plus grande attention au plan théorique et que les deux termes de ce rapport, qui s'opposent et se complètent tout à la fois, mériteraient une meilleure articulation aux plans conceptuel et politique.

Il est intéressant de noter que les luttes pour la reconnaissance de droits formels et pour l'accès à l'égalité figurent au nombre des stratégies d'accès au pouvoir évoquées dans les contributions de ce livre. Certes, elles ne sont pas nouvelles pour les femmes des pays en voie de développement: pour s'en convaincre, on n'a qu'à penser à la vigueur et à l'ancienneté de la lutte des femmes en Inde, en Turquie et dans plusieurs pays d'Amérique latine, ainsi qu'à celle des femmes autochtones au Canada pour la reconnaissance de leur statut d'Indienne, si bien décrite par Mary Two-Axe Early. Toutefois, dans l'article de Boyd sur les femmes dans les structures de pouvoir ougandaises, dans celui de Johnston et Roberts sur le ghetto d'emploi féminin que constitue la profession d'infirmière en Chine, ainsi que dans les propos tenus par Ng, Wiltshire, Cuales, Brizinski et Jaine sur l'accès des femmes au crédit, à la technologie et à la formation, on retrouve des thèmes et des approches qui procèdent du même esprit qui a donné naissance aux programmes et mesures d'accès à l'égalité dans les pays développés, notamment au Canada. Les militantes féministes de la première heure y voient une manière de transformer la société par l'accès plus large des femmes au pouvoir, alors qu'ils sont en général adoptés sous un autre couvert, soit celui de la défense des droits de la personne et de la lutte à la discrimination. D'autres féministes les interprètent comme une mesure réformiste qui érige le monde des hommes en norme acceptable et même souhaitable. Débat politique s'il en est un, débat très faiblement éclairé par la théorie, qui constitue un autre terrain d'échange entre toutes les femmes du monde.

Trois autres thèmes, qui ne sont pas souvent traités dans les ouvrages sur « femmes et développement » mais retiennent beaucoup l'attention des féministes à l'extérieur de ce champ, émergent des contributions de ce livre. Il s'agit de la religion, de la violence et de la sexualité. Il est d'ailleurs étonnant que si peu des travaux sur « femmes et développement » se soient intéressés aux phénomènes religieux étant donné que, d'une part, les femmes constituent la majorité des fidèles des diverses religions un peu partout dans le monde et que, d'autre part, les églises jouent actuellement, en tant qu'organisations non gouvernementales, un rôle de premier plan dans le financement et la réalisation de projets de développement. Il est vrai que les religions patriarcales se sont souvent avérées des forces majeures d'assujettissement des femmes et que, de ce fait, elles sont d'emblée objets de suspicion pour les féministes. Mais des femmes luttent au sein même des différentes églises et leur engagement se distingue du rôle traditionnel de bénévoles. C'est en puisant dans cet engagement religieux les réponses à leur besoin de spiritualité qu'elles trouvent aussi la force de poursuivre le combat pour la justice sociale. C'est le cas des femmes mexicaines des *maquiladoras* et de leur leader charismatique, décrites par Kopinak, et probablement aussi des femmes cries décrites par Brown. L'expérience rapportée par Palliser Tulugak apparaît également du même ordre: les objectifs des luttes des femmes inuit racontées ici dépassent leur propre libération. De plus, l'auteure montre bien que, lorsque les femmes reprennent possession de leur savoir traditionnel, elles peuvent contribuer à la préservation de leur culture et contrer en partie les maux issus de la forme de développement imposée de l'extérieur à leur société.

S'il existe un courant d'écrits sur « la spiritualité au féminin » qui tombe assurément dans l'essentialisme et qui est particulièrement actif parmi les écoféministes et les littéraires, les pratiques observées par ces trois auteures ne semblent pas de cette nature. Comme le rappelle Rosemary Brown (homonyme de l'auteure publiée ici), présidente de MATCH, dans sa présentation d'un bulletin de l'organisme consacré à la spiritualité (automne 1991), « la religion joue un rôle primordial dans la vie quotidienne des femmes d'un grand nombre de pays.[...] Nombreuses sont les femmes dans le monde qui, s'écartant des valeurs qui les maintiennent dans un état de dépendance et d'impuissance, explorent les moyens de jouir pleinement de leurs facultés et de leur existence. » MATCH, dit-elle, « souhaite, par ses programmes et projets, contribuer au maintien de la spiritualité et en faire une source de pouvoir et d'enrichissement pour [...] toutes ».

Un autre grand thème sous-développé dans la littérature sur « femmes et développement » et abordé dans ce livre, en particulier par Penny Van Esterik, est celui de la sexualité, du corps et de l'exploitation sexuelle des femmes. Même si l'étalage de la sexualité ne doit pas être confondu avec une prétendue révolution sexuelle, il reste qu'en Occident le sujet est dorénavant abordé plus ouvertement que par le passé, notamment en ce qui concerne l'éducation des jeunes; depuis le tout début de cette « deuxième vague » féministe, les diverses formes d'exploitation sexuelle (prostitution, pornographie, publicité) et de violence à l'égard des femmes (viol, agressions physiques, mutilations ritualisées) constituent un des principaux terrains de lutte du mouvement des femmes. Dans beaucoup de sociétés, cependant, le sujet demeure largement tabou pour la majorité de la population, ce qui ralentit d'autant la prise de conscience, la résistance et l'organisation des femmes. On pourrait être tentée d'interpréter de la même manière la forme d'évitement dont font preuve à cet égard la majorité des gouvernements dans le Tiers-Monde et les organismes de développement international. Mais la contribution de Van Esterik montre qu'en réalité, les gouvernements n'en sont pas à une contradiction près, réclamant d'une part l'intégration des femmes au développement tout en organisant d'autre part leur exploitation sexuelle, et ce avec la bénédiction implicite des organismes subventionnaires du Nord. Dans ce dossier, le dialogue entre les femmes du Nord et du Sud s'avère non seulement stratégique mais indispensable.

La violence à l'égard des femmes est également un thème rare dans le champ « femmes et développement », sans doute pour les mêmes raisons que la religion et les dimensions idéologiques le furent pendant de nombreuses années, c'est-à-dire en partie à cause de la dominance des approches macro-économique et (plus récemment) micro-économiques, donc trop étroitement matérialistes. Sans doute aussi, parce que la violence est si répandue, si multiforme, si quotidienne que sa définition et sa reconnaissance (son admission) par celles qui en sont victimes ne sont pas toujours faciles. Certainement aussi parce que, dans l'ensemble des sociétés patri- et viriarcales, il y a, plus ou moins consciemment, connivence entre ceux qui commettent cette violence et en profitent et ceux qui définissent et contrôlent le développement, c'est-à-dire, dans les deux cas, les hommes et les États.

En expliquant comment MATCH en est venu à faire de la violence un thème stratégique d'action, Cardinal, Costigan et Hefferman témoignent du caractère fructueux des échanges internationaux en ce domaine. Car, si certaines pratiques sont ritualisées, sanctionnées par les cultures (excision, infibulation, sati, bandage des pieds, étirement du cou par l'ajout d'anneaux, etc.) et ainsi occultées en tant que violence, les manifestations quotidiennes de violence « ordinaire » à l'égard des femmes sont étonnamment semblables. Les stratégies féministes de lutte développées dans une région du monde peuvent donc avantageusement être partagées avec les autres femmes qui, ailleurs aussi, luttent ou voudraient pouvoir lutter contre ce fléau. MATCH contribue donc à briser l'isolement caractéristique des femmes sur ce plan. De plus, ce faisant, en tant qu'ONG qui a acquis une solide réputation au plan international, elle confère à ce thème une légitimité dans le champ du développement.

## DES QUESTIONS ET DES PISTES POUR LA RECHERCHE ET L'ACTION

### Le deuxième genre ou « making men visible as men »[5]

Dans le contexte politique actuel, alors que les agences de développement, si friandes de nouveaux mots d'ordre, sont par ailleurs toujours aussi avares de fonds destinés aux femmes et maintiennent des structures toujours aussi masculines (voir Staudt 1990) ; alors qu'au sein de ces structures l'existence des services IFD ou *Women's Bureau* est rien moins que précaire sinon menacée[6], le recours au terme « genre » ou *gender* plutôt qu'à femmes ou *women* soulève certaines questions de fond. Celles que nous évoquons brièvement ici sont principalement d'ordre stratégique[7].

En effet, si nous reconnaissons comme Rathgeber, Young[8], Scott, Lorber et d'autres, le potentiel politique du concept de « genre » lorsque défini par les féministes anglo-saxonnes[9] comme une « façon première de signifier des rapports de pouvoir » (Scott 1988:141), « one of the foundations of every existing social order » (Lorber 1986:3), nous pensons, à l'instar de Françoise Collin, que cette dénomination, comme les autres qui lui sont apparentées (études féministes, études de genres, études des rapports sociaux de sexe, etc.; *women's studies, gender studies, feminine studies,* etc.), est généralement « plus stratégique qu'épistémologique ou méthodologique » (Collin 1990:82), y compris pour les féministes.

Ainsi, il est évident que genre ou *gender* n'est souvent qu'un euphémisme permettant aux chercheuses et aux activistes de se concentrer sur les femmes et de poursuivre leurs activités féministes en toute impunité. Mais, comme le souligne l'historienne Joan Scott, le terme est aussi fréquemment utilisé (et pas seulement en histoire) pour

indiquer l'érudition et le sérieux d'un travail, car « genre » a une connotation plus objective et plus neutre que « femmes ». Le « genre » semble s'intégrer dans la terminologie scientifique des sciences sociales et, donc, se dissocier de la politique (prétendument tapageuse) du féminisme. Dans cet usage, le terme « genre » n'implique pas nécessairement une prise de position sur l'inégalité ou le pouvoir, pas plus qu'il ne désigne la partie lésée (et jusqu'à présent invisible). (Scott 1988:129)

Qui plus est, le terme « genre » semble ré-introduire la symétrie dans l'analyse, rétablir l'équilibre entre les hommes et les femmes[10], bref mettre fin aux « excès » féministes. Il n'est donc pas étonnant que ces diverses formes de « recherche d'une légitimité institutionnelle » (Scott ibid.) soient incontestablement mieux accueillies par l'*establishment* des agences de développement et des universités que les initiatives à l'intention des femmes ou ouvertement féministes.

Cependant, en donnant ainsi l'impression d'atténuer les préoccupations pour les femmes, ne risque-t-on pas de leur enlever le peu d'espace qui leur était enfin accordé? De fragiliser encore davantage les maigres acquis dus au féminisme? Les énoncés de principes, les projets et les recherches consacrés aux femmes sont si peu nombreux dans l'ensemble du champ développemental et surtout, là où ils existent, ils sont à peine amorcés. N'est-il pas un peu tôt pour renoncer à ce « rattrapage »? En tant que féministes, n'avons-nous pas au contraire intérêt à maintenir bien visibles les objectifs que nous poursuivons?

Ceci dit, l'utilisation de « genre » pose un défi plus grand encore: celui de la reconnaissance politique du « deuxième genre ». En effet, si, grâce aux études féministes, les femmes sont davantage considérées comme appartenant à une catégorie sociologique (Mathieu 1991), plutôt que relevant d'une essence féminine ou de la biologie, il reste encore beaucoup à faire pour que les hommes également soient considérés en tant que catégorie sociologique et surtout comme « catégorie sexuée inscrite dans un rapport social inégalitaire avec la catégorie des femmes ». En effet, adopter une approche « genre et développement » devrait logiquement conduire à « reconsidérer les données qui ont été construites à leur sujet sans qu'il ait été tenu compte de leur position dominante dans les rapports de sexe et des bénéfices qu'ils tirent de la division sexuelle du travail » (Daune-Richard et Devreux 1985:51). Même si des auteures comme Naïla Kabeer (1985), Cynthia Enloe (1989) et plusieurs contributrices de ce livre identifient clairement les enjeux, pour les hommes aussi bien que pour les femmes, il est rare que les rapports de pouvoir entre hommes et femmes soient entièrement explicités. Rathgeber souligne que l'approche « genre et développement » semble plus facile à appliquer en recherche que dans les interventions, ce qui est logique puisque ce sont des chercheuses qui sont à l'origine de cette approche. Mais comment les féministes oeuvrant au sein des diverses instances (agences, gouvernements, ONG) engagées dans le développement réussiront-elles à relever ce défi, compte tenu de ce que nous connaissons maintenant du fonctionnement de ces instances et de la position marginale qu'elles y occupent? Il ne fait aucun doute, selon nous, que, parmi les stratégies à développer pour y parvenir, la collaboration entre les féministes des diverses institutions, des diverses disciplines et des divers pays s'avère prioritaire.

### La reproduction, une question de pouvoir

Sans entrer dans les discussions entourant le concept de reproduction, discussions qui sont du même type que celles évoquées précédemment à propos de celui du développement[11], nous pensons que le vaste thème de la reproduction humaine, dans l'acception large et spécifique tout à la fois présentée par Dagenais dans son texte, mérite aussi quelques réflexions.

Comme le souligne Rathgeber, l'intérêt de la part d'organismes comme la Banque mondiale et l'Organisation mondiale de la santé pour la maternité et les questions liées à la reproduction biologique reflète leur « conception traditionnelle des rôles féminins ». Cependant, la reproduction n'est pas qu'une fonction biologique; elle est « le terrain de base des rapports sociaux de sexe » (Tabet 1985:5), le lieu où s'expriment le plus clairement et le plus quotidiennement les enjeux politiques dont les femmes sont l'objet dans leurs rapports avec les hommes et avec les États, et ce dans toutes les sociétés. La maternité demeure le seul rôle féminin universellement reconnu – le terme reconnaissance étant pris ici dans un sens descriptif – et elle est associée au destin de toutes les femmes, quelles que soient leur ethnie, leur couleur et leur classe sociale, qu'elles désirent ou non, qu'elles aient ou non des enfants. Les données démographiques montrent d'ailleurs que, partout dans le monde, la grande majorité des femmes sont mères (par choix, par contrainte ou autrement) au moins une fois dans leur vie et ce, même dans des pays, comme le Québec, où le taux de fécondité est très bas (environ 1,4 enfant par femme), les maternités plus tardives et la contraception facilement accessible.

Mais alors que le vécu de la maternité continue d'être une préoccupation centrale pour les féministes occidentales, la littérature sur les femmes et le développement contient relativement peu d'études du vécu maternel dans les pays du Tiers-Monde. De telles études permettraient pourtant de comprendre, illustrer et contextualiser l'abondance de statistiques sur le planning familial, la fécondité, etc. Les études qui s'en rapprochent le plus sont celles portant sur les « unités domestiques » (households et household units) et celles concernant les liens entre production et reproduction. Cet état de fait s'explique certes, en partie, par le respect des féministes pour la vie privée des autres femmes. Mais il reflète peut-être aussi une certaine peur, malheureusement bien fondée: peur, de la part des chercheuses du Nord, d'être taxées d'ethnocentrisme, de néocolonialisme, et peur, de la part de celles du Sud, d'être accusées de biais occidentaux, de traîtrise. Cependant, en faisant silence sur les conditions souvent opprimantes de la maternité et le caractère politique des rapports conjugaux, les féministes tiennent un discours théoriquement et politiquement paradoxal puisqu'elles semblent ainsi légitimer le statu quo dans la vie des autres femmes alors qu'elles-mêmes le refusent absolument dans leur propre vie.

Il n'est donc pas étonnant qu'il ait fallu attendre jusqu'à ces dernières années pour que des études démontrent que le postulat sous-jacent à la notion d'« unités domestiques » occulte la contribution des femmes et les rapports de force dans les ménages; que les foyers dans le Tiers-Monde peuvent, comme en Occident, n'avoir d'unité que le nom et être, au contraire, des regroupements de personnes aux intérêts souvent divergents, aux tâches et aux ressources généralement inégales (voir les contributions dans Dwyer et Bruce 1988; Whitehead 1990). De même, c'est grâce aux féministes originaires du Sud, de plus en plus nombreuses dorénavant, qu'est maintenant posée, sans complaisance ni mauvaise conscience, la question des enjeux de la fécondité pour les femmes – et non plus seulement pour les nations du Tiers-Monde. « Do women gain from high fertility? », demande, par exemple, Naïla Kabeer (1985). Dans sa réponse, à propos du Bengladesh, elle souligne les avantages que les hommes retirent des enfants alors que, pour les femmes les plus pauvres, les enfants ne représentent pas automatiquement la sécurité économique de la vieillesse.

Par ailleurs, il existe actuellement au Nord un large courant féministe centré sur la maternité, la « revendication maternelle », le « droit à la reproduction » biologique; un débat se poursuit aussi autour des « nouvelles technologies de la reproduction » (NTR) ou « procréatique », opposant celles qui en dénoncent les dangers de dépossession des femmes de leur maternité à celles qui y entrevoient un potentiel de libération. Outre le réductionnisme et le naturalisme de certaines de ces positions, d'ailleurs soulignés par plusieurs critiques (dont Dhavernas 1991 et Delphy 1990), les auteures semblent oublier que, pour la majorité des femmes dans le monde aujourd'hui, c'est toujours moins le « droit » de faire des enfants – de se réapproprier la maternité – qui est menacé que celui de refuser d'en faire quand elles n'en veulent pas, quand elles n'en veulent plus ou en veulent moins, en d'autres mots le droit de disposer librement de leur personne. Nous en avons la preuve dans le fait que les femmes, même dans les pays riches, n'ont pas toutes accès à la contraception et que de nombreux états, particulièrement en Afrique sub-saharienne, en Amérique latine et dans les pays islamiques, réduisent considérablement ou interdisent l'accès des femmes à l'avortement. Les statistiques sur les avortements clandestins et leurs conséquences pour ce qui est de la mortalité et de la morbidité (Dixon-Mueller 1990) confirment, de façon tragique, ce que nous apprenait l'Enquête mondiale de fécondité, réalisée de 1974 à 1982 dans 42 pays: un grand nombre de femmes de par le monde préféreraient avoir moins d'enfants et certaines sont prêtes à risquer leur vie pour éviter les grossesses non désirées. De même, alors que « la notion de contrôle n'est généralement employée que dans le sens de limitation » des naissances, les nombreux exemples ethnographiques présentés par Paola Tabet montrent qu'au plan théorique comme au plan pratique, il serait plus juste d'insister sur la « reproduction forcée » et de considérer « toutes les formes d'interventions sur le corps: aussi bien celles qui limitent la reproduction que celles qui y contraignent » (Tabet 1985).

Une telle approche permettrait de comprendre notamment les contradictions dans les politiques de population: alors qu'au Nord on développe des « mesures incitatives » pour augmenter la fécondité des femmes et la natalité, au Sud, certaines femmes sont stérilisées sans leur consentement pendant que d'autres sont au contraire empêchées d'avorter. Reconnaître les contraintes à la reproduction faciliterait aussi la levée du tabou qui, dans bien des sociétés du Tiers-Monde, continue d'entourer le corps et le non-désir d'enfant, quand ce dernier n'est pas tout simplement impensable; même en Occident, d'ailleurs, où l'étalage de la sexualité est souvent confondu avec une prétendue « révolution sexuelle », le non-désir d'enfant conserve encore de nos jours une connotation d'immoralité, issue de notre héritage chrétien.

Enfin, l'intérêt théorique d'étudier la reproduction réside aussi dans l'intégration qu'on peut ainsi réaliser des différents niveaux de la réalité, depuis les plus privés (sexualité, conjugalité) jusqu'aux plus publics (politiques des États), en passant par les relais communautaires et institutionnels comme l'Église. Plusieurs chapitres de ce livre le démontrent et démontrent également que l'économie sexuée *(gender economics),* pour reprendre l'expression de Laurel Bossen, et la politique sexuelle *(sexual politics)* sont deux éléments de la même dynamique complexe des rapports sociaux de sexe. En matière de reproduction, « les choix apparents des femmes ne sont pas simplement des goûts »; ils sont conditionnés par le manque de pouvoir de celles-ci au plan économique, leur peu d'estime de soi et de sécurité (Bruce 1987:360), bref par les conditions sociales et matérielles dans lesquelles les femmes sont amenées à faire ces « choix » (Petchesky 1986:11). Une analyse féministe de la reproduction, loin de conforter les rôles traditionnels des femmes (et des hommes), remet donc en question l'essentialisme ou le naturalisme (inconscient ou involontaire mais néanmoins implicite) de beaucoup d'analyses économiques et politiques du développement, où la reproduction va de soi pour les femmes. D'ailleurs avons-nous le choix? Avec la menace bien concrète que fait peser le sida sur les femmes, en particulier dans certaines régions du Tiers-Monde, la question du pouvoir dans le domaine sexuel, du contrôle des femmes sur leur propre corps devient littéralement une question de vie ou de mort. Il faudra bien faire en sorte – et rapidement – que les femmes aient les moyens nécessaires, à commencer par l'information, pour se protéger et protéger les enfants – les leurs certes, mais aussi les orphelins et orphelines, de plus en plus nombreuses dont elles ont maintenant la charge.

*Du côté des adolescentes*

La même analyse politique devrait, selon nous, être appliquée aux petites filles. On a souvent accusé les féministes d'être anti-famille et de refuser les enfants. Cette accusation est sans fondement sociologique, d'une part, parce que, comme le démontrent plusieurs textes de ce livre, elles sont sensibles aux préoccupations qu'expriment les femmes sur ce plan, notamment à propos du bien-être et de l'avenir de leurs enfants, et d'autre part, parce beaucoup de féministes ont elles-mêmes choisi la maternité et en assument aussi bien les joies que les charges physiques, émotives et sociales. Il n'en reste pas moins qu'hormis les travaux réalisés sur l'éducation, l'hygiène, la santé publique et la préoccupation médiatique récente pour « les enfants de la rue », les enfants en général occupent peu de place dans les recherches empiriques féministes, quelle que soit la tendance, WID, WAD ou GAD, et moins encore dans la théorie.

Pourtant dans la catégorie globale, apparemment asexuée, des enfants, qui représentent une proportion considérable des populations du Tiers-Monde en particulier, il y les petites filles, ces jeunes êtres qui, dans les familles pauvres, se voient investies très rapidement de responsabilités d'adultes, c'est-à-dire de travailleuses, d'épouses et de mères; qui voient ainsi leurs chances d'individuation compromises et leur destin déterminé par les rapports sociaux de sexe. Les enquêtes ethnographiques aussi bien que les statistiques sanitaires (nutrition, croissance physique, etc.) et démographiques (mortalité et morbidité différentielles selon le sexe, mariages et grossesses précoces, etc.) mondiales, aliées à celles sur la scolarisation, sont éloquentes à ce propos. Les intérêts à long terme des petites filles sont fréquemment sacrifiés au nom des besoins à court terme des mères et des ménages, avec toutes les conséquences qui en découleront pour elles-mêmes à l'âge adulte, tant au plan personnel qu'aux plans professionnel et économique, et pour les pays concernés. Mais l'opinion publique, qui s'émeut si facilement devant les images d'enfants maltraités, d'enfants vivant dans la mendicité, de prostitution enfantine, ignore l'exploitation moins visible mais beaucoup plus répandue des petites filles par le travail domestique dans les familles pauvres et souvent nombreuses[12]. Dans cette période de leur vie où elles sont le plus vulnérables, les adolescentes du Tiers-Monde deviennent visibles, pour le grand public, seulement lorsqu'elles entrent d'une manière fracassante dans les faits divers (femmes brûlées vives en Inde en rapport avec la question de la dot; fillettes mortes d'hémorragie à la suite d'une clitoridectomie, etc.) et, pour les scientifiques, lorsque les proportions observées pour leur groupe d'âge atteignent des niveaux choquants: on sait, par exemple,

que les adolescentes constituent la majorité de la main d'oeuvre ouvrière des usines de sous-traitance (Nash et Fernandez-Kelly 1983), qui
s'installent au Sud précisément à cause de leur disponibilité, et qu'elles
sont sur-représentées dans les statistiques de mortalité et de morbidité
dues à des avortements clandestins (Dixon-Mueller 1990) et de mortalité maternelle (Royston et Armstrong 1990). Il serait instructif
également de mettre systématiquement en rapport les « gains » réalisés
globalement dans l'alphatétisation et la scolarisation, toujours plus
élevés par ailleurs pour les garçons que pour les filles, avec le « double
standard » de moralité sexuelle qui, dans bien des pays, force encore
les adolescentes qui deviennent enceintes à « choisir » entre l'abandon
des études ou l'avortement, souvent clandestin.

De même, le silence et le malaise, d'une part, et le « double standard », d'autre part, qui continuent largement d'entourer les mutilations sexuelles[13], occultent aussi le fait que ce sont des adolescentes, en
grande majorité, sur qui on fait ainsi reposer le maintien de traditions
culturelles patriarcales et viriarcales. Même au sein du féminisme, il
subsiste une zone grise autour des adolescentes, que des études récentes et trop peu nombreuses sont loin d'avoir estompée.

Ceci dit, l'adolescence est une catégorie historiquement récente en
Occident, ainsi que l'a montré Philippe Ariès (1973), et elle ne prend
pleinement son sens que dans le contexte culturel et économique des
pays industrialisés, quoiqu'on puisse aussi l'observer dans les couches
aisées des pays pauvres et chez bon nombre de garçons des couches défavorisées de ces mêmes pays. Nous sommes donc bien conscientes de
la part d'ethnocentrisme que contiennent nos propos sur l'adolescence. Mais à la lumière du sort réservé aux petites filles, nous en venons à penser qu'il faudrait biaiser délibérément et systématiquement
les approches et concevoir les programmes de développement de telle
manière que les petites filles du Tiers-Monde se voient reconnue,
comme leurs consoeurs occidentales, une adolescence, c'est-à-dire une
période de latence, de répit sociologique au cours de laquelle les exigences à leur égard augmenteraient seulement graduellement – le
temps que leur intellect et leur affectivité, leur corps et leur sexualité
arrivent à maturité.

Nous sommes bien conscientes également qu'à une époque où, dans
bien des pays, les programmes d'ajustement structurel augmentent encore la pauvreté des femmes et des familles, l'évocation d'un tel objectif relève largement de l'utopie. Toutefois, il est déjà possible de
travailler concrètement en ce sens, par exemple, en accordant priorité
aux services de garde dans les projets communautaires et/ou générateurs de revenu destinés aux femmes. Les mères concernées, qui ont
souvent elles-mêmes fait les frais de la pauvreté de leurs parents et sont

conscientes des sacrifices qu'elles imposent à leurs filles, seraient probablement les premières à collaborer si on leur en fournissait la possibilité.

Il est donc grand temps – urgent – d'intégrer les enfants en général
et les adolescentes et les adolescents en particulier à la théorie féministe, en reconnaissant qu'il ne s'agit là ni d'un groupe neutre, ni
d'une classe instrumentale au service des adultes, mais bien de femmes
et d'hommes en devenir qui, sans rien pouvoir y faire, sont déjà pleinement impliqué / e / s dans les rapports sociaux de sexe.

## La globalisation des enjeux

Nous ne saurions terminer cette introduction sans souligner la position
particulière des femmes dans les grands enjeux sociaux et planétaires
de cette fin de siècle, notamment l'internationalisation de plus en plus
forte des courants économiques et informationnels, l'environnement
et la population, l'urbanisation et le logement. Tout en faisant parfois
disparaître l'univers vécu des femmes dans un « système monde »
abstrait, une perspective globale a le mérite de renverser le sens des regards: alors qu'on examine habituellement depuis le monde développé les conditions du sous-développement, elle nous oblige à relire
le monde développé à travers le prisme du sous-développement
(Boulding 1988).

Les féministes dans leurs écrits, notamment Wiltshire, Ng, Van
Esterik dans ce livre, ont bien démontré l'impact de la colonisation et
de l'accumulation du capital sur les inégalités entre les nations, entre
les classes au sein d'une même nation et chez les femmes. Les femmes
du Tiers-Monde ont été littéralement dépossédées de leur savoir et de
leur position sociale et rejetées dans la dépendance. Aujourd'hui, on
constate que non seulement la fabrication de biens de consommation
de masse et la production intensive de produits agricoles sont transfé-
rées vers les pays en développement, mais aussi le travail clérical associé
au traitement primaire des données de l'industrie tertiaire. La dépendance des pays du Tiers-Monde, avec leur dette accumulée, ainsi que
la mobilité du capital, à laquelle s'ajoute aujourd'hui la mobilité et la
flexibilité des lieux de production, posent des problèmes éthiques à
toutes les femmes et à toutes les nations. D'une part, avec l'ouverture
des marchés, on voit l'emploi des femmes des pays développées menacé par l'exploitation de la main d'oeuvre féminine des pays en voie
de développement. D'autre part, plus les pays développés haussent leur
niveau de consommation, plus est entretenu le système par lequel les
femmes du Tiers-Monde sont forcées de se détourner de pratiques de
subsistance essentielles et plus les ressources de ces pays sont surexploi-
tées. Les solidarités de discours ne peuvent suffire à inverser les ten-

dances appauvrissantes: comme nous l'avons dit plus haut, le sous-développement se double d'un surdéveloppement auquel les féministes doivent réfléchir.

La guerre du Golfe a fait la preuve des moyens que les pays développés sont prêts à mettre en oeuvre pour assurer leur main mise sur les ressources mondiales, mais aussi, et c'est ce qui est le plus inquiétant, pour donner une leçon claire de leur supériorité matérielle et « morale ». Cet univers sans nuances, caricaturé, si c'est encore possible, par les médias, fait abstraction des femmes, des hommes et des enfants qui en font les frais. L'ordre mondial des communications joint sa voix à l'ordre économique pour véhiculer des valeurs très éloignées de celles que les femmes ont mises de l'avant lors du sommet de Naïrobi (*Canadian Woman Studies/Les Cahiers de la femme* 1986).

À l'internationalisation des rapports économiques et informationnels répondent tout naturellement une grande circulation de la main d'oeuvre et l'instauration de nouveaux rapports ethniques un peu partout dans le monde. Les guerres et cataclysmes qui sévissent en plusieurs points de la planète ajoutent à ces flux de personnes. Les effets de cette mobilité, qu'il s'agisse des camps de réfugié/e/s aux conditions avilissantes, de la condition immigrante ou de l'intolérance qui sévit dans les pays qui profitent de la main d'oeuvre « importée », s'ajoutent aux problèmes d'exploitation économique ou sexuelle des femmes qui sont asservies aux fins du développement.

L'internationalisation des échanges est particulièrement visible dans le champ de l'environnement, avec ses flux de déchets et de polluants et l'exploitation des ressources naturelles non renouvelables. Est-ce un hasard si une femme, Bro Bruntland, a présidé aux travaux de la Commission mondiale sur l'environnement et le développement (1987)? Toujours est-il que les problèmes environnementaux de la planète y ont été décrits non pas en fonction de critères techniciens auxquels ce genre d'initiatives nous avait habituées, mais avec une grande sensibilité à leur impact sur les pays, les classes et les femmes les plus démunis. Les travaux sur et par les femmes des pays sous-développés (voir par exemple Dankelman et Davidson 1988; Sen et Grown 1987; Shiva 1988) ont bien montré comment le colonialisme et le développement contemporain ont transformé les ressources naturelles des pays du Tiers-Monde en sources de profit et donc d'accumulation et, du coup, appauvri les pays sous-développés, marginalisant les modes de vie et les savoirs traditionnels des femmes, pourtant souvent fort pertinents en matière de foresterie, d'agriculture, de conservation de l'eau et des sols.

Les choix environnementaux interrogent de façon bien particulière la validité de la science sur laquelle ils sont fondés et les objectifs poursuivis à travers son usage. La critique féministe de la science patriarcale et faussement rationnelle fait sa marque en matière d'environnement, puisqu'en revalorisant un regard holistique, humaniste et respectueux de la diversité, elle s'avère profondément écologique. Non seulement des femmes ont-elles été parmi les premières à dénoncer le traitement réservé à l'environnement (Carson, 1962), mais on voit naître depuis quelques années une critique féministe, tant universitaire et scientifique (Hynes, 1989) que pratique (pensons par exemple au mouvement Chipko décrit par Shiva en 1988 et à l'intérêt manifesté par les agricultrices canadiennes pour l'agriculture biologique), de l'agriculture et de la foresterie fondées sur l'usage des pesticides, des herbicides, des fertilisants chimiques, de l'irrigation mécanisée, et maintenant des biotechnologies. Mais un énorme travail attend encore les femmes qui voudront réinventer l'agriculture à l'encontre des visées de l'empire agro-industriel et s'opposer à la détérioration des ressources. Car on ne peut vraisemblablement pas penser que la simple revalorisation de l'agriculture de subsistance propre aux sociétés traditionnelles suffira à nourrir les villes et encore moins que la majorité des femmes s'identifieront à certains discours écoféministes américains.

La question de l'environnement va de pair avec celle de la population et de l'urbanisation. Les femmes des pays sous-développés ont été la cible des politiques de contrôle des naissances, souvent sans leur consentement ou sans qu'on les consulte, pendant que les nouvelles techniques de reproduction se développaient en Occident. Mais, indépendamment des résultats des politiques de population, l'urbanisation continuera sa marche en avant et les milieux de vie seront donc en transformation rapide. Or, la recherche sur les femmes et le développement présentée dans le présent livre ne reflète pas l'ampleur des problèmes auxquels font face les femmes dans les villes. La récente critique féministe de l'aménagement des milieux de vie dans les pays développés commence à peine à expliquer comment se construisent les rapports entre femmes et espace et à s'attaquer à l'invisibilité des femmes dans la planification urbaine et régionale (pour des comptes rendus de ces travaux, voir Moore Milroy 1991, Sandercock et Forsyth 1992). Les villes et les milieux de vie du Tiers-Monde, parce qu'ils sont justement en transformation rapide, offrent un terrain tout désigné pour réinventer les façons de produire l'habitat et le logement. Certes, les femmes sont actives sur le terrain en dépit de la pauvreté des outils à leur disposition et des contraintes auxquelles elles doivent faire face (Moser et Peake, 1987). Mais le lien entre théorie et pratique reste à établir en la matière pour jeter les assises d'un réel pouvoir des femmes sur leur milieu.

La compréhension et le contrôle de tous ces enjeux exigeront un effort théorique considérable dans les années à venir. La force de la pensée féministe sur le développement face à ce défi repose dans son intérêt à la fois pour les phénomènes macro-sociaux et micro-sociaux. Toutefois, il faudra voir à intégrer davantage la recherche qui vise à cerner les mécanismes par lesquels la subordination des femmes est amplifiée par la structure internationale du capital avec celle qui s'intéresse aux conditions et aux stratégies des femmes dans des communautés particulières. Seules, les approches macro-sociales risquent de susciter des attitudes de cynisme face à l'ampleur des transformations à accomplir, alors que, par elles-mêmes, les approches plus micro-sociales pourraient ne déboucher que sur des formes de développement « alternatif » qui marginaliseraient les femmes encore davantage.

### Des alliances dans la diversité

Devant de tels enjeux globaux, bien décrits également par Sen et Grown, Mies et d'autres auteures, les féministes n'ont d'autre choix que d'unir leurs forces internationalement. Les dernières années ont vu une abondance de textes rappelant, à juste titre, que la catégorie « femmes » « n'est pas et ne peut pas être une catégorie homogène » et soulignant les divisions de toutes sortes (divisions de génération, d'intérêts personnels, de classe, de couleur et de culture; divisions selon les rapports de parenté; différences rurales-urbaines, etc.) qui peuvent compromettre les solidarités potentielles. Lorsque nous effectuons des recherches ou des interventions, il nous faut constamment préciser de quelles femmes nous parlons au juste (Labrecque 1991), car les circonstances dans lesquelles vivent les unes et les autres conditionnent les attentes et les réactions face au changement (Whitehead 1984). En d'autres mots, il nous faut considérer lucidement ce qui nous divise.

Mais dans la conjoncture actuelle, que plusieurs parmi nous qualifient de *backlash,* nous nous devons d'identifier tout aussi clairement nos intérêts communs (par exemple au plan de la reproduction, dans les rapports à l'État, dans la lutte contre les diverses formes de violence à notre égard, etc.). Les textes réunis dans ce livre montrent que, malgré des différences thématiques, théoriques, méthodologiques, il est possible au plan épistémologique d'adopter le point de vue des femmes *(the standpoint of women)* sans tenter à tout prix de trouver une expérience généralisable à toutes. À l'instar de Dorothy Smith, les auteures ont procédé à des analyses précises et contextualisées, d'où les généralisations et les prétentions d'objectivité et d'universalité sont absentes (Smith 1989).

En ce sens, au plan stratégique comme au plan théorique, il importe aussi que les féministes qui s'intéressent au développement travaillent en contact plus étroit avec celles qui oeuvrent en dehors de ce champ. Après tout, l'inscription des femmes parmi les priorités du développement international, la mise sur pied de bureaux IFD, l'existence aujourd'hui de préoccupations féministes, aussi précaires soient-elles, au sein des divers organismes voués au développement international tirent directement leur origine du militantisme de cette « deuxième vague » féministe. D'ailleurs, étant donné la résistance que rencontre encore aujourd'hui, vingt ans après l'éveil suscité par la publication du livre d'Ester Boserup, l'application des approches *WID*, *WAD* et *GAD* par les agences internationales et les bureaucraties gouvernementales et, en conséquence, le peu d'impact que celles-ci ont eu jusqu'à présent sur la recherche et l'intervention conventionnelles *(mainstream)* (Rathgeber, dans ce livre; Nash 1986; Dagenais 1988), il est vraisemblable que, sans la vigueur du mouvement féministe, ces approches auraient déjà disparu. Aussi, malgré l'importance d'établir une ligne de démarcation claire par rapport aux approches essentialistes et biologisantes qui caractérisent indéniablement « certaines versions du féminisme » (Young 1988a:2) occidental, il serait contre-productif de laisser les combats d'étiquettes dont nous parlions précédemment brouiller la communication entre nous. D'autant plus que les positions ne sont pas toujours simples à cerner et que, comme l'a montré Patricia Stamp (1990) pour l'Afrique, leur efficacité peut varier selon les contextes.

Charlotte Bunch nous rappelle que la constitution d'alliances est une démarche positive.

Successful coalitions are not built on feeling sorry for others or being apologetic about one's existence. Coalitions are built around shared outrage over injustice and common visions of how society can be changed. Few of us had control over our origins, and the point is not to feel guilt about the attitudes or privileges that we inherited. The question is what are we going to do about them now – how are we going to change ourselves and work to end domination in the world? (Bunch 1990: 54)

Si nous voulons établir des alliances efficaces et acquérir/construire ainsi « le pouvoir qui provient de la solidarité » (« the power that comes from solidarity ») (Hirsch in Hirsch et Fox Keller 1990:385) nous, les Occidentales, devons donc dépasser « la domination intériorisée » (Pheterson 1990); de plus, la peur de l'ethnocentrisme, des accusations d'ethnocentrisme et le sentiment de culpabilité doivent céder le pas à une analyse politique et scientifique rigoureuse. Pour cela, il importe de distinguer les critiques formulées par certaines d'entre nous (femmes noires[14], amérindiennes, lesbiennes, femmes du Tiers-Monde, du Quart-Monde) à l'égard de théories qui ignoraient leur spécificité, sinon leur existence même, des accusations d'ethno-centrisme, proférées par des fonctionnaires des agences de développe-ment international ou des hommes politiques à l'égard de la minorité de féministes qui tentent d'infléchir[15] les programmes à l'avantage des femmes du Tiers-Monde, auxquelles fait référence Rathgeber. Les pre-mières, comme la critique de Wilshire dans ce livre, qui favorisent la ré-flexion, le dialogue et une approche « interactive » (Alperin 1990), font avancer le féminisme et servent les intérêts des femmes. Les se-condes, au contraire, sont utilisées contre nous comme des épouvantails: elles visent à nous effrayer et, par la tactique bien connue du « diviser pour mieux régner », à inhiber la construction d'une soli-darité féministe internationale. Ce faisant, elles favorisent le maintien du *statu quo* dont bénéficient les hommes, individuellement et collec-tivement (Dagenais 1988).

Car, faut-il le rappeler,

dans la majorité des cas, il existe en ce qui concerne le pouvoir des hommes sur les femmes, le « viriarcat », une similitude structurelle entre nos sociétés et d'autres – par delà les contenus spécifiques, dont seule l'analyse permet d'ail-leurs de mettre en évidence cette concordance [...un] caractère de proximité quant aux rapports de sexe entre les sociétés occidentales et d'autres sociétés – notamment patrilinéaires, patri-virilocales et fortement viriarcales (qui repré-sentent 80 % des sociétés connues[...]). (Mathieu 1991:125)

Cela devrait nous empêcher de sombrer dans le « nouvel avatar cul-pabilisé de l'ethnocentrisme même » qui consiste à « considérer les sociétés occidentales comme « à part », sous prétexte qu'elles en op-priment d'autres » (Mathieu ibid.).

En d'autres mots, si la prise en compte des différences (Albrecht et Brewer 1990) entre les femmes et des contradictions au sein même du mouvement féminisme (Hirsch et Fox-Keller 1990; Ramazanoglu 1989) est indispensable à la construction d'alliances solides; si cette re-connaissance constitue indéniablement un signe de maturité du fémi-nisme et un enrichissement, sur tous les plans, il ne faudrait pas, cependant, que l'insistance sur les différences débouche sur un enfer-mement des autres (car seules les autres, les dominées, les faibles sont différentes) dans leur différence ou se transforme en un relativisme pa-ralysant, d'où le seul point de vue épistémologique serait l'absence de point de vue et d'où toute prise de position commune deviendrait im-possible. Il nous faut donc apprendre à regarder avec la même atten-tion, au-delà des intérêts qui nous opposent, ceux qui peuvent nous unir et adopter comme principe la recherche d'affinités (Young 1988c: 12), avec d'autres secteurs progressistes de nos sociétés certes, mais, d'abord et avant tout, entre nous, féministes du monde entier.

NOTES

1 À titre d'exemple, il n'y pas une seule mention des travaux réalisés dans une approche féministe dans le *Cahier du GEMDEV* no 18, paru récemment (juin 1991) à Paris et où, « à partir d'essais de synthèse de spécialistes de disciplines différentes est réalisé un recensement des thèmes et enjeux théoriques et politiques traités dans la littérature francophone ». La « décennie quatre-vingt » est présentée, à juste titre, comme caractérisée par un « souci plus marqué d'analyser la complexité des situations concrètes » et des préoccupations méthodologiques (Vernières 1991), sans mention du fait que la décennie des Nations unies pour les femmes, qui la recoupe, a favorisé l'émergence d'une préoccupation pour l'intégration des femmes au développement.

2 Les populations inuit et amérindiennes qui vivent au nord du Canada et du Québec utilisent le terme « Sud » pour désigner les gouvernements et les populations blanches vivant effectivement au sud de leurs territoires. Cet usage est à l'inverse du nôtre dans cette introduction où le Sud est globalement synonyme de Tiers-Monde.

3 Le terme *empowerment* est parfois traduit en français par « appropriation psychosociale ». Dans ce texte, nous l'utilisons pour désigner le processus par lequel, au moyen de leurs luttes contre l'oppression, les actrices et acteurs sociaux augmentent individuellement et collectivement leur pouvoir, c'est-à-dire leur autonomie et leur contrôle, sur leur propre vie et dans leur société. Il inclut donc, sans s'y limiter, la dimension psychosociale.

4 Qu'on y voie, comme Laurence K. Hong, un moyen pour les femmes chinoises de parvenir à long terme à l'égalité, grâce à la décomposition du système patriarcal et aux mariages uxorilocaux (Hong 1987), ou qu'on soit plus sceptique, comme Joan Mandle, étant donné l'« extraordinaire solidité des supports économiques, culturels et sociaux de l'inégalité sexuelle » (Mandle 1987:328–9), la politique de l'enfant unique continue d'alimenter les discussions théoriques. On ne peut pas, par ailleurs, en ignorer les effets négatifs vraisemblables pour la sécurité financière des personnes âgées, puisqu'en Chine une faible minorité seulement de la population dispose de prestations de sécurité sociale, ni surtout les dangers de voir augmenter le nombre d'infanticides des bébés filles. La précision de Bossen rappelle que, dans l'évaluation de cette politique, il faut aussi tenir compte des femmes et de la charge matérielle et mentale que représente la maternité dans leur vie.

5 Nous empruntons cette expression à Cynthia Enloe (1989).

6 Commentant la situation qu'elle a observée à la USAID (United States Agency for International Development), Katherine Jensen écrit: « in order to avoid being eliminated altogether, most WID directors feel they must take a relatively conservative stance in administering their programs. [...] The relationship between WID and AID seems tenuous at best » (1990:252).

7 Au plan théorique, nous partageons cependant les réserves de l'anthropologue

Nicole-Claude Mathieu, qui fut la première, dans la francophonie, à démontrer la nécessité d'une définition sociologique des catégories de sexe (1971). Mathieu écrit: « Le sexe – dans ses aspects idéels [...] et matériels – fonctionne [...] comme paramètre dans la variabilité des rapports sociaux concrets et des élaborations symboliques – ce que la tendance actuelle (notamment dans les *Women's Studies* anglo-saxonnes) tend à masquer, faisant perdre à ce concept une partie de la valeur heuristique que nous avions voulu lui donner » (Mathieu 1991: 266).

De plus, avec une définition de « genre » aussi englobante que celle développée par Kate Young et reprise par les tenantes de l'approche GAD, il devient plus difficile d'utiliser ce terme, comme on le faisait jusqu'à présent, pour mettre l'accent sur les dimensions psychosociales et la socialisation. Or, dans une approche féministe du développement, ces dimensions sont tout aussi essentielles à connaître que la division sexuelle du travail et les rapports de production.

8 Kate Young explique qu'une définition claire de *gender* est devenue nécessaire parce que, dit-elle « the term gender, which was first coined by psychologists and then used by feminists to get away from the biological referent of the word sex, is now virtually synonymous with the latter word » (1988b: 1). Nous avons pu maintes fois confirmer la justesse de cette observation, qui illustre par ailleurs, selon nous, les risques que comporte la « popularisation » de termes savants plus ou moins obscurs, sans vulgarisation suffisante. Ainsi, dans *The Girl Child,* une publication de l'UNICEF (1990), on peut lire en page 14: « Studies of amniocentesis in at least one major Asian city point to a biais in favor of the male child. Among parents who knew the gender of the future child, only one out of 8 000 aborted foetuses was male. »

De même, dans un reportage radiophonique diffusé à Radio-Canada, une journaliste anglophone, relatant la controverse soulevée dans la communauté indienne (originaire de l'Inde) de Colombie britannique par un médecin spécialisé dans la pratique de l'écographie, expliquait que celui-ci permettait aux parents de connaître très tôt « le genre », *gender,* du bébé à naître, facilitant ainsi les avortements sélectifs de foetus féminins. Comme cette journaliste utilisa le terme *gender* à plusieurs reprises et que son reportage avait fait l'objet d'un montage au préalable, il serait difficile d'interpréter ce choix comme une simple erreur de sa part. Il est plus probable qu'elle ait délibérément opté pour *gender* parce qu'il paraissait mieux approprié que *sex* dans un reportage à teneur scientifique.

9 Le moindre usage qu'en font les féministes francophones tient certainement en partie au fait que, selon *Le Petit Robert* et le *Dictionnaire du français vivant*, le terme « genre » a une dizaine de sens différents en français contemporain (alors que plusieurs d'entre eux ont pratiquement disparu en anglais). Dans un contexte pluridisciplinaire, comme par exemple lors d'une discussion entre féministes linguistes, littéraires et anthropologues, il est difficile de l'utiliser sans

risque de confusion puisque chaque spécialiste en possède une définition différente. C'est donc surtout en sciences sociales que certaines y recourent pour désigner le sexe social ou les rapports sociaux de sexe. Cependant, en sociologie, l'usage de « genre » ne semble pas toujours connaître la même faveur qu'en anthropologie. Ainsi, la rédaction de la revue *Sociologie et sociétés* a choisi de conserver *gender*, placé entre guillemets, dans la version française d'un article de Leslie Sklair (1987).

10 À titre d'exemple d'une telle approche néo-fonctionnalisme, citons l'offre d'emploi diffusée récemment par un regroupement de femmes d'une institution non gouvernementale québécoise vouée au développement international, en vue de recruter une personne pour dispenser une formation à l'approche « genre et développement ». On pouvait y lire: « cette offre s'adresse également aux hommes et aux femmes ». Étant donné le peu d'hommes qui démontrent un intérêt réel pour cette approche et qui, par exemple, s'inscrivent aux cours consacrés aux rapports sociaux de sexe et/ou au féminisme, donc qui font l'effort intellectuel nécessaire pour analyser les rapports de pouvoir dans lesquels ils s'inscrivent en tant qu'hommes, une telle démarche d'« action positive » *(affirmative action)* à leur intention est pour le moins prématurée.

11 Alison Jaggar et William McBride (1985:195) « suggèrent » même de ne plus utiliser le terme reproduction et de reconceptualiser la procréation et l'élevage des enfants (« nurturing ») comme une production, une des formes du travail humain et de la capacité créative humaine.

12 Notons que, toutes proportions gardées, le même phénomène s'est produit (et continue, à une moindre échelle, de se produire) dans les milieux défavorisés au Québec (comme dans les autres pays industrialisés); certaines femmes, filles aînées de familles nombreuses, peuvent en témoigner et, parmi elles, il s'en trouve qui ont moins de 40 ans.

13 Nulle part ce malaise et ce « double standard » ne sont aussi évidents que parmi les anthropologues, masculins en particulier. Voir à ce propos Dagenais (1987).

14 Lisa Albrecht et Rose Brewer rappellent: « We must never assume that racism has affected all people of color in the same way... [There is a] need for us to recognize the diversity among Black women » (1990:10). Ce rappel vaut pour toutes les catégories de femmes.

15 Nous aurions aimé pouvoir parler plutôt de transformation des programmes mais, dans la conjoncture actuelle et étant donné l'ampleur des changements à accomplir, le fait que certaines praticiennes et certaines chercheuses exercent une influence, si limitée soit-elle, sur certaines orientations doit être considéré comme une forme de succès.

HUGUETTE DAGENAIS AND DENISE PICHÉ

# Concepts and Practices of Development: Feminist Contributions and Future Perspectives

When one surveys the numerous works on development published in the last decade, one realizes that there is a consensus as to the "crisis" or even "impasse" in the theory of development. The authors willingly recognize the "end of certainties" that seem to be assured by the great theoretical plans of the preceeding decades and, in consequence, the necessity of profound changes in the paradigms. We are now witnessing the "replacement of the great theoretical syntheses" by a "more fundamental reflection on the meaning of the notions of development" (Thériault 1988: 3), and this reflection extends even to ethical and epistemological spheres. "In fact", to repeat the diagnostic established by Henri Rouillé d'Orfeuil in an examination of the theories of underdevelopment, "what is apparent as well is the uneasiness of the theoreticians over having so poorly described the evolution of development and the uneasiness of the practitioners at having to work blindly most of the time" (Rouillé d'Orfeuil 1987: 31).

Regarding terminological and stylistic aspects, all these conceptual and ideological clarifications and questionings translate into a multiplication of terms, a high level of abstraction and the disillusioned, if not frankly cynical, tone adopted by many authors, particularly in the Francophone world. This situation reveals the real nuances and divergences in theoretical positions, but it also favors the preservation among authors of that very important "distinction" well described by Pierre Bourdieu (1979) and facilitates the avoidance of terms with a moral ("wealth", "poverty") or militant ("exploitation", "oppression") connotation. Even so, understanding the phenomenon in question is not assured. Likewise, the intensity of the debates sometimes brings about an inflation in the scholarly discourse which in turn provokes a certain confusion. This has happened to such an extent that authors have not hesitated to speak of a "battle of labels" and of "purely semantic debates" (Sachs 1987:19; Dagenais 1988).

Fortunately, while the specialists, overwhelmingly male and Western it goes without saying, juggle these concepts and words, concrete initiatives continue, less spectacular but, as noted by J.-Yvon Thériault, "perhaps more durable with regard to the construction of a more just society" (Thériault l988: 3). Such is the case of feminist research on development. Through empirical studies that are "theoretically informed" (Sklair 1987: 62), this research has increased our understanding of the processes, effects, deficiencies and also the hopes of development. Even if this body of research has been largely ignored by the development specialists, particularly by those who are Francophone[1], it has been, without a shadow of doubt, feminists who have pushed the critique of theories and actions in this huge field farthest during the last twenty years, because not only have they contested capitalist imperialism, on which development practices and dominant concepts are based, but they have demonstrated the key role of the social relations of sex in development.

The term "development" requires, however, a certain precision. Even if the contributors to this publication do not explicitly define the concept of development, their texts are all inspired by the same holistic feminist approach, which is sensitive to the historical, political and contextual elements of the process, synthesized in the following definition by Kate Young.

Development is viewed as a complex process involving the social, economic, political and cultural betterment of individuals and of society itself. Betterment in this sense means the ability of the society to meet the physical, emotional and creative needs of the population at an historically acceptable level, and to free human labour time from an incessant treadmill of basic needs production. It thus involves increasing standards of living but not conspicuous consumption, and it implies a form of society which allows for equal distribution of social wealth. (Young 1988a: 7)

We adopt as our own this definition by Young, repeating, along with the DAWN Collective, the importance of starting "from the vantage point of poor women", those most concerned with the urgency of the empowerment[2] of women (Sen and Grown 1987), and repeating with Maria Mies the importance of not losing sight of the two "extreme poles" of the international social and economic order represented by the "overdevelopment" of the rich and powerful countries of the West and the "underdevelopment" of the colonized countries of Africa, Asia and Latin America (Mies 1986).

It is this commonality of points of view and objectives that assures the unity of this publication and that permitted us to bring together authors working in a large variety of activities (research, intervention), organizations (university, government agency, NGO) and disciplines (anthropology, demography, comparative education, native studies, nursing, international relations, sociology), as well as contributions based on studies and actions which took place in very different cultural areas (China, South-East Asia, Africa, Latin America, Northern Canada and the Antilles).

## FEMINIST CONTRIBUTIONS FOR ANOTHER DEVELOPMENT

Without pretending to paint a global portrait of the important feminist contributions to theoretical and applied perspectives on development, the present book illustrates, through its wide variety of studies, the extensive conceptual, thematic and geographical field that they cover. In order to emphasize the specific nature of the feminist contribution, the texts are arranged in such a way as to establish a dialogue between theory and practice, research and action. This also emphasizes one of the main characteristics of feminism, which tries to build a theory of society that starts from women's experience in order to be better able to return to this reality afterward in the form of directions for social change. Indeed, several of our authors work in both research and intervention.

While this volume contains several chapters by overseas researchers, which provides a comparative outlook and a variety of points of view, its fourteen Canadian articles bring to the fore the work done in this country. As well, in contrast to the resistance of international development organizations to tackling the question of the Fourth World, it does not remain silent on the condition of native peoples. Another characteristically Canadian aspect of this publication is that it brings together articles in English and French although, unfortunately, we were unable to obtain a perfect balance and the selection does not do justice to Francophone research, especially from Quebec.

The articles have been grouped under four broad themes or sections reflecting the common preoccupations of the contributors. In the first section, the authors reflect on the theoretical, epistemological, methodological, and political meaning and foundations, of research and actions on women and development. First, Eva Rathgeber provides a critical presentation of the three trends that, according to her, characterize interventions with women by the international development agencies, namely *Women in Development, Women and Development,* and *Gender and Development,* respectively designated by the acronyms WID, WAD and GAD. The author opts for the GAD approach because this ap-

proach, in contrast to others, "connects production relations to reproduction relations and takes into account all aspects women's lives." She
then examines how these theoretical perspectives are apparent in the
practices of development agencies. Rosina Wiltshire's contribution
questions the applicability of theories elaborated in the intellectual me-
tropolises of the North to the Third World and affirms the necessity of
"indigenization" of concepts and approaches in the field of women and
development. She illustrates her remarks with the case of "Women's
Studies" and "Women and Development Studies" in the Carribean region. Huguette Dagenais' contribution also concerns the Carribean.
The author proceeds to critically and qualitatively examine certain statistics that, according to her analysis, illustrate the limits of quantitative
and macrosocial approaches presently dominant in the field of development. Her observations are focused mainly on human reproduction,
a sphere which she defines in a way that integrates, without being limited to, the biological dimensions. In doing so she questions the naturalistic postulates that underly the breakdown of social statistics by sex.
Lila Engberg, Susan Beckerson and Edith François lay out a "household ecosystem frame-work" in order to build a theory of women and
development that takes into account both the whole sphere of production and the interdependence between individuals, households and
the physical and social environment. These researchers, who used a
time-budget analysis, present two case studies undertaken in Africa,
one in a rural setting in Malawi and the other in an urban Ghanaian
milieu.

In the second section, the authors critically examine the effects,
sometimes very real, sometimes anticipated, of some state-controlled
priorities of development on the situation of women and on the social
relations of sex. Cecilia Ng presents analyses of the effects of Malaysia's
"green revolution," which has been taking place since the early 1960s,
particularly the effects of the recent intensification of mechanization
on the sexual division of labour and access to land and new technology
as well as on the social relations of sex. Associated with an increased
control by men of the means and process of rice production, this
"green revolution" can be seen as a process of "domestication" of
women (Rogers 1980), which reinforces the dominant Islamic ideology on men and women's roles. In the two following chapters, Laurel
Bossen and Ellen Judd ask questions about changes which are occurring in China in its move from a planned to a market economy.
Concentrating her attention on the sexual division of labour, Ellen
Judd examines the three main economic sectors where income generating activities are accessible to rural women: agriculture, rural industries and small household market production. She analyses recent

changes concerning the opportunities of paid work for women in three villages in Shandong Province, showing that household market production or small market production seems to offer the best employment opportunities for women, in terms of both the immediate availability of income and individual autonomy. In her chapter, based on research in the village of Weixing, an agricultural and industrial suburban community of Kunming, the capital of Yunnan Province, Laurel Bossen examines in detail household or family units of production in order to evaluate the concrete effects of the new State priority for household market production. Through her research Bossen also draws attention to the "more limited" participation of men in family production, both as to time spent and type of activities.

Nancy Johnston and Glenda Roberts describe the nursing profession in China. Even after taking into account the particularities of the Chinese health system and the Occidental origin of the nursing profession, only sexism can explain the inferior status of Chinese nurses. The authors also underline the connections between this profession's subordinate position and the enhanced importance given to the technological dimensions of medicine rather than to health care per se in the Chinese health system. In the following chapter, Penny Van Esterik presents a critical discussion of the relationships between culture and development, particularly as reflected in beauty contests and prostitution in Thailand, where these two forms of commercial exploitation of women's bodies are integral parts of the strategies for an economic development strongly orientated toward international tourism. Based on Thai history and culture, the author's analysis shows that Thai concepts of physical beauty and prostitution constituted a favorable ideological terrain for the development of contemporary forms of sexual exploitation of women. Next, Arlette Gautier's contribution presents the results of a study conducted in Mexico with professionals in the health care system (doctors, mid-wives, nurses), priests and pastors and, especially, couples in five agricultural villages whose families were representative of the birthrate situation in Yucatan. The goal of this research was to study the interests at stake for men and women in procreation, in particular with regard to the policy of fertility reduction for which the Mexican government received the United Nations' prize for population in 1986.

The texts of the third section, all of which focus on women's efforts to better control the forms of development, illustrate the many means of empowerment[2] for women. Solidarity among women, the emergence of female leaders, the actions of community organizations, and the policies or obstructions of state, religious or community powers are some of the forces that materialize and combine in particular ways according to circumstances and context. Rosalynd Boyd's contribution is directed toward the transformation of women's power in a revolutionary setting, the government of the National Resistance Movement in Uganda, which, inspired by a WID approach, strives to place women at the heart of development strategies. The changes which have taken place in the political pyramid are important but, in addition to the presence of women in the power structure, the influence they have had on the changes in political values distinguishes their situation and brings the policies of the Ugandan government and those demanded by women closer together. As a result of action by women, the government made foodstuffs its first development priority. In the next chapter, Kathryn Kopinak analyses the catalyzing role played by Guillermina Valdez de Villalva and the *Centro de orientación de la Mujer Obera* (COMO) in "popular education" *(education populaire)* and the organization of female workers of the *maquiladoras* in Mexico, following orientations also inspired by feminism, charismatic renewal and the theology of liberation. The political and liberating function of the grass root movements described by Kopinak is also shown in the study carried out by Rosemary Brown with the Lubicon Lake Cree Band in Northern Alberta. The author analyses the process of resource mobilization undertaken by these Cree women in order to confront the changes brought about by the "development" imposed on them. Their ultimate goal is not power *per se* but a better quality of life and a future for their children, a process that requires the redefinition of all social relations in their society. Using data from a study conducted with Cree women of Northern Ontario and from the hearings of a taskforce on Native women and economic development, Peggy Brizinski and Linda Jaine show the importance of traditional and present Native entrepreneurship based on cooperation rather than competition. According to these authors, in order to integrate women into development plans, aid programs with entrepreneurial projects should maximize social utility and minimize the growth of inequalities, promote cooperation rather than competition, and aim for a better quality of life for all community members. The last chapter of this section describes a nongovernmental feminist organization (NGO) created by Canadian women active in development and collaborating closely with women in the Third World. Linda Cardinal, Annette Costigan and Tracy Heffernan describe how, after several years of experience and a long period of reflection, MATCH adopted GAD and "Global Feminism" perspectives and thus became an organization devoted to women's empowerment and the consolidation of the women's movement all over the world, thereby involving itself more with ideology than with basic needs.

In the final section of this book, three women who have actively intervened in their societies offer testimonies about their struggles alongside their sisters against the many oppressions to which women are
subjected. Mary Two-Axe Early speaks of the political struggle by
Canadian Native women for legal recognition of their status and their
rights. Aani Palliser Tulugak describes the spontaneous actions undertaken by Inuit women to change the behaviours and beliefs of a community and its individual members. Lastly, reflecting on the condition
of women in the Caribbean, Sonia Cuales deals with the need to solidly
ground any analysis of women's experience in the actual conditions
prevailing in their milieu.

The personal tone of these testimonies, as well as the bias in favor of
women that inspires the epistemological and political reflections in the
preceding sections, illustrate the specificity of the feminist approach,
an approach that integrates theory and practice and places scientific
knowledge at the service of social change.

### Thematic convergences

Although the field of development is still ruled by narrow conceptions
of politics and economics, the contributions in this volume remind us
of the need to take into account history, culture and ideology in attempting to understand social change and the obstacles to development. They show that cultural and ideological referents are to be
understood as dynamic systems, open to internal and external influences that transform them and situate them historically. Thus, taking
culture and history into account is essential to avoid ethnocentrism and
to permit, as noted by Wiltshire, the indigenization of development
concepts and practices. The texts on China and Thailand, in particular,
attest to the historical depth and the resilience of a patriarchy that will
take more than a political and economic revolution to eliminate. This
situation constitutes an invitation to vigilance for feminists in other
countries where the state, as in Uganda or Mexico, seems to be ahead
of the women's demands.

With respect to methodology, the authors plead, by their examples,
for a humanist approach, which would give priority to qualitative field
research and development practices that involve women as autonomous participants in their own empowerment. By their diversity, these
texts also illustrate the complementarity of approaches and disciplines,
the interpenetration of diverse types of involvement (personal, professional, scientific) and the link between theory and action that, as we
have noted above, characterize feminist studies. The situation calls for
stronger relationships between feminist researchers in academia and

practitioners in development agencies, and between those, the large majority, who come from the rich countries of the North and their colleagues of the so-called Third and Fourth Worlds, as well as between feminists working in the field of development and their counterparts from other fields and disciplines.

The texts focus on central problems facing feminists all over the world. There is the problem, for example, of women's *work* – hidden work and simultaneously separable and inseparable activities – and what is usually designated as the relationship between production and reproduction. If these questions occupy an important place in the theoretical and practical preoccupations of feminists, it is not only because they correspond to women's experience but also because they reveal the perverse effects of development policies, in particular the increase in women's dependency and their lack of participation in social and economic development. The texts of Dagenais, Engberg, Beckerson and François, Ng, Bossen, Judd, Brown and Cuales elaborate on these themes.

In their quest for power in and over their work, women all over the world have led important struggles for the recognition of their rights and the improvement of their working conditions in the formal economy sector by creating new organizations, such as COMO, described by Kopinak, or by seeking to modify the orientations of existing labour organizations, as in Uganda. Along with this interest in the organization of women workers, the dawning of a new approach to work is also apparent in several chapters of this book. This approach "recuperates" the concept of *entrepreneurship* in order to take into account the multitude of initiatives by women in the informal sector of the economy and their desire to transform the formal economy. Examples of this form of entrepreneurship can be seen in the small autonomous production of Chinese women (Bossen and Judd), in the women's projects supported worldwide by MATCH (Cardinal, Costigan and Heffernan), in Native women's community initiatives (Brizinski and Jaine, Brown, Palliser Tulugak) and in the activities of women traders and producers in Africa (Engberg, Beckerson and François) and in the Caribbean (Cuales). The production cooperatives mentioned by Kopinak also offer another model of entrepreneurship and control over work.

This women's entrepreneurship seems inextricably linked with *local development*. Indeed, women base their actions in an environment they know, where they can mutually support each other and receive recognition for their abilities and leadership. But beyond the issue of access to power, a number of women, by their enterprises and by expansion into the public sphere of their household production, target local development and the subordination of local economy to the community's well-being. Given the extent to which women bear the costs of the world capitalist system, not only through reproductive activities but also as a reserve of cheap labour – an essential and structurally dependent work force – it is not surprising that a good proportion of the work done by feminists, in particular that which comes out of struggles for national liberation, is aimed at creating "another development", a concept that is closely related to auto-dependent development, which focuses on the local scene and the immediate needs of the community.

The question of *women's power* is at the very heart of all the contributions in this book – power over work, as we have just seen, but also power over oneself, power in the family, economic power, political power. Some of our authors concentrate on strategies of empowerment: Kopinak, Brown, Brizinski and Jaine and Palliser Tulugak examine the consciousness-raising of women, mutual support and measures which show concern for personal life, while Van Esterik, Boyd, Two-Axe Early and Cardinal, Costigan and Heffernan deal with the more formal organization of women in groups and networks, on local and national levels as well as on an international scale. This dialectical relationship between life experience and interpersonal exchanges on the one hand, and political organization which is more structured and removed from daily life on the other, is recurrent in feminist studies. It is interesting to note that struggles for the recognition of formal rights and for equal opportunities are among the empowerment strategies discussed in the contributions to this book, particularly by Two-Axe Early, Boyd, Johnston and Roberts. One also can see links to these strategies in the chapters by Ng, Wiltshire, Cuales, Brizinski and Jaine.

Three other themes, which are not often treated in works on "women and development" but which receive a great deal of attention by feminists working outside this field, emerge in this publication. These are religion, violence and sexuality. It is surprising that so few works on "women and development" have shown interest in religious phenomena given that, even before the recent rise of fundamentalism in many countries, women constitute the majority of the faithful in diverse religions all over the world and that churches as NGO's play an important role in the financing and realization of development projects. It is true that patriarchal religions often turn out to be major forces for the subjugation of women and that, because of this feminists are often suspicious of them. But women's struggle inside churches and their involvement is different from the traditional role of the volunteer. By drawing resources for their spiritual needs from religious engagement women find inspiration to pursue their struggles for social justice. This is the case with the Mexican women in the *maquiladoras* and their charismatic leader as described by Kopinak, and probably also with the Cree women described by Brown. The experience reported by Palliser Tugulak appears to be similar: the goals guiding Inuit women's struggles go beyond their own individual liberation. In addition, the author shows clearly that when women regain possession of their traditional knowledge they can contribute to the preservation of their culture and counteract, in part, the problems generated by development imposed on their society from the outside.

If there is a trend in writings on "feminine spirituality" it is undeniably "essentialist," particularly among ecofeminists. However, the practices described by the three authors do not seem to who discuss this theme follow this trend. As recalled by Rosemary Brown president of MATCH, in her contribution to the issue of their organization's bulletin dedicated to spirituality ( Autumn 1991), "religion plays a primordial role in the daily life of women in a large number of countries ... There are many women in the world who, by moving away from the values that maintain them in a state of dependence and powerlessness, explore ways to fully enjoy their faculties and their existence." MATCH, she says, "hopes, by its programs and projects, to contribute to the maintenance of spirituality and to make it a source of power and enrichment for ... all".

Another major theme little developed in the literature on "women and development" and taken up in this book, in particular by Penny Van Esterik, is that of sexuality, the body and sexual exploitation of women. While the display of sexuality should not be mistaken for sexual revolution, it is true that in the West the subject of sexuality is now tackled more openly than in the past, particularly in relation to the education of young people. Since the very beginning of the "second wave" of feminism, the various forms of sexual exploitation (prostitution, pornography, publicity) and of violence directed toward women (rape, physical aggression, ritualized mutilations) have been one of the main battlegrounds for the feminist movement. In many societies, however, the subject remains largely taboo for the majority of the population, which seriously hampers the consciousness-raising, resistance and organization of women. One might be tempted to interpret the avoidance of such topics by the majority of governments in the Third World and by international development agencies in the same way . However, Van Esterik shows that in reality governments are not inconsistant in calling on the one hand for the integration of women in development while at the same time organizing their sexual exploitation, the latter being done with the implicit blessing of the subsidizing organizations of the North. In this matter, dialogue between women of the North and women of the South is not only strategic but indispensable.

Violence against women is an equally rare theme in the field of "women and development", no doubt for the same reasons that religion and ideological dimensions have been neglected in the past; that is, in part, because of the dominance of approaches that are too narrowly materialistic. Also, violence is so wide-spread, so varied, so much a daily experience that its definition, its recognition and its acknowledgement by those who are its victims is not always easy. Furthermore, in patriarchal and viriarchal societies there is a connivance, more or less conscious, between those who commit the violence and profit from it and those who define and control development, in both instances, men and the State.

In explaining how MATCH came to choose violence as a strategic action theme, Cardinal, Costigan and Hefferman testify to the productive nature of international exchanges on this subject. While certain practices are ritualized, and sanctioned by particular cultures (excision, infibulation, *sati*, foot binding, neck stretching by adding rings, etc.) thus hiding their violent nature, the daily manifestations of "ordinary" violence toward women are astonishingly similar. Feminist strategies developed in one region of the world, therefore, can be shared advantageously with women elsewhere who struggle or who would like to be able to struggle against this scourge. In addition, in its capacity as an NGO with a solid reputation on the international scene, MATCH's actions legitimatize the discussion of violence within the field of development.

## QUESTIONS AND ORIENTATIONS FOR RESEARCH AND ACTION.

### The second gender or "making men visible as men"[5]

In the present political context, where development agencies, although fond of new slogans, are always parsimonious with funds for women, and whose structures are still prominently masculine (see Staudt 1990); where the existence of WID services or Women's Bureaus within these agencies is precarious if not endangered[3], the use of the term "genre" or "gender" instead of "femmes" or "women" raises some basic questions. Those briefly discussed here primarily concern strategy[4].

In recognizing, as have Rathgeber, Young[6], Scott, Lorber and others, the political potential of the concept of "gender" as defined by Anglo-Saxon feminists[7] as a "foremost way of signifying power relations" (Scott 1988: 141) and "one of the foundations of every existing social order" (Lorber 1986: 3), we must acknowledge, following Françoise Collin, that this way of designating our activities, like the others that are related to it (*études féministes, études de genres, études des rapports sociaux de sexe*, etc; women's studies, gender studies, feminine studies, etc.), is generally "more strategic than epistemological or methodological" (Collin 1990: 82), even for feminists.

The term "gender" seems to reintroduce symmetry in the analyses, to re-establish equilibrium between men and women[8], in brief, to put an end to feminist "excesses". So, by using it, even as an euphemism, and thus giving the impression of diminishing the preoccupations for women, don't we risk losing the little space finally accorded to them – to us?, compromising the still fragile gains of feminism?

The use of "gender" poses a still greater challenge: that of political recognition of the "second gender". If, thanks to feminist studies, women are now considered to belong to a sociological category (Mathieu 1991), rather than simply being associated with a feminine essence or with biology, there is still much work to do before men are also considered a social category of sex "involved in an inegalitarian social relationship with the category of women" (Daune-Richard and Devreux 1985: 51).

### Reproduction: a question of power

As emphasized by Rathgeber, the interest on the part of organizations such as the World Bank and the World Health Organization in pregnancy and in questions related to biological reproduction reflects their "traditional conception of feminine roles". However, reproduction is not just a biological function; it is "the bedrock of social relationships between the sexes" (Tabet 1985: 5), the location where the political stakes for women in their relationships with men and with the State are expressed most clearly and daily, in all societies. Motherhood remains the only role universally recognized for women – the term "recognition" is used here in a descriptive sense – and it is associated with the destiny of all women, whatever their ethnic group, color and social class, whether they wish it or not, whether they have or don't have children.

Even though the experience of motherhood continues to be a central preoccupation for Western feminists, the literature on women and development contains relatively few studies of the daily life of mothers in Third World countries. Yet, such studies would permit us to understand, illustrate and put into context the abundance of statistics on family planning, fertility, etc. The closest studies are those which focus on "households and household units" and those concerned with the relationships between production and reproduction. This state of affairs can be explained, in part, by respect by feminists for the private lives of other women. But perhaps it also reflects a certain fear, unfortunately well founded: fear, on the part of women researchers of the North, that they will be accused of ethnocentrism, of neocolonialism, and fear, on the part of those from the South, that they will be accused of Western biases, of treachery. However, ignoring the often oppressive conditions of motherhood and the political character of conjugal relationships leads to feminists producing a discourse that is theoretically and politically paradoxical: the *status quo* in the lives of other women appears to be legitimized while it is rejected for the authors.

For the majority of women in the world today, the problem is not that of the "right" to bear children – to reappropriate motherhood – but the "right" to refuse to have them when they do not want any, when they do not want any more or when they wish to have fewer; in other words, the right to control over their bodies. Women, even in wealthy countries, do not all have access to contraception and numerous governments, particularly in Sub-Saharan Africa, Latin America and Islamic countries, greatly restrict or forbid women's access to abortion. The statistics on clandestine abortions and their consequences in terms of mortality and morbidity (Dixon-Mueller 1990) confirm, tragically, what we learned from the World Study on Fertility carried out from 1974 to 1982 in 42 countries: a large number of women would prefer to have fewer children and some are ready to risk their lives in order to avoid unwanted pregnancies. In addition, even though "the notion of birth control is generally used only in the sense of limitation", the numerous ethnographic examples presented by Paola Tabet show that, theoretically as well as practically, it would be more accurate to insist that it refer as well to "forced reproduction" and to consider "all forms of intervention on the body: those that limit reproduction as well as those that compel women to reproduce" (Tabet 1985).

Such an approach would permit one to understand, in particular, the contradictions in population policies: while in the North "motivational measures" are developed to increase women's fertility and the birthrate, in the South some women are sterilized without their consent while others are denied access to abortion. Recognizing the constraints on reproduction would also facilitate the elimination of the taboos that, in many Third World societies, are still attached to the body and the desire not to have children, the latter often being simply unthinkable. Even in the West, where the display of sexuality is often confused with a so-called "sexual revolution", the unwillingness to have children still has a connotation of immorality, due to our Christian heritage.

Finally, study of reproduction is important because it facilitates integration of different levels of reality, from the most private (sexuality, conjugal relations) to the most public (state policies), as well as community and institutional intermediaries such as the Church. Several chapters of this book show this integration and demonstrate that *gender economics,* to use Laurel Bossen's expression, and *sexual politics* are two elements of the same complex dynamic of the social relations of sex. Thus, feminist analysis of reproduction, far from supporting the traditional roles of women (and men), calls into question the "essentialism" or "naturalism" (unconscious or involuntary but nevertheless implicit) of many economic and political analyses of development that take reproduction for women for granted. Besides, do we have any choice? With the very concrete threat that AIDS (Acquired Immune Deficiency Syndrome) poses for women, particularly in certain regions of the Third World, the question of power in sexual relations, of control by women of their own bodies, becomes literally a question of life or death. It is imperative that women obtain the necessary means, beginning with information, to protect themselves and their children – not only their own, but also the increasing number of orphans.

*From the standpoint of female adolescents*

The same political analysis, in our judgment, should be applied to the situation of young girls. Feminists have often been accused of being anti-family and refusing to have children. These accusations are without any sociological foundations, both because, as demonstrated by several texts in this book, feminists are sensitive to the well-being and the future of children, and because many have themselves chosen motherhood, assuming thereby the joys as well as the physical, emotional and social costs attached to this role. It remains true, however, that outside of studies done on education, hygiene, public health and the recent media preoccupation with "street children", children in general occupy little place in empirical feminist research, no matter whether the orientation is WID, WAD or GAD, and an even smaller place in feminist theory.

In the Third World the long-term interests of girls are frequently sacrificed in the name of the short-term needs of mothers and households, with all the consequences this has for them as adult women, on both a personal level and their professional and economic situations. The latter also has a definite effect on society as a whole. But public opinion, so easily moved by images of mistreated children, begging children, young female prostitutes, ignores the less visible but far more widely spread exploitation of young girls through household labour in poor and often large families[9]. For the public at large, female adolescents in the Third World become visible only when they appear in dramatic news items, in other words, when they pay with their lives for a double standard of sexual morality or sexual mutilations.

We are well aware that ethnocentrism influences our remarks regarding adolescent females. However, with an awareness gained from observing concrete examples of their plight, we have come to think that in this case one must be deliberately and systematically biased in order to influence approaches to development so that programs are elaborated in such a way that adolescent girls of the Third World have, similar to their Western sisters, a real adolescence, a period of latency, of sociological respite. And we know it is possible to work concretely in this direction; for example, by giving priority to child-care services in community projects and to income generating projects for women.

### The globalization of the issues

We could not conclude this introduction without emphasizing the position of women with regard to the enormous social and planetary issues at stake at the end of this century; in particular, the increasing internationalization of economics and information, environmental and population issues, urbanization and housing. While the daily existence of women is easily obscured in an abstract "world system", a global perspective has the merit of reversing one's way of thinking: rather than studying the conditions of underdevelopment from the perspective of the developed world, as is usually the case, one is forced to reexamine the developed world through the prism of underdevelopment (Boulding 1988).

The dependence of Third World countries, with their accumulated debt, as well as the mobility of capital, coupled with increased mobility and flexibility of production locations, poses ethical problems for all women and all nations. One the one hand, with the opening up of markets, women's employment in developed countries is threatened by the exploitation of the female labour force in the developing regions. On the other hand, the more developed countries increase their levels of consumption, the more the system forces women of the Third World to turn away from essential subsistence practices, and the more the resources of these countries are exploited. With internationalization of economic relations comes greater movement of the labour force and the development of new ethnic relations around the world. The wars and calamities occurring in several areas of the planet add to this flow of persons. The effects of this mobility, whether in the degrading conditions of the refugee camps, the poor conditions of immigrants or the intolerance rampant in the countries that profit from "imported" labour, increase the economic and sexual exploitation of women who are sacrificed to the goals of development.

The internationalization of exchange is particularly visible in the environmental field, with its flows of waste matter and polluting agents and the overexploitation of nonrenewable natural resources. Research done on and by women from the underdeveloped countries (see for example Dankelman and Davidson 1988; Sen and Grown 1987; Shiva 1988) has demonstrated clearly how colonialism and contemporary development have transformed the natural resources of the Third World into sources of profit and therefore of accumulation. This process has pauperized these countries and their most impoverished classes, marginalizing both women's ways of life and traditional knowledge, which are often, however, extremely pertinent with regard to forestry, agriculture and conservation of water and soils. The feminist critique of patriarchal and rational science is particularly relevant to environmental questions because, by revalourizing a point of view that is holistic, humanistic and respectful of diversity, it is profoundly ecological. Nonetheless, an enormous task awaits women who wish to reinvent an agriculture which is not controlled by the goals of the agro-industrial empire and is opposed to the depletion of natural resources. In reality, one cannot seriously think that a simple reversion to the subsistence agriculture characteristic of traditional societies will provide sufficient food for those in the cities, or that the majority of Third World women will identify with certain American ecofeminist discourses.

The question of environment goes hand in hand with those of population and urbanization. Women of underdeveloped countries have been the target of population control policies, often without their consent or without being consulted, while new reproductive technology is being developed in the rich countries. However, regardless of the results of population policies, urbanization continues to increase and thus habitats continue to be rapidly transformed. Admittedly, the research on women and development presented in this volume does not reflect the magnitude of the problems with which women are confronted in cities. The recent feminist critique of living conditions in the developed countries has only begun to explain the relationships between women and space and to attack the invisibility of women in urban and regional planning (for reviews of these works, see Moore Milroy 1991; Sandercock and Forsyth 1992). The cities and other human habitats of the Third World, precisely because they are in rapid transformation, offer an ideal terrain for the re-invention of the ways to produce habitats and housing. It must be acknowledged that women are active in this field in spite of the inadequacy of the tools at their disposal and the constraints with which they are faced (Moser and Peake, 1987). But in this matter the bond between theory and practice remains to be established in order to build the foundations of real power for women over their environment.

*Coalitions in diversity*

Confronted with such global stakes, well described by Sen and Crown, Mies and other authors, feminists have no other choice but to unite their forces internationally. In recent years we have seen an abundance of writings reminding us, correctly, that "'women' is not and cannot be a homogenous category" and underlining divisions of all kinds (divisions of generation, of personal interests, of class, color and culture; divisions according to kinship; rural-urban differences, etc.), all of which are capable of compromising potential solidarities. Whether we are undertaking research or intervention, it is essential that we be consistent and precise about the women we are talking about (Labrecque 1991), because the context in which one lives conditions one's expectations and reactions to change (Whitehead 1984). In other words, it is imperative that we consider lucidly what divides us.

However, in the present circumstances, which several among us define as a situation of *backlash*, we must also clearly identify our common interests (for example, those concerning reproduction, relationships with the state, the diverse forms of violence against women, etc.). The texts assembled here show that, in spite of thematic, theoretical and methodological differences, it is possible to adopt the standpoint of women on an epistemological level without attempting to find a solution or experience that could be generalized to all. Like Dorothy Smith, the authors in this book present precise and contextualized analyses, avoiding generalizations and pretensions of objectivity and universality (Smith 1989).

In this sense, on strategic as well as theoretical levels, it is important that feminists interested in development work in closer contact with feminists outside this field. After all, the inclusion of women in the priorities of international development, the establishment of WID bureaus, the presence, no matter how precarious, of feminist concerns in diverse organizations devoted to international development draw their origins directly from the militancy of the "second wave" of feminism. In addition, given the resistance one still encounters today, twenty years after the awakening provoked by the publication of Ester Boserup's book, when trying to apply either a WID, WAD or GAD approach in international agencies and government bureaucracies, and, in consequence, given the little impact to date of these orientations on research and mainstream interventions (Rathgeber in this volume, Nash 1986, Dagenais 1988), it is highly probable that without the vitality of the feminist movement these approaches would already have disappeared from the field. In spite of the importance of establishing a clear line of demarcation with regard to the "essentialist" and "biological" perspectives that undeniably characterize "certain versions of Western feminism" (Young 1988:2), it would be counter-productive to let the battle of labels muddle the communication between us. This is particularly true because theoretical positions are not always easy to delimit and, as Patricia Stamp (1990) has demonstrated for Africa, their effectiveness can vary according to context.

Charlotte Brunch reminds us that the construction of alliances is a positive action: "Successful coalitions are not built on feeling sorry for others or being apologetic about one's existence. Coalitions are built around shared outrage over injustice and common visions of how society can be changed. Few of us had control over our origins, and the point is not to feel guilt about the attitudes or privileges that we inherited. The question is what are we going to do about them now – how are we going to change ourselves and work to end domination in the world?" (Bunch 1990: 54).

If we wish to establish efficient alliances and acquire/construct through them "the power that comes from solidarity" (Hirsch in Hirsch & Fox Keller 1990: 385) we Westerners must overcome our "internalized domination" (Pheterson 1990). The fear of ethnocentrism, of accusations of ethnocentrism and the feeling of guilt must give way to rigorous political and scientific analyses. In order to do this, it is important to distinguish the criticisms formulated by some among us (black women[10], Amerindian women, lesbians, women of the Third and Fourth Worlds) with regard to theories that ignore their specificities, and even their very existence, from the accusations of ethnocentrism made, for example, by officials of international development agencies or politicians against the minority of feminists who attempt to influence[11] programs to the advantage of Third World women, accusations to which Rathgeber makes reference in her text. The former critiques, as illustrated in Wiltshire's article, which further reflection, dialogue and an "interactive" approach (Alperin 1990), advance feminism and serve the interests of women. The latter, in contrast, are used against us as scarecrows: their aim is to frighten us and, by the well-known tactic "divide and conquer", to inhibit the construction of an international feminist solidarity. By doing this, they favor the *status quo* that benefits men, individually and collectively (Dagenais 1988).

For, must we be reminded, "in the majority of cases, regarding the power of men over women there exists "viriarchy" (*viriarcat*), a structural similarity between our societies and others – over and above the specific components – that only an analysis permits to render evident ... [a] character of closeness regarding social relations of sex between Western societies and other societies – particularly patrilineal, patri-virilocal and strongly viriarcal (a category that represents 80 % of known societies" (Mathieu 1991: 125). This knowledge should prevent us from sinking into the "new guilty avatar of ethnocentrism itself" that consists in "considering Western societies as 'separate' under the pretext that they oppress the other societies" (Mathieu ibid.).

In other words, while taking into account the differences between women (Albrecht & Brewer 1990) and the contradictions in the feminist movement itself (Hirsch & Fox-Keller 1990; Ramazanoglu 1989) is indispensable to the construction of solid coalitions; while this recognition undeniably constitutes a sign of maturity and of enrichment on all levels for feminism, the insistence on differences must not result in the imprisonment of others in their difference (for only "the others", the colonized, the dominated, the weak are "different") nor transform itself into a paralyzing relativism, where the only epistemological viewpoint would be the absence of any view point and where adopting common positions would be impossible. We must learn to give the same attention, beyond those interests that divide us, to those that can unite us, and adopt as a principle the search for affinities (Young 1988c:12), affinities with other progressive sectors of our societies, certainly, but first and foremost, between ourselves, feminists of the world.

Huguette Dagenais and Denise Piché

## NOTES

* Abridged version translated from French by Lee Cooper.
1 For example, there is no mention of research done with a feminist perspective in the *Cahier du* GEMDEV no. 18, published recently (June 1991) in Paris and where "beginning with essays by specialists of different disciplines there is an inventory of theoretical and political themes and issues treated in Francophone literature". The "1980's decade" is presented, rightly, as characterized by a "marked concern to analyze the complexity of concrete situations" and by methodological preoccupations (Vernières 1991), but without any mention of the fact that the United Nations' Decade for Women, which overlaps the former decade, has seen WID and feminist concerns evolve in development action and research.
2 The term *empowerment* is sometimes translated in French by "appropriation psychosociale". In this text, we use it to designate the process by which, through the means of their struggles against oppression, the actors, in this case women, individually and collectively increase their power, in other words, their autonomy and control over their own lives and in their society. Therefore empowerment includes, without being limited to it, psychosocial dimensions.
3 Commenting on the situation she observed in the USAID (United States Agency for International Development), Katherine Jensen writes: "In order to avoid

being eliminated altogether, most WID directors feel they must take a relatively conservative stance in administering their programs ... The relationship between WID and AID seems tenuous at best" (1990: 252).

4 On the theoretical level, however, we share the reservations expressed by anthropologist Nicole-Claude Mathieu, who was first in the Francophone world to demonstrate the necessity of a sociological definition of sex categories (1971). Mathieu writes: "Sex – in its ideological (*idéels*) ... and material aspects – functions ... as a parameter for the variability of concrete social relationships and of their symbolic elaborations – a fact that the actual predilection (particularly in Anglo-Saxon *Women's Studies*) tends to obscure, depriving this concept from part of the heuristic value we had wanted to give to it" (Mathieu 1991: 266). In addition, with a definition of "gender" so inclusive as that developed by Kate Young and taken up by the adherents to the GAD approach, it is becoming more difficult to use this term, as has been the practice up to now, to focus on psychosocial dimensions and socialization. In a feminist approach to development, these dimensions are as essential as the sexual division of labour and production relations.

5 This expression is borrowed from Cynthia Enloe (1989).

6 Kate Young explains that a clear definition of "gender" became necessary because, she says, "the term gender, which was first coined by psychologists and then used by feminists to get away from the biological referent of the word *sex*, is now virtually synonymous with the latter word." (1988b: 1). Time and time again we have been able to confirm the accuracy of this observation for the English language. Thus, in *The Girl Child*, a UNICEF publication (1990), one can read on page 14: "Studies of amniocentesis in at least one major Asian city point to a bias in favor of the male child. Among parents who knew the *gender* of the future child, only one out of 8,000 aborted foetuses was male." [our emphasis]

In the same vein, in a report broadcast by Radio-Canada, an Anglophone journalist, speaking of the controversy stirred up in the British Columbian Indian community (immigrants from India) by a doctor specializing in ecography, explained that this practice permitted parents to know very early the "gender" of child to be born, thus facilitating selective abortions of female foetuses. Since this journalist used the term "gender" several times and since her report was prerecorded and edited, it would be difficult to interpret this choice of words as a simple error on her part.

7 The less frequent use of "genre" (gender) by Francophone feminists certainly comes in part from the fact that, according to *Le Petit Robert* and the *Dictionnaire du français vivant*, the term has a dozen different meanings in contemporary French, while several of these meanings have practically disappeared in English. In a multidisciplinary context, as for example in a meeting between feminist linguists, literary specialists and anthropologists, it is difficult to use "genre" without raising confusion because this term has a different disciplinary definition for each specialist. It is, then, mainly in the social sciences that re-

searchers have used it to designate "social sex" ("le sexe social") or social relations of sex ("rapports sociaux de sexe"). However, in Francophone sociology,
"genre" does not seem to be as favored as in anthropology. For example, the
editorial board of the journal *Sociologie et Sociétés* chose to keep "gender", placed
in quotation marks, in the French translation of an article by Leslie Sklair
(1987).

8  For an example of such a neofunctionalist approach, we can point to the employment offer recently circulated by the women's group of a Quebec NGO devoted to international development, which was seeking to recruit a person
capable of providing training on the "gender and development" approach. In
this ad one reads that: "this offer is directed equally to men and to women".
Given the few men who show a real interest in this approach and who, moreover, attend courses on social relations of sex and feminism, thus making the
intellectual effort necessary to recognize the power relationships in which they
are involved as men, such a step of "affirmative action" directed toward them
is, at the least, premature.

9  Let us note that, proportionally, the same phenomenon occurred (and continues to occur on a lesser scale) in underprivileged milieux in Quebec (as in
other industrialized countries); many women, particularly the oldest child in
large families, can testify to this situation and, among them, one can find some
who are less than 40 years old.

10 Lisa Albrecht and Rose Brewer remind us: "We must never assume that racism
has affected all people of color in the same way ... [There is a] need for us to
recognize the diversity among Black women" (1990:10). This reminder is pertinent for all categories of women.

11 We would have liked to be able to speak of a deep transformation of programs
but, in the present circumstances and given the amplitude of changes to be accomplished, the fact that certain female practitioners and researchers exert an
influence, even though limited, on certain orientations must be considered as
a measure of success.

### REFERENCES

Afshar, Haleh 1991. "Women and development: myths and realities; some in-
troductory notes", in Haleh Afshar (ed.), *Women, Development, and Survival in
the Third World*. London, Longman: 1–10
Albrecht, Lisa and Rose M. Brewer (eds.) 1990. *Bridges of Power: Women's
Multicultural Alliances*. Philadelphia, New Society Publishers.
Alperin, Davida J. 1990. "Social diversity and the necessity of alliances: a devel-
oping feminist perspective," in Lisa Albrecht and Rose M. Brewer (eds.),
*Bridges of Power: Women's Multicultural Alliances*. Philadelphia, New Society
Publishers: 23–33.
Anadon, Maria, Dominique Masson, Marielle Tremblay et Pierre-André

Tremblay 1990. *Vers un développement rose.* Chicoutimi, Groupe de recherche et d'intervention régionales, Université du Québec à Chicoutimi.

Ariès, Philippe 1973. *L'enfant et la vie familiale sous l'ancien régime.* Paris, Seuil.

Boulding, Elise 1988. *Building a Global Civic Culture. Education for an Interdependent World.* New York, Teachers College Press.

Bourdieu, Pierre 1979. *La distinction. Critique sociale du jugement.* Paris, Minuit.

Bunch, Charlotte 1990. "Making common cause: diversity and coalitions", in Lisa Albrecht and Rose M. Brewer (eds.), *Bridges of Power: Women's Multicultural Alliances.* Philadelphia, New Society Publishers: 49–56.

Bruce, Judith 1987. "Users' perspectives on contraceptive technology and delivery systems: highlighting some feminist issues", *Technology in Society,* 9:359–383.

*Canadian Woman Studies/Les cahiers de la femme* 1986. Numéro spécial « Sur la décennie des femmes », 7, 1 et 2.

Carson, Rachels 1962. *Silent Spring.* Greenwich, Conn., Fawcett.

Collin, Françoise 1990. « Ces études qui sont « pas tout ». Fécondité et limites des études féministes », *Les Cahiers du GRIF,* 45, automne: 81–94.

Commission mondiale sur l'environnement et le développement 1987. *Notre avenir à tous.* Montréal, Éditions du Fleuve.

Couillard, Marie-Andrée 1988. « De l'autonomie relative à la dépendance: les femmes malaises et le développement », *Recherches féministes,* 1, 2:69–89.

Dagenais, Huguette 1987. « Méthodologie féministe et anthropologie: une alliance possible », *Anthropologie et sociétés,* 11, 1:19–44.

– 1988 « Pour les femmes, un autre développement », *Recherches féministes,* 1, 2:1–17.

Dankelman, Irene and Joan Davidson 1988. *Women and Environment in the Third World. Alliance for the Future.* London, Earthscan.

Daune-Richard, Anne-Marie et Anne-Marie Devreux 1985. « La construction sociale des catégories de sexe », *BIEF* (Bulletin d'information des études féminines), 9–10:39–53.

Delphy, Christine 1990. « La revendication maternelle », in Francine Descarries *et al.* (éd.), *Questionnements et pratiques de recherches féministes.* Montréal, Université du Québec à Montréal, Centre de recherche féministe: 11–28.

Dhavernas, Marie-Josèphe 1991. « La procréatique et les normes sociales », *Recherches féministes,* 4, 2:137–148.

Dixon-Mueller, Ruth 1990. "Abortion policy and women's health in developing countries", *International Journal of Health Services,* 20, 2:297–314.

Després, Carole and Denise Piché (eds.) 1992. "Women's Voice in Architecture and Planning", special number, *Journal of Architecture and Planning Research,* 8, 2.

Dwyer, Daisy and Judith Bruce 1988. *A Home Divided. Women and Income in the Third World.* Stanford, Ca., Stanford University Press.

Enloe, Cynthia 1989. *Bananas, Beaches and Bases: Making Feminist Sense of International Politics.* Berkeley, University of California Press.

Gendron, Colette et Micheline Beauregard 1985. *Les femmes et la santé.* Chicoutimi, Gaëtan Morin Éditeur.

Germain, Adrienne 1989. "Introduction", Ann Leonard (ed.), SEEDS. *Supporting Women's Work in the Third World.* New York, The Feminist Press: 1–12.

Hirsch, Marianne and Evelyn Fox Keller (ed.) 1990 . *Conflicts in Feminism.* New York, Routledge.

Hong, Laurence K. 1987. "Potential effects of the one-child policy on the gender equality in the People's Republic of China", *Gender & Society*, 1, 3:317–326.

Hynes, Patricia H. 1989. *The Recurring Silent Spring.* New York, Pergamon Press

Jaggar, Alison M. and William L. McBride 1985 . "'Reproduction' as male ideology", *Women's Studies International Forum*, 8, 3:185–196.

Jensen, Katherine 1990. "Getting to the Third World: Agencies as gatekeepers", in Kathleen Staudt (ed.), *Women, International Development, and Politics: The Bureaucratic Mire.* Philadelphia, Temple University Press: 247–264.

Kabeer, Naïla 1985. "Do women gain from high fertility?" in Haleh Afshar (ed.), *Women, Work and Ideology in the Third World.* London, Tavistock: 83–106.

Labrecque, Marie France 1988. « Femmes, développement et idéologie : un cas au Mexique », *Recherches féministes*, 1, 2:53–67.

– 1991. « Les femmes et le développement: de qui parle-t-on au juste? », *Recherches féministes*, 4, 2:9–24.

Latouche, Serge 1986a. *Faut-il refuser le développement?* Paris, Presses universitaires de France.

– 1986b. « Économie et anti-économie du développement », in Marc Guillaume (éd.), *L'état des sciences sociales en France.* Paris, La Découverte: 237–241.

– 1987. « Pas de leçon à donner », *Espaces Temps*, 36:13–15.

Li Hong, Houdi and Lu Hengjun 1988. "Women in China's socio-economic development" in Kate Young (ed.), *Women and Economic Development.* Oxford, Berg/UNESCO: 135–170.

Lorber, Judith 1986. "From the editor", *Gender & Society*, 1, 1:3–5.

Mandle, Joan D. 1987. "Comment on Hong", *Gender & Society*, 1, 3:327–331.

Mathieu, Nicole-Claude 1971. « Notes pour une définition sociologique des catégories de sexe », *Épistémologie sociologique*, 11:19–39.

– 1991. *L'anatomie politique. Catégorisations et idéologies du sexe.* Paris, côté-femmes.

Mies, Maria 1983. "Towards a methodology of feminist research", in Gloria Bowles et Renate Duelli Klein (eds.), *Theories of Women's Studies.* London, Routledge and Keagan Paul: 117–139.

– 1986. *Patriarchy and Accumulation on a World Scale.* London: Zed Books.

Moore Milroy, Beth 1991. "Taking stock with planning", *Journal of Planning Literature*, 6, 1:3–15.

Moser, Caroline 1989. "Gender planning in the Third World: Meeting practical and strategic needs", *World Development*, 17, 11:1799–1825.

Moser, Caroline and Linda Peake (eds.) 1987. *Women, Human Settlements, and Housing*. London, Tavistock.

Nash, June 1986 "A decade of research on women in Latin America", in June Nash, Helen Safa *et al. (eds.), Women and Change in Latin America*. South Hadley, Mass., Bergin & Garvey Publishers.

Nash, June and Maria Patricia Fernandez-Kelly (eds.) 1983 *Women, Men and the International Division of Labor*. Albany, State University of New York Press.

Petchesky, Rosalind Pollack 1986. *Abortion and Women's Choice*. London, Verso.

Pheterson, Gail 1990. "Alliances between women: overcoming internalized oppression and internalized domination", in Lisa Albrecht and Rose M. Brewer, (eds.), *Bridges of Power: Women's Multicultural Alliances*. Philadelphia, New Society Publishers: 34–48.

Ramazanoglu, Caroline 1989. *Feminism and the Contradictions of Oppression*. London, Routledge.

Rogers, Barbara 1980. *The Domestication of Women: Discrimination in Developing Societies*. London and New York, Tavistock.

Rouillé d'Orfeuil, Henri 1987. *Le Tiers Monde*. Paris, La Découverte.

Royston, Erica et Sue Armstrong 1990. *La prévention des décès maternels*. Genève, Organisation mondiale de la santé.

Sachs, Ignacy 1987. « Pour un développement qualitatif », *Espaces Temps*, 36:19–21.

Saillant, Francine 1991. « Les soins en péril: entre la nécessité et l'exclusion », *Recherches féministes*, 4, 1:11–29.

Saudercock, Leonie and Ann Rorsyth 1992. "A gender agenda: New directions for planning theory", *Journal of the American Planning Association*, 58, 1:49–59.

Scott, Joan 1988. « Genre: une catégorie utile d'analyse historique », *Les Cahiers du GRIF*, 37/38, printemps: 125–153.

Sen, Gita et Caren Grown 1987. *Development, Crises, and Alternative Visions*. New York, Monthly Review Press.

Shiva, Vandana 1988. *Staying Alive. Women, Ecology and Development*. London, Zed Books.

Sklair, Leslie 1987. « Métathéorie, théorie et recherche empirique: l'analyse de la dépendance et du "gender" en sociologie du développement », *Sociologie et sociétés*, 19, 2:51–64.

Smith, Dorothy E. 1989. "Sociological Theory: Methods of Writing Patriarchy" in Ruth Wallace (ed.), *Feminism and Sociological Theory*. Newbury Park, Sage: 34–64.

Stamp, Patricia 1990. *La technologie, le rôle des femmes et le pouvoir en Afrique.* Ottawa, Centre de recherche pour le développement international (CRDI). Traduction française de *Technology, Gender, and Power in Africa.* Ottawa, CRDI/IDRC, 1989.

Staudt, Kathleen (ed.) 1990. *Women, International Development, and Politics: The Bureaucratic Mire.* Philadelphia, Temple University Press.

Tabet, Paola 1985. « Fertilité naturelle, reproduction forcée », in Nicole-Claude Mathieu (éd.), *L'arraisonnement des femmes. Essais en anthropologie des sexes.* Paris, Éditions de l'École des hautes études en sciences sociales: 61–146.

Thériault, J.-Yvon 1988. « Que reste-t-il du développement? », in V.M.P. Da Rosa et J.Y. Thériault (éd.), *Développement, coopération et intervention sociale: discours et pratiques.* Ottawa, Les Presses de l'université d'Ottawa: 1–16.

Unicef 1990. *The Girl Child: An Investment in the Future.* New York, UNICEF.

Vuarin, Robert 1988. « Abandonner le développement? », *Informations sur les sciences sociales*, 27, 1:47–81.

Vernières, Michel 1991. « Introduction: Regards croisés sur la littérature en français consacrée au développement », *Cahier du GEMDEV*, 18, juin: 7–15.

Whitehead, Ann 1984. "Women's solidarity – and divisions among women", *IDS Bulletin*, 15, 1:6–11.

– 1990. *Wives and Mothers: Female Farmers in Africa.* Genève, Bureau international du travail, World Employment Programme Research, Working Paper.

Young, Kate 1988a. *Gender and Development: A Relational Approach.* Brighton, Institute of Development Studies, Unpublished paper, 10 pages.

– 1988b. *Towards a Theory of the Social Relations of Gender.* Brighton, Institute of Development Studies, Unpublished paper, 11 pages.

– 1988c "Introduction", in Kate Young (ed.), *Women and Economic Development: Local, Regional and National Planning Strategies,* Oxford, Berg/UNESCO: 1–30.

– 1989 "Introduction", Kate Young (ed.), *Serving Two Masters: Third World Women in Development.* Ahmedabad, Allied Publishers: ix-xxiv.

*Les concepts et les méthodes passés à la critique*
*Concepts and Methods under Scrutiny*

EVA M. RATHGEBER

# WID, WAD, GAD.

# Tendances de la recherche et de la pratique dans le champ du développement

Cette étude passe en revue les significations et les postulats inhérents aux concepts « Intégration des femmes au développement » (WAD), « Femmes et développement » (WAD) et « Genre et développement » (GAD), afin d'évaluer leurs effets sur la recherche, les politiques et les conceptions des organismes internationaux depuis le milieu des années 60. Il semble que ces concepts aient reposé sur des postulats différents et entraîné la formulation de stratégies particulières pour favoriser la participation des femmes au développement.

WID, WAD, GAD: *Research Trends in Gender and Development*

Beginning with an examination of the meanings and assumptions embedded in the concepts "women in development (WID)", "women and development (WAD)", and "gender and development (GAD)", Eva Rathgeber then looks at the extent to which differing views of the relationship between gender and development have influenced research, policymaking and the thinking of international agencies since the mid-1960s. She suggests that each term is associated with a varying set of underlying assumptions and has led to the formulation of different strategies for the participation of women in development processes.

Depuis quelques années, l'expression « Women in Development, WID » est devenue monnaie courante dans le milieu universitaire comme dans d'autres milieux. Bien que l'on s'entende sur le fait que cette expression signifie généralement l'intégration des femmes aux processus mondiaux de croissance et de changement économique, politique et social, la signification de deux acronymes plus récents, WAD (*Women and Development,* femmes et développement) et GAD (*Gender and Development,* genre et développement) est souvent confuse. Cet article examine d'abord le sens et le fondement des expressions WID, WAD et GAD pour considérer ensuite jusqu'à quel point différentes conceptions des rapports entre genre et développement ont influencé la recherche, l'élaboration de politiques et la philosophie des agences de développement depuis le milieu des années 1960. On verra que chaque expression a été associée à son propre ensemble d'hypothèses et a mené à l'élaboration de stratégies différentes quant à la participation des femmes dans les processus de développement.

Le but de cet essai n'est pas de fournir un compte rendu exhaustif de la documentation sur les trois différentes perspectives, ni même de faire une critique détaillée des textes de base de l'une ou l'autre. Notre objectif est plutôt de démontrer les liens entre la théorie et la pratique et d'illustrer les différents types de projets de développement que l'on peut associer à ces perspectives théoriques. Les spécialistes en développement oublient trop souvent la théorie sous-jacente à leur pratique. Cet essai tente de montrer que tous les projets de développement sont liés à des contextes théoriques et politiques particuliers et propose un examen critique des conséquences qui en découlent.

## LES PERSPECTIVES THÉORIQUES

### *Intégration des femmes au développement – WID*

L'expression « Women in Development » est entrée dans l'usage au début des années 1970, suite à la publication du livre d'Ester Boserup, *Women's Role in Economic Development* (1970). Boserup a été la première à identifier systématiquement et à l'échelle mondiale la division sexuelle du travail propre aux économies agraires. Elle analysa les changements dans les pratiques agricoles traditionnelles au fur et à mesure de la modernisation des sociétés agraires et l'impact de ces changements sur le travail accompli par les hommes et par les femmes. Boserup conclut que, dans les régions peu peuplées où on pratique l'agriculture itinérante, les femmes ont tendance à accomplir la plus grande partie du travail agricole. Dans les régions plus peuplées, où on utilise la charrue et d'autres technologies simples, les hommes font davantage de travail agricole et, enfin, dans les régions de cultures intensives irriguées, les hommes et les femmes partagent les tâches agricoles. L'ouvrage de Boserup est remarquable en ce qu'il se fondait sur un examen de données et de faits connus depuis longtemps par les spécialistes des sciences sociales et les planificateurs du développement, mais l'auteure fut la première à utiliser systématiquement la variable sexuelle dans son analyse. Par la suite, la recherche de Boserup a été l'objet de critiques pour sa trop grande simplification du travail et du rôle des femmes, mais elle a amené les experts à porter attention à la division sexuelle du travail et aux effets différents selon le sexe des stratégies de développement et de modernisation (Beneria et Sen 1981).

L'expression « Women in Development » a été utilisée pour la première fois par le comité des femmes de la section de Washington de la Société pour le développement international, comme partie intégrante d'une stratégie visant à faire connaître aux décideurs américains les nouvelles informations générées par Boserup et d'autres chercheuses et chercheurs (Maguire 1984). Un ensemble de préoccupations communes, généralement désignées par « Women in Development » ou « WID », commencèrent à être formulées par les féministes libérales américaines qui prônaient des changements juridiques et administratifs en vue d'assurer une meilleure intégration des femmes dans les systèmes économiques (Jaquette 1982). Celles-ci mettaient l'accent sur l'égalité et sur le développement de stratégies visant à éliminer la discrimination et à réduire la position défavorable des femmes.

La perspective WID était étroitement liée à la théorie de la modernisation qui a dominé la pensée sur le développement international des années 1950 aux années 1970. À cette époque, on croyait généralement que la modernisation, habituellement synonyme d'industrialisation, améliorerait le niveau de vie dans les pays en développement. On pensait que de l'expansion massive des systèmes d'éducation émergeraient des groupes de travailleurs et de gestionnaires bien formés et que cela entraînerait, en retour, la transformation des sociétés statiques, essentiellement agraires, en sociétés industrialisées et modernes. Avec la croissance de l'économie de ces pays, les bénéfices de la modernisation, c'est-à-dire de meilleures conditions de vie, de salaires et d'éducation, des services de santé adéquats, etc., atteindraient toutes les couches de la société. Les politiques élaborées selon ce point de vue, appuyé en outre par l'approche du « capital humain » de théoriciens comme l'économiste américain Theodore Schultz (1961), supposaient de gros investissements dans les systèmes d'éducation et la constitution de noyaux forts de travailleurs et de gestionnaires (Boserup 1970). Dans la littérature sur la modernisation de cette période, les femmes étaient rarement, sinon jamais, considérées comme une unité d'analyse séparée. On prenait comme acquis que les normes établies à partir de l'expérience des hommes pouvaient être généralisées aux femmes et que tout le monde profiterait également de la modernisation croissante des sociétés.

Dans les années 1970, cette conception de la modernisation fut remise en question par plusieurs chercheuses et chercheurs qui soutenaient que la position relative des femmes dans la société s'était en fait peu améliorée au cours des deux décennies précédentes et qu'elle s'était même affaiblie dans certains secteurs (Boserup 1970; Tinker et Bramsen 1976; Boulding 1976; Kelly et Elliot 1982). Dans le secteur industriel, par exemple, les femmes étaient souvent reléguées aux travaux les moins bien rémunérés, les plus monotones et parfois les plus dangereux pour leur santé, cela en partie à cause de leur faible niveau de scolarité, mais aussi parce qu'on les considérait comme une main-d'oeuvre d'appoint plutôt que comme des salariées ordinaires (Lim 1981). En agriculture, la recherche des années 1970 a confirmé les résultats de Boserup, à savoir que les nouvelles technologies étaient habituellement dirigées vers les hommes plutôt que les femmes[1]. De façon générale, les femmes avaient moins de chance de profiter de la vague de progrès en éducation; leur recrutement, aux niveaux secondaire et universitaire surtout, avait tendance à être plus faible.

Grâce à la perspective WID, on en vint à reconnaître que l'expérience des femmes en ce qui concerne le développement et le changement social est différente de celle des hommes, et il devint légitime que la recherche porte spécifiquement sur l'expérience et les perceptions des femmes. Pour la première fois, la position des femmes dans les différents secteurs de l'économie fut étudiée séparément de celle des hommes. Toutefois, l'approche WID était fondée sur plusieurs postulats qui ne concordaient pas avec les tendances critiques de la recherche en sciences sociales des années 1970. Premièrement, telle qu'adoptée par les agences internationales, l'approche WID, ou IFD (intégration des femmes au développement) pour les francophones, était solidement ancrée dans la théorie traditionnelle de la modernisation. Elle devint un domaine d'intérêt acceptable précisément parce qu'elle était perçue comme découlant de la théorie de la modernisation et d'une conception du développement en tant que processus lent mais continu de progrès linéaire. Les statistiques commençaient à montrer que les femmes avaient moins bénéficié que les hommes des efforts de développement des années 1960 et qu'il fallait donc élaborer une nouvelle stratégie. Au milieu des années 1970, les organismes subventionnaires commencèrent à mettre en oeuvre des programmes d'intervention visant à corriger le déséquilibre dans les retombées du développement. Les solutions adoptées se situaient pour la plupart dans le domaine technologique et concernaient les transferts de technologies, les services de vulgarisation et les possibilités de crédit, ou encore l'implantation de technologies dites appropriées pour alléger la charge de travail des femmes (Stamp 1990).

Deuxièmement, et en lien avec le point précédent, l'approche WID/ IFD était fondée sur l'acceptation des structures sociales existantes. Au lieu d'examiner *pourquoi* les femmes avaient moins bénéficié des stratégies de développement de la décennie précédente, l'approche WID/ IFD cherchait seulement à savoir *comment* les femmes pouvaient être mieux intégrées aux initiatives en cours. Cette approche, qui évitait la confrontation, évitait aussi de remettre en question les sources et la nature de la subordination et de l'oppression des femmes, mettant plutôt l'accent sur la participation égale des deux sexes à l'éducation, à l'emploi et aux autres sphères de la société (Mbilinyi 1984a). De plus, étant donné qu'elle était basée sur la théorie de la modernisation, elle ne reconnaissait pas l'apport de perspectives plus radicales ou critiques comme, par exemple, la théorie de la dépendance ou les analyses marxistes. L'approche WID/IFD avait aussi tendance à ignorer l'histoire et elle ne tenait pas compte de l'influence des variables de classe, de race et de culture (Mbilinyi 1984b; Nijeholt 1987). Elle portait sur les femmes comme unité d'analyse mais sans reconnaître les divisions importantes et les relations d'exploitation qui existent aussi entre elles. Elle ne reconnaissait pas non plus l'exploitation comme élément constitutif du système mondial d'accumulation du capital (Beneria et Sen 1981). En tant que telle, l'approche d'« intégration des femmes au développement » fournissait des outils analytiques fort limités, développés en marge des principaux courants de pensée des sciences sociales de l'époque.

Troisièmement, l'approche WID/IFD avait tendance à se concentrer sur les aspects productifs du travail des femmes, ignorant ou minimisant l'importance de la reproduction dans la vie de celles-ci. Ainsi, les projets WID/IFD ont surtout porté sur des activités génératrices de revenus; on y enseigne aux femmes une technique ou un métier particulier et on les regroupe parfois en coopératives de mise en marché. Un volet d'assistance sociale s'ajoute fréquemment aux projets et on apprend alors aux femmes des notions d'hygiène, d'alphabétisation et de soins aux enfants (Buvinic 1986). Les responsables de la planification et de la mise en oeuvre de tels projets sont souvent des bénévoles bien intentionné-e-s qui ont peu ou pas d'expérience pertinente. Il est rare que l'on entreprenne au préalable des études de faisabilité afin de s'assurer de l'existence d'un marché viable pour une compétence ou un produit. Il est rare également que les planificateurs de projets considèrent sérieusement dans quelle mesure les femmes sont déjà surchargées de tâches et de responsabilités. Le postulat commun est que l'accès à un revenu constitue un stimulant suffisamment puissant pour amener les femmes à réorganiser leur temps de manière à y ajouter encore une autre activité. Souvent, lorsque les projets de femmes réussissent et deviennent une source importante de revenus, les hommes se les approprient. L'approche féministe libérale d'« intégration des femmes au développement » est incapable de contrer cette réalité

parce qu'elle ne remet pas en question le fondement des rapports sociaux de genre. Elle est basée sur le postulat que les rapports de genre
changeront d'eux-mêmes à mesure que les femmes deviendront des
partenaires économiques à part entière dans le développement.

### Femmes et développement – WAD

L'appproche « femmes et développement » *(Women and Development,
WAD)* ou féministe marxiste est apparue au cours de la deuxième moitié des années 1970, en réaction aux limites de la théorie de la modernisation et à sa position voulant que ce soit par inadvertance que les
femmes ont été exclues des stratégies de développement dans le passé.
Une partie de son fondement théorique est issue de la théorie de la dépendance, quoique la théorie de la dépendance, comme l'analyse
marxiste, ait généralement accordé fort peu d'attention aux questions
entourant la subordination de genre (voir Parpart et Staudt 1989).
L'approche « femmes et développement » se fonde essentiellement sur
le postulat que les femmes ont toujours fait partie des processus de développement et qu'elles n'y sont pas soudainement apparues au début
des années 1970, à la suite des réflexions de quelques universitaires et
du personnel des agences de développement. Au milieu des années
1970, Achola Okello Pala soulignait que l'idée d'« intégration des
femmes au développement » était inextricablement liée au maintien
de la dépendance économique du Tiers-Monde et, surtout, des pays
africains à l'égard des pays industrialisés (Pala 1977).

La perspective WAD met l'accent sur la relation entre les femmes et
les processus de développement plutôt que seulement sur les stratégies
d'intégration des femmes au développement. Elle part du fait que les
femmes ont toujours joué un rôle économique important au sein de
leurs sociétés, que leur travail, à l'intérieur comme à l'extérieur du
foyer, est essentiel à la survie de ces sociétés mais que cette intégration
sert surtout au maintien des structures internationales d'inégalité.
L'approche « femmes et développement » reconnaît que les hommes
du Tiers-Monde qui ne font pas partie de l'élite ont aussi subi les effets
négatifs des structures d'inégalité du système international mais elle se
préoccupe peu des rapports de genre au sein des classes sociales. En
conséquence, la question des alliances et des divisions entre les sexes
au sein des classes sociales n'est pas traitée systématiquement. Sur le
plan théorique, la perspective WAD reconnaît et met clairement l'accent sur l'impact des classes sociales mais, en pratique, dans la conception et la mise en oeuvre des projets, elle a tendance, comme
l'approche WID, à regrouper les femmes sans analyser suffisamment les
divisions de classe, de race ou d'ethnie qui toutes peuvent avoir une influence importante sur le statut social des femmes.

L'approche WAD propose une perspective plus critique de la situation des femmes que l'approche WID mais elle n'analyse pas pleinement la relation entre le patriarcat, les différents modes de production et la subordination et l'oppression des femmes. Elle est fondée sur le postulat implicite que la position des femmes s'améliorera lorsque les structures internationales seront devenues plus équitables. En conséquence, la sous-représentation des femmes au sein des structures économiques, politiques et sociales demeure perçue comme un problème pouvant être réglé par des stratégies d'intervention soigneusement planifiées plutôt que par une transformation radicale des rapports sociaux de genre. Enfin, il faut signaler qu'il existe une tension au sein de la perspective WAD, et que cela empêche l'analyse des problèmes des femmes indépendamment de ceux des hommes, les deux sexes étant considérés comme désavantagés par les structures mondiales d'oppression fondées sur les classes sociales et le capital. Puisque la perspective WAD n'analyse pas systématiquement l'influence prépondérante de l'idéologie patriarcale, la situation des femmes est perçue principalement comme une conséquence des structures inégalitaires internationales et des inégalités de classes.

Une deuxième faiblesse, commune aux approches WID et WAD, est l'accent mis sur le secteur de la production aux dépens des aspects reproductifs du travail et de la vie des femmes. Les stratégies d'intervention WID et WAD ont donc eu tendance à se concentrer sur le développement d'activités génératrices de revenus, sans tenir compte des contraintes de temps que cela pose aux femmes (Roberts 1979; McSweeney et Friedman 1982). Les planificateurs du développement ont eu tendance à imposer des préjugés occidentaux aux sociétés du Sud et à ne reconnaître aucune valeur économique aux tâches effectuées par les femmes dans leurs foyers, y compris celles de la reproduction sociale. Le travail investi pour l'entretien de la famille, ce qui comprend le fait de porter et d'éduquer les enfants, le travail ménager, les soins aux malades et aux personnes âgées etc., a été considéré comme appartenant au domaine « privé » et ne relevant pas des projets de développement visant à promouvoir des activités génératrices de revenus. En fait, cela reflète la tendance, commune aux théoriciennes et théoriciens de la modernisation et de la dépendance, à n'utiliser que des analyses économiques ou d'économie politique et à discréditer les apports des sciences sociales dites « molles ».

### Genre et développement – GAD

L'approche GAD ou « genre et développement » (*Gender and Development*) est apparue au cours des années 1980 comme solution de rechange aux perspectives précédentes. Ses fondements théoriques s'inscrivent dans le féminisme socialiste; elle comble l'écart laissé par les théoriciens de la modernisation en liant les rapports de production aux rapports de reproduction et en tenant compte de tous les aspects de la vie des femmes (Jaquette 1982). Les féministes socialistes ont identifié la construction sociale de la production et de la reproduction comme étant le fondement de l'oppression des femmes et elles ont fait porter l'attention sur les rapports sociaux de genre (*social relations of gender*), remettant en question la validité des rôles assignés aux femmes et aux hommes dans les différentes sociétés. Sans nier l'importance d'une plus grande participation des femmes à tous les aspects de la vie sociale, politique et économique, elles ont principalement examiné pourquoi les femmes ont été systématiquement reléguées à des rôles inférieurs ou secondaires. Pour tenter de répondre à cette question, les féministes socialistes ont combiné une analyse des effets du patriarcat avec certains aspects d'une approche marxiste plus traditionnelle.

Kate Young a identifié certains des aspects clés de l'approche GAD. Le principal élément de l'approche GAD est qu'elle s'appuie sur une perspective holistique, étudiant « l'ensemble de l'organisation sociale et de la vie économique et politique afin de comprendre la formation des aspects particuliers de la société » (Young 1987). L'approche GAD ne s'intéresse pas aux femmes en soi mais plutôt à la construction sociale des genres et à l'attribution de rôles, de responsabilités et d'attentes spécifiques aux femmes et aux hommes. Au lieu de mettre l'accent exclusivement sur la solidarité entre les femmes comme les féministes radicales, qui y attachent beaucoup d'importance, l'approche GAD accueille favorablement les contributions potentielles des hommes qui partagent son intérêt pour les questions d'équité et de justice sociale (Sen et Grown 1987). L'approche GAD ne porte pas exclusivement sur les aspects productifs ou sur les aspects reproductifs de la vie des femmes (et des hommes). Elle analyse la nature de la contribution des femmes au travail productif réalisé à l'intérieur et à l'extérieur du foyer, y compris la production non marchande, et elle rejette la dichotomie public-privé qui sert habituellement à sous-évaluer le travail effectué par les femmes au bénéfice de leur famille et de leur foyer. Les approches féministes socialistes et GAD accordent une attention spéciale à l'oppression des femmes au sein de la famille et pénètrent dans le domaine dit « privé » pour analyser les prémisses à la base des relations conjugales. L'approche GAD accorde davantage d'importance à la participation de l'État en matière de promotion et d'émancipation des femmes; elle considère que l'État doit prendre en charge certains des services sociaux que les femmes, dans plusieurs pays, fournissent sur une base individuelle et privée. Cette question est devenue de plus en plus politique durant les années 1980, alors que plusieurs États, qui fournissaient auparavant des services sociaux dans des domaines comme les soins aux enfants et les soins de santé, les ont réduits à cause de la récession économique.

L'approche GAD considère les femmes comme agentes de changement plutôt que comme bénéficiaires passives de l'aide au développement et elle affirme que les femmes doivent s'organiser afin d'augmenter leur influence politique. Elle reconnaît l'importance des solidarités et des différences de classes mais elle soutient que l'idéologie patriarcale fonctionne aussi bien à l'intérieur des classes sociales qu'entre les classes sociales pour opprimer les femmes. En conséquence, les féministes socialistes et les chercheuses et chercheurs travaillant dans la perspective GAD explorent à la fois les liens et les contradictions entre les sexes, les classes, les races et le développement (Maguire 1984). Un domaine clé de la recherche effectuée dans la perspective GAD est celui des droits juridiques des femmes, y compris la réforme des lois sur l'héritage et la propriété des terres. Cette recherche se penche aussi sur la confusion engendrée par la coexistence, dans plusieurs pays, de systèmes juridiques coutumiers et de systèmes statutaires et sur la tendance des hommes à manipuler ces systèmes au détriment des femmes.

L'approche GAD va plus loin que les approches WID et WAD dans la remise en question des postulats sous-jacents aux structures sociales, économiques et politiques actuelles. La perspective « genre et développement » conduit non seulement à l'élaboration de stratégies d'intervention et d'action positive assurant une meilleure intégration des femmes aux initiatives de développement en cours mais elle entraîne inévitablement un réexamen fondamental des structures et institutions sociales et, en fin de compte, la perte de pouvoir des élites séculaires, ce qui aura un effet sur certaines femmes aussi bien que sur les hommes. Au plan pratique, dans la programmation et le développement de projets, cela peut être perçu comme une faiblesse. L'approche GAD ne se laisse pas facilement intégrer aux stratégies et aux programmes de développement en cours car elle requiert un degré d'engagement pour le changement structurel et les transferts de pouvoir qu'il est peu probable de trouver au sein des agences nationales ou internationales. L'expérience a montré que même les États socialistes, engagés dans la réforme des structures de classes de leur société, ont accordé moins d'attention à l'élimination des biais sexistes (Beneria et Sen 1981). Il n'est donc pas étonnant qu'on trouve rarement une perspective GAD complètement développée dans les projets et activités des agences de développement international, bien que des exemples d'une approche GAD partielle puissent y être identifiés.

## DE LA THÉORIE À LA PRATIQUE

Il est évident que l'idée de concentrer les efforts sur les femmes séparément des hommes, au moins dans certains projets, a été acceptée par
un nombre considérable de gouvernements du Tiers-Monde, d'agences nationales et internationales de développement et d'organisations
non gouvernementales. Toutefois, cette acceptation reflète jusqu'à un
certain point de l'opportunisme politique et ne devrait pas être inter-
prétée comme un engagement de fond en faveur de l'émancipation
des femmes. Comme on le verra plus loin, même si le principe d'« intégration des femmes au développement » a été accepté par plusieurs
institutions, le processus d'accès à l'égalité pour les femmes au sein de
ces mêmes institutions est loin d'être complété.

On ne peut nier que la majorité des projets pour les femmes présentés au cours des deux dernières décennies soient fondés sur l'approche
WID[2]. En 1984, dans une analyse des publications de différentes agences de développement international qui commençaient à s'intéresser
aux femmes, Patricia Maguire notait que celles-ci avaient tendance à
identifier les contraintes suivantes comme préjudiciables au statut des
femmes dans les sociétés du Tiers-Monde:

- les traditions, attitudes et préjugés opposés à la participation des
  femmes;
- les obstacles juridiques;
- l'accès et le recours limités à l'éducation formelle, ce qui entraîne un
  taux élevé d'analphabétisme chez les femmes;
- le fait que les tâches des femmes prennent beaucoup de temps (« the
  time-consuming nature of women's 'chores' »);
- le manque d'accès à la terre, au crédit, à l'équipement agricole moderne et aux services techniques et de vulgarisation;
- les problèmes de santé causés par les grossesses rapprochées et la
  malnutrition;
- l'affaiblissement de la position traditionnelle des femmes comme
  partenaires économiques et
- le manque de recherches et d'informations adéquates sur les
  femmes, ce qui limite la capacité des planificateurs du développement de concevoir des projets pertinents pour les femmes (Maguire
  1984: 13).

L'examen de cette liste confirme la tendance des principales agences de développement à identifier les problèmes dans le contexte des
structures socio-économiques existantes, c'est-à-dire selon les perspectives WID et WAD plutôt que selon l'approche GAD. On a l'impression

que chacun des problèmes identifiés plus haut pourrait être « réglé » en utilisant une stratégie d'intervention spécifique, que ce soit l'éducation communautaire, une technologie appropriée, la mise sur pied de services de vulgarisation, de crédit et de planning familial, la compilation de nouvelles informations et de nouvelles statistiques, etc. L'identification de ces problèmes repose sur le postulat de la culpabilité des pays en développement et de la neutralité des pays industrialisés. Aucune des solutions potentielles ne remet en question les injustices fondamentales d'un système international qui perpétue la dépendance du Sud envers le Nord et aucune ne remet en question non plus la construction sociale des rôles sexuels qui a confiné les femmes à la sphère domestique, au Sud comme au Nord (Rogers 1980).

L'examen des programmes et des projets orientés vers les femmes qui ont été développés par les agences bilatérales et multilatérales depuis le milieu des années 1970 confirme cette tendance. En 1976, l'Organisation internationale du travail (OIT) a élaboré une approche dite des « besoins essentiels » *(basic needs approach)* en vue d'aider les femmes à combler plus efficacement les besoins humains les plus fondamentaux de leurs familles (nourriture, vêtement, logement, etc.). La stratégie visait aussi à alléger la charge de travail des femmes, à leur permettre de devenir plus indépendantes économiquement et de participer plus activement au développement de leur communauté (voir Palmer 1979; Beneria et Sen 1981). Bien que l'approche des « besoins essentiels » ait été fondée sur un désir d'assurer aux pauvres un certain contrôle sur leur propre vie et, qu'en cela, elle ait représenté une amélioration par rapport aux stratégies précédentes, elle ne remettait pas en question les rapports d'inégalité existants. Elle ne portait pas sur les questions de redistribution des terres ou de la richesse au sein des sociétés et ne remettait pas en cause non plus la division sexuelle du travail au sein des ménages. Elle peut donc être considérée comme un autre exemple de développement basé sur la théorie de la modernisation.

L'analyse des programmes de plusieurs agences de développement multilatérales et bilatérales révèle une tendance similaire. On peut y repérer différentes stratégies d'intégration des femmes à des programmes en cours ainsi que des actions positives pour assurer une plus grande représentation des femmes au sein du personnel de ces agences. Le Comité d'aide au développement de l'OCDE, par exemple, a mis l'accent sur la nécessité pour les pays membres d'établir des stratégies formelles d'intégration des femmes, de consacrer des fonds spéciaux aux activités liées aux femmes, de subventionner la recherche WID et de promouvoir l'emploi des femmes dans les organisations multilatérales et dans les banques de développement (Rathgeber 1988). Des agences bilatérales comme la SIDA (Swedish International Development Authority) de Suède, la DANIDA (Danish International Development Agency) du Danemark, l'ODA (Overseas Development Administration) de Grande-Bretagne et l'ACDI (Association canadienne de développement international) du Canada, ont adopté des stratégies en vue d'assurer que les femmes des pays en développement bénéficient directement de leurs programmes et, à des degrés divers, pour que le personnel féminin occupe des postes de pouvoir au sein de leurs propres organisations. Toutefois, on a élaboré peu de stratégies qui remettent en question ou tentent d'influencer profondément les rapports de genre, ou qui établissent des conditions favorables à un changement plus fondamental de la structure sociale.

Il existe peu d'études en profondeur des processus d'intégration des femmes et des préoccupations concernant les femmes dans les programmes des agences subventionnaires. Cependant, une étude du bureau WID de la USAID (United States Agency for International Development), réalisée par Kathleen Staudt, révèle que ces objectifs ont été poursuivis avec des niveaux variables d'intérêt et d'engagement (Staudt 1985 et 1982). La description que fait Staudt de la création du bureau WID en 1974 est intéressante. Celle-ci note que si chaque énoncé de politique de l'AID devait être accompagné d'une déclaration « d'incidence sur les femmes », ces déclarations se résumaient habituellement à un paragraphe et étaient souvent réutilisées telles quelles d'un document à l'autre. Au début des années 1980, le personnel du bureau WID se limitait à cinq femmes professionnelles, dans une agence où le personnel professionnel était en grande majorité composé d'hommes et le personnel de bureau, de femmes. Staudt signale que « le personnel de l'Agence se plaint fréquemment de l'approche WID qui serait « une question d'émancipation des femmes » (« a women's lib' issue ») utilisée pour exporter des idées américaines plutôt qu'une question liée au développement ou à l'équité (Staudt 1982). Le bureau WID avait peu de pouvoir; son personnel peu nombreux et son faible budget le rendaient dépendant des budgets des autres bureaux de l'Agence; il avait peu d'alliés dans les domaines techniques et son mandat limité lui permettait d'exprimer des préoccupations sans lui donner de droit de véto sur les projets. De plus, souligne Staudt, malgré les efforts pour augmenter le nombre de femmes bénéficiant des subventions de l'AID, 13 pour cent du nombre de personnes de l'étranger qui recevaient une bourse de formation de l'AID au début des années 1980 étaient des femmes, ce qui représente une augmentation de 4 pour cent par rapport à 1974, mais correspondant au même nombre de femmes qu'au début des années 1960. Staudt démontre clairement qu'au sein des agences, il peut exister un écart considérable entre l'élaboration de politiques officielles et l'appui apporté à leur mise en oeuvre. En conséquence, l'existence de politiques officielles WID ne peut être considérée comme un indicateur adéquat de l'engagement d'une agence envers la cause des femmes.

Les agences ont adopté différentes approches par rapport à l'intégration des questions de genre dans leurs programmes (Rathgeber 1988). Ainsi, au cours des années 1980, l'ACDI (Agence canadienne de développement international) a été à l'avant garde des agences bilatérales qui tentaient d'incorporer des préoccupations concernant les rapports entre les sexes dans leurs programmes. Une direction générale WID/IFD a été créée en 1984 et, depuis, tout le personnel professionnel de l'ACDI reçoit systématiquement une formation dans ce domaine. Toutefois, la direction générale WID n'a qu'un petit budget à sa disposition et doit, comme le bureau WID de l'AID, investir beaucoup de temps et d'énergie à inciter les responsables des autres bureaux à appuyer des activités concernant les femmes. Étant donné le climat d'ouverture à de telles préoccupations qui régnait à l'ACDI à la fin des années 1980 (et qui a coïncidé avec la nomination d'une présidente), cette tâche n'a pas été aussi difficile que prévu. Cependant, cela signifie que la direction générale WID/IFD a eu relativement peu de possibilités de planifier et de mettre en oeuvre ses propres programmes. Une part importante de son travail a été consacrée à la promotion des questions concernant les femmes plutôt qu'à l'élaboration et à la mise en oeuvre de programmes.

L'expérience des agences bilatérales européennes n'est pas uniforme non plus. Certaines, comme la SIDA, ont commencé dès les années 1960 à financer des projets visant directement les femmes. D'autres, comme l'ODA de Grande-Bretagne, ont résolument refusé, jusqu'à la deuxième moitié des années 1980, de donner leur appui à des projets spéciaux pour les femmes, affirmant que ce serait là imposer au Sud les préjugés culturels du Nord.

Les fondations privées appuyant la recherche dans les pays en développement, comme par exemple les fondations Ford, Rockefeller et Carnegie, ont toutes choisi de ne pas créer de bureaux ou de programmes spécifiques pour les femmes, sous prétexte que cela renforcerait l'idée que les questions concernant les femmes sont différentes de celles concernant les hommes. Bien qu'elles n'aient pas établi de bureaux WID, chacune des trois fondations a, cependant, dans le cadre des structures de programmes en place, appuyé plusieurs projets concernant les femmes. La Fondation Ford a de plus exigé de toutes les institutions faisant appel à elle qu'elles fassent la preuve que des femmes participent à leurs projets. La Fondation met depuis longtemps l'accent sur l'importance des questions de genre et plusieurs membres du personnel affecté aux programmes travaillent à ce que les femmes soient intégrées à tous les aspects de la programmation[3].

La Banque mondiale a une conseillère WID depuis le début des années 1970 mais, au milieu des années 1980, le bureau a été élargi et a pris plus d'importance. À la fin des années 1980, le bureau élargi a concentré beaucoup d'efforts en vue d'assurer aux femmes une « maternité sécuritaire » *(Safe Motherhood)*, en vertu du raisonnement: « l'amélioration de la santé maternelle permet aux femmes de participer plus efficacement au développement » (Herz et Measham 1987). L'Organisation mondiale de la santé a aussi fait de ce sujet un centre d'intérêt majeur. Bien que de telles initiatives soient évidemment très importantes, on peut considérer qu'elles sont fondées sur une conception traditionnelle des rôles féminins.

En 1987, l'Agence américaine pour le développement international a procédé à une évaluation de son expérience de l'approche WID entre 1973 et 1985 (AID 1987). L'Agence identifia trois types différents de programmes: des projets intégrés qui doivent tenir compte des questions concernant les femmes pour atteindre leurs objectifs; des projets pour femmes seulement, qui sont habituellement d'une portée limitée et exigent beaucoup de travail de la part du personnel de l'AID; des éléments concernant les femmes au sein des projets plus vastes. L'évaluation révèle que les projets comprenant une analyse détaillée de la division sexuelle du travail et des responsabilités et conçus de façon à refléter les contextes de travail des hommes et des femmes étaient à la longue plus efficaces pour atteindre les objectifs de développement. Elle constate aussi que les projets générateurs de revenu pour les femmes parvenaient rarement à améliorer la situation économique des participantes. De plus, les projets de formation à l'emploi ne réussissaient habituellement pas non plus, parce que les femmes n'avaient pas le capital nécessaire à la création de petites entreprises où elles auraient pu utiliser leurs nouvelles compétences. Mais, ce qui est peut-être plus inquiétant encore, l'étude révèle que, même au cours de la période 1980 à 1984, alors que le Bureau WID existait depuis plusieurs années déjà, 40 pour cent des projets évalués ne mentionnaient aucunement les femmes; pour la période précédente, de 1972 à 1977, ce pourcentage était de 64 pour cent. Le nombre de projets analysés étant de 98 seulement, il n'est pas possible de tirer de conclusions définitives. Cependant, ces pourcentages révèlent tout de même une tendance conforme aux attitudes décrites par Staudt. Toutefois, d'un point de vue plus positif, les résultats de l'évaluation suggèrent très clairement que les projets qui tiennent compte des femmes dès le tout début, c'est-à-dire dès l'étape de la conception, ont un niveau plus élevé d'efficacité et ont plus de chances de succès. Au sein des agences où les considérations d'équité ont peu de poids, il est possible que des arguments d'efficacité soient plus convaincants.

## VERS UNE MISE EN OEUVRE PLUS EFFICACE DE LA PERSPECTIVE GAD

Comme nous l'avons déjà indiqué, il est difficile de trouver des exemples de projets de développement élaborés dans une perspective GAD. De tels projets seraient conçus de manière à donner le pouvoir aux femmes, à leur donner une voix égale, en reconnaissant toute l'étendue de leurs connaissances, de leurs expériences et de leurs activités, y compris à la fois le travail de production et de reproduction. Ils remettraient en question les conceptions traditionnelles des rôles et responsabilités des deux sexes et offriraient une définition plus équitable du concept de « développement », de même que des contributions faites par les femmes et par les hommes dans la poursuite des objectifs sociétaux. Les projets GAD examineraient non seulement la division sexuelle du travail mais aussi la *division sexuelle des responsabilités*, reconnaissant que la charge de travail des femmes est non seulement physique mais contient aussi une part de stress psychologique provenant du fait qu'elles sont seules responsables de plusieurs aspects de l'entretien de la famille, par exemple. De plus, le nombre de ménages dirigés en permanence ou temporairement par une femme augmente régulièrement dans plusieurs régions d'Afrique et des Caraïbes.

De tels projets font rarement partie des programmes des principales agences de développement parce qu'ils mettent l'accent sur le changement fondamental de la société et comprennent un examen des rapports sociaux entre les sexes. Ainsi, quoique dans plusieurs régions du monde des projets de développement portent sur la division sexuelle du travail dans le domaine de l'agriculture, il est rare que de tels projets aillent au-delà de l'identification des différences dans le travail accompli par les hommes et par les femmes et mettent réellement en oeuvre des programmes visant à changer les rapports entre les sexes. La stratégie la plus courante consiste à fournir aux femmes (ou aux hommes) des technologies qui leur épargnent du temps et à espérer que la charge de travail des femmes sera ainsi suffisamment allégée pour leur permettre d'assumer plus facilement leurs responsabilités de production et de reproduction. Cette approche peut avoir un impact important sur la vie de femmes considérées individuellement mais elle fait peu pour briser les stéréotypes actuels et les modèles culturels favorisant les hommes.

En définitive, il est peut-être plus facile d'élaborer des projets GAD dans le domaine de la recherche que dans celui de la mise en oeuvre du développement. Dans plusieurs projets de recherche en cours, des chercheuses africaines s'efforcent de considérer les femmes comme des agentes du développement plutôt que comme des bénéficiaires passives du changement[4]. Des études au Kenya, en Tanzanie et au Nigeria, par exemple, portent sur l'accès des femmes à la terre dans le contexte des lois coutumières et statutaires; elles évaluent dans quelle mesure la productivité des femmes a été négativement affectée par des systèmes juridiques qui favorisent les hommes comme propriétaires et qui parfois ne reconnaissent même pas le droit de propriété des femmes. Ce type de recherche est basé sur la reconnaissance que les femmes sont les principales productrices de nourriture et que l'absence de droits à la terre a eu des conséquences négatives, non seulement pour elles personnellement mais aussi pour les ménages qui dépendent d'elles. Un projet au Ghana étudie l'impact du changement technologique sur les agricultrices; on y analyse les différentes solutions de rechange développées par les femmes pour la production de revenus, par suite de l'appropriation d'une partie de leurs terres à des fins industrielles. Un projet au Burkina Faso étudie l'effet des pénuries de bois de chauffage sur les pratiques agricoles des femmes et sur l'alimentation des familles. Les chercheuses ont découvert que, comme les femmes doivent passer plus de temps à la recherche de bois de chauffage, elles en ont moins à consacrer à l'agriculture. Cela entraîne une baisse de la productivité agricole et une réduction de la quantité de nourriture destinée à la consommation familiale, de même que du surplus vendu sur les marchés locaux. Pendant ce temps, les femmes font moins souvent la cuisine, elles servent à leurs familles des aliments de moindre qualité, achetés dans les magasins, ou des aliments préparés plusieurs heures à l'avance et souvent conservés dans des conditions insalubres. Enfin, un projet basé sur un réseau de sept pays africains anglophones et francophones explore les connaissances locales des femmes concernant la gestion des ressources naturelles; il examine les stratégies de survie développées par les femmes aux niveaux des ménages et des communautés pour faire face à la dégradation croissante de l'environnement.

Ces projets, tous mis en oeuvre par des chercheuses africaines, partagent une préoccupation commune pour l'augmentation du pouvoir des femmes *(the empowerment of women)* et pour la reconnaissance de leur savoir et de leur expérience. En fait, les chercheuses vont documenter les connaissances des femmes puis les traduire dans un langage familier et acceptable pour les responsables des politiques de dévelop-

pement. Finalement, c'est par de telles stratégies que les connaissances, les points de vue et l'expérience des femmes deviendront des
composantes importantes des processus décisionnels nationaux.
Toutefois, ces projets ne considèrent pas suffisamment la question de
l'utilisation de la recherche. La transformation des résultats des projets
de recherche en plans et programmes de développement social exten-
sifs et viables demeure encore un défi à relever.

## NOTES

* N.D.L.R. Une version anglaise de ce texte a déjà paru sous le titre « WID, WAD,
  GAD: Trends in Research and Practice », dans *Journal of Developing Areas*, 24, 4
  (July 1990): 489–502. L'adaptation française a été réalisée par Huguette
  Dagenais. En l'absence de trois acronymes correspondants en français d'une
  part, et parce que, d'autre part, les travaux théoriques sur les femmes et le développement sont très majoritairement anglophones, les éditrices ont décidé
  de maintenir les acronymes anglais WID, WAD et GAD dans cette version française.

1 Pour un bon aperçu du travail des femmes en agriculture, voir Dixon-Mueller
  1985; voir aussi Muchena 1982. Pour un examen critique de l'accès des
  femmes africaines à la technologie agricole, voir Stamp 1990.

2 Il faut souligner que, comme les perspectives WID, WAD et GAD ne sont pas entièrement distinctes sur le plan conceptuel, il est souvent impossible de ratta-
  cher un projet de développement à un seul cadre théorique.

3 Pour une présentation détaillée des débats entourant la question femmes et développement au sein de la Fondation Ford à la fin des années 1970 et au début
  des années 1980, voir Butler Flora, 1983.

4 Tous les projets décrits ici sont subventionnés par le Centre de recherches pour
  le développement international (CRDI). L'auteure les connaissant bien, ils sont
  utilisés comme exemples de projets qui tentent d'intégrer la perspective GAD.
  Toutefois, il importe de rappeler que des projets de recherche ayant une perspective GAD ont aussi été financés par plusieurs autres agences.

## RÉFÉRENCES

Agence for International Development 1987 . *Women in Development: A.I.D.'s
  Experience 1973–1985.* Volume 1, Synthesis Paper. A.I.D. Program Eval-
  uation Report 18. Washington, D.C., Agency for International Development.
Boserup, Ester 1970. *Women's Role in Economic Development.* New York,
  St. Martin's Press.

Beneria, Lourdes et Gita Sen 1981 . « Accumulation, Reproduction, and Women's Role in Economic Development: Boserup Revisited », *Signs*, 7, 2: 279–298.

Boulding, Elise 1976. *The Underside of History.* Boulder, Co., Westview Press.

Butler Flora, Cornelia 1983. « Incorporating Women into International Programs: The Political Phenomenology of a Private Foundation » in Kathleen A. Staudt et Jane S. Jaquette (éd.), *Women in Developing Countries: A Policy Focus.* New York, Haworth Press.

Buvinic, Mayra 1986. « Projects for women in the Third World: explaining their misbehavior », *World Development,* 14, 5: 653–664.

Dixon-Mueller, Ruth 1985. *Women's Work in Third World Agriculture.* Genève, Bureau international du travail.

Herz, Barbara et Anthony L. Measham 1987. *The Safe Motherhood Initiative: Proposals for Action.* Washington, D.C., The World Bank.

Jaquette, Jane S. 1982. « Women and modernization theory: a decade of feminist criticism », *World Politics,* 34, 2: 267–284.

Kelley, Gail P. et Carolyn Elliot (éd.) 1982 . *Women's Education in the Third World: Comparative Perspectives.* Albany, N.Y.: SUNY Press.

Lim, Linda 1981. « Women's work in multinational electronics factories » in Roslyn Dauber et Melinda L. Cain (éd.), *Women and Technological Change in Developing Countries.* Boulder, Westview Press: 181–190.

Maguire, Patricia 1984. *Women in Development: An Alternative Analysis.* Amherst, Mass., Center for International Education.

Mbilinyi, Marjorie 1984a. « Research priorities in Women's Studies in Eastern Africa », *Women's Studies International Forum,* 7, 4: 289–300.

– 1984b. « Women in development ideology: the promotion of competition and exploitation », *The African Review,* 11, 1: 14–33.

McSweeney, Brenda Gael et Marion Freedman 1982 . « Lack of time obstacle in educational investment: the case of Upper Volta », in Gail Paradise Kelly et Carolyn M. Elliot (éd.), *Women's Education in the Third World: Comparative Perspectives.* Albany, N.Y., SUNY Press: 88–103.

Muchena, Olivia 1982. *Women's Participation in the Rural Labour Force in Zimbabwe.* Southern African Team of Employment Promotion (SATEP) Working Papers. Lusaka, Bureau international du travail.

Nijeholt, Geertje Lycklama A. 1987. « The fallacy of integration: the U. N. strategy of integrating women into development revisted », *Netherlands Review of Development Studies,* 1: 23–37.

Pala, Okeyo. 1977. « Definitions of Women and Development: an African perspective » in Wellesley Editorial Committee (éd.), *Women and National Development: The Complexities of Change.* Chicago, University of Chicago Press.

Palmer, Ingrid 1979. « New official ideas on women and development », *IDS Bulletin,* 10, 3: 42–52.

Parpart, Jane L. et Kathleen A. Staudt 1989. « Women and the State in Africa », in Wellesley Editorial Committee (éd.), *Women and National Development: The Complexities of Change*. Chicago, University of Chicago Press.

Rathgeber, Eva M. 1988. « Femmes et développement: les initiatives de quelques organismes subventionnaires », *Recherches féministes*, 1, 2: 103–116.

Roberts, Pepe 1979. « The integration of women into the development process: some conceptual problems », *IDS Bulletin*, 10, 3: 60–66.

Rogers, Barbara 1980. *The Domestication of Women. Discrimination in Developing Societies*. London, Tavistock.

Schultz, Theodore W. 1961. « Investment in human capital », *American Economic Review*, 51:1–17.

Sen, Gita et Caren Grown 1987. *Development, Crises, and Alternative Visions. Third World Women's Perspectives*. New York, Monthly Review Press.

Sivard, Ruth Leger 1985. *Women... A World Survey*. Washington, D.C., World Priorities.

Stamp, Patricia 1990. *La technologie, le rôle des sexes et le pouvoir en Afrique*. Ottawa, Centre de recherches pour le développement international.

Staudt, Kathleen A. 1982. « Bureaucratic resistance to women's programs: the case of Women in Development », in Ellen Boneparth (éd.), *Women, Power and Policy*. London, Pergamon Press.

– 1985. *Women, Foreign Assistance and Advocacy Administration*. New-York, Praeger.

Tinker, Irene et M. B. Bramsen (éd.) 1976 . *Women and World Development*. Washington, D.C., Overseas Development Council.

Young, Kate 1987. *Gender and Development*. Notes for a training course on Gender and Development sponsored by the Aga Khan Foundation, Toronto.

ROSINA WILTSHIRE

# Indigenization Issues in Women and Development Studies in the Caribbean: Towards a Holistic Approach

Women and Development Studies emerged in the absence of an indigenous tradition of indigenous scholarship and research in the field. Slavery and a tradition of emigration have played a central role in shaping Caribbean gender relations in critical spheres such as the family and the workplace. These have given rise to fundamental divergences from the models emerging in industrial societies of the North. Indigenisation of Women's Studies is imperative if the dominance of North American theories in the field, facilitated and reinforced by easier access to research funds and publication media, are not to make Women's Studies another arena of dominance of the North over the South.

### L'indigénisation des problématiques dans les études sur les femmes et le développement dans la Caraïbe

Les études sur les femmes et le développement ont vu le jour alors qu'il n'existait encore aucune tradition de recherche locale dans le domaine. L'esclavagisme et l'émigration ont joué un rôle majeur dans la construction des rapports de sexe dans la Caraïbe, notamment dans les sphères de la famille et du travail. Ils sont la source de différences fondamentales avec les modèles en vigueur dans les sociétés industrielles du Nord. L'indigénisation des études féministes caribéennes est urgente si l'on veut éviter que les théories nord-américaines, développées et soutenues par l'accès à des fonds de recherche et à la publication, ne deviennent une autre forme de domination du Nord sur le Sud.

Underdevelopment has been characterized by an inability to define issues accurately, to identify problems in their cultural context, and the application of inappropriate solutions devised in metropolitan settings.

Women's challenge to male-dominated knowledge and organizational patterns and the emerging feminist theories and methodologies have failed to address effectively the intellectual dominance that has characterized European and North American relations with the Third World. In the absence of indigenisation, Women and Development Studies threaten to become another area reflective of the inequity between and the dominance of the North over the South.

Feminist scholars in the northern industrialized world more readily have access to research funds and publication media and hence tend to set research priorities. Feminist theories emanating from metropolitan centres have thus tended to shape the definition of reality and the directions of change for Third World women who have lesser access. There is often an assumption that the issues are relatively clearly defined and all that is necessary is to raise the consciousness of Third World women, i.e. to educate them about their reality, integrate them into the wage labour force and alter the gendered structures of domination which are assumed to be clearly understood. Donor agencies often exacerbate the distortions of dominance with their preconceived notions of priorities which emerge from dominant metropolitan theories (Ford-Smith 1989).

It is easier to dismiss dissenting perspectives as reflecting a lack of consciousness than to attempt to reassess some of the basic premises and theoretical perspectives which underpin the dominant feminist schools of thought. Any serious attempt to address the double-pronged problem of male dominance and white metropolitan dominance, which affects women's studies, must face the challenge of the indigenisation of Women and Development Studies. This is as true for other Third World regions as it is for the Caribbean.

What is indigenisation? Adapting Jan Loubser's (1988) definition in a seminal article on the need for indigenisation in the social sciences, it is seen as autonomy and independence with respect to all aspects of the vital functions of the local Women and Development Studies community, such as setting research priorities and the ability to relate to other communities on an equal, reciprocal basis. Vital functions also include: ability to recruit; training of members; determation of the content of teaching and training; indigenous conceptions of desirable subject matter; appropriate conceptual and theoretical models; methods and techniques applicable to local social contexts; control of media for dissemination of results; incentive systems for reward within the communitty; and research support. Control over these activities ensures that the nature of activities and priorities are not externally determined, and that the community does not become "a victim of the fads and fashions of the dominant external community" (ibid.).

## CRITICAL FACTORS IN GENDER FORMATION

Caribbean gender relations have been fundamentally influenced by two major factors: the history of slavery, in which women were forced to participate fully in the workplace, and the continual flow of emigration since emancipation in 1838. As in other revolutionary contexts, women fought actively alongside men in the struggle for freedom and continued their struggle into the 1930s in the regionwide upheavals for better wages and independence.

The historical development of gender relations and women's relation to oppression generally was not one of passivity. Heavy emigration of males in search of employment since emancipation left a large segment of the female population as managers of their households. Women remaining in the region also continue to play a pivotal role in linking the transnational family, which emerged as a result of the continuous migration and the networks established by the migrants, with their families remaining behind. High levels of education have also characterized the region's women.

The history of struggle against oppression, the forced independence of singly managing households and managing the linking of the family across national boundaries in a context of mutual cooperation, combined with relatively high educational levels, have fundamentally shaped Caribbean women's experience and the dynamic of gender relations. In addtion, young women as well as men were trained by the early missionaries, often against the wishes of the planters, because of the perceived need to educate the slaves into a Christian way of life.

The establishment of Women and Development Studies was therefore grounded in a culture of gender relations which, while presenting aspects of global patriarchy, manifested fundamentally different dimensions and informed different conceptions and interpretations of "reality", of dominant bases of oppression, as well as different perceptions of strategic interests, alliances, and strategies for effective transformation.

## THE DEVELOPMENT OF WOMEN'S STUDIES

The Women's Studies initiative has taken place within the context of the University of the West Indies (UWI) spearheaded by the Women and Development Studies Groups located on the three UWI campuses, with the collaboration of the Women and Development Unit (WAND). The groups were started by female university staff members, particularly from the arts and social sciences, who were dissatisfied with the gaps and distortions in their disciplines resulting from the absence of

gender sensitive perspectives. The groups are now fully multidisciplinary, encompassing the sciences, agriculture and engineering staffs, as
well as having among their members a growing body of very supportive
male academics sparked intellectually by the theoretical and methodological issues being raised.

The first formal programme of training in Women's Studies at the
University of the West Indies was instituted at the St Augustine campus
in Trinidad. It was pioneered by a multidisciplinary team of female faculty, some of whom, through their research, had recognized major
gaps in their disciplines, emerging as a result of gender biases in their
respective fields. They elicited and gained the support of a few key male
faculty.

The overall programme was shaped by the following principal factors
which motivated the faculty: the recognition of the imperative to train
a gender sensitive new generation of leaders and top policy makers
emerging from the university; the need to promote gender sensitive research in the region; and the need to influence policy makers and the
attitudes of the teenage youth, in particular within the school system,
as well as those of the teachers. The instituted programme therefore
had three major aspects; teaching, research and a vibrant outreach
programme.

### Recruitment and Training

The initial teaching programme largely drew on existing faculty resources within the university. Training of the teaching staff was undertaken before the initiation of local teaching and drew on expertise
from the Institute of Social Studies (ISS) in the Netherlands and the
Institute of Development Studies in the United Kingdom, both of
which have strong Women's Studies programmes. Resource persons
such as Kate Young were also involved. The training of the trainers was
funded by the Netherlands government who, in collaboration with ISS
and the University of the West Indies, contributed to other aspects of
the programme such as the building of library resources.

Healthy divergencies of perspectives emerged. This initial training of
trainers proved essential to the local staff, who were primarily senior
faculty in their particular disciplines but new to Women's Studies. One
new staff member trained in Women's Studies in the North joined the
teaching staff. Again, healthy divergencies emerged, important in any
university context.

Much of the general theoretical bibliographic material drew on the
"established body of theory" emanating from Northern industrial
countries. Teachers drew on their own research but generating new

material from indigenous projects has remained a challenging and slow process because of both lack of easily available funding and excessively heavy workloads. It should be noted that initially teaching in the programme was done on a purely voluntary basis with no credit hour release. The success of the programme has enabled the groups to effectively bargain with the University administration for release time from individual departments and for additional staff.

The success of the program has also meant that bright young students have emerged and have been accepted to graduate programmes in Northern metropolitan centres which offer graduate programmes in Women's Studies. This development offers two divergences from the pattern from which the original staff emerged. The first is that these students are not grounded in an established discipline, which has both positive and negative facets methodologically and theoretically. The second is that there is only a small pool of indigenous scholarship from which they can draw.

The development of an indigenous tradition of scholarship in Women's Studies is comparatively still in its infancy. This is unlike other disciplines which have benefitted from at least four decades of indigenous Caribbean research, theory building and teaching, particularly in the arts and social sciences. Women's Studies are at the stage of the pre-independence period of the fifties at the University of the West Indies, when Northern theories of development and concepts about linear stages of growth were still dominant.

As Women's Studies and Women in Development become established as areas in themselves, removed from disciplinary training, many of the new specialist trainers will increasingly be moulded outside of the region in spite of the great strides taking place in the region. This trend is likely to continue in a context of general economic crisis in the Third World. Unlike the decade of the fifties and sixties in which Third World universities were undergoing rapid growth expansion, the Caribbean Women's Studies programme has emerged at a period of contraction. Within the Caribbean and on the St. Augustine campus, the University has suffered severe cutbacks in funding and new programmes have become increasingly circumscribed. Post graduate accreditation is thus likely to continue to take place in Northern metropolitan centres, which established Women's Studies divisions and departments early and have available resources.

In addition to these factors, the organizational support system for training and research, including publications, research grants and dissemination media, remains largely outside the Caribbean because of insufficient local resources. Control of the organizational support system will not change in the short term and thus indigenisation is likely to remain partial. Because the rapid generation of teaching material takes place primarily outside the region, those areas of indigenisation which do take place, such as teaching content, conceptual models, methodologies and desirable subject matter, are likely to move against dominant schools of Northern metropolitan thought as happened in the social sciences in the fifties. These areas of indigenisation are nonetheless critical for the emancipation of Women's Studies in the Caribbean.

## THEORETICAL AND CONCEPTUAL ISSUES IN INDIGENISATION

This article probes four key conceptual and theoretical issues in the analysis of indigenisation of Women's Studies in the framework of Caribbean reality:

- the Caribbean family as a source of strength and mutual support for women?
- the salience of mother/son, brother/sister relations for shaping Caribbean gender relations, or do patriarchy models obscure critical Caribbean gender relations?
- female labour force participation: development or regression?
- organizational theory and development: do the assumptions of sisterhood reinforce Third World organizational weaknesses and underdevelopment?

### The Caribbean Transnational Family

For most working class Caribbean families who make up the majority of the population, the family does not correspond to the nuclear model characterizing the Northern industrial world. Because of slavery and heavy emigration the household never evolved as the dominant locus of economic production and the family was not necessarily residentially based. Families were linked through mating, children and consanguinal support networks (Wiltshire-Brodber 1986).

The family emerged as a refuge from and a maintenance mechanism for transcending the larger oppressive societal forces rather than as a supportive basic unit of the societal order. The gender relations emerging within the family were thus not primarily of male dominance and female subordination, but a complex reflection of a mutual need and support network.

An unequal international order, poverty and the high levels of unemployment in the Caribbean, particularly among youth, have given rise to the phenomenon of a Caribbean transnational family where both workplace and family extend outside national boundaries. In the thirty year period spanning 1950 to 1980, it is estimated that net emigration from the region totalled approximately 4.2 million. Families are spread over territorial boundaries but continue to function as tight, mutually supportive networks, pooling resources and making common decisions across these boundaries (Basch, Wiltshire-Brodber, *et al.* 1987).

While the early migration streams of the late nineteenth century post emancipation era were primarily male, since the 1960s women have been migrating in equal numbers. Today, the breadwinners are both male and female and their remittances to family members remaining behind are significant in the strategies of family survival and mobility (Wiltshire-Brodber, Basch *et al.* 1987). The women remaining behind in the Caribbean donor societies play an important role in agricultural production and distribution. They also play an important role in the care of migrants' children and management of family resources. These older women are the pivot in the transnational family network.

It is this model of the family and not the traditional European nuclear one which frames the socialization of Caribbean children into gender attitudes and has a significant impact on the structuring of gender relations There is a deviation from and a tension rather than a concurrence with the dominant international order. While patriarchy may be the dominant international mode, because of the strength of capitalism and the industrial North, it is essential to understand the points of resistance and tension if one is to understand the strengths and subtleties of indigenous modalities as well as their implications for strategies of change. These strengths and subleties also give insight into the larger potential for transformation.

### The Salience of Mother/Son, Brother/Sister Relations

Slavery promoted male fathering for the labour force, while discouraging cohabitation with partners. The massive post-slavery emigration of young males in search of employment sharpened the trend. The pattern of male spouses outside the local family structure has continued to be reinforced within the framework of the transnational family, where children are often reared by grandmothers. The husband/father figure has thus tended to be low-keyed. The male/female relationships that became much stronger and more significant for shaping Caribbean gender relations were mother/son, brother/sister bondings, which were much softer than the European and North American model shaped by dominant husband/wife, father/daughter relations.

Within the continuing context of heavy migration streams and the emergence of the transnational family, it is the mother/son, brother/

sister relationships that tend to be the most firmly reinforced. In the transnational family, while husbands and fathers often maintain links with their families in the donor societies from the workplace in the host country, the extended separations from their partners often make the spousal linkages less than reliable. Mothers maintain their pivotal link with their children and, to a lesser extent, siblings reinforce one another across gender lines. Even where males support spouses, they also maintain mutually supportive, strong links with mothers, sisters, and aunts (Wiltshire-Brodber, Basch *et al.* 1987). These linkages are not constrained by the same tensions and anxieties that impinge on spousal relationships. They are often far from patriarchal. The women are strong, accustomed to heading the family, making decisions and being out in the workplace. Adding strength to the mother/son, brother/sister ties is the fact that they are forged in a context of jointly experienced oppression of race and class and the uncertainties of a harsh external environment. The strong trust and mutual supportiveness in the mother/son, brother/sister relationships are thus obscured by an uncritical application of the patriarchal model to Caribbean societies. This perspective is likely to yield rich results for theory, strategy and organizational development, and more research is needed on the implications of this feature of Caribbean gender relations and change.

## INTEGRATION INTO WAGE LABOUR: NO MAGIC IN THE WORKPLACE

### *High Levels of Female Labour Force Participation*

Caribbean women have always been members of the formal labour force. The earliest Trinidad Census of 1891 revealed that females ten years and over had a labour force participation rate of 73.9% (HEWITT 1985). This reflects rates of female participation throughout the Caribbean, where being a housewife was a luxury, which primarily wealthy Europeans could afford. The status of "housewife" was a goal that many of the female population sought to attain. But for the majority of black, working class Caribbean females, participation in the labour force both formal and informal was an early reality.

### *The Importance of Being One's Own Boss*

By 1946, the female labour force participation rate had fallen to 23.8%. This figure reflects a combination of factors, such as the opening up of educational opportunities and economic pressures, but is also indicative of gender biases in the definition of labour force participation. A significant proportion of working class women continued to have primary responsibility for their families and expertly combined production and reproduction.

Today, Caribbean women constitute approximately 33% of heads of households. They also represent the backbone of the so-called "informal" economic sector which is, in fact, central to economic life in the region. They receive income from their activities and have control of their labour. To be one's own boss is an achievement and an important part of their production ethos. The statement made by one Dominican higgler "I am my own boss. I never work for anybody in my life" (ECLAC 1988) is said with consummate pride and reflects an important dimension of Caribbean reality. The corollary is that having to work for someone else, that is, being part of the (formal) labour force, is not necessarily a desired goal.

### The Myth of Sisterhood

An important aspect of the Caribbean female work experience was that male bosses and female bosses were equally harsh and exploitative. Within slavery, after emancipation and in the post-independence Caribbean, the exploitation of women by women continued to be a reality of the workplace. The female slave owner was as vicious as the male slave owner. Caribbean women bonded with their black male counterparts under slavery and colonialism to fight against the subordination of race and class oppression. The salient issues of domination and oppression were defined within this era primarily in race and class terms. In the post colonial period, with some of their battles partially won, the leaders have changed, but their struggles continue with the additional dimension of gender identified as a significant variable.

What the history and experience of Caribbean women have indicated is the fact that black and white, middle class and working class female bosses have demonstrated that exploitation of human by human is not the preserve of any class, race or gender. The experience of West Indian domestics in Canada and the United States indicates most forcefully the significant interplay of race, class and gender subordination (Bakkan 1989).

These neat categories become slightly more complex in the case of domestics working in the Caribbean. The working class female domestic employer is not an anomaly in the Caribbean setting and, in many societies, a significant percentage of the female labour force is clustered in household domestic service. Domestics' wages are often so depressed that working class women choose to employ household domestic help to look after their children. A study in Jamaica revealed that income and status were not indicators of the degree to which women's households were likely to exploit their female domestic workers. Salary, working hours, and working conditions were exploitative and harsh in the extreme. The condition of domestic workers was one of oppression and domination, which could not adequately be illumined by gender, race, colour or class analyses. The radical, liberal, and socialist feminist frameworks fail to provide an adequate conceptual frame for explaining this reality, nor do they provide an effective basis for mobilizing for development and the end of oppression.

## Underdevelopment and Exploitation

It is the general condition of underdevelopment that, for the majority of Caribbean women, formal participation in the workplace is accompanied by high levels of exploitation. Many women in the modern exclusive economic zones are losing their skills because of the extreme specialization of the tasks and are gaining no new skills. Because of the depressed wages and high costs of transportation, preliminary Caribbean research has indicated that women often subsidize large industries by paying out, in transportation and childcare, more than they receive in wages (Thoumi 1983).

Structural adjustment policies have further undermined the vulnerable position of Caribbean women. It is significant that, outside of a thorough understanding of the implications of the interweaving of production and reproduction, even well meaning prescriptions for change and adaptation add to Caribbean women's already heavy burden. Education and skill training are essential components of the development programme for Caribbean women, but alone they cannot transform the workplace.

Liberal feminist prescriptions for change that stress formal workforce participation or pay for work, address single dimensions of the problem and thus obscure more than they illuminate. They emanate from a materialist conception of reality and thus lead to materialist solutions. While there have been sustantial critiques of this perspective, actual development projects and policy remain heavily influenced by it. The more fundamental problem that needs to be addressed is that as long as power is defined and valued on the basis of external material criteria, the present law of the jungle ethos – the Darwinian survival of the fittest – ensures that those who have less "power" are fair game for exploitation and subordination by those who have greater "power". The different manifestations of oppression – class, race, gender, colour, age, ethnicity, religion, etc. – are merely symptoms rather than

causes, and addressing the symptoms has merely revealed new manifestations of oppression and subordination rather than eliminated the
oppression.[1]

Only a human-centred, just national order, set in the frame of a
human-centred, just and equitable international order, can begin to lay
the foundation for changes in the subordination of women. Equity and
justice will only emerge when power is defined and valued as intrinsic
rather than as extrinsic, i.e. power emanating from within rather than
power derived from possessions, and when the human is considered as
valuable and important because of being human rather than because
of material possessions or external characteristics. This requires a
holistic rather than a partial theory of subordination, oppression
and transformation, and in turn such an approach calls for integrated
strategies.

Partial strategies that focus on solutions such as income generation
projects are thus likely to accomplish little on their own. At present
most of these fail to recognize the heavy workloads which these women
already bear in their participation in the informal sector and as primary
managers of their households. The discussion of identifying gender
strategic interests and solutions while being more encompassing also
has to be placed in a more holistic framework if the racial, class and
other dimensions of exploitation and subordination of Caribbean
women are to be effectively addressed. The elements of race, class and
gender do provide a point of departure. Caribbean women's gender
strategic interests are intricately interwoven with their racial and global
class interests, and they can only be addressed effectively in an integrated holistic framework.

### Organizational Development

Caribbean organizations are weak, and bureaucracy, policy making and
politics are highly personalized. The absence of formal structures and
checks and balances within and between organizations has led to a
tendency for strong charismatic leaders to emerge. Weak structures
have also enabled strong leadership personalities with clear ideological
perspectives to derail organizational goals. Personal commitment and
loyalty become the test of commitment to the ideological cause in this
context, and any challenge to the cause is seen as an indication of dis-
loyalty and rejection. This scenario has characterized the Caribbean
nationalist movement from colonization to independence.

However, the debate on organizational structure within the women's
movement has proceeded from the perspective of a *tabula rasa* and has

thus reinforced existing national organizational weaknesses. An important premise in the feminist perspective was that women are not motivated by narrow power goals, are bonded by a common experience and by a search for a democratic order – in short, sisterhood. The experience of Caribbean women's organizations for change has been sobering. The women's organizations have demonstrated the same tendency to dominance by strong, "charismatic" leaders who rely heavily on personalist leadership and decision making. This leads to unpredictability, instability and undermining of effective goal orientation. Issues cannot be debated outside of a personalized framework and therefore lose their thrust. In the absence of structures, ideological derailing is a reality difficult to counter and address effectively. In the absence of conflict resolution mechanisms, the more cohesive ideological faction prevails.

Sisterhood, anti-hierarchy and anti-elitism become retreat points to counter attempts to build adequate checks and balances. Sisterhood also represents a powerful rhetorical rallying point to manipulate and to deflect discussions from addressing concrete problems and contradictions which may characterize a particular issue. Young (1987) summarizes the dilemma of "the tyranny of structurelessness" by concluding that empowerment holds out promise for fulfilling the democratic process in women's organizations. Women are unlikely to become empowered, however, if they ignore their own reality and do not learn from history. Michels' "iron law of oligarchy" identified the difficulty of organizations to maintain democracy and a commitment to rotating leadership (Michels 1962). Women cannot gain strength starting from the premise that they transcend human nature and their cultural socialization and thus can ignore the experience of centuries of organizational development.

The resistance to formal structures, mechanisms for conflict resolution and institutionalized checks and balances have tended to militate against clear articulation of goals, criteria for membership based on goals and effective pursuit of goals. In the context of nationally weak organizations, scarce resources and limited skills, the thrust of imported feminism in organizational development in the Caribbean has led to misallocation of scarce resources, organizational diffuseness and a reinforcement of organizational underdevelopment, personalized leadership and inefficiency. Again, more systematic research is needed to give a clear understanding of this Caribbean reality.

The problem posed by the priorities of donors distorting the organizational development of local women's non-governmental organizations (NGOs) and derailing their strategies is extensively addressed by

Ford-Smith (1989). The implications apply no less to the Women's Studies community than it does to the Women in Development community in general. Without indigenisation the dominant strategies pursued are unlikely to reflect local needs and priorities.

## CONCLUSION

To indicate the depth and scope of work which needs to be done, four key areas have been identified, which focus on the need for the indigenisation of women in development research and teaching in the Caribbean: the Caribbean family as a source of strength and support for women; the importance of strong mother/son, brother/sister for gender structuring and change; the nature of female participation in the workplace and the evidence of hierarchical relations which transcend class, race, and gender constraints; organizational theory and development where the debilitating impact of a feminist perspective of anti-hierarchy and anti-bureaucracy has undermined already weak organizations and structures.

Genuine emancipation of Third World women requires the indigenisation of Women and Development Studies, which can only be achieved through a more holistic approach to the formulation of conceptual frameworks and methodologies. Only through indigenisation can a full understanding of reality be achieved and the implications of that reality be recognized actively in the theory and practice of development. Indigenisation will reduce weaknesses in the field, which emerge from territorial and gender based parochialism. Emancipated research can go a long way towards giving a better understanding of women's condition in society and inform planning for development and change. Development cannot progress in the context of intellectual colonialism and parochialism.

Donor agencies can also benefit from greater sensitivity to the specificities that characterize Third World societies. They will need, however, to make greater use of indigenous specialists in research and study teams. Donor agencies must also ensure that developed country specialists on these teams are aware of, and sensitive to, the specificities of local realities.

A complete understanding of women's reality in a global context will require a critical examination, from a holistic perspective, of the parochialism in Western feminist theories and the strengthening of the indigenisation of Third World Women's Studies informed by reciprocal and collegial exchanges and collaboration. Genuine partnership is essential to this process.

NOTE

1  This lesson of the Caribbean experience has been mirrored in the Eastern bloc, where attempts to address the symptom of class oppression have failed to address racial, ethnic and gender oppression and have given play to even greater oppression by those who controlled the state apparatus.

REFERENCES

Bakkan, Abigaïl 1989. "Domestic Labour, Domestic Workers and Domicile: Lessons from West Indian Women's Experiences". Paper presented at the Conference of the Canadian Association of Latin American and Caribbean Studies (CALACS), Ottawa.

Basch, Linda, Rosina Wiltshire-Brodber, Winston Wiltshire, Joyce Toney 1987. *Caribbean Regional and International Migration: Transnational Dimensions.* Ottawa, International Development Research Council.

Economic Commission for Latin America and the Caribbean (ECLAC) 1988. *God Give Us The Talent: The Hucksters of Dominica.* Videotaped film. Port of Spain, UNECLAC.

Ford-Smith, Honor 1989. *"Ring Ding in a Tight Corner: A Case Study of Organizational Democracy",* in Sistren 1977–1988. Toronto, International Council for Adult Education, Women's Program.

Hewitt, Linda 1985. *The Participation of Women in the Labour Market.* Port of Spain, Central Statistical Office.

Loubser, Jan J. 1988. "The Need for the Indigenisation of the Social Sciences", *International Sociology,* 3,2: 179–188.

Michels, Robert 1962. *Political Parties.* New York, Collier Books.

Thoumi, Francisco 1983. "Social and Political Obstacles to Economic Development in Haiti", in P. Henry and C. Stone (eds.), *The Newer Caribbean: Decolonization, Democracy and Development.* Philadelphia, Institute for the Study of Human Issues.

Wiltshire-Brodber, Rosina 1988. "Gender, race and class in the Caribbean" in Patricia Mohammed and Catherine Shepherd (eds.), *Gender in Caribbean Development.* Mona, Jamaica, St. Augustine, Trinidad and Tobago, and Cave Hill, Barbados, University of the West Indies, Women and Development Project: 142–155.

– 1986. "The Caribbean Transnational Family". Paper presented at the Conference on Changing Family Patterns and Women's Role in the Caribbean. Cave Hill, Barbados, University of the West Indies.

Wiltshire-Brodber, Rosina, Linda Basch, Winston Wiltshire, Joyce Toney 1987. *Transnational Migrant Networks: Implications for Donor Societies (Grenada and St Vincent).* Ottawa, International Development Research Council.

Young, Gay 1987. "Issues in Class and Hierarchy in Women's Organizations". Paper presented at the Annual meeting of the Association of Women in Development, Washington, D.C.

Young, Kate (ed.) 1988. *Women and Economic Development.* Oxford, Berg/ UNESCO.

HUGUETTE DAGENAIS

# Quand la réalité fait éclater les concepts ... Réflexion méthodologique sur les femmes et le développement dans la région caraïbe

Ce texte comprend trois grandes parties. Après une brève présentation où elle oppose aux stéréotypes la complexité sociologique antillaise, l'auteure poursuit son entreprise de démystification en examinant successivement la situation des femmes et des rapports sociaux de sexe en Haïti et en Guadeloupe, deux territoires qui, selon les indicateurs usuels, représentent respectivement les deux pôles du sous-développement et du développement dans la région. L'auteure met en évidence non seulement les différences, mais aussi les incohérences, les contradictions, les paradoxes du développement et, surtout, les inégalités sociales qui caractérisent la vie des femmes dans ces deux pays, notamment dans le domaine de la reproduction. Elle conclut à la nécessité de poursuivre la recherche dans le champ du développement avec une approche qualitative et féministe qui accorde véritablement la priorité aux personnes et aux plus opprimées d'entre elles, les femmes.

*When Reality Breaks Up the Concepts ... Methodological Reflections on Women and Development in the Caribbean*

This chapter is divided into three parts. After a brief presentation where Caribbean realities are shown to contradict some pervasive stereotypes, the author examines men-women relationships in Haïti and Guadeloupe, two territories that demonstrate very different situations in terms of development. She underlines not only the differences but also the confusion, contradictions and paradoxes of development in these two countries, particularly in areas related to reproduction. In conclusion, she reiterates the necessity of pursuing research on development from a qualitative and feminist perspective which pays real attention to individuals, and particularly to the most oppressed among them, women.

> Peut-être l'acquis majeur du féminisme considéré dans
> une perspective théorique, ce qu'il a introduit dans
> les sciences humaines, est la connaissance concrète et
> systématiquement exposée de la solidarité des niveaux
> du réel social.
>
> Colette Guillaumin 1981: 30

> We cannot propose a social/political/economic pro-
> gramme for women alone, but we need to develop
> one *for society from women's perpectives*.
>
> Gita Sen et Caren Grown 1987: 96

Dans une réflexion récente sur les stratégies à développer pour que les programmes de développement répondent véritablement aux besoins des femmes, Kate Young souligne une contradiction importante dans la littérature sur les femmes et le développement. Alors que les études sur l'impact de la modernisation constatent une amélioration générale des conditions de vie (santé, hygiène, habitat, transport, etc.) dans les pays en développement ces vingt dernières années et les retombées positives qui en ont découlé, notamment pour l'espérance de vie, l'état de santé et la scolarisation des femmes, d'autres études démontrent, au contraire, que la condition des femmes loin de s'améliorer est pire qu'auparavant: les femmes sont plus pauvres, vivent dans des environnements de plus en plus dangereux et ont perdu les mécanismes de support social dont elles bénéficiaient dans le passé. Selon Young, cette contradiction peut provenir, en partie, de la priorité accordée ces dernières années aux femmes les plus pauvres dans les programmes d'intégration des femmes au développement, puisqu'il est bien évident que celles-ci n'ont pas bénéficié autant de l'amélioration générale. Mais, dit-elle, la contradiction peut aussi provenir du fait que l'attention a porté sur les conditions matérielles et leur amélioration générale plutôt que sur les changements structurels nécessaires pour l'amélioration de la position relative des femmes par rapport aux hommes dans les diverses sociétés (Young 1988:2–3).

Caroline Moser, dans un article où elle examine les principales approches (*welfare, equity, anti-poverty, empowerment*) caractérisant les politiques de développement à l'intention des femmes pauvres, exprime une préoccupation similaire. Même si le rôle essentiel que jouent les femmes du Tiers-Monde dans le processus de développement est maintenant largement reconnu, cette reconnaissance, dit-elle, ne s'est pas concrétisée dans les grands programmes, faute de cadres opératoires (*operational frameworks*) adéquats, c'est-à-dire tenant compte des rôles et besoins différents des femmes et des hommes dans les sociétés. Moser établit une distinction entre les besoins pratiques des femmes, besoins qu'elles éprouvent dans leur vie quotidienne du fait de la division sexuelle du travail et de leur position dans les rapports sociaux de sexe, et leurs besoins stratégiques, dont l'identification résulte d'une analyse de la subordination sociale des femmes et vise la transformation des rapports sociaux qui maintiennent cette subordination. Ce sont les besoins stratégiques, « souvent considérés comme féministes », qui rejoignent les « véritables intérêts des femmes ». Pour répondre adéquatement et à long terme aux besoins des femmes pauvres du Tiers-Monde, les programmes de développement ne doivent pas se contenter de satisfaire les besoins pratiques, souvent urgents par ailleurs, mais doivent absolument favoriser l'augmentation du pouvoir des femmes *(empowerment)* en tenant compte de leurs besoins stratégiques (Moser 1989). Ces distinctions qu'établissent Young et Moser entre conditions matérielles d'existence et position relative des femmes par rapport aux hommes, entre besoins pratiques et besoins stratégiques, sont particulièrement pertinentes pour l'examen de la situation des femmes en Haïti et en Guadeloupe.

Mais il y a aussi un autre élément d'explication à la contradiction relevée par Young et aux insuffisances soulignées par Moser dans les politiques de développement, et il est d'ordre méthodologique et épistémologique. Il réside, selon moi, dans le statut différentiel des méthodes et des points de vue et, surtout, dans les conséquences qui en découlent au plan théorique. En effet, les outils méthodologiques utilisés pour appréhender le changement se situent dans la logique des approches dominantes actuellement, tant dans le champ du développement que dans les sciences sociales en général. Ces approches, essentiellement pragmatiques et techniques, visent la production de données quantitatives, statistiques et globales, dont les écarts à la moyenne, les petits nombres et autres phénomènes dits « marginaux » sont automatiquement exclus, quelle que puisse être par ailleurs la signification de leur occurrence. De plus, même lorsque les données recueillies proviennent directement des populations, comme dans le cas des recensements et autres enquêtes de type sondage, et même lorsqu'elles concernent des phénomènes aussi concrets que la naissance, la maladie et la mort, l'expression des résultats sous des formes abstraites (chiffres, formules mathématiques et autres symboles; tableaux, courbes, etc.) et dans les jargons disciplinaires, parvient presque à faire oublier les personnes, la pauvreté et les souffrances dont ils témoignent.

Les approches qualitatives, qui produisent des informations et du sens au moyen de techniques permettant l'observation (directe ou participante) et la prise en compte des points de vue des personnes et des communautés concernées (tels les entrevues en profondeur, les récits de vie, les enquêtes de type participatif) et dont les résultats peuvent ensuite s'exprimer sous des formes plus facilement accessibles, occupent encore bien peu de place dans la recherche sur le dévelopement. Pourtant, le type de données qu'elles fournissent est certainement mieux en accord avec le nouveau discours des agences internationales d'aide au développement qui, en théorie tout au moins, placent dorénavant la priorité sur les personnes et préconisent des interventions « à visage humain », adaptées aux besoins des populations. C'est que, malgré leur supériorité sur ce plan, les approches qualitatives souffrent actuellement d'un double handicap. Celui-ci tient certes en partie aux contraintes méthodologiques (nombre limité de cas, nécessaire connaissance du terrain et du contexte, qualités personnelles des chercheuses et chercheurs, etc.) et matérielles (temps et fonds nécessaires, en particulier) des approches elles-mêmes. Mais, toutes les méthodes et les techniques ayant leurs avantages et leurs limites propres, ces contraintes ne constituent pas en elles-mêmes un véritable handicap. Si elles sont interprétées en termes de handicaps, c'est à cause du statut subordonné des approches qualitatives, associées qu'elles sont aux sciences dites « molles », du peu de sérieux qu'on leur accorde et, conséquemment, du peu de fonds qu'on leur alloue dans la recherche sur le développement. Aussi, le fait que, dans la littérature méthodologique des sciences sociales, l'opposition méthodes quantitatives – méthodes qualitatives soit maintenant présentée, et à juste titre, d'ailleurs, comme un faux débat, ne doit-il pas nous faire oublier que, jusqu'à présent, la complémentarité a été asymétrique et pratiquement à sens unique: ce sont habituellement les secondes qui complètent les premières. Le caractère exploratoire du travail qualitatif est dévalorisé par rapport aux propriétés explicative et prédictive qu'on attribue d'emblée aux résultats quantitatifs et statistiques et ce, malgré le fait que la base de telles prédictions et explications soit essentiellement conventionnelle et spéculative. En conséquence, les approches qualitatives voient leurs possibilités heuristiques sous-utilisées pendant que les statistiques, nécessairement réductrices, conservent leur « aura d'objectivité » (Jayaratne 1983) et de fiabilité, à l'abri de critiques qui pourraient non seulement en augmenter l'efficacité mais surtout améliorer les connaissances et les interventions dans le champ du développement.

Ceci dit, je n'entends pas faire l'apologie des méthodes qualitatives. Je ne remets nullement en cause l'importance des méthodes quantitatives, des statistiques et des approches macrosociales en général, puisqu'elles répondent, entre autres, à la nécessité de synthétiser, d'évaluer, de prévoir; lorsqu'elles font défaut, comme c'est le cas dans beaucoup de pays du Sud, la connaissance des situations, la recherche et la planification en souffrent considérablement. Toutefois, il m'apparaît important de ne pas succomber à l'effet de mystification qui découle de leur dominance. Dans ce texte comme dans mes travaux antérieurs sur la Caraïbe, je fais un usage extensif de ce type de données, profitant au maximum de leur disponibilité, de leur relative abondance et de leur variété. Mais il s'agit d'un usage critique et non exclusif, car les chiffres ne parlent pas d'eux-mêmes; leur sens provient des divers éclairages ou points de vue, questions et interprétations auxquels ils sont soumis. La disponibilité, le nombre et la ventilation par sexe des statistitiques ne suffisent pas pour obtenir des informations précises sur la situation et le statut des femmes. C'est pourquoi, dans les pages suivantes, m'appuyant sur la définition du développement énoncée dans l'« Introduction » de ce livre et sur les connaissances issues d'enquêtes de terrain, je procéderai à une lecture qualitative et critique, de certaines données statistiques concernant les femmes d'Haïti et de la Guadeloupe, deux « cas extrêmes » en termes de développement dans la région caraïbe[1].

Ma grille de lecture est féministe, c'est-à-dire centrée sur les rapports sociaux de sexe en vue de leur transformation radicale. Loin de considérer la variable de sexe comme allant de soi ou « indépendante » des facteurs et situations à l'étude, je me situe du point de vue des femmes, de leur vie quotidienne, de leur vécu. De plus, au risque d'être accusée de victimisation, question dont j'ai déjà souligné ailleurs le caractère pernicieux (Dagenais 1989), j'affirme, à l'instar de Caroline Moser, du collectif DAWN (Development Alternatives with Women for a New Era-voir Sen et Grown 1987) et de nombreuses autres chercheuses féministes, mon parti-pris pour les plus démunies d'entre elles. Une telle approche me permettra de déconstruire certains indicateurs du développement et de concentrer l'attention sur les paradoxes et les inégalités sociales. On verra qu'interprétées de cette façon, les statistiques du champ du développement s'avèrent à la fois plus révélatrices et plus limitées qu'il n'y paraît, qu'elles soulèvent des questions auxquelles seule la poursuite de recherches qualitatives en profondeur et centrées sur les personnes permettra de répondre.

Les statistiques qui retiendront principalement mon attention concernent des réalités désignées par le concept de reproduction humaine, entendu ici comme intégrant à la fois le processus de reproduction biologique – le travail du corps tout au long du processus de la grossesse, de l'accouchement et de l'allaitement –, les activités (matérielles, mentales et affectives) qui en découlent pour les femmes, compte tenu de la division sexuelle du travail propre aux sociétés antillaises, et leurs dimensions idéologiques (valeurs, attentes, normes, etc.). Certes, ce choix pourrait ne reposer que sur des considérations pratiques, étant donné l'abondance des données sur les femmes dans la littérature sur les questions de population (Ware 1987), mais mes raisons sont plutôt d'ordre théorique et politique. Que les femmes, considérées individuellement, aient ou non des enfants, la reproduction demeure un enjeu majeur des rapports sociaux, tant pour les femmes elles-mêmes et les hommes que pour les états (Tabet 1985); c'est, à mon sens, le lieu par excellence d'observation du pouvoir dans ses manifestations les plus privées, donc les plus obscures, les moins bien connues, et, de ce fait, celui où doivent être dirigés en priorité les efforts pour augmenter le pouvoir individuel et collectif des femmes *(empowerment)*.

Les femmes ne sont toutefois pas que des reproductrices. Comme l'a démontré Mireille Neptune Anglade (1986 et 1988), les activités de re-production sont inextricablement liées à celles de production dans l'organisation de la vie quotidienne et ce, en dépit du fait qu'une part importante du travail féminin demeure invisible. C'est pourquoi j'exa-minerai également brièvement quelques unes des informations dispo-nibles sur les activités des femmes dans leur rôle productif[2]. Sur le plan théorique, partir ainsi des femmes et problématiser leur vie quoti-dienne (Smith 1987) permettent non seulement de comprendre l'ar-ticulation des différentes sphères d'activité économique mais aussi de produire une connaissance intégrant les différents aspects et niveaux de la réalité sociale. Auparavant, cependant, une certaine démystifica-tion de la région Caraïbe en général et de la situation des femmes en particulier s'impose pour la contextualisation des données haïtiennes et guadeloupéennes qui suivront.

## LA CARAÏBE: DU MYTHE À LA RÉALITÉ

Dans la foulée du développement touristique des vingt dernières années, on assiste actuellement à une simplification-uniformisation des représentations populaires de la région caraïbe. Dans l'imaginaire des gens des pays riches, particulièrement d'Amérique du Nord, les îles de la Caraïbe sont associées aux plages ensoleillées, à la sensualité ( aux quatre « s »: *sand, sea, sun and sex*) et à une « douceur de vivre » incon-nue dans les pays tempérés. En fait, ces îles exotiques correspondent assez bien aux représentations mythiques occidentales du paradis ter-restre. Certes, la misère des coupeurs de canne haïtiens dans les *bateys* de République dominicaine et les dévastations massives entraînées par les ouragans Gilbert (1988) et Hugo (1989), dont les médias ont lar-gement fait état, ont assombri quelque peu le tableau, suscitant une sympathie certaine de la part des populations du Nord. De même, les soubresauts de la politique haïtienne depuis février 1986, avec ses tueries, ses coups d'état à répétition et, enfin, les élections libres de dé-cembre 1990, ont aussi fait l'objet de nombreux reportages, permettant de comprendre un peu mieux les enjeux. Il est peu probable, cependant, que ces événements dramatiques aient fondamentalement modifié les représentations idylliques de la région qu'entretient quotidiennement la publicité touristique, représentations qui englobent d'ailleurs indistinctement tous les territoires caribéens, touristiques ou non, et occultent par le fait même les différences et les inégalités, qu'elles soient géographiques, politiques, sociales ou culturelles. C'est en utilisant largement les femmes comme objets sexuels proposés à la consommation, réelle ou imaginaire, du « grand public » que les publicitaires du tourisme construisent ces représentations paradisiaques. Les femmes antillaises apparaissent alors sous les traits stéréotypés de la mulâtresse au sourire invitant et à la démarche sensuelle, dont l'activité principale, rythmée par des airs de *beguine,* de *calypso* ou de *reggae,* semble consister essentiellement à servir les touristes[3].

Si la simplification, sinon la caricature, caractérise souvent les représentations populaires de la Caraïbe, lorsqu'on parcourt les travaux scientifiques on est frappé, au contraire, par une volonté manifeste d'éviter le réductionnisme; quel que soit le domaine d'étude (historique, politique et géopolitique, économique, social, démographique ou culturel)[4], les auteur-e-s manquent rarement de souligner la diversité (De la Mota, Girault *et al.* 1982), les paradoxes et les contradictions qui caractérisent la région. De nombreux titres manifestent même clairement une volonté de démystification (*The Other Side of Paradise,* Barry, Wood et Preusch 1984; « L'envers du mythe », Dagenais et Poirier 1985; *Far from paradise,* Ferguson 1990; *In the Shawdows of the Sun* , Deere *et al.* 1990). Comment, en effet, rendre compte adéquatement de situations et de populations aussi proches, aussi semblables, et pourtant aussi variées que les 30 millions de personnes qui vivent dans les 24 entités politiques de cet archipel couvrant 238 000 km², soit moins de 4% de la superficie du Québec, mais échelonné sur 2 400 kilomètres? On y parle quatre langues européennes (plus « l'américain », préciseront certaines personnes) et, surtout, plusieurs créoles et dialectes. Les populations, qu'elles soient d'origine africaine, européenne, indienne, syro-libanaise ou chinoise, partagent aujourd'hui une identité culturelle créole tout en maintenant bien vivants des éléments religieux, musicaux, linguistiques, alimentaires, technologiques hérités des régions d'origine. Sur le plan politique, la Caraïbe a vu naître la première république noire du monde (Haïti, en 1804) mais, dans le contexte des « pays en dévelopement », c'est elle qui, aujourd'hui, contient la plus forte concentration de territoires ayant « volontairement » conservé un statut colonial (Stone 1985:14). Limitée aux territoires insulaires, étroitement liés par leur histoire coloniale, la région caraïbe trouve difficilement sa place dans les grandes métaphores géopolitiques, comme le Tiers-Monde ou les oppositions centre-périphérie, Nord-Sud, développement-sous-développement. Aussi, n'est-il pas rare que cette « poussière d'îles », pour reprendre une métaphore francophone, soit assimilée à l'Amérique latine, catégorie elle-même imprécise, ou diluée dans la « Méditerranée américaine » des géographes. En fait, des expressions comme « les Amériques noires » de Roger Bastide (1967) et l'« Amérique des plantations » de Charles Wagley (1957), quoique référant à des ensembles plus larges, rendent mieux compte du poids de l'histoire sur les sociétés, la culture et les relations ethniques contemporaines. Comme l'expliquent Sydney Mintz et Sally Price, "the metropolitan tradition has tied each Caribbean polity to one or another European power, such that the region is culturally and ethnically perhaps the most heterogeneous for its size in the whole world" (Mintz et Price 1985:5).

Dans ces représentations scientifiques complexes, les femmes occupent une place plus ambiguë encore. Avant l'impulsion fournie en 1975 par l'Année internationale, puis par la Décennie des femmes, les informations concernant les femmes antillaises se trouvaient essentiellement dans les publications sociologiques et anthropologiques sur la famille, caractérisée par la « matrifocalité », et dans les études démographiques sur la natalité et la fécondité. Les femmes apparaissaient essentiellement dans leurs fonctions reproductives, en tant que mères, les quelques études consacrées aux marchandes (les *madan sara* en Haïti, *higglerers* en Jamaique), « agents » (toujours au masculin, bien entendu) de la circulation interne des produits agricoles, constituant en quelque sorte l'exception qui confirme la règle. En 1975, Frances Henry et Pamela Wilson firent oeuvre de pionnières en examinant les informations sur le statut des femmes et leurs rôles aux plans économique, social, sexuel et religieux, contenues dans la volumineuse littérature sur la famille. Leurs conclusions soulignent le rôle subordonné des femmes dans les sphères économique et sociale, la présence d'un double standard de sexualité et le fait que celles-ci sont souvent forcées de cacher leurs talents. Les rapports hommes-femmes sont ambigus et caractérisés par des stratégies et des jeux (*game playing*); les femmes ont souvent recours à des moyens détournés pour parvenir à leurs fins tandis que les hommes valorisent la bonté et la pureté des femmes en tant que piliers de la société mais, en même temps, les considèrent trompeuses et manipulatrices (Henry et Wilson 1975).

Sans infirmer les conclusions de Henry et Wilson, qui portaient sur des attitudes et des comportements observés dans les années 1950 et 1960, de nombreuses recherches féministes effectuées depuis, en particulier dans les territoires anglophones, ont considérablement élargi, approfondi et remis à jour les connaissances sur la vie des femmes caribéennes[5]. Les théories du développement et les grands programmes dans lesquels les gouvernements donateurs et « bénéficiaires » les ont concrétisées font l'objet de critiques féministes de fond[6]. Une démarche à caractère méthodologique et épistémologique se poursuit également parmi les chercheuses féministes de la région, en vue de la formulation d'indicateurs transculturels du statut des femmes (Massiah 1984; voir aussi Momsen et Townsend 1987), d'une définition plus spécifique du concept de travail (Massiah 1986) et de l'élaboration de cadres d'analyse « indigènes » (Massiah 1988; Mohammed 1988; Wiltshire, dans ce livre). Malgré le caractère encore marginal de tous ces travaux, comparativement à la volumineuse production scientifique consacrée à la région, y compris celle concernant les questions de développement, des structures et des pratiques originales ont aussi vu le jour dans l'enseignement universitaire, la recherche et l'animation[7]. Elles manifestent la détermination des féministes caribéennes à changer les formes et les conditions de production du savoir dans et sur la région et les femmes de la région[8].

Ma démarche dans le présent chapitre se situe dans cette nouvelle dynamique. J'espère montrer qu'une approche féministe centrée sur les femmes antillaises et les rapports sociaux de sexe favorise, non seulement une appréciation plus adéquate de ceux-ci, mais aussi un approfondissement des connaissances sur la région et l'identification de pistes de recherche pour le développement. Pour cela, il est nécessaire de retrouver les personnes derrière les chiffres et leur vécu dans les statistiques qui sont censées en rendre compte.

## HAÏTI OU LE SOUS-DÉVELOPPEMENT RECONNU

Le sous-développement d'Haïti, premier état indépendant des Antilles (1804), est incontestable. Peu importe la conception du développement à laquelle on adhère et quels que soient les indicateurs utilisés, le pays se situe toujours loin derrière les autres territoires caribéens et mérite bien l'épithète – en voie de devenir cliché – de « pays le plus pauvre de l'hémisphère occidental ». C'est d'ailleurs le seul pays de cet hémisphère classé par l'assemblée générale des Nations unies dans la catégorie des 42 pays les moins avancés, à cause « des obstacles structurels qui entravent leurs efforts de développement » et de leur difficulté à « s'adapter à l'environnement international » (Conférence des Nations unies sur le commerce et le développement 1990: v). Ainsi, le produit intérieur brut par habitant (PIB/hab) se situe entre $300 et $400 US; le taux d'analphabétisme dépasse les 60%; celui de la mortalité infantile est d'environ 110‰, avec un taux supérieur chez les filles entre un et deux ans[9], et l'espérance de vie à la naissance est de 55 ans.

Toutefois, même pour les tenants d'approches macrosociales et de comparaisons à l'échelle mondiale, des données globales comme le PNB (produit national brut) et le PIB (produit intérieur brut), indices

fétiches des économistes, posent problème. Ainsi, après avoir classé
Haïti parmi les « pays très pauvres » du monde, c'est-à-dire parmi ceux
dont le PNB par habitant est inférieur à $500 US, l'*Atlaséco* de 1987 pré-
cise: "Haïti ne mérite plus depuis longtemps sa réputation de faim et
de violence. Certes, il est le pays au plus faible PNB/hab de tout le con-
tinent américain, mais il reste encore supérieur à celui de la moitié des
habitants de la terre puisque la Chine et l'Inde en ont un inférieur au
sien. De plus, à PNB égal, le niveau de vie est supérieur à Haïti que dans
beaucoup de pays du monde dont la situation est moins favorable à
l'autoconsommation" (*Atlaséco* 1987:173). Dans l'édition de 1989, le
même malaise se manifeste encore. Après avoir affirmé que « l'activité
économique déjà faible ne s'améliore pas. Haïti est devenu le Bangla
Desh de l'Amérique » (*Atlaséco de poche* 1989:316), on s'empresse de
relativiser la valeur de l'indicateur utilisé, à savoir le PNB/hab, mais
cette fois en recourant à des stéréotypes sur la région qui sont sans
aucun fondement scientifique. "Cette notion de PNB/hab doit être
tempérée, si l'on veut la raccorder à la définition de revenu des ménages, par le fait que 90% des Haïtiens habitent à moins d'un ou deux
kilomètres d'une mer poissonneuse et que l'habitat en petits villages
facilitent [sic] l'assistance réciproque gratuite qui n'est pas prise en
compte par les technocrates qui mesurent les PNB. Ainsi la misère à
Port au Prince ou à Cap Haïtien est bien moins pénible que celle qui
existe à Calcutta ou à Luanda" (*Atlaséco de poche* 1989:319).

De telles contradictions, qui s'ajoutent aux critiques plus sérieuses
venant notamment de sociologues, d'anthropologues, de féministes,
ne doivent cependant pas nous faire oublier qu'en dépit de leur caractère aggrégatif et réducteur, les indicateurs de ce type ne sont pas sans
intérêt, en particulier dans les comparaisons proches et contextualisées. Ainsi, étant donné qu'ils sont calculés sur une base similaire, il
devient intéressant de constater que, par exemple, le produit intérieur
brut par habitant d'Haïti représente moins de la moitié de celui du
pays le plus fortement endetté au monde par habitant, la Jamaique,
mais que, pourtant, le taux d'analphatétisme est quinze fois moins
élevé dans cette dernière île et près de trois fois moins élevé en
République dominicaine qu'en Haïti. Par ailleurs, le taux de mortalité
infantile se situe à 70‰ en République dominicaine, à 20‰ en
Jamaique et à 14‰ à Cuba alors qu'il dépasse largement, on l'a vu, les
100‰ en Haïti. Les enfants qui viennent au monde aujourd'hui dans
les autres Grandes Antilles, peuvent espérer vivre en moyenne au
moins 10 ans et souvent 15 ou même 20 ans de plus que ceux naissant
en Haïti, l'espérance de vie étant de 64,4 ans en République dominicaine, 75 ans à Cuba, 73,4 ans en Jamaique et 74,1 ans à Porto Rico
(*État du monde 1988–89:* 326–327). Il n'est pas étonnant que, dans le

classement selon l'indice de développement humain *(human develop-*
*ment index,* HDI), établi par le Programme des Nations unies pour le développement (PNUD) en combinant le PNB/hab, l'espérance de vie, le
taux d'alphabétisation et le PNB/ppa, c'est-à-dire selon la parité du
pouvoir d'achat calculée sur une base régionale, Haïti se classait en
1985 au 101ᵉ rang sur 130, loin derrière Cuba (28ᵉ rang), Trinidad
(36ᵉ), la Jamaique (43ᵉ) et la République dominicaine (67ᵉ) (Tranap
1990:21). Bien que globaux, silencieux quant aux différences de classe
et souvent variables selon les sources[10], ces indicateurs témoignent
néanmoins des conditions de vie extrêmement précaires que connaît
la majorité de la population haïtienne.

### Derrière les statistiques: des femmes

Voyons maintenant de plus près ce qu'il en est des femmes à partir de
statistiques sur la natalité et la fécondité fournies par les trois enquêtes
suivantes: l'Enquête haïtienne de fécondité (EHF) de 1977, l'Enquête
Mortalité, morbidité et utilisation des services (EMMUS) de 1987 et
l'Enquête nationale haïtienne sur la prévalence de la contraception de
1989 (ENPC). Considérés du point de vue des femmes haïtiennes et
des rapports sociaux de sexe, le taux brut de natalité, qui est de 36‰
et le taux de fécondité[11], qui atteint 6,4 enfants en moyenne par
femme, de même que les pourcentages de 6,5% seulement de femmes
de 15 à 49 ans en union qui pratiquent en 1987 une forme de contraception et de 11,95% qui l'auraient fait dans le passé, comparativement aux pourcentages de 10 et 50% respectivement
enregistrés dans les îles voisines (Cayemittes et Chahnazarian 1989),
n'ont rien du constat mathématique abstrait.

Ces chiffres, tirés de l'EMMUS, signalent plutôt une situation tragique et paradoxale tout à la fois. En effet, la hausse du taux de fécondité soulignée ici se produit malgré une émigration importante de
personnes en âge de procréer qui se poursuit depuis un bon moment
déjà et bouleverse les unions. Elle se produit *a contrario* de l'objectif que
s'est fixé le pays de faire baisser le taux brut de natalité jusqu'au niveau
de 20 pour mille d'ici l'an 2000 et en dépit de la priorité accordée à
la promotion de la contraception, aussi bien par le gouvernement haïtien que par les grandes agences internationales qui subventionnent
les interventions de planification familiale, comme le Fonds des
Nations unies pour la population (FNUAP) et l'Agence américaine de
développement international (USAID). Le phénomène est d'autant
plus notable que la situation observée parmi les femmes haïtiennes une
dizaine d'années plus tôt laissait présager une évolution différente.
L'EHF de 1977 indiquait, par exemple, un taux élevé de féminité dans

la population adulte mais une proportion de près d'un tiers des femmes d'âge fécond (15–49 ans) qui n'étaient « jamais entrées en union » (EHF 1981:14) et un « calendrier des unions » tendant « à devenir de plus en plus tardif » (ibid: 32). Cette enquête constatait aussi une attitude « moins nataliste » chez les femmes les plus jeunes, lesquelles désiraient un nombre moins élevé d'enfants (ibid: 62). De plus, 43 % des femmes qui étaient en union au moment de l'enquête ne voulaient pas d'autre enfant, soit la moitié des femmes urbaines et plus de 40 % des femmes rurales ayant moins de quatre enfants. L'augmentation du taux de fécondité observée par l'EMMUS se produit, enfin, alors qu'on note « une diminution de 20 % environ dans le taux de mortalité infantile et une diminution de 35 % environ dans la probabilité de décès avant cinq ans, entre le début des années soixante-dix et le début des années quatre-vingt » (Ibid: 54). Bref, en 1987, alors que leurs consoeurs antillaises ont en moyenne moins d'enfants, et dans certains cas beaucoup moins, que par le passé, et alors que les enfants qu'elles mettent au monde ont de meilleures chances de survie, les femmes haïtiennes sembleraient vouloir mettre plus d'enfants au monde que dix ans auparavant, soit une augmentation probable de la descendance moyenne d'environ 0,5 enfant par femme d'âge fécond (Cayemittes et Chahnazarian 1989:34).

L'EMMUS fournit également des informations sur le niveau de pratique de la contraception parmi les femmes non célibataires (6,5 %) et sur la faible proportion de contraceptrices qui optent pour la méthode moderne la plus efficace, la pilule (36 %), et pour le condom (2 %), dont la faible proportion semble néanmoins en hausse par rapport à celle de 1,4 % notée lors de l'EHF de 1977 (Cayemittes et Chahnazarian 1989: 45). Comme le soulignent les auteur-e-s du rapport, et comme l'avaient noté auparavant James Allman, Ginette Desse et Antonio Rival (1984), « il y a là une énigme » qui mérite d'être élucidée vu les quantités énormes (dépassant les 10 millions) de condoms distribués chaque année en Haïti (ibid: 46) [12]. En fait, il y a là plusieurs « énigmes » que, de toute évidence, des enquêtes de ce type permettent difficilement d'élucider.

### Des rapports sociaux de sexe

La troisième enquête nationale, portant cette fois spécifiquement sur la prévalence de la contraception (ENPC), a été effectuée en 1989 par l'Institut haïtien de l'enfance (avec l'aide de la USAID et de la Féfération internationale du planning familial). En plus de collecter des informations sur la fécondité, la contraception et les grossesses non planifiées, l'enquête avait pour buts d'expliquer précisément ce décalage entre la quantité de contraceptifs distribués (condoms, en particulier) et le nombre utilisé, d'investiguer les freins à l'usage de la contraception et d'examiner les rôles des hommes dans le planning familial. Si les résultats préliminaires ne semblent toujours pas résoudre l'énigme des « ruptures de stocks » de condoms « assez fréquentes » (Allman 1984:18), certaines différences entre les réponses des hommes et celles des femmes méritent cependant qu'on s'y attarde car elles confirment, une fois de plus, la nécessité de poursuivre la recherche par des approches plus qualitatives.

En effet, si les résultats préliminaires de cette enquête font apparaître une augmentation de la prévalence de la contraception (de 10%) parmi les femmes en union par rapport à l'enquête de 1987, celle-ci demeure néanmoins faible pour les deux sexes. Même en excluant les femmes qui sont enceintes ou allaitent (34%), celles qui ne sont pas sexuellement actives ou se croient ménopausées (18%) et celles qui souhaitent une grossesse (10%), la proportion de femmes en union qui n'utilisent pas de moyens de contraception (38%) demeure quatre fois plus grande que celle des contraceptrices. Cela explique certainement en partie les 30% de naissances dites « non planifiées » parmi les femmes qui ont accouché durant les cinq années précédant l'enquête, mais n'explique en rien la « stagnation » du taux de prévalence de la contraception en Haïti à un niveau aussi éloigné des taux en vigueur dans la région. Par ailleurs, selon la même enquête, les hommes haïtiens en union feraient davantage usage de la contraception que les femmes (11% contre 10% pour les femmes); ils seraient trois fois plus nombreux à utiliser le condom (3,4% contre 1% pour les femmes). Qui plus est, de tous les hommes disant faire usage du condom, 82% le feraient pour éviter une grossesse et environ les trois-quarts, à chaque fois qu'ils ont des rapports sexuels. Parallèlement, parmi les personnes interrogées qui ne font pas usage de contraception, deux fois plus d'hommes (18%) que de femmes désireraient une grossesse (« Survey report: Haïti » 1990:5).

La publication du rapport final de l'ENPC permettra sans doute d'établir dans quelle proportion les résultats concernant la contraception masculine sont influencés par la composition par âge de l'échantillon masculin, qui comportait un certain nombre de sujets âgés de 50 à 59 ans (alors que l'échantillon féminin regroupait des femmes de 15 à 49 ans seulement). Mais les résultats inattendus et les contradictions apparentes ne trouveront leur explication que lorsque seront prises en considération d'autres informations, non quantifiables et difficiles, sinon impossibles, à aborder dans des enquêtes de ce type. Ainsi, le rapport préliminaire lui-même soulève la possibilité que les femmes aient donné des réponses inférieures à leur usage réel du condom, soit parce qu'elle le considèrent comme une méthode masculine, soit parce qu'elles l'utilisent comme complément (*as a back-up*) à une méthode féminine, deux hypothèses qui soulèvent à leur tour des questions, d'ordre méthodologique cette fois, quant au degré de clarté et de précision du questionnaire utilisé. De plus, il semble confirmer que les attitudes populaires face au condom sont « beaucoup plus positives en Haïti que dans d'autres pays de la région et de l'Amérique latine » (Allman, Desse et Rival 1984: 10).

Cependant, d'autres hypothèses d'explication, à caractère féministe cette fois, sont aussi possibles lorsqu'on considère le contenu des représentations populaires et la dynamique des rapports sociaux de sexe. On peut penser, par exemple, que l'information fournie aux femmes sur les méthodes de contraception et sur le fonctionnement de leur corps en général est toujours aussi déficiente qu'elle l'était quelques années plus tôt, lors de l'enquête par *focus-group* réalisée en créole par Allman, Desse et Rival dans la région de Léogâne. Les auteur-e-s notaient que « la plupart des femmes avaient entendu la rumeur que le condom peut glisser lors du coït et entrer dans le vagin, causant des complications qui ne pourraient être réglées que par la chirurgie », et rappelaient la peur de certaines femmes que les bébés viennent au monde avec un condom sur la tête (Allman, Desse et Rival 1984: 11). De plus, étant donné que le condom continue d'être associé aux relations sexuelles extra-conjugales, les différences de réponses doivent être mises en relation avec le double standard de morale sexuelle qui a cours aux Antilles. En effet, la sexualité extra-conjugale est toujours négativement connotée pour les femmes, qu'elles y soient impliquées comme « putains » ou comme femmes trompées, alors qu'elle peut être positivement considérée et vécue par les hommes, comme preuve de virilité. James Allman a d'ailleurs souligné le fait que le condom a « une bonne image parmi les hommes qui y sont favorables surtout pour les relations occasionnelles » mais qu'il entraîne, au contraire, « des réticences chez les femmes » qui l'« associent à des unions passagères et dangereuses pour la santé. Elles conçoivent difficilement comment leur mari pourrait les utiliser avec elles » (Allman 1984:18). Il faudrait s'intéresser également aux influences idéologiques et religieuses qui s'exercent sur les femmes dans le domaine de la sexualité et de la famille, notamment de la part de « leaders d'opinion et de prêtres vaudou » qui, comme le signalait la directrice de Profamil (IPPF/WHO 1988: 15), perturbent les conditions de diffusion de l'information pertinente en associant planning familial et valeurs étrangères. Il faudrait enfin étudier le rôle respectif des organismes d'aide au développement et des institutions politiques locales quant aux approches utilisées avec les femmes en matière de contraception.

## Des paysannes

Les nombreuses questions que soulèvent les statistiques concernant la reproduction, et que je n'ai fait qu'effleurer dans les paragraphes précédents, ne doivent toutefois pas occulter le fait que des lacunes existent également dans la connaissance des femmes haïtiennes en tant qu'agentes économiques. Il y aurait une critique en profondeur à faire des définitions et des méthodes de collecte et d'analyse des données de population active pour éviter, par exemple, les différences invraisemblables entre les deux derniers recensements dans la répartition de la population active féminine (mais pas dans la population active masculine) du secteur agricole. Ainsi, alors que le nombre total de femmes travaillant en agriculture a augmenté de 32% entre 1971 et 1982, la proportion de femmes haïtiennes recensées comme travailleuses familiales non rémunérées serait passée de 74% à 19% (voir Plotkin 1984: 22). Il y aurait également à réviser les indicateurs usuels du chômage et du sous-emploi tels qu'appliqués dans le contexte haïtien (et du Tiers-Monde en général) et qui produisent des représentations pour le moins obscures de la situation: sur une population totale de 5,529,000 habitants (1987), Haïti aurait une population active de 2,3 millions au sein de laquelle le taux de chômage serait de 60% et celui du sous-emploi de 70 à 80%. Par ailleurs, les trois quarts de la population d'Haïti dépendraient de l'agriculture, laquelle emploierait environ les deux tiers de la population active (statistiques du Bureau international du travail et de la Banque de la République d'Haïti citées dans CRESDIP/NCHR/HSI 1990:46–47).

Une telle confusion incite à beaucoup de prudence dans les interprétations, surtout concernant la situation particulière des femmes, car les données qualitatives à leur sujet ne sont pas encore suffisamment nombreuses ni diversifiées pour compenser les lacunes méthodologiques des statistiques. Il a fallu l'impulsion du mouvement féministe en Occident et la Décennie 1975–1985 dans le Tiers-Monde pour que les sciences sociales connaissent ce qu'Andrée Michel a appelé une « irruption » dans le domaine du travail des paysannes (Michel 1985) et que les femmes deviennent enfin des objets d'étude, « conséquence nécessaire de devenir un sujet dans l'histoire » (Guillaumin 1981:28). On reconnaît maintenant que la participation des femmes en agriculture dans le monde est diversifiée, complexe et économiquement importante. Auparavant (et maintenant encore chez un grand nombre d'auteur-e-s), les travaux consacrés au secteur agricole haïtien, relativement abondants par ailleurs, avaient comme objets « le paysan » et sa famille, la paysannerie, les jardins, le *lakou* et les structures agraires; les femmes apparaissaient inévitablement mais secondairement dans la description du fonctionnement du système. Outre l'androcentrisme des méthodes de collecte des statistiques et d'évaluation économique du travail (Anker et Hein 1986), cela tient, d'une part, à une définition étroite de la production agricole qui exclut, ou du moins marginalise, les activités subsidiaires, comme le petit élevage, dont les femmes sont responsables et, d'autre part, à une conception des activités domestiques d'entretien de la force de travail « du paysan » et de la famille comme allant de soi ou naturelles pour les femmes. Cette non-reconnaissance sociale du travail féminin en agriculture n'est certes pas propre au cas haïtien [13] mais elle y est d'autant moins acceptable qu'en Haïti, la proportion de femmes chefs de ménages est, à l'exception de la Jamaïque, la plus élevée de la Caraïbe (autour de 50%). De plus, l'état de pauvreté dans lequel vit la majorité de la population rurale haïtienne oblige les femmes à consacrer à ce type d'activités une proportion considérable de leur temps, de leur imagination et de leurs énergies mentale et physique (voir l'essai de synthèse de Allman et Brady 1988).

### Des commerçantes

Le rôle des femmes, « chevilles ouvrières » dans la circulation des produits agricoles destinés à la consommation locale (vivres) (Anglade 1978), a été reconnu et mieux documenté, au point que la reconnaissance des femmes comme marchandes est souvent utilisée pour nier ou occulter leur contribution en tant que productrice agricole. Cette reconnaissance va de soi, étant donné l'importance économique de ce secteur et le rôle stratégique qu'y jouent les femmes. Selon Jean-François Tardieu, "les vivres représentent actuellement le gros de la production agricole haïtienne (90%, soit $450 millions) [...] De ce total, après déduction de l'autocomsommation, 45% est vendu (soit $200 millions). Cela représente 80% de la valeur des produits agricoles mis en marché en Haïti (20% concernent les denrées [produits agricoles destinés à l'exportation])" (Tardieu 1986:59). Toutefois, cette reconnaissance empirique du travail des marchandes haïtiennes n'a pas encore provoqué de changement au plan théorique. Comme le note Mireille Neptune Anglade,

Qui dit « commercialisation » en Haïti dit « féminisation » [...] les agents en furent historiquement les femmes, au point que l'on puisse placer l'habileté commerciale au fondement des savoir-faire transmis depuis deux siècles aux petites filles dans l'univers agricole et rural haïtien. Il est alors d'autant plus étonnant que l'étude de ces activités ait donné lieu ces quinze dernières années à tant de travaux sans que le débat sur le « genre » [...] des agents n'y soit de-

venu un des thèmes majeurs des contributions [...] à une théorie de la commercialisation. (Neptune Anglade 1986: 156)

Les études devenues classiques de Sydney Mintz, sur la *pratik* et
l'usage du crédit des *madan sara* au début des années 1960 (voir Mintz
1961 et 1964), et de Georges Anglade (1978) constituent des exceptions en ce que les femmes y apparaissent comme sujets à part entière.
Autrement, l'expression bien connue de *madan sara* qui désigne cette
catégorie féminine d'intermédiaires du système de distribution ne
rend pas compte de la diversité des activités et des participantes impliquées dans le commerce de détail en Haïti (voir Esparza 1982), ni des
conditions d'existence particulières de ces travailleuses. Pour cela, il
faut davantage de recherches comme celle effectuée par Donna
Plotkin, en intégrant la méthode d'observation participante et des entrevues avec les commercantes (Plotkin 1989)[14] ; la richesse des informations ainsi obtenues marque les limites des techniques quantitatives
sophistiquées utilisées par les économistes, démographes et autres experts des approches statistiques et macrosociologiques, et lance un défi
à l'imagination.

Enfin, il ne faudrait pas oublier que, même si la grande majorité
des femmes haïtiennes sont rurales, les ouvrières qui travaillent dans
les usines d'assemblage concentrées à Port-au-Prince contribuent
également de façon significative à l'économie du pays. Il y a déjà un
bon moment qu'elles sont inscrites dans la « nouvelle division internationale du travail »; l'industrie de la sous-traitance existe depuis 1950
en Haïti. De 1967 à 1978, cette industrie a connu un essor qui s'est traduit par une augmentation du volume de ses exportations, lesquelles
représentent une part substantielle du PIB haïtien (16 % en 1987).
Cependant, il est difficile d'obtenir un portrait statistique précis de ce
sous-secteur d'activité car, encore une fois, toutes les informations ne
concordent pas. Impossible, par exemple, d'obtenir le nombre d'emplois: celui-ci varie de 40 000 à 60 000, selon les sources. De plus,
comme des chercheuses du Centre de promotion des femmes ouvrières (CPFO) le notaient en 1988, dans un rapport de recherche portant sur un échantillon représentatif d'ouvrières oeuvrant dans le textile, l'électronique, les articles de sport, de cuir et autres dans l'aire métropolitaine de Port au Prince, « selon les données du Ministère de
l'Industrie et du Commerce d'Haïti, les femmes représentent 56,6 %
de la force de travail employée dans la sous-traitance, alors que la plupart des autres sources consultées situent ce taux autour de 70 % »
(CPFO 1988:2)[15]. Les informations pour les dernières années ne
peuvent guère être plus précises, étant donné que les bouleversements
politiques survenus en Haïti depuis février 1986 « ont rendu les entre-

preneurs étrangers de plus en plus réticients à investir dans le pays »
(CRESDIP/NCHR/HSI 1990:47) et que les engagements sociaux affir-
més d'entrée de jeu par le nouveau gouvernement, concernant le salaire minimum notamment, ont provoqué des transferts d'installations
ailleurs dans la région (en République dominicaine, par exemple) et
des menaces de faillite de la part de ceux-ci. Les épithètes anglaises
de *run-away shops* ou *foot-loose industry* prennent ici tout leur sens.

### Des ouvrières

Si les ouvrières haïtiennes connaissent les mêmes conditions de travail
et d'emploi (bas salaires, rythme de travail accéléré, fluctuations dans
la production et les revenus; rotation élevée de la main-d'oeuvre et précarité d'emploi; absence quasi totale de promotion interne) que l'ensemble de leurs consoeurs de la sous-traitance à travers le monde (voir
Nash et Fernandez-Kelly 1983), elles présentent toutefois un profil sociologique différent. Alors que les études sur ce type d'industries au
Mexique, en Amérique centrale et en Asie du Sud-Est montrent que les
travailleuses y sont généralement très jeunes (moins de 20 ans) et célibataires, en Haïti, au contraire, les moins de vingt ans représentent
un faible pourcentage (3,3 % dans l'enquête CPFO) des travailleuses,
dont la moyenne d'âge est d'environ 30 ans (CPFO 1988:8). Par ailleurs, quoique les ouvrières haïtiennes de la sous-traitance soient plus
instruites que la moyenne, leur niveau de scolarité reflète le retard
considérable d'Haïti dans le domaine de l'éducation formelle: la proportion d'ouvrières de l'enquête CPFO ayant atteint un niveau d'é-
tude secondaire (31 %) est nettement inférieure à celles observées
au Mexique (40 %), en République dominicaine (60 %), en Malaisie
(67 %) et à Taiwan (90 %) (CPFO 1988).

Sur le plan familial, la situation des ouvrières haïtiennes est
également bien particulière: en Haïti, la présence d'enfants ne constitue pas un frein à la présence des femmes sur le marché du travail. Au
contraire, les trois quarts des femmes haïtiennes âgées de 20 à 44 ans
sont « économiquement actives » (Neptune Anglade 1986:118) et,
« plus le nombre de leurs enfants est élevé, plus [... elles] semblent [...]
portées à opter pour un travail rémunéré » (CFPO 1988:1). En d'autres
mots, pour reprendre les propos de Faith Lewis et ses collaboratrices
au terme d'une enquête qualitative auprès de 24 femmes ouvrières des
usines d'assemblage de Port-au-Prince, « les femmes en Haïti ne vont
pas abandonner leur travail seulement pour élever des enfants. En fait,
on peut penser qu'avoir des enfants rend plus nécessaire encore de
rapporter un revenu à la maison » (Lewis et al 1984:10). La justesse de
cette observation de 1984 se trouve confirmée par les comportements
des ouvrières de l'enquête CPFO de 1986 qui, pour près des deux tiers,

sont mères de famille et ont une descendance composée à 93 % d'enfants d'âge scolaire et préscolaire, donc dépendants. Ces femmes ont toutefois moins d'enfants en moyenne que l'ensemble des Haïtiennes à partir de l'âge de 35 ans, soit 2,68 contre 3,57 pour les 35−39 ans et 3,28 contre 4,03 pour les 40−44 ans (CPFO 1988). Néanmoins, leurs charges familiales demeurent lourdes, puisqu'avec ou sans conjoint, elles sont souvent les principales ou les seules pourvoyeuses des ménages. Aussi, des estimations à l'effet que chaque ouvrière aurait à sa charge trois à cinq personnes et que 30 à 37 % de la population de Port-au-Prince dépendraient directement des salaires de ces femmes pour leur subsistance (Lewis et al. 1984 : 1) paraissent plausibles. Le travail féminin en usine représente donc une source de revenus dont ne peuvent se priver ni les femmes concernées, ni leurs familles, ni non plus l'État haïtien qui en a honteusement tiré profit dans le passé sans établir les politiques sociales nécessaires à une protection sociale minimale des travailleuses. Il faut espérer que le président démocratiquement élu, Jean-Bertrand Aristide, et son équipe trouveront les moyens d'alléger la charge économique de ces femmes et d'enrayer leur exploitation éhontée. Chose certaine, en Haïti, il ne viendrait à l'esprit de personne de justifier, comme cela semble se produire ailleurs, les bas salaires du secteur de la sous-traitance en laissant entendre que les ouvrières travaillent seulement pour se procurer le superflu (*working for lipstick*) (Joekes 1985).

### LA GUADELOUPE OU LES PARADOXES DE LA DÉPENDANCE

Devant le sous-développement d'Haïti, la Guadeloupe fait presque figure de pays riche. Avec des indices économiques supérieurs à ceux de la majorité des pays de la région, la Guadeloupe (comme l'« île sœur », la Martinique) apparaît, en effet, comme un « îlot de prospérité dans un contexte géographique très pauvre » (Conseil économique et social 1987). Quoique partie intégrante de l'ensemble politique français, elle figure parmi les 204 « pays » du monde dans les statistiques de l'*Atlaséco* (1989) où elle occupait en 1987, sur la base du PNB/hab, le 66ᵉ rang (après avoir occupé le 43ᵉ rang quelques années auparavant) et où elle se classait dans le groupe des « pays relativement riches ».

### *Derrière la vitrine éclatée...*

Dans la nuit du 16 au 17 septembre 1989, l'ouragan Hugo a fait voler en éclat cette « vitrine de prospérité » et mis à nu, en quelques heures, la misère jusque là bien dissimulée sous des indicateurs économiques et un statut politique de pays riche. Certes, les ouragans ne choisissent pas leurs victimes; les propriétaires de maisons et bâtiments détruits ou endommagés appartiennent à toutes les classes sociales. Mais l'ampleur des dégâts étant, généralement, inversement proportionnelle à la qualité de la construction, la majorité des 10 000 logements détruits étaient des cases de bois et des abris de fortune, « bricolés » avec des planches et des tôles, que les vents de 250 kms/heure ont, littéralement, soufflés dans toutes les directions, puis rejetés au sol, en des amas indescriptibles de poussière et de débris hétéroclites. Les personnes les plus durement touchées furent celles qui vivaient dans ce type de logements, c'est-à-dire surtout des femmes âgées vivant seules et des femmes chefs de ménages avec leurs enfants. Les résultats provisoires d'une enquête de la Direction départementale de l'équipement (DDE), effectuée entre le 15 octobre et le 15 décembre 1989, dans l'ensemble des communes touchées, en tentant de rejoindre tous les foyers gravement sinistrés, l'ont confirmé: parmi les sans-abri à la suite d'Hugo se trouvaient une forte majorité de personnes « seules » ayant plusieurs personnes à charge. Au rythme où se déroule la « reconstruction » en matière de logements sociaux et compte tenu des difficultés financières et d'approvisionnement qu'ont connues certaines entreprises contractantes, le défi de 10 500 logements à construire en trois ans, que s'étaient fixé les pouvoirs publics, demeure précisément cela, un défi. En attendant, plusieurs centaines de personnes auront vécu longtemps dans des logements temporaires, par exemple, sous la tente, une solution provisoire adoptée dans plusieurs municipalités. Quant à l'impact social de cette catastrophe naturelle sur ces personnes et sur celles relogées tant bien que mal dans la parenté ou directement prises en charge par l'État, seules des recherches plus poussées auprès d'elles et des travailleuses sociales qui les ont assistées permettront de l'évaluer

En fait, nulle part ailleurs dans la Caraïbe ne se trouve aussi clairement illustrée la difficulté d'application des concepts en usage dans le champ du développement que dans cette ex-colonie française devenue en 1946 département d'outre mer (DOM) (ou DFA, département français d'Amérique, selon la nouvelle terminologie) [16]. Les statistiques économiques globales cachent des inégalités criantes entre les différentes régions du département, entre les classes sociales et entre les sexes (voir Dagenais, à paraître; Dagenais et Poirier 1985; Poirier et Dagenais 1986). De plus, malgré les bienfaits de la départementalisation dans certains domaines, comme par exemple l'extension aux départements d'outre-mer des programmes sociaux français, la situation économique de la Guadeloupe est, à tous points de vue, bien inférieure à la moyenne métropolitaine et en-deça même de celle des régions françaises les plus pauvres, comme la Lozère et la Corrèze: par exemple, il y a 5,9% de chômage dans ces deux dernières, mais 24,8% en Guadeloupe; le revenu brut par habitant disponible dans les ménages y est inférieur de plus de 50% à celui de la Métropole (16 563F contre 37 934F en 1985) (Conseil économique et social 1987). Le rapport d'une commission d'étude – la commission Ripert, mise sur pied par le gouvernement français et ayant siégé en Métropole et dans les DOM –, déposé à la fin de l'année 1989, soulignait l'existence d'inégalités de revenus importantes. Aux premiers rangs des inégalités de revenus à résorber se trouve le salaire minimum (SMIC, salaire minimum interprofessionnel de croissance), qui se maintient depuis 1982 en Guadeloupe au niveau de 83% de celui de la Métropole (ICAR 773: 2); en 1985, par exemple, le SMIC s'élevait à 3356 F par mois en Guadeloupe, contre 4029 F en France métropolitaine. Doivent être résorbées également les inégalités de revenus qu'entraîne le « complément de rémunération » de 40% dit « de vie chère », versé depuis 1953, suite à une grève générale de leur part, aux fonctionnaires titulaires (et autres personnes assimilées) en poste dans les DOM. Les effets inflationnistes de cette surrémunération sur le coût de la vie affectent l'ensemble de la population. En effet, la vie est chère en Guadeloupe, et pas seulement pour les fonctionnaires, que ce soit pour l'habillement, les produits manufacturés ou le logement. Le coût de l'alimentation est particulièrement élevé, soit en moyenne une fois et demie environ celui enregistré en Métropole pour les mêmes produits.

La Guadeloupe connaît indéniablement une forme de développement économique, entendu ici dans le sens de croissance économique, mais il s'agit d'un développement entièrement dépendant de la métropole française, d'un « mal développement », pour reprendre une expression consacrée. L'agriculture, en déclin depuis des décennies, demeure principalement une agriculture de plantation, tournée, comme par le passé, vers la Métropole où ses produits tropicaux, bruts ou presque (bananes et sucre), sont exportés selon un système de quotas et des prix « protégés », bien supérieurs aux cours mondiaux. Il s'agit là, toutefois, d'une situation plus précaire qu'il n'y paraît. Ainsi, selon les règles de partage du marché français de la banane en vigueur depuis 1962, la Guadeloupe et la Martinique sont asssurées des deux tiers de ce marché; l'autre tiers est attribué à l'Afrique. Mais, l'ouragan Hugo ayant considérablement réduit la production bananière fin 1989 et début 1990, la Guadeloupe a vu récemment le Cameroun compléter le quota antillais et augmenter sa part du marché français. Devant cette menace économique et en prévision de l'Europe unie de 1992, les responsables politiques locaux réclament maintenant de nouvelles « mesures de protection » de la part de la France contre la concurrence des pays producteurs du Tiers Monde, où les salaires sont de beaucoup inférieurs et où les multinationales contrôlent une part importante de la production. Comme par le passé également, une forme d'« exclusif » fait en sorte que la Guadeloupe, dont les trois quarts de la production agricole sont exportés vers la France, en importe en retour la grande majorité de ses biens de consommation courante, à commencer par les produits alimentaires.

### Des inégalités persistantes

L'économie guadeloupéenne repose essentiellement sur une croissance du secteur tertiaire qui, selon la dernière enquête sur l'emploi (1986), représente 72 % de l'emploi total (contre 65 % en 1980), alors que le secteur industriel, constitué de petites et moyennes entreprises de transformation alimentaire et du bâtiment, est toujours très peu développé. Mais qui dit secteur tertiaire dit emploi féminin; il n'en faut pas plus pour que les femmes soient déclarées « les grandes gagnantes » du mouvement (Basso et Tranap 1988: 11) et « la tertiarisation rapide de l'emploi » considérée comme « incontestablement un facteur très positif pour le développement de l'emploi féminin » (CES 1987:42), particulièrement pour les femmes de 25 à 39 ans. La Guadeloupe, en effet, est certainement un des pays où la concentration des femmes dans le secteur tertiaire est le plus prononcée: en 1982[17], 87 % de la main-d'oeuvre féminine s'y trouvait concentrée (contre 8 % dans le secteur primaire et 5 % dans le secteur secondaire); 89,4 % des femmes « actives » – neuf femmes sur dix – pouvaient alors être regroupées dans 10 professions seulement, parmi lesquelles plus de la moitié (55,3 %) se situent dans les emplois de service, le travail de bureau et l'enseignement. Il faudrait réunir une trentaine de professions pour parvenir au même pourcentage parmi les hommes guadeloupéens actifs (Dagenais et Poirier 1985) et une vingtaine pour regrouper 45 % des travailleuses métropolitaines (calculs effectués d'après CNIDF/INSEE 1986)

Que révèlent encore les statistiques? En maintenant l'attention sur les femmes, on s'aperçoit que si celles-ci constituent aujourd'hui 48 % de la population active guadeloupéenne, elles représentent par contre 58 % des personnes en chômage (Gautier G. 1988: 4) et, pour elles, ce chômage est toujours plus long que pour les hommes: en 1986, 63 % des personnes en chômage depuis plus d'un an étaient des femmes (calcul d'après Gautier G. n.d.: 36). Les femmes sont aussi plus touchées que les hommes par le sous-emploi caractéristique des sociétés antillaises: 49,2 % des travailleuses (contre 31,7 % des hommes; une femme en emploi sur deux contre un homme sur trois) étaient en sous-emploi en 1980, c'est-à-dire que la durée hebdomadaire de leur travail rémunéré était inférieure à la durée règlementaire (sous-emploi visible) et/ou qu'elles touchaient un salaire inférieur au salaire minimum (sous-emploi invisible) (Gautier G. 1986: 33). Bref, sur le plan de l'emploi, les Guadeloupéennes présentent les mêmes caractéristiques globales que la main-d'oeuvre féminine des pays développés, mais dans des proportions pires.

Pourtant, aussi utiles qu'elles soient dans les comparaisons entre les femmes et les hommes et avec la Métropole, ces données quantitatives ne rendent pas vraiment compte de la situation des femmes en Guadeloupe. D'une part, elles présentent un portrait incomplet du travail féminin car, à l'instar des femmes du Tiers-Monde, les Guadeloupéennes sont très nombreuses dans le secteur informel (marchandes ambulantes, femmes de ménage, etc.) où elles échappent le plus souvent aux statistiques du travail. L'extension aux DOM des programmes sociaux métropolitains, notamment les allocations de chômage et de formation professionnelle, a pu réduire l'ampleur de ce phénomène mais ne l'a pas éliminé; beaucoup des personnes qui emploient des domestiques refusent toujours de payer la sécurité sociale et un nombre indéterminé de femmes de ménages et de servantes continuent de travailler au noir tout en conservant dans les statistiques le statut d'« inactives » ou de « chômeuses ». Les enquêtes menées par notre équipe ont aussi permis de constater que les agricultrices sont bien plus nombreuses en fait que les effectifs de cette catégorie socio-professionnelle dans les recensements généraux et agricoles (Poirier et Dagenais 1986). De plus, en milieu rural et en milieu urbain défavorisé, les femmes guadeloupéennes pauvres exercent fréquemment plusieurs activités concurrentes, certaines contre rémunération (garde d'enfants, ménages, vente de surplus du jardin, couture et repassage, préparation de sucreries, de boudins et autres plats cuisinés, etc.), d'autres sous forme d'auto-consommation (couture, en particulier), en sus, bien entendu, des tâches domestiques devant être accomplies « par amour » pour le conjoint et la famille (Dagenais 1988). Elles sont « polyvalentes » et ce, bien davantage que les hommes, même si c'est toujours à propos des hommes et essentiellement pour désigner les cumuls d'emplois qu'on parle de polyvalence[18] (pour un exemple récent, voir Gautier G. 1986). C'est qu'aucune des activités féminines ci-dessus, lorsqu'elles sont rémunérées, ne rapporte suffisamment par elle-même pour assurer un revenu adéquat à un ménage; souvent, même la somme de plusieurs revenus est inférieure au salaire minimum. Néanmoins, pour bien des ménages pauvres, elles assurent la subsistance quotidienne.

Par ailleurs, si la protection des programmes sociaux dont jouissent les Guadeloupéennes en tant que citoyennes françaises est considérable, comparativement à ce qui existe dans les autres pays de la région

(à l'exception de Cuba) et à la situation qui prévaut en Haïti en particulier, elle n'est pas égale à celle que reçoivent les Métropolitaines.
C'est seulement en février 1988 et juillet 1989 qu'a été aboli le « cri-
tère d'activité » et que, dans les DOM, « toute personne ayant des enfants » peut prétendre aux prestations familiales, qu'elle soit ou non
sur le marché du travail. De plus, même si, du fait de la pauvreté, les
dépenses nettes d'aide sociale par habitant sont deux fois plus élevées
en Guadeloupe qu'en Métropole, les montants versés directement
aux ménages guadeloupéens y demeurent inférieurs; en 1982, par
exemple, ils ne représentaient que 43% des montants versés en France
(CES 1987: 47 et 53). La parité dans les diverses prestations sociales
d'ici 1996 est d'ailleurs un autre objectif du Rapport Ripert; les
femmes chefs de ménages, qui comptent pour le tiers environ de cette
catégorie, et, en particulier, les 60% d'entre elles qui ont charge d'enfants, seront incontestablement les premières concernées par ce changement (INSEE/SCDF 1988:18).

*Une controverse sexiste*

C'est dans ce contexte socio-économique qu'il faut considérer la très
controversée « allocation de parent isolé » (API), versée (depuis 1975
seulement, dans les DOM) à l'homme ou à la femme qui se trouve su-
bitement seule avec la charge d'un enfant de moins de trois ans ou à
une femme enceinte vivant seule. « L'allocataire-type de l'A.P.I. est
une femme (99%[...]) jeune, en âge de procréer (96% ont moins de
40 ans); son isolement est souvent lié à une première naissance (54%),
quelquefois encore non concrétisée (12%). Enfin, c'est une femme
inactive (9 cas sur 10) qui n'a jamais eu d'activité (8 cas sur 10) »
(INSEE/CAF 1990:85).

Comme cette allocation vise à assurer un revenu minimum aux familles et comme son montant varie en fonction des autres revenus de
la personne qui la touche (salaire, allocation familiales, etc.), un examen des montants touchés par les hommes et par les femmes permet
de connaître le niveau de besoin des unes et des autres. Ainsi, quel que
soit leur âge, les montants versés aux femmes « isolées » sont bien supérieurs à ceux versés aux hommes, ce qui indique que ces femmes disposent de revenus personnels inférieurs à ceux des hommes dans la
même situation. Ces différences de revenu atteignent même les 60%
pour la tranche des 20–39 ans et 90% pour celle des plus de 60 ans
(calculs personnels d'après INSEE/CAF 1990:84).

Si l'allocation parent isolé et celle dite de soutien familial, auparavant appelée « allocation-orphelin » parce qu'elle vise à protéger les
enfants non reconnus, constituent un support économique apprécia-

ble pour les mères guadeloupéennes les plus démunies (97% des allocataires de l'allocation-orphelin sont des femmes, d'où son appellation familière d' « allocation femme seule »), elles leur permettent « de survivre et non d'avoir le train de vie des classes moyennes » (Gautier, A. 1986: 97). Par contre, ces allocations ont un effet pervers pour les femmes puisqu'elles les placent au centre d'un débat idéologique virulent, auquel participent aussi bien des gens de droite que des indépendantistes et des fonctionnaires chargé-é-s de leur distribution[19]. Le phénomène bien connu qui consiste à rejeter sur les victimes la responsabilité de ce qui leur arrive y est clairement identifiable, même si, dans dans le contexte socio-culturel et politique (départemental) de la Guadeloupe contemporaine, il s'exprime sous des formes relativement sophistiquées. Ainsi, selon une argumentation qui se veut de gauche, les femmes pauvres qui touchent ces allocations seraient complices de l'État français dans le renforcement de la « mentalité d'assistés » qui caractériserait la population des DOM, complices qui préféreraient se faire « entretenir » par lui plutôt que de travailler. Selon une argumentation contraire, les femmes touchant ces allocations abuseraient simplement de la générosité du système; elles recevraient leur amant en cachette et utiliseraient l'argent des allocations pour lui acheter des cadeaux. D'autres critiques, également à connotation morale, rendent les femmes responsables de l'absence physique et du manque de responsabilité des hommes dans la famille (l'absence de conjoint étant une des conditions d'admissibilité aux allocations), de l'instabilité des unions et de divers problèmes sociaux, dont la délinquance juvénile. Pour certains intellectuels d'allégeance lacanienne, c'est aussi de « l'exclusion » symbolique du « Père » qu'il s'agit: les femmes assistées empêcheraient les hommes de reconnaître leurs enfants afin de toucher l'« allocation-orphelin » et seraient ainsi responsables du renversement de l'ordre social patriarcal, nullement remis en question, par ailleurs, par ces mêmes critiques. En d'autres mots, sous couvert de conscience politique, morale ou culturelle, les misogynes de Guadeloupe blâment les femmes les plus démunies pour la position paradoxale dans laquelle elles se trouvent d'avoir à se placer avec leurs enfants sous la dépendance de l'État afin d'échapper à celle des hommes.

Pourtant, comme le démontrent les conclusions d'une enquête effectuée en Guadeloupe par Arlette Gautier (1989), à partir des dossiers de la Caisse nationale des allocations familiales (CAF) et d'interviews auprès d'un échantillon de ménages allocataires, ces discours critiques ne résistent pas à un examen approfondi de la situation. Moins de 3% seulement des allocataires se sont vu couper les prestations par la CAF pour avoir vécu en « couples clandestins » et à peine

6% de « cas litigieux » permettaient de « soupçonner » que des femmes seules auraient pu devenir enceintes « pour l'argent ». Quant aux 10% de femmes de l'échantillon qui ont refusé que les pères reconnaissent leurs enfants, elles l'ont fait « parce qu'elles se sentaient plus certaines du paiement par la CAF que de l'aide matérielle fournie par les hommes » (Gautier A. 1989:135–150).

D'autres indicateurs globaux pourraient être considérés qui confirmeraient encore la situation paradoxale des femmes en Guadeloupe. En ce qui concerne l'espérance de vie, par exemple, l'écart moins grand entre la Guadeloupe et la France qu'entre elle et d'autres pays de la région, notamment Haïti, la classerait indéniablement parmi les pays dits développés, surtout si l'on considérait simultanément les proportions de lits d'hôpital, de médecins et de pharmaciens. Cependant, les indicateurs qui concernent le plus directement les femmes au plan de la reproduction biologique (mortalité infantile et périnatale, mortalité à la suite de complications dues à la grossesse) atténuent grandement cette image; il y a quelques années (1983), ces statistiques présentaient encore des taux qui, quoique minimes, demeuraient beaucoup plus élevés en Guadeloupe qu'en France métropolitaine, révélant ainsi les problèmes des femmes des classes défavorisées. Il en est de même des pathologies de pays sous-développés que sont beaucoup de maladies infectieuses et parasitaires et qui continuent de causer plus de décès en Guadeloupe (2,0%) qu'en France métropolitaine (0,5%) (INSEE 1986; Dagenais, à paraître).

*Les femmes, agentes de changement*

Une différence de taille existe, cependant, entre les femmes guadeloupéennes et celles de la majorité des pays du Tiers-Monde, à commencer par Haïti, dans le contrôle que, dans leur ensemble et compte tenu des différences selon les générations et les classes sociales, elles semblent désormais exercer sur leur fécondité: en vingt ans, soit du début des années 1960 au début des années 1980, l'indice synthétique de féconditéest passé en Guadeloupe de 5,8 à moins de 3 (2,6) et se maintient à ce niveau depuis. Il est d'ailleurs inférieur de quelques points parmi les Guadeloupéennes de souche, soit 2,3 environ, la différence avec le taux général étant due à la fécondité plus élevée des femmes immigrantes originaires d'Haïti et de République dominicaine qui, bien qu'elles représentent seulement 5% de la population, contribuent pour 14% du total des naissances. De plus, toujours parmi les Guadeloupéennes de souche, la fécondité a surtout baissé chez les femmes au début de la vingtaine alors qu'elle a tendance à augmenter chez celles de 30 à 35 ans, du moins dans les classes moyennes. Ce taux de 2,3 enfants par femme est de beaucoup inférieur à celui qu'on observe en Haïti et semblable à celui de la France métropolitaine.

Cette baisse rapide et importante de la fécondité contraste avec la situation antérieure, alors que la Guadeloupe était considérée comme un pays à forte fécondité et à forte croissance démographique, situation découlant en partie de la consolidation de l'économie familiale en milieu rural et de la baisse graduelle du taux de mortalité à partir du début du XXe siècle (Poirier 1989:79). Elle contraste aussi avec la situation qui prévalait dans la majorité des pays considérés en voie de développement au cours des années 1960 et 1970[20] et qui faisait que « plusieurs gouvernements et institutions internationales étaient vivement préoccupés par les conséquences économiques et sociales engendrées par les forts taux d'accroissement de la population » (Poirier, Piché et Neill 1989).

Les tentatives d'explication des comportements et des déterminants de la fécondité ne se comptent plus, bon nombre s'appuyant sur les données de l'Enquête mondiale de fécondité (EMF) du milieu des années 1970, à laquelle ont participé 42 pays, dont Haïti et la Guadeloupe. Elles se rattachent principalement à la théorie de la transition démographique[21], dont la tendance structuro-fonctionnaliste dominante associe la baisse de la fécondité au processus général de modernisation que seraient appelées à connaître les sociétés « traditionnelles » dans le cours de leur développement. Pour la Guadeloupe, les analyses les plus approfondies ont insisté sur les facteurs socio-culturels (travail des femmes, instruction, urbanisation) et la contraception (Charbit et Léridon 1980); les migrations (Domenach 1985); les transformations de la structure socio-économique et des modes d'organisation des ménages (Poirier 1989). La sensibilité de certains auteurs à la condition des femmes est manifeste. Ainsi, Yves Charbit et Henri Léridon (1980) consacrent la moitié de leur ouvrage aux « aspects psychosociologiques de la contraception » et aux « opinions, attitudes et comportements » des femmes, seules sujets par ailleurs des enquêtes du programme EMF. Jean Poirier va plus loin encore en reconnaissant l'inégalité dans les rapports sociaux de sexe de même que l'apport théorique et critique des approches féministes en démographie (Poirier 1989). Mais, pour ces chercheurs, c'est le phénomène de la baisse de la fécondité et certains facteurs particuliers, non les femmes, qui constituent leur centre d'intérêt.

Or les femmes étant les premières concernées par l'enjeu de la reproduction humaine, toute tentative d'explication de la baisse de la fécondité devrait partir de leur vécu et les considérer comme des agentes de ce changement. Aussi déterminant que soit le rôle des divers facteurs sociaux, le changement social résulte aussi et nécessairement des représentations et des pratiques des acteurs et actrices sociales. Même si, dans la théorie des mouvements sociaux, les actions collectives et organisées sont les seules à se mériter pleinement cette épithète, les pratiques sociales porteuses de changement ne sont pas qu'organisées et collectives; la vie quotidienne ou, plus précisément, ce qu'il est convenu d'appeler la vie privée, est aussi le théâtre de changements sociaux en profondeur et, actuellement, ce sont les femmes qui en sont les principales instigatrices. Ainsi, ce n'est pas par hasard que la baisse de la fécondité s'est amorcée en Guadeloupe avant la mise en place du premier centre de planning familial (1964) (Cases, Guengant et Lauret 1980), c'est-à-dire avant que soient facilement disponibles les moyens de contraception modernes les plus efficaces (pilule et stérilet) et avant, également, la vague d'émigration massive du milieu des années 1960 (Domenach 1986); l'influence de celle-ci est indéniable, puisqu'elle concernait surtout des jeunes en âge de procréer, mais une fois prise en compte, on observe néanmoins une baisse de la fécondité de l'ordre de 25 % entre 1965–1975 (Calot 1980:ix)[22]. De plus, la baisse de la fécondité s'est poursuivie malgré l'existence de politiques familiales, parfois qualifiées de natalistes, qui permettent aux femmes de mettre au monde et d'élever des enfants dans des conditions décentes, comparativement aux situations qui prévalent sur ce plan dans le Tiers-Monde et même dans plusieurs pays du Nord. C'est donc qu'en Guadeloupe (comme au Québec et dans d'autres pays occidentaux où s'est produite une baisse similaire de la fécondité) des changements en profondeur sont en cours aussi parmi les femmes elles-mêmes, dans leurs aspirations, leurs représentations d'elles-mêmes et de leurs rôles dans la société et leurs pratiques quotidiennes, en particulier leurs rapports avec les hommes et la vie familiale.

Dans un processus d'« individuation »[23], décrit notamment par Lena Lavinas (1991), et tirant profit de la transformation des structures socio-économiques, les femmes se construisent, en effet, un nouvelle identité de sexe (ou de genre) et s'affirment davantage comme sujets de leur propre destin. Les entrevues en profondeur, réalisées par notre équipe auprès de femmes guadeloupéennes de différents âges et de différents milieux sociaux, montrent que les femmes ne font pas que subir les changements ou y réagir; elles contribuent activement à ces changements. Sur le plan économique, par exemple, le développement du secteur tertiaire s'est produit et se poursuit non seulement parce qu'il s'inscrit dans la logique du capitalime local et international mais aussi parce qu'il rencontre certains intérêts des femmes; c'est par choix autant que par nécessité que les femmes demeurent sur le marché du travail après la naissance de leurs enfants; le sens qu'elles donnent à leur travail n'est pas qu'économique (Dagenais 1991). De même, si les femmes guadeloupéennes ont maintenant moins d'enfants c'est dans une large mesure parce qu'elles le veulent ainsi. La reconnaissance du rôle déterminant des facteurs économiques et politiques (exogènes, macrosociologiques) et des mouvements sociaux organisés ne devrait pas empêcher de reconnaître également celui, au jour le jour, moins directement évident mais pourtant essentiel, que jouent les individus, en l'occurrence les femmes, dans le processus de changement social. Les témoignages des Guadeloupéennes âgées confirment d'ailleurs les résultats de l'Enquête Fécondité de 1974–75 qui indiquaient (comme en Haïti) qu'une proportion importante de femmes (66,6 % de celles de 45 ans ou plus) auraient préféré avoir moins d'enfants. On peut penser que, par leurs attitudes et leurs pratiques éducatives, en particulier, elles ont influencé les comportements des générations suivantes, à commencer par leurs filles[24].

Ceci dit, affirmer ainsi qu'un processus de changement en profondeur est en cours parmi les femmes, dans la vie privée aussi bien que dans la vie professionnelle, ce n'est pas nier l'oppression qui persiste, ni tenter d'embellir la réalité. Le fait, par exemple, que, pour éviter une maternité, les Guadeloupéennes en grand nombre aient recours à l'interruption volontaire de grossesse (chez les jeunes, en particulier) et à la stérilisation (chez les femmes d'âge mûr); le fait également que plusieurs, lorsqu'elles ont décidé qu'elles ne veulent plus d'enfants, préfèrent « ne pas prendre de chance » ou ne pas avoir à affronter leur conjoint et optent pour la ligature des trompes, montrent bien, d'une part, que toutes n'ont pas le même accès à l'information et aux moyens de contraception et, d'autre part, que l'attitude des hommes concernant la contraception et les rapports hommes-femmes n'ont pas radicalement changé.

## POUR UNE APPROCHE ADAPTÉE AUX FEMMES ET AU DÉVELOPPEMENT

En présentant ces deux pays de la Caraïbe, mon objectif était de relativiser le statut des données statistiques globales; celles-ci présentent des avantages certains, qu'il faut exploiter au maximum, mais elles comportent aussi des limites, d'autant plus rapidement atteintes qu'on s'intéresse aux conditions d'existence des femmes. Comme on a pu le constater, la réalité des femmes haïtiennes et guadeloupéennes bouscule passablement les concepts et les indicateurs conventionnels du développement et du sous-développement. Je pourrais poursuivre l'exercice et considérer d'autres territoires de la région, comme Trinidad et Tabago, par exemple, dont l'économie repose principalement sur le pétrole (production et surtout raffinage) et qui, après avoir

été, entre 1973 et 1982, le pays le plus riche de la Caraïbe, est aujour-
d'hui en état de crise économique profonde. Le gouvernement trinida-
dien applique depuis plusieurs années (de lui-même et sans avoir
attendu les recommandations du FMI) un train de mesures d'« ajustement structurel » (dévaluation de la monnaie, réduction des dépenses
de l'État, etc,) qui affectent dramatiquement la qualité de vie, l'emploi
et le niveau de consommation des individus et des familles pauvres. Ou
encore la Jamaique qui, à la suite de l'ouragan Gilbert et de plusieurs
années de mesures d'ajustement structurel (1981–1986) également, a
semblé « s'enfoncer » dans le sous-développement (*Atlaséco* 1989:375)
mais traverse maintenant une période économiquement plus favorable. Mais ma démarche serait la même. Pour comprendre, en l'occurrence, comment ces politiques d'ajustement structurel affectent les
femmes trinidadiennes ou jamaïcaines, je partirais de la vie quotidienne des femmes et, comme Lynn Bolles (1983), des « cuisines »,
puisque, en tant que « gestionnaires des finances du ménage (*daily
financial managers of the household*»), selon une expression de Daisy
Dwyer et Judith Bruce (1988), les femmes sont les premières et les plus
directement touchées par les coupures des budgets sociaux, des salaires, etc. (voir Anthrobus 1989).

Si j'ai beaucoup insisté sur les questions de reproduction c'est parce
que, comme le rappelle Caroline Moser, « le droit des femmes au contrôle de leur propre reproduction » est un de leurs besoins stratégiques
les plus importants (Moser 1989:1803). Dans le contexte culturel et
sociopolitique antillais, caractérisé comme tant d'autres par la domination masculine et la subordination des femmes, il importe que les recherches et les interventions en matière de santé, de planning familial,
de population en général (mais également en matière d'emploi, de politiques sociales, de services, etc.) soient basées sur la reconnaissance de
cette situation et favorisent l'autonomie et le contrôle des femmes sur
leur corps, leur sexualité et l'ensemble de leur existence. Dans la conjoncture dramatique, nouvellement créée pour les femmes de la région
par la progression du SIDA, les données haïtiennes présentées dans ce
texte confirment on ne peut plus clairement l'urgence d'étudier les représentations féminines de la famille, de la sexualité, de la contraception, et du condom en particulier. Le fait que chez les femmes
l'infection soit due à des rapports sexuels (voir Panos 1990) renvoie directement aux dimensions politiques et culturelles des rapports
hommes-femmes dans la Caraïbe (double standard de morale sexuelle,
polygynie, tabou de l'homosexualité), bref à la politique sexuelle
*(sexual politics)*. Il faut espérer que les efforts en vue de la prévention du
SIDA seront enfin l'occasion de réaliser les recherches qui s'imposent
sur les conditions matérielles et psychosociales de la sexualité et de la
reproduction humaine. Cependant, même s'il est vraisemblable que le

SIDA aura, ironiquement, un effet bénéfique dans la région en aidant à la disparition du tabou qui empêche encore la discussion ouverte des questions de sexualité et en accélérant l'implantation de programmes d'éducation sexuelle dans les écoles, cela n'abolira pas du jour au lendemain le double standard de morale sexuelle qui pèse sur les femmes, ni l'inégalité dans les rapports sociaux de sexe en général.

Le contraste au plan socio-économique entre Haïti et la Guadeloupe permet, tout en conservant une vision lucide de la paradoxale prospérité domienne, de mettre en évidence la précarité de la situation des femmes haïtiennes sur le plan de la reproduction humaine. La pauvreté et la misère qui sont le lot de la majorité d'entre elles font que ni leurs besoins matériels, ni leurs besoins stratégiques ne sont comblés. De plus, ce contraste permet de constater les conséquences de l'absence de l'État en Haïti; jusqu'à présent, malgré la priorité accordée aux interventions de planning familial, les femmes n'ont pas pu compter sur l'aide de l'État pour améliorer leur sort. Pourtant, comme le montre l'exemple de la Guadeloupe, en fournissant par des politiques familiales un appui financier aux femmes les plus démunies ou se trouvant temporairement dans le besoin, l'État peut contribuer à combler en partie leur besoin stratégique d'autonomie financière, autonomie qui, en retour, modifie le rapport de force dans les ménages et améliore la position relative des femmes par rapport aux hommes, notamment en matière de fécondité.

En affirmant, à partir de l'exemple de la baisse considérable de la fécondité en Guadeloupe, que les femmes sont les principales agentes de ce changement radical, je plaide, sur le plan épistémologique, en faveur d'un élargissement des concepts de développement et de changement social en général, de même que des indicateurs censés en rendre compte, de façon à y intégrer les pratiques sociales de la vie quotidienne et de la vie privée, celles où, dans l'état actuel des rapports sociaux de sexe, les femmes continuent à jouer un rôle prépondérant.

J'espère aussi avoir montré qu'une approche qualitative et féministe est essentielle pour la connaissance des changements dans la situation des femmes car les indicateurs globaux de développement, pourtant bien éloquents, comme on a pu le voir, notamment dans les comparaisons régionales limitées et contextualisées, s'avèrent insuffisants. Une telle approche fournit à la fois le contexte et le contenu nécessaires à la compréhension du processus de développement (et de sous-développement) et en particulier des effets des changements macro-économiques sur les personnes, préoccupation de plus en plus manifeste parmi les agences internationales de développement. De plus, j'espère avoir fait la preuve que l'application d'une grille féministe peut augmenter la valeur heuristique des données statistiques puisque celles-ci, en plus de fournir des informations sur le niveau de développement d'un pays et le statut des femmes, deviennent des indicateurs de l'état des rapports sociaux de sexes.

Enfin et surtout, une approche qualitative et féministe du champ du développement m'apparaît indispensable pour le maintien d'une distance critique face à ce que Jeanne Bisillat et Michèle Fiéloux appellent « tout l'arsenal conceptuel et statistique qui [...] obscurcit, à la limite, le fait que la pauvreté, la misère ne sont pas seulement des catégories abstraites, mais des maux qui accablent des hommes, des femmes et des enfants. Cela obscurcit également, et trop souvent une réalité terriblement simple: il existe une hiérarchisation et une discrimination à l'intérieur des groupes les plus démunis qui provoquent, pour les femmes et les enfants une plus grande souffrance » (Bisillat et Fiéloux 1983:11).

## NOTES

1 La réflexion poursuivie dans ce texte s'appuie sur des recherches à perspective interdisciplinaire réalisées depuis 1983 en Guadeloupe et depuis 1986 en Haïti et à Trinidad également, grâce à des subventions du Conseil de recherches en sciences humaines du Canada et du Fonds FCAR pour la formation de chercheurs et l'aide à la recherche du Québec. L'équipe permanente a été constituée, à partir de 1986, de Victor Piché, co-directeur et professeur, Jean Poirier et Ghyslaine Neil, assistant et assistante de recherche, tous trois du département de démographie de l'Université de Montréal, de même que de Danielle Léveillé, assistante, Danièle Desmeules et Brigitte Leduc, auxiliaires, et moi-même, du département d'anthropologie de l'Université Laval.

2 Dans son texte auquel j'ai fait référence précédemment, Caroline Moser (1989) distingue un troisième type de rôle pour les femmes pauvres du Tiers-Monde. Il s'agit du rôle qu'elles jouent pour la mise sur pied et le fonctionnement des services de base (crèches, transport en commun, logement à prix modique, etc.) dans leur communauté *(community managing work)*. Ce troisième type de rôle caractérisitsant davantage les pays latino-américains que le contexte caribéen, je n'en traite pas ici

3 Ces stéréotypes ne sont pas inoffensifs puisque, pour bien des personnes, ils constituent les « informations » les plus facilement accessibles sur les femmes et les populations de la région. Ils colorent même la perception des intellectuel-le-s qui en connaissent pourtant la fausseté. Ainsi, les chercheuses et chercheurs travaillant dans la Caraïbe ont l'habitude des commentaires ironiques de collègues qui semblent associer leurs séjours sur le terrain à des vacances plutôt qu'à du travail.

4 Voir, par exemple, les diverses contributions contenues dans Mintz et Price 1985.

5 Aux bibliographies réalisées par Joycelin Massiah (1979) et Bertie A. Steward

Cohen (1979) en recherchant, comme Henry et Wilson (1975), les femmes dans les études qui ne leur étaient pas spécifiquement consacrées et, en particulier, dans celles sur la famille, il faut ajouter la bibliographie trilingue (anglais, espagnol, français) de 868 références, portant explicitement sur les femmes, mais pas uniquement les femmes de la Caraïbe, publiée récemment par le Groupe Intégration des femmes au développement (WID Unit) de la Commission économique des Nations unies pour l'Amérique latine et la Caraïbe (UNECLAC/CEPALC) et le Comité pour la coopération et le développement dans la Caraïbe (UNECLAC/CDCC) (1990b), à partir des documents disponibles au Centre de documentation de la Commission à Port of Spain.

6  Voir, par exemple, en français, pour la théorie de la modernisation, Andrée Michel (1988) et en anglais, pour les programmes d'ajustement structurel, Peggy Anthrobus (1989).

7  Pour un aperçu du dynamisme de la recherche féministe dans la Caraïbe anglophone, voir *Social and Economic Studies*, volume 35, numéros 2 et 3 (1986), où sont présentés les résultats du vaste projet intitulé *Women in the Caribbean Project (WICP)*; le recueil édité par Patricia Mohammed et Catherine Shepherd (1988); les faits saillants des recherches du Groupe Intégration des femmes au développement de CEPALC sur les femmes dans le commerce inter-îles et les industries de sous-traitance (UNECLAC/CDCC 1990a), de même que la bibliographie du même organisme, dont il question à la note 5.

8  Je pense notamment à WAND *(Women and Development Unit)*, Extra-mural Department, University of the West-Indies, à la Barbade; au programme *Women and Development Studies*, en cours dans les trois campus de la même université (Mona en Jamaique, St. Augustine à Trinidad et Cave Hill à la Barbade); au *Sistren Theatre Collective*, basé en Jamaïque, et à la CAFRA *(Caribbean Association for Feminist Reasearch and Action)*, basée à Trinidad mais dont les actions sont pancaribéennes.

9  Les auteur-e-s du rapport de l'Enquête mortalité, morbidité et utilisation des services (EMMUS) qui soulignent cette surmortalité féminine précisent que, si la mortalité néonatale nettement plus élevée chez les garçons que chez les filles est un phénomène qu'on constate dans toutes les populations, la mortalité plus élevée chez les filles pendant la deuxième année de vie est, par contre, « un phénomène qui ne s'explique pas par une prédisposition biologique, mais qui est toutefois relativement fréquent dans les pays en développement » (Cayemittes et Chahnazarian 1987: 50). L'analyse du phénomène en Haïti n'est cependant pas poussée plus loin dans le rapport.

10  Ainsi, le taux de mortalité infantile pour 1985, cité dans l'*État du monde 1988–1989* (123‰), d'après des chiffres de l'ONU (*Population and Vital Statistics*, no 1, 1988) et de la Banque mondiale (*World Tables* 1987), est nettement plus élevé que celui de l'Enquête haïtienne de fécondité (116‰) dix ans plus tôt, mais égal au taux établi par estimations indirectes selon des modèles de l'ONU, par les responsables de l'enquête EMMUS. Par ailleurs, en se basant sur les chiffres du rapport de la Banque interaméricaine de

développement de 1988, le dossier *Haïti, pays écorché* (CRESDIP/NCHR 1990: 46) avance également un taux moins élevé (108,2 ‰). Voilà une illustration du manque de précision des données statistiques parce qu'elles sont non seulement basées sur des estimations, mais aussi produites sans souci apparent de cohérence. Sur le fond, cependant, il faut reconnaître que la précision dans le cas présent importe moins que l'ordre de grandeur du phénomène observé, à savoir qu'aujourd'hui encore, environ un enfant haïtien sur dix (nés vivants) meurt avant d'atteindre l'âge d'un an.

11 Il s'agit de l'indice synthétique de fécondité ou du nombre moyen d'enfants qu'aurait une femme si elle maintenait au cours de sa vie féconde les comportements de fécondité observés chez les femmes de 15 à 49 ans durant l'année de référence.

12 Je n'ai vu ni entendu aucune allusion en ce sens de la part des auteur-e-s, mais je ne suis sûrement pas la seule à penser que, dans un pays dont l'économie a été minée par la contrebande et la gabegie, une partie des stocks de condoms se retrouve certainement sur le marché noir et une autre dans les poches de fonctionnaires concernés. De plus, un certain nombre de condoms seraient transformés en ballons à bon marché, pour le plus grand plaisir des enfants.

13 Les agricultrices des pays riches souffrent également de la non-reconnaissance de leur activité professionnelle et de sa confusion avec le travail domestique, lui-même gratuit et non reconnu, qu'elles accomplissent dans la même sphère d'activité. C'est pourquoi, au Québec et en France, notamment, les agricultrices ont commencé à s'organiser sur une base professionnelle.

14 Les *madan sara* haïtiennes, comme leurs consoeurs commerçantes (*hucksters*) des territoires anglophones, sont aussi actives dans le commerce régional et inter-îles (*inter-island trade*). La recherche de Donna Plotkin auprès des *sara* haïtiennes s'incrivait dans le vaste programme de recherche sur la participation des femmes au commerce inter-îles, dirigé par Sonia Cuales et Monique Lagro du Groupe Intégration des femmes au développement de UNECLAC/CEPALC, dont il a été question à la note 7.

15 Les statistiques du BIT indiquent que l'emploi dans l'ensemble du secteur industriel a augmenté de 60,2 % entre 1976 et 1983 mais qu'à partir de 1981 il s'est produit une diminution de l'emploi féminin par rapport à l'emploi masculin; la proportion d'ouvrières qui était de 58,4 % en 1976 serait passée à 45,9 % en 1983 (BIT 1986:445–446).

16 Toutes les observations concernant la Guadeloupe s'appliquent globalement à la Martinique, dont il ne sera toutefois pas question ici. Notons seulement que, selon les indicateurs socio-économiques conventionnels, la situation de la Martinique est légèrement plus favorable que celle de la Guadeloupe.

17 Au moment de la révision finale de ce texte, les résultats détaillés du recensement général de la population de Guadeloupe, réalisé en mars 1990 ne sont pas encore disponibles.

18  L'exemple de polyvalence le plus connu est certainement celui des coupeurs et des petits producteurs de canne qui se font pêcheurs ou jardiniers pendant l'hivernage .

19  Comme le souligne Arlette Gautier, il est pour le moins ironique « d'entendre certains fonctionnaires critiquer les allocations "femmes seules" et de parent isolé alors qu'eux-mêmes touchent 40% de "prime de vie chère" par rapport à leurs collègues métropolitains » (Gautier, A. 1986:97).

20  En fait, la Guadeloupe ne fut pas seule dans la Caraïbe à connaître au cours des années 1960 un « freinage de la croissance démographique dont une des causes serait la baisse de la fécondité »; il en fut de même pour la Martinique, la Jamaïque, Trinidad et Tobago (Charbit et Léridon 1980:3).

21  Pour une synthèse critique des grands courants dans la théorie de la transition démographique, voir Poirier (1989).

22  Il sera intéressant de voir si, indépendamment des taux de natalité et de fécondité observés parmi les migrantes haïtiennes et dominicaines et de l'immigration en provenance de la Métropole, le ralentissement dans l'émigration des jeunes et l'augmentation des migrations de retour entre les âges de 30 et 60 ans (plutôt qu'à l'âge de la retraite, situation dominante antérieurement) observés entre les deux derniers recensements (1982 et 1990) et qui ont fait légèrement augmenter le taux de natalité, auront un effet sur celui de la fécondité. Mon hypothèse est qu'il n'en sera rien, du moins de façon significative.

23  À ne pas confondre avec l'individualisme ou le prétendu « égoïsme » que certains démographes reprochent aux couples, mais en réalité aux femmes, qui, selon eux, ne font plus assez d'enfants; c'est le cas au Québec par exemple, où le peu d'empressement des Québécoises à procréer suscite des inquiétudes pour l'avenir de « la nation québécoise ».

24  Des récits de vie recueillis auprès de femmes afro- et indo-trinidadiennes révèlent les mêmes changements. Ils permettent de mieux comprendre le rôle joué par les femmes au sein de leur famille et de leur couple pour s'assurer un meilleur contrôle de leur fécondité et de leur travail et expliquent les changements dans les taux de fécondité et de prévalence de la contraception, notamment parmi les femmes indiennes, alors que celles-ci ont été souvent décrites commes soumises et « traditionnelles ». Voir Dagenais 1990 et 1991.

## RÉFÉRENCES

Allman, James 1984. *Attitudes des hommes face au planning familial dans certaines zones rurales de Léogâne, Haïti.* Rapport préparé pour la Direction d'hygiène familiale et nutrition. Port-au-Prince, Centre de linguistique appliquée et Université d'État d'Haïti.

Allman, James, Ginette Desse et Antonio Rival 1984. « Condom use in Haïti ».

Communication présentée au congrès annuel du National Council for International Health, Virginie, juin.

Allman, Suzanne et Danièle Brady 1988. *Profil de la femme haïtienne.* Montréal, Agence canadienne de développement international, Bureau d'appui à la coopération canadienne/Cogesult.

Anglade, Georges 1978. « Commercialisation des produits agricoles et façonnement de l'espace en Haïti », *Environnement africain,* numéro hors série sur « Environnement caraïbe »: 95–121.

Anker, Richard et Catherine Hein (éd.) 1986. *Vers la mesure des activités économiques des femmes.* Genève, Bureau international du travail.

Anthrobus, Peggy 1989. « Crisis, challenges and the experiences of Caribbean women », *Caribbean Quarterly,* 35, 1 & 2: 17–35.

*Atlaséco. Atlas économique mondial* 1987. Paris, S.G.B.

*Atlaséco de poche . Atlas économique mondial. 1989. Paris, S. G. B.*

Barry, Tom, Beth Wood et Deb Preusch 1984. *The Other Side of Paradise: Foreign Control in the Caribbean.* New York, Grove Press.

Basso, C. et A. Tranap 1988. « Le monde du travail: le tertiaire plus avant », *Antiane,* 7, juillet: 10–13.

Bastide, Roger 1967. *Les Amériques noires.* Paris, Payot.

Bisillat, Jeanne et Michèle Fiéloux 1983. *Femmes du Tiers-Monde.* Paris, Le Sycomore.

Bolles, Lynn 1983. « Kitchen hit by priorities: Employed working-class women confront the IMF » in June Nash et Patricia Fernandez-Kelly (éd.), *Women, Men and the International Division of Labor.* Albany, State University of New York Press: 138–160.

Bureau international du travail (BIT) 1986. *Annuaire des statistiques du travail.* Genève, Bureau international du travail, 46e édition.

Calot, Gérard 1980. « Préface », in Yves Charbit et Henri Léridon, *Transition démographique et modernisation en Guadeloupe et en Martinique.* INED, Travaux et documents no 89. Paris, Presses universitaires de France: ix-x.

Cases, C., J.-P. Guengant et E. Lauret 1980. *L'évolution démographique de la Guadeloupe et la situation en 1979.* Pointe-à-Pitre, INSEE-SIRAG.

Cayemittes, Michel et Anouch Chahnazarian 1989. *Survie et santé de l'enfant en Haïti.* Résultats de l'Enquête mortalité, morbidité et utilisation des services 1987. Port-au-Prince, Éditions de l'enfance.

Centre de promotion des femmes ouvrières (CPFO) 1988. *Quelques aspects du comportement des ouvrières de la sous-traitance en Haïti en matière de fécondité.* Port-au-Prince, CPFO.

Charbit, Yves et Henri Léridon 1980. *Transition démographique et modernisation en Guadeloupe et en Martinique.* INED, Travaux et documents no 89. Paris, Presses universitaires de France.

CNIDF/INSEE 1986. *Femmes en chiffres.* Paris, Centre national d'information sur les droits des femmes/Institut national de la statistique et des études économiques.

Conférence des Nations unies sur le commerce et le développement (CNCD) 1990. *Atlas des pays les moins avancés*. New York, ONU, CNCD.

Conseil économique et social (CES) 1987. *La situation économique et les conditions du développement dans les Départements d'Outre-Mer*. Journal officiel de la République française.

CRESDIP/NCHR/HSI 1990. *Haïti, pays écorché* . Pétion-Ville, Centre de recherches sociales et de diffusion populaire/National Coalition for Haïtian Refugees/ Haïti Solidarité internationale.

Dagenais, Huguette 1988. « Entre la nature et l'amour: le travail invisible des femmes antillaises », in *Femmes. Livre d'or de la femme créole*, volume 4. Pointe-à-Pitre, Raphy Diffusion: 145–153.

— 1989. « La recherche féministe des années 1980: des voix/voies multiples et convergentes », *Recherches féministes*, 2, 2:1–13.

— 1990. « Views from below: Education and work in the daily life of some Afro- and Indo-Trinidadian women ». Communication présentée au XV$^e$ congrès annuel de la Caribbean Studies Association, Port of Spain, mai.

— 1991. « Neither alienated nor 'liberated': Caribbean women's points of view on their work and family ». Communication présentée au XVI$^e$congrès annuel de la Caribbean Studies Association, La Havane, mai.

— (à paraître) « Women in Guadeloupe: The paradoxes of reality », in Janet Momsen (éd.), *Women and Change: A Pan-Caribbean Perspective*. Londres, James Currey.

Dagenais, Huguette et Jean Poirier 1985. « L'envers du mythe: la situation des femmes en Guadeloupe », *Nouvelles questions féministes*, 9–10:53–83.

Deere, Carmen Diana et al. 1990. *In the Shadows of the Sun. Caribbean Development Alternatives and U.S. Policy*. Boulder, Westview Press.

De la Mota, Maritza, Christian Girault et al. 1982. « Unité et diversité de la Caraïbe insulaire en Amérique latine », *Hérodote*, 27, novembre-décembre: 90–100.

Domenach, Hervé 1986. « L'émigration, composante endogène de la transition démographique? Le cas des pays du bassin caraïbe », in *Les changements ou les transitions démographiques dans le monde contemporain en développement*. Paris, Éditions de l'ORSTOM: 333–351.

Dwyer, Daisy et Judith Bruce (éd.) 1988. *A Home Divided. Women and Income in the Third World*. Stanford, Stanford University Press.

*Enquête haïtienne sur la fécondité 1977*

— 1981 Rapport national, volume 1. Port-au-Prince, Institut haïtien de la statistique et Enquête mondiale sur la fécondité.

Esparza, Ruth Baena de 1982. « Le rôle de la femme dans la commercialisation des produits agricoles en Haïti », in *La femme rurale en Haïti et dans la Caraïbe: traditions et innovations*. Centre haïtien d'investigation en sciences sociales (CHISS): 47–79.

Ferguson, James 1990. *Far from Paradise. An Introduction to Caribbean Development*. Londres, Latin America Bureau.

Gautier, Arlette 1986. « Politiques familiales et familles monoparentales en Métropole et dans les DOM depuis 1946 », *Nouvelles questions féministes*, 13, printemps: 89–100.

– 1989. *Politique familiale et familles monoparentales en Guadeloupe*. Pointe-à-Pitre, Association santé développement, Caisse nationale des allocations familiales et ORSTOM.

Gautier, Gérard 1986. « Le sous-emploi des actifs », in *Données sociales*. Les dossiers Antilles Guyane 11. Pointe-à-Pitre, Institut national de la statistique et des études économiques: 33–36.

– 1988. « Guadeloupe: Sous pression », *Antiane*, 7, juillet: 4–5.

– n.d. *Enquête sur l'emploi de 1986. Principaux résultats*. Pointe-à-Pitre, Institut national de la statistique et des études économiques, Service interrégional Antilles-Guyane.

Guillaumin, Colette 1981. « Femmes et théories: remarques sur les effets théoriques de la colère des opprimées », *Sociologie et sociétés*, 13, 2:19–31.

Henry, Frances et Pamela Wilson 1975. « The status of women in Caribbean societies: An overview of their social, economic and sexual roles », *Social and Economic Studies* 24, 2:165–198.

ICAR (*Information caraibe*) 1990. « La commission Ripert ne mâche pas ses mots », ICAR, 773, 22 janvier V: 2.

INSEE 1983. *Données sociales*. Les dossiers Antilles Guyane 5. Pointe-à-Pitre, Institut national de la statistique et des études économiques, Service interrégional Antilles-Guyane.

– 1986. « Santé: la demande de soins », in *Données sociales*. Les dossiers Antilles Guyane 11. Pointe-à-Pitre, Institut national de la statistique et des études économiques, Service interrégional Antilles-Guyane: 75–81.

INSEE/CAF 1990. *Familles de Guadeloupe*. Pointe-à-Pitre, Institut national de la statistique et des études économiques et Caisse d'allocations familiales de la Guadeloupe

– 1988. *Femmes en chiffres Guadeloupe*. Pointe-à-Pitre, Institut national de la statistique et des études économiques/Secrétariat d'état chargé des droits des femmes.

IPPF/WHO 1988. « Haïti – Family planning on rue Barbancourt », *Forum*, avril: 14–15.

Jayaratne, Toby Epstein 1983. « The value of quantitative methodology for feminist research », in Gloria Bowles et Renate Duelli Klein (éd.), *Theories of Women's Studies*. Londres et Boston, Routledge and Kegan Paul: 140–161.

Joekes, Susan 1985. « Working for lipstick? Male and female labour in the clothing industry in Morocco », in Haleh Afshar (éd.), *Women, Work and Ideology in the Third World*. Londres, Tavistock: 183–213.

Lavinas, Lena 1991. « Identité de genre: une catégorie de la pratique ». Communication présentée dans le cadre de l'Atelier international Femmes et développement. Québec, Université Laval, juin.

*L'état du monde 1988–1989* 1988. Paris, La Découverte et Montréal, Boréal.

Lewis, Faith *et al.* 1984. *Source Report on Haïtian Factory Women: The Case of 24 Factory Women in the Light Assembly Industries in Port-au-Prince.* Port-au-Prince, U.S. Agency for International Development et U.S. Mission to Haïti.

Massiah, Joycelin 1979. *Women in the Caribbean: An Annoted Bibliography* . A Guide to Material Available in Barbados. Bridgetown, University of the West Indies, Institute of Social and Economic Research.

– 1984. « La participation des femmes au développement socio-économique: les indicateurs, instruments de planification. Le cas des Caraïbes orientales britanniques », in *Les indicateurs du rôle nouveau des femmes dans le développement.* Paris, Unesco: 93–130.

– 1986. « Women in the Caribbean Project: An overview », *Social and Economic Studies*, 35, 2:1–29.

– 1988. « Researching women's work: 1985 and beyond », in Patricia Mohammed et Catherine Shepherd (éd.), *Gender in Caribbean Development.* Mona, St Augustine et Cave Hill, University of the West Indies, Women and Development Studies Project.

– Michel, Andrée 1985. « Dix ans d'irruption des sciences humaines dans le domaine du travail des paysannes », *Revue Tiers Monde*, 26, 102:261–271.

– 1988. « Femmes et développement en Amérique latine et aux Caraïbes », *Recherches féministes*, 1, 2:19–38.

Mintz, Sydney W. 1961. « *Pratik*: Haïtian personal economic relationships », *Annual Meeting of the American Ethnological Society* . Seattle: 54–63.

– 1964. « The employment of capital by market women in Haïti », in Raymond Firth et Basil Yamey (éd.), *Capital, Saving and Credit in Peasant Societies.* Chicago, Aldine: 256–286

Mintz, Sydney W. et Sally Price (éd.) 1985. *Caribbean Contours.* Baltimore et Londres, John Hopkins University Press.

Mohammed, Patricia 1988. « Women's Studies in the Caribbean: Search for a Method », inédit.

Mohammed, Patricia et Catherine Shepherd (éd.) 1985. *Gender in Caribbean Development.* Mona, St. Augustine et Cave Hill, University of the West Indies, Women and Development Studies Project.

Momsen, Janet H. et Janet Townsend 1987. « Towards a geography of gender in developing market economies », in Janet Momsen et Janet Townsend (éd.), *Geography of Gender in the Third World.* Albany, N.Y., SUNY et Londres, Hutchinson: 27–81.

Moser, Caroline 1989. « Gender planning in the Third World: Meeting practical and strategic needs », *World Development*, 17, 11:1799–1825.

Nash, June et Maria Patricia Fernandez-Kelly (éd.) 1983. *Women, Men and the International Division of Labor.* Albany, N.Y., State University of New York Press.

Neptune Anglade, Mireille 1986. *L'autre moitié du développement: à propos du tra-*

*vail des femmes en Haïti*. Port-au-Prince et Montréal, Éditions des Alizés et ERCE.

– 1988. « Du travail domestique comme deuxième journée de travail des Haïtiennes », *Recherches féministes*, 1, 2:39–52.

PAHO/WHO 1989. *AIDS. Profile of an Epidemic*. Washington, D.C., Pan American Sanitary Bureau, Regional Office of the World Health Organization, Scientific Publication no. 514.

PANOS 1990. *Triple Jeopardy: Women and Aids*. Londres, The Panos Institute.

Poirier, Jean 1989. *Structure sociale, modes d'organisation familiale et baisse de la fécondité en Guadeloupe (1954–1982)*. Thèse de doctorat en démographie. Montréal, Université de Montréal.

Poirier, Jean et Huguette Dagenais 1986. « En marge: la situation des femmes dans l'agriculture en Guadeloupe », *Environnement caraïbe*, 2:151–175.

Poirier, Jean, Victor Piché et Ghyslaine Neill 1989. « Travail des femmes et fécondité dans les pays en développement: que nous apprend l'Enquête mondiale de fécondité? », *Cahiers québécois de démographie*, 18,1:159–183.

Plotkin, Donna 1984. *Haitian Women's Participation in Development: Agriculture*. Port-au-Prince, PNUD, août.

– 1989. *The International Traders of Haïti: The Madan Sara*. Port of Spain, United Nations Economic Commission for Latin America and the Caribbean, Subregional Headquarters for the Caribbean, Women's Bureau.

Sen, Gita et Caren Grown 1987. *Development, Crises, and Alternative Visions*. New York, Monthly Review Press.

Smith, Dorothy 1987. *The Everyday World as Problematic. A Feminist Sociology*. Toronto, University of Toronto Press.

Steward Cohen, Bertie A. 1979. *Women in the Caribbean: A Bibliography*. Leiden, Institute of Linguistics and Anthropology.

Stone, Carl 1985. « A political profile of the Caribbean », in Sidney W. Mintz et Sally Price (éd.), *Caribbean Contours*. Baltimore, John Hopkins University Press: 13–53.

« Survey report: Haïti » 1990. *Population Today*, 18, 10:5.

Tabet, Paola 1985. « Fertilité naturelle, reproduction forcée », in Nicole-Claude Mathieu (éd.), *L'arraisonnement des femmes. Essais en anthropologie des sexes*. Paris, Éditions de l'École des hautes études en sciences sociales: 61–146.

Tardieu, Jean-François 1986. *Entre bords de mer et marchés ruraux*. Port-au-Prince, Éditions. Areytos.

Tranap, A. 1990. « Mesures du développement », *Antiane*, 12, août: 20–21.

UNECLAC/CDCC 1990a. *Women Workers in the Caribbean. A Selection of the ECLAC Research*. Port of Spain, United Nations Economic Commission for Latin America and the Caribbean et Caribbean Development and Cooperation Committee, mars.

– 1990b. *Women and Development. Bibiography.* Port of Spain, United Nations Economic Commission for Latin America and the Caribbean et Caribbean Development and Cooperation Committee, mai.

Wagley, Charles 1957. « Plantation America », in Vera Rubin (éd.), *Caribbean Studies, a Symposium.* Mona, Institute of Social and Economic Research.

Ware, Helen 1987. « Données: Ce que nous connaissons de la femme », *Instraw Nouvelles,* 8, été: 12–14.

Young, Kate 1988. « Introduction. Reflecting on women's needs », in Kate Young (éd.),*Women and Economic Development: Local, Regional and National Planning Strategies .* Oxford, Berg/Unesco: 1–30.

LILA E. ENGBERG, SUSAN A. BECKERSON
AND EDITH FRANÇOIS

# Women and Household Production: An Ecosystem Perspective with a Comparison of Two Studies from Africa

A household ecosystem perspective and a "whole" economy approach are suggested in order to examine the production activities of women within their own environmental context. Households are considered to be ecosytems embedded in a local micro environment. The concept of "whole" economy is interpreted to include market and non-market production of households. Case studies from Malawi and Ghana provide illustrations of traditional households and the allocation of labour to several economic activities. Women are shown to have heavy work loads because of their position in the society and the amount of time spent on household work. The authors suggest that the interdependent activities of men, women and children, as members of households, might be more clearly understood and changed if a household ecosystem perspective is taken emerging research methodologies which involve target populations are used.

*Les femmes et la production domestique: une perspective écosystémique illustrée par la comparaison de deux études de cas en Afrique*

Les auteures adoptent une approche écosystémique des maisonnées afin d'étudier les activités de production des femmes dans leur contexte. Les maisonnées sont analysées en tant qu'écosystèmes ancrés dans un micro-environnement local. Le concept d'économie globale permet d'englober à la fois la production marchande et non marchande de celles-ci. Deux études de cas au Malawi et au Ghana illustrent la répartition du travail au sein de maisonnées traditionnelles, où les femmes ont une lourde tâche à accomplir du fait de la position qu'elles y occupent et du temps qu'elles consacrent aux activités domestiques. Les auteures concluent que les activités interdépendantes des hommes, des femmes et des enfants, en tant que membres d'une maisonnée, sont plus faciles à interpréter avec une perspective écosystémique et des méthodes qui impliquent les populations à l'étude.

A recent review essay by Joan McFarland points out that "the construction of theories of women and development is a relatively new activity" (1988: 299). Two orientations found in the research literature are described by McFarland, a liberal orientation and a political economy approach. The first is said to be atheoretical and concerned with the integration of women into development. The orientation does not question the commonly accepted neo-classical economic or modernization approaches to development. Beneria and Sen (1981), Folbre (1983) and White (1984) are among those who are critical of traditional economic theory and data collection methods. The second orientation focuses on a gender and class analysis, and the need to transform the development process. An example of the latter approach is found in Claire Robertson's socioeconomic history of women and class in Accra, Ghana (1984).

In this paper a third theoretical orientation is proposed, the household ecosystem perspective. The approach in itself does not explain women's subordination but it is close to the second approach in making more visible the interdependent economic and political structures in society. It supports the new agenda for development which is emerging in the 1990s, that is, an agenda which asks for "sustainable, people-centred, self-reliant development which is socially just, economically efficient and ecologically sound" (Society of International Development – SID 1988: 95). Granovsky proposes the use of the framework as a means for examining the context of women and families in development (1985:25).

First, the household ecosystem perspective, the concepts of "whole" economy and of household production will be explained. Then alternative methods of information gathering and two case studies, each from a different environment, will be compared. The case studies offer only a partial view of the household ecosystem and a beginning step in analyzing the work of women and men inside the household. They are offered in order to emphasize the need for methodologies which can enlarge understanding of the interdependence of women and environments. The geographical locale and physical habitat, and the circumscribed socioeconomic environments of the two studies, in rural Malawi and urban Ghana, made a difference to the position and economic opportunities available to women in those settings. New research approaches are needed in order to explore and diagnose more fully local situations such as those described, also to go beyond diagnosis towards problem identification and action on behalf of women. The major purposes of this paper, therefore, are to present a household ecosystem framework, to increase awareness of the whole sphere of production activities carried out by women, and to examine the potential of emerging research methods used at the level of the household.

The term family ecosystem is used in the literature but there are interpretation difficulties in the use of the term "family". As pointed out by White (1980), Harris (1981) and Oppong (1982), the term family does not have universal meaning. Family, as used in Africa, usually refers to the lineage and includes a large group of kin related by blood. In this paper the term household is preferred, defined as the group that shares housing and other economic resources, and exercises the greatest autonomy and responsibility for its members.

Beneria and Sen (1981) and Tiano (1981) draw our attention to interconnections, the under-reported and undervalued work of women, particularly in domestic production within the household, and the need for new theoretical perspectives. Others, writing about women in African labour history, have discussed the invisible nature of work outside the wage labour sector (Dennis 1988; Robertson 1988; Safilios-Rothschild 1985). Huber (1988:24) argues that there is a "triple overlap of family, economy, and gender reshaped by continuing technological change"; that the household's division of labour as part of the division of labour in society has often been overlooked; that an analysis of gender stratification must begin with a study of the things men and women do each day and the tools they use to obtain food, clothing and shelter. Huber states also, that the analysis must consider ecological variables such as climate, soil, temperature, and the materials which influence humans' abilities to sustain life (Huber 1988:13).

The inclusion of environmental context variables in an analysis of women and households poses methodological problems. Changes in development thinking and the emergence of new conceptual frameworks require new methods of information gathering and appraisal. A range of methodologies for learning about rural conditions and rural people is evolving and will be described after the two sections which attempt to clarify household ecosystem and economic concepts.

THE HOUSEHOLD ECOSYSTEM PERSPECTIVE

The concept of ecology is not limited to biological studies. Although the term ecosystem refers to the interdependence of organisms within their environment, an ecosystem perspective of the family or household recognizes individuals in their living environmental settings (Melson 1980; Deacon and Firebaugh 1988:28). The perspective links the systems view of the family to that of ecology (Melson, 1980:7). In a household ecosystem the household members are linked to one another through patterns of reciprocal behaviour but also through their interactions with external physical and social environments. Humans develop the social structures and regulatory systems within the environment of the household and within the larger micro and macro environments outside household boundaries. They create a material or technological environment using the living and non-living resources of the natural environment (the solar energy, soil, plants, forests, animals, minerals, fossil fuels, water, etc.). The human-built technological environment can be interpreted as the material conditions created with the help of household members. While matter and energy flows are necessary for all living systems, information flows are also necessary for human ecosystems. The web of transactions carried out by individual members of the household constitute the basic elements of their ecosystem (Paolucci, Hall and Axinn 1977:15; Melson 1980:6; Deacon and Firebaugh 1988:28).

Every human system, including each household, has a boundary which separates it from other systems and from outside environments (Deacon and Firebaugh 1988:32–3). Political, economic, cultural and ecological factors contribute to the structural boundaries and to information and energy exchanges, but some boundaries are more open to exchange than others. Interface is a systems term, used to indicate the shared boundary between systems. Outputs from the household are inputs to external systems and vice versa. As one input, output or part changes so will other parts within the micro and macro systems. Feedback, another systems term, is evaluative information which produces new demands and new actions which then become inputs into the system.

Systems are linked and operate in a hierarchy. In Africa and elsewhere, households are linked to each other through the local community and kin networks. Also, within each household there are subsystems. A household may be composed of a mother-child subsystem, parental subsystem, sibling sub-system, female and male sub-system, and so on; based on functions, interests, activities and relationships at a particular time and place. Each household is a subsystem of a larger extended family or corporate kin system, which is in turn a subsystem of a community or village within still larger social systems; the district, municipality, province, nation, region, and global systems. Each of the systems are linked but each has jurisdiction over some sphere of political and economic life. Within the "whole" there are sexually segregated or gender specific hierarchies and structured relationships (Robertson 1984:13–14). Gender relationships develop in the context of the household and local community.

The systems approach suggests that in order for an issue to be understood, it should be viewed in terms of its relationship to the "whole."

The increased role of women in food production in a rural community in Africa, for example, may be explained more fully by examining micro-system dynamics in that rural environment. If a husband takes a job away from his home or engages in cash crop agriculture his wife or wives may be obligated to increase food production for the survival of the "whole" household. In an urban setting, women may be obliged to dove-tail their income-earning and household tasks. According to systems theory the whole is greater than the sum of the parts; the large or suprasystem is more powerful than the small (Melson 1980: 22). In other words, the nation as a whole has more power than each independent household, and the household system has more power than each individual member. But power structures and jurisdictions are open to change.

Structures at each system level must be taken into account when attempting to explain and foster change in gender relationships. The larger and more complex the system (eg. the national system of government) the more difficult it is to mobilize and change. Hirschmann (1984) documents evidence of this in Malawi when he describes the restrictive nature of government policies created by male civil-servants which were designed to develop the role of women in the rural economy. Staudt (1984) expresses concern about the state's identification of "women's issues" as not belonging to the public agenda, and concerns about the assumed division of labour by gender in public and private spheres of life. Robertson (1984:3) labels such dual "public-private" theoretical models as sterile when attempting to explain the participation of women in development. By focusing on the household as a system in this paper, it is not our intention to re-inforce the idea of "domestic feminism" and the "right" place for women inside the household, but to draw attention to the totality of women's work and the legitimacy of studying domestic work as well as the market work. Use of the proposed household ecosystem perspective is a way to escape the "public-private" and "traditional-modern" dichotomies found in research and action. It encourages a revised view of the household and of the work of women and men in the economy. Within each nation state and within households there are economic activities which can be viewed as a "whole", interdependent with each other.

## THE CONCEPT OF WHOLE ECONOMY

The economy has often been misunderstood to include only the formal market sectors of activity and not the informal. Beneria (1981) and Boulding (1983:287) point out that the common understanding of economy and the practices of data gathering about the labour force systematically under-estimate the amount of work women do. Anker (1983) also criticizes definitions and illogical distinctions between economic and non-economic activities. The term "informal economy" has been commonly used to describe income-earning activities characterized as small-scale, unregulated enterprises, owned and operated by individuals or families using local resources and labour intensive technology (Ross and Usher 1986; Danes, Winter and Whiteford 1987). Critics of the informal economy concept argue that dualistic mutually exclusive formal and informal labour systems do not represent reality (Breman 1976; Robertson 1984). Members of households, particularly women, have overlapping work responsibilities.

The "whole economy" concept described by Ross and Usher (1986) provides a broad view of the economy as a system. It includes the large-scale corporate sector and the public service sector of national government, also self-employment and small-scale enterprises, as part of the market economy. Non-market household sector activities are included at the lower end of the economic hierarchy. Non-profit or profit sharing co-operatives, collectives and community enterprises are placed somewhere in-between. They include transactions which have both market and non-market dimensions. Economic sectors are interactive. The activities of the informal non-market sectors support the activities of the formal market sector. In times of economic crisis the informal sector has the capacity to absorb labour. The unpaid labour sector of the "whole" economy is enlarged. Household members depend on this sector for their survival. The concept of whole economy includes household member's grants and stewardship activities (the giving of time, energy, money, materials without expecting a reciprocal arrangment or an equivalent return).

Economic participation for the majority of the world's people is concentrated in the informal and non-market sectors, not in the formal sectors of the national economy. Informal sector activities include semi-subsistence agriculture, petty trading, handicrafts, and a variety of other small-scale enterprises. All of household or domestic work is a part of the informal non-market sector: gathering firewood and garden produce, hauling water, food production for home consumption, food processing and preservation, meal preparation and service, house cleaning and maintenance, daily care of family members, and so on. Such non-commodity production, carried out almost exclusively by women, tends to remain unrecognized as "work" with economic value (Beneria 1981; Oppong 1982:145–147). It is difficult to measure because of its overlapping nature and its location, hidden in the household. In order to address the issue of women, unpaid work and development the International Labour Office published two reviews of economic evaluation methods (Goldschmidt-Clermont 1982 and 1987). Margaret Reid's 1934 operational definition of household production forms the basis of the ILO review and is given below.

### Household Production

Household production consists of those unpaid activities which are carried on, by and for the members, which might be replaced by market goods or paid services, if circumstances such as income, market conditions and personal inclinations permit the service to be delegated to someone outside the household group (Reid 1934:11). Emphasis is on household function and interaction rather than household composition. In this paper the same definition is applied to subsistence production. Household composition changes over the family life-cycle and by seasons of the year. Households are not isolated from the extended family; they cannot be viewed as independent husband-wife decision making units. The concepts of separable and inseparable household production and the two studies to be presented take into account intra-household and inter-household obligations within a total household ecosystem. Members of households can be engaged in several categories of production performed at intervals during the day or the season. Figure 1 identifies three types of market production (commercial agriculture, wage earning and small-scale business enterprises), three types of non-market production (household/subsistence production, community service and inseparable household production), cooperatives and collectives.

Strict categorization is always a problem. In an industrialized society the boundaries between categories of production may be easier to determine than in a non-industrialized world. As noted in the two case studies, small-scale household based producers are engaged in a number of interconnected activities.

In order to make work in the household sector more visible and understandable, Beutler and Owen (1980) introduce the concepts of separable and inseparable production. Household production including subsistence, as defined above, and market production are identified as separable because the work can be delegated to others outside the family or household unit and can be conceptualized as separate from consumption. A number of household or domestic tasks fit into this category but not all tasks. Inseparable production is the work that cannot be delegated to paid workers because of the human attributes and relationships involved in the activity. Beutler and Owen (1980) identify three types of inseparable production, as follows: 1) intra-household production (nurturing, socialization, daily care of children and all

Figure 1
Categories of Production Activities Performed by Households

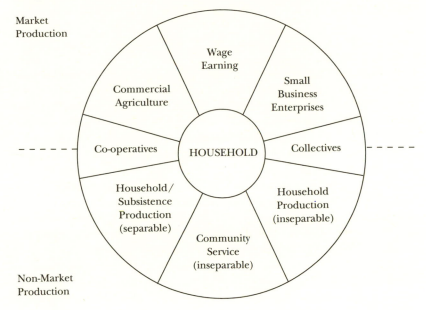

Market
Production

Non-Market
Production

household members), 2) inter-household production (mutual aid and support, skills exchange, participation in ceremonies, etc.) and 3) community service (voluntary participation in self-help work groups; political, judicial, religious and informal educational services). Family and household members are obligated to perform many of these kinds of activities. Parenting, nurturing, support work for kin and neighbours are often socially and culturally assigned to women, thus adding to their daily work load. The term "reproduction" applied to women's work has not been used in this model. Economic terminology such as "human resource production" or "human capital production" or "human capital maintenance" may be more appropriate terms to use, if they can help make the inseparable production activities of women and households more socially visible.

Beneria and Sen (1981) have reminded us of the limitation imposed on women's participation in the larger market economy by their inseparable production activities and of the crucial role of women in all spheres of production within the local environment. Feminist researchers who are involved in farming systems research and extension are also concerned. They ask for the integration of intra-household dynamics into the research framework (Norem, 1988; Poats, Schmink and Spring, 1988). Researchers who are involved in rural development are exploring new methods of gathering information and appraising conditions, and involving farmers in actions on their own behalf. Some of those methods will be described next.

## EMERGING RESEARCH METHODOLOGY

The use of a household ecosystem perspective in research requires the collection of data about particular situations and interactions within a geographical location or ecological niche. There are interacting variables at one time and place which differ from those in another. It also requires data about inputs, transactions or transformation processes, outputs and feedback. Emerging methodologies which fit the ecosystem perspective are those being tried by researchers involved in rapid rural appraisal approaches (Grandstaff and Grandstaff 1987). Activity analysis based on time-use data is one of the methods which can be included in order to gain information about all aspects of daily life. Used in a systems framework it can contribute information about the division of labour by gender and age within the system.

Systems researchers who are working in the field of farming systems development are beginning to use rapid rural appraisal methods. They are concerned about the environmental context and the planning decisions that must be made by and for small-holder farmers (Chambers 1983; Feldstein, Poats, Cloud and Norem 1987; Grandstaff and Grandstaff 1987). They acknowledge that research and planning is frequently hindered by limited knowledge and insufficient data about the ways of life and the priorities of women and men. They are, therefore, developing rapid rural appraisal techniques or short-cut methods for gathering information and involving the people themselves in learning and adaptation processes. The same techniques could be applied to non-farm households and urban situations.

The significance of rapid rural appraisal methods is in the recognition of systems concepts. The concepts include the idea that living systems are self-regulating and able to maintain themselves through use of feedback (Jamieson 1987). Feedback is the response of the system when members interact and adapt to each other and to the environment. Feldstein, Poats, Cloud and Norem (1987) state that the processes of learning and appraisal are not linear but call for overlapping cycles of activity: diagnosis, experimentation, evaluation and recommendations for change. Such a cycle requires reflection and feedback at every step. The nature of the feedback response is influenced by the communication network and each member's links within the network. Information is a key systems input. The transformation of information, energy and matter; the output and the feedback are continuing iterative system processes to be taken into account. The learning cycles or iterations occur at different levels of interaction and offer opportunities for people-participation, continuous assessment, additional learning and redesign of existing systems.

Among the basic principles applied by researchers who are exploring rapid rural appraisal methods are: the use of multiple approaches to investigate the same questions, including both men and women in appraisal teams, involving local residents in the research process, assuming that people have much valid knowledge and local meanings which can be elicited through semi-structured interviews (Grandstaff and Grandstaff 1987).

The study of time-use is not always cost effective. Basically four methods of collecting time-use data have been tried and evaluated (Minge-Klevana 1980; Messer and Block 1983; Grossman 1984; Wollenberg 1988). The self-study method, used by Mencher, Saradomoni and Panicker (1979), attempted to study labour inputs of illiterate women involved in rice cultivation in India. As a result, the women respondents began to reflect on their own time use. The recall method, asking respondents to recall whether or not a set of pre-categorized activities was performed or not and by whom, is also an interactive method, but it is not so useful for researchers who want accurately clocked time data. The day-long naturalistic observation method can give a comprehensive picture of all activities during the period of observation but the activities may be effected by the presence of an outside investigator. Activities carried out periodically or seasonally can be missed.

Random spot observations are an alternative data collection method. Field workers do not need to continuously watch one person or one household. The method was used by Johnson (1980), by Acharya and Bennett (1981) and by Tripp (1982), each of whom used a detailed list of pre-coded activities as an observation guide. Acharya and Bennett, for example, produced a detailed list of 97 activities in 12 categories carried out by women in sample households from eight villages in Nepal. Problems were noted regardless of the methodology used: how to record joint activities and cooperative work, activities which require alternative attention to two or more tasks being undertaken by one or more persons, differences in time allocation by seasons, and managerial activities. These problems were experienced during data collection by Beckerson (1983) and François (1981): they will be described in the next section.

## COMPARISON OF TWO CASE STUDIES FROM AFRICA

The two case studies from Africa are examples of research which attempts to analyze women's participation in the "whole" economy. Their purposes however, differed. Beckerson (1983) was interested in explaining the relationships between household members' nutritional status, food supply and production activities in two rural villages in Malawi; François (1981) was concerned about the work-load of a group of urban women who were engaged in money-earning activities. Both researchers attempted to examine the problem with a system's perspective within the boundaries of the community where the households were located. The studies illustrate the use of some of the principles of rapid rural appraisal although that term was not used at the time the data were collected. They do not provide an analysis of all the individual-household-environment transactions described as belonging to a household ecosystem approach; neither did the researchers involve the respondents in an analysis of their own situation. Nevertheless, the geographical locations in particular ecological zones may help us recognize environmental influences and the need for new research approaches.

### Seasonal Labour Allocation in Malawi

Beckerson (1983) carried out a comparative study of the work of rural men and women in two neighbouring Chewa villages in Malawi in order to examine the relationship between labour allocation, food supply and nutritional status of household members. Undernutrition, short life expectancy and illiteracy are three key global indicators of the incidence of absolute poverty and deprivation (UNICEF 1988). Problems of undernutrition have received considerable attention at international and national levels. Improved diets have been prescribed; nutrition education programs established and food aid provided without a thorough examination of gender relationships and household conditions under which nutritional problems most frequently occur. The point of view of those who use a household ecosystem perspective is that food practices and nutritional status of individuals cannot be improved without understanding individual-household-environment interactions and resource allocation at household level. Neither can the problems be solved without involving those persons who have jurisdiction over production and distribution of food.

Three system levels were examined in Beckerson's study: village, household and the individual within the rural village environment. For the purpose of this study, a household was defined as "a unit which could include family members and persons other than kin, who occupy a housing unit and act as a social unit in terms of division of labour, social interaction and sharing of benefits" (7). Two representative farming villages were selected within the Lilongwe Agricultural Development Division (LADD) with the help of local extension officers in the Division. This Agricultural Development Division is one of eight ecological areas established by the national government to implement its agricultural policies. It is one of the most important agricultural areas in Malawi in terms of actual production. Three important cash crops – tobacco, groundnuts and maize – are promoted in LADD. The crops are grown on small-holder farms, which average about two hectares in that area (National Sample Survey of Agriculture-NSSA 1984).

The majority of the people live in villages and cultivate scattered land holdings near the village. Each village is made up of groupings of houses constructed in mud, and in each grouping there are five or six houses, granaries for storage of maize and other crops, some animal shelters and separate kitchens. Traditionally the matrilineage formed the nucleus of the residential unit. Men or women gained access to the land by birth or by marriage (NSAA 1984:16). Only 0.7 percent of small-holder farmers in Lilongwe ADD used oxen for cultivation and only 2.7 percent of the farmers grew the maize varieties recommended for market production in 1980–81 at the time of the national agricultural survey (NSAA 1984). Production of local varieties of maize was preferred for home consumption.

Beckerson's contacts with extension officers and field workers and her observations of the situation at the household level helped her formulate a preliminary questionnaire and carry out a survey in August of 1981. Data collected by teams of male and female interviewers helped her develop a methodology for obtaining information about the food supply and the nutritional status of each person in the sample households. A pre-categorized activity list was developed to be used in a more detailed study of production activities over two seasons in 1982. A random sample of fourteen households in each village was selected for observation and study before and after harvest. All of the participating households in the selected villages (thirty-two registered tobacco growers in Mkwinda and thirty-one food producers in Patsankhondo) were members of the same ethnic group, the Chewa, who live in close proximity and experience somewhat similar material conditions, apart from tobacco farming in one village and semi-subsistence food production in the other. The Mkwinda tobacco farmers had important communication links with the extension service and other inputs that were missing in Patsankhondo.

In order to make comparisons of the production activities of men and women at the same stage of the family life cycle, the households selected for study in the two villages were composed of a resident husband and wife with children. The eldest child in each household was between 12 and 16 years of age and living at home. Chewa people may be polygamous: 18.2 percent of women in Lilongwe ADD were reported in 1980–81 to have a polygamous husband, but they did not co-reside with other wives (NSAA 1984).

Many of the principles suggested for rapid rural appraisal were followed in the study. The assessment of a household's food supply was made by means of an inventory in February and again in July (Beckerson 1983). Actual measures of foods traditionally stored (maize, groundnuts, legumes and leaves) were taken in the two seasons in addition to estimates of extra food crops drying in the household compounds after harvest in July. The dietary intake of each household was assessed by means of a 24-hour food recall during the two seasons. Women were also asked to recall food items and quantities prepared, and amounts leftover, using common household measures. The number of times per day that meals and snacks were eaten and the number of cups of maize flour consumed daily per household were also estimated with the help of local residents and interviewers. Involvement of the respondents and their assessment of the situation was very important for this part of the study. A summary of the types and amounts of foods stored, the numbers of meals consumed and cups of maize flour used daily, and the proportion of children with normal weight for height are published elsewhere (Engberg, Sabry and Beckerson 1987).

Of interest, in this paper, is men and women's allocation of labour in the two villages during the two seasons studied. The allocation of labour is assumed to be a household decision. Within each village, identical questionnaires and pre-categorized lists of activities were used as a basis for interviews and observations of the work of husbands and wives in the growing season and after harvest. The respondents were asked to recall three weekdays of activities within each category and to estimate the approximate time-period spent on each (eg. from sunrise to noon). Such estimation is difficult. The information was supplemented by more detailed observation and questioning of seven women in each village during a random morning and afternoon in each season. The categories of production and the variety of tasks studied were:

- Market production tasks: the growing and harvesting of tobacco, collecting produce and making goods for sale; marketing, trading and working for wages (usually on other farms);
- Non-market production:
  - subsistence production tasks associated with growing maize, legumes and vegetables, animal and poultry care;
  - separable household production including all food-related activities required for home consumption (gathering fruits and wild vegetables, collecting insects, planting and caring for fruit trees and vegetables, shelling and pounding maize, meal preparation and

service, washing dishes and utensils); the obtaining of fuel and water, planting trees and the care of wood lots, shopping, household and farm maintenance and clothing activities;

- inseparable household production included the intra household activities of child and health care. Unfortunately the time spent on nurturing and mutual aid was under-estimated as no questions were asked about the extent of inter-household and voluntary community activities. But the interviewers commented that the people spent many hours and even whole days helping kin and neighbours, and participating in funerals, ceremonies and community self-help activities.

The results of the time allocation study by categories described in the section on the "whole" economy appear in Table 1. The reports of market and non-market sub-sectors of production do not provide a complete picture because time use patterns of children and other adults were not included in the study, nor was inseparable production. The two decimal points in the data also give a false impression of accuracy. Nevertheless, some broad generalizations can be noted.

First, the mean time spent daily by women respondents on all production activities combined was about twelve hours regardless of the season. In comparison, taking into account all activities, the mean production time spent by the husbands in each household was four to six hours per day. Second, household production took the largest proportion of women's time in each of the two villages, in each season. The preparation of meals took the longest time for women, about one and half to three hours per day. Third, the greatest time commitment for the men was in tobacco production during the growing season in February. Fourth, the time allocated by men and women to semi-subsistence production was more equitable in the food producing village as compared to the situation in the tobacco producing village. Fifth, the women in the tobacco growing village spent less time in household production and more time on market production during the tobacco growing season in February.

The main question of interest to Beckerson (1983) was the relationship of men's and women's activity patterns to the household food supply and nutritional status of household members. The conclusion reached was that the combination of activities of men and women in each household did influence the output of food and the health of individuals during the time of the study. Households that sustained their food producing activities were able to maintain the level of health of household members between seasons. A larger proportion of adults and children in the tobacco producing village, as compared to the food

Table 1
Time allocation by gender and season in two farming villages in Malawi*
(Mean time in hours)

|  | Tobacco Village | | Food Village | |
| --- | --- | --- | --- | --- |
|  | M | F | M | F |
| FEBRUARY (growing season) | | | | |
| *Market Production* | | | | |
| Commercial Agriculture | 3.74 | 3.45 | 0.15 | 0.19 |
| Small Enterprise | 0.07 | 0.24 | 0.18 | 1.40 |
| Wage Earning | 0.29 | 0.12 | 0 | 0 |
|  | 4.10 | 3.81 | 0.33 | 1.59 |
| *Non-Market Production* | | | | |
| Subsistence Production | 0.42 | 2.48 | 2.43 | 4.30 |
| Household Production (Separable) | 0.62 | 4.14 | 0.60 | 5.11 |
| Household Production (Inseparable) | 1.32 | 1.79 | 1.28 | 1.25 |
|  | 2.46 | 8.41 | 4.31 | 10.66 |
|  | M | F | M | F |
| JULY (after harvest) | | | | |
| *Market Production* | | | | |
| Commercial Agriculture | 0 | 0 | 0 | 0 |
| Small Enterprise | 0.17 | 0.11 | 0.10 | 0.27 |
| Wage Earning | 0 | 0.10 | 0.02 | 0.10 |
|  | 0.17 | 0.21 | 0.12 | 0.37 |
| *Non-Market Production* | | | | |
| Subsistence Production | 2.41 | 4.61 | 5.45 | 4.90 |
| Household Production (Separable) | 0.92 | 6.10 | 0.17 | 5.43 |
| Household Production (Inseparable) | 0.63 | 1.21 | 0.39 | 1.34 |
|  | 3.96 | 11.92 | 6.01 | 11.67 |

* 14 husbands and 14 wives in each village

producing village, experienced weight loss between seasons when locally produced food was in short supply (Beckerson 1983:184).
Beckerson did not have a large sample of households, but she did bring
together nutritional, food supply, household production and gender
variables which are often studied separately. An examination of the results of her exploratory study showed that the rural households at that
time and place were highly dependent on the labour of women for
both market and non-market production. We can assume then that
women's role in the provision of food was particulary critical within the
household ecosystem and had an influence on the nutritional status of
household members.

*Workload of Ghanaian Women in Accra*

A different kind of household ecosystem, embedded in an urban environment, is the object of the Ghanaian study. A study of sixty women household heads in Accra was carried out by François (1981) to determine which of a number of individual and household factors contributed to women's housework load and total work load during a period of economic stress in Ghana. François was particularly interested in the workload of the women because of the downturn in the Ghanaian economy during the early 1980's. Households were faced with food scarcity and shortages of many commodities (François 1981:3). Consumer goods were expensive, unemployment was on the increase and industrial unrest was common. The burden on women's time and labour was observable as they made long journeys in search of food and other consumer items, and explored ways to earn additional income. Housework load was the term used by François to include both the separable and inseparable household production mentioned earlier. The income earning together with the housework activities constituted the workload.

The study was located in Osu, a neighbourhood or sub-system within the larger city system, not unlike Ussher Town, another traditional community in the city of Accra described by Robertson (1984). The fact that the study took place in the context of one neighbourhood (Osu) helped the researcher focus on the interacting variables of households in that neighbourhood. The women who lived there experienced the same kind of natural environment, but not the same kind of social and technological environment inside the household. Household differences within the urban setting of Osu were more extensive than those in the rural Malawi study. The physical features of each house and the household technology available to women were of special interest because of their possible impact on housework tasks. François and her extended family came from Osu and she knew the area well (François 1981:27).

In Osu, the compound houses of the early 20th century were built close together around an outdoor central courtyard. Many entrances opened on to narrow, dusty lanes. During the study, traders and fishermen lived in the area and the principal streets were lined with small business enterprises. Women petty traders sat outside their homes at small tables, selling a variety of fruits, vegetables, snack foods and non-food commodities. Much of human activity was easily observed in the streets or in the open courtyards of the houses (François 1981:50–51).

Because the community was ethnically heterogeneous and frequently transient, the study sample was limited to Ghanaians only, ran-

domly selected from six enumeration areas in Osu. Three criteria for
sample selection were used to reduce household variability: the women
respondents had at least one child not older than 16 years residing at
home; were the household managers in the unit; and were engaged in
a money-earning activity.

The group of twenty-three women who worked away from home in
the formal economy were observed and interviewed by François or one
of her three assistants when they were home during early morning and
in the evening. Other women were observed and interviewed at random times in mornings and afternoons.

The reports of women's time use were based on random observations of each respondent carried out in four sample time blocks: a
24-hour recall of activities carried out on three separate occasions, supplemented by interviews within the three-month time period, January-
March, 1980 (François 1981:33). Interviews were conducted either in
Ga or Twi, the vernacular languages spoken in the community. The
time-use data were recorded on a chart which provided space for indi-
cating the name of the activity, its duration, where it occured and with
whom it was performed. Concurrent activities were also recorded.
Thus, the methodology for collecting the time-use data was less structured than that used in the Malawi study. No pre-coded activity lists
were used to guide the data collection. Categories were established
after the data were collected and studied.

The individual and household factors explored by François as being
associated with women's workload were: women's market and non-
market production activities and their work sector; women's age, marital status and residence of husband; household size, composition and
household help available; age of resident children; physical characteristics of housing, household facilities and equipment (François 1981).
The nature of each of these variables will be described very briefly
based on the data collected.

### Characteristics of the Sample

*Women's Work Sector in the Economy*   Three major categories of work in
market production were identified: work in informal income-earning
activities inside the home, informal work outside the home, and work
in the formal economy. Twenty-three women (38.3%) worked primarily in the formal sector, namely a midwife and a secretary, three part-
time office sweepers, twelve clerical or factory workers and six cleaners
or cooks. For thirty-seven women (61.7%) the primary source of income was from work in the informal sector; thirty-four women inside
the home and three outside. Most of these women were involved in

petty-commodity trade. They made and sold food items such as *kenkey* or rice and beans; finished products such as bread, salt, charcoal; or lottery tickets. Seven women (11.7%) were dressmakers, five on a full-time basis, operating from their homes (François 1981:54–56).

Most women were involved in two income earning activities and some in three, i.e. a major activity in the informal sector (eg. selling fruit) and one or two supplementary part-time jobs in the formal sector (eg. office-cleaning on the week-ends). Women in the formal sector also tried to earn extra money through trading outside the home or through part-time wage earning (eg. cleaning, cooking, sweeping offices).

*Respondent's Age, Education and Marital Status*   The sixty women respondents ranged in age from twenty to sixty-seven years. Seventeen women (28.3%) in the sample had no formal education, thirty-four (56.7%) had attended elementary school and nine (15.0%) had some secondary education (François 1981:54). Fifty-one women (85%) were married. Of those, thirty-one (51.7%) lived with their husbands; twenty (33.3%) lived apart; nine women (15.0%) were either divorced, separated or widowed (François 1981:54).

*Household Size, Composition and Household Help*   Household size ranged from one woman living alone with her baby to a household of fifteen persons. One third of all the household units (33.3%) had no adult male who were residents; twenty-eight (46.7%) had one adult male; twelve (17%) had two to six adult males, who were not necessarily related to the respondent. With regards to adult females in each household, about half (51.7%) were occupied by the respondent and spouse and/or children without other adults; in fifteen of the units (25%), there was one other adult female resident; an additional two to four adult females resided in the remaining fourteen households (23.3%). Maids were employed to work in six of the households, but these maids were all under 17 years of age.

Data collected about resident children at the time of the study indicated that twenty-three households (38.3%) had only one child, each under the age of six; twenty households (33.3%) had two or three children; seventeen (28.3%) had four to six children. These children were not necessarily the women's own offspring. Ninety percent of the school-age children attended school; these chidren also provided unpaid help both in market production and non-market production (François 1981:98). They were observed selling commodities, going on errands, shopping, cooking, fetching water and utensils, washing and ironing their own clothes, and doing a considerable amount of child care (carrying young children on their backs and playing with them).

With respect to other household help, two husbands were observed to be looking after the children while their wives cooked, five were reported to have done occasional house repairs, eleven (18.3 %) were reported to help with the ironing. According to the report, however, the extent of male involvement in household tasks appeared to be minimal (François 1981:99). Help from female relatives and other female adults on a daily basis was also reported to be minimal (François 1981: 99), but the women did help each other with shopping and purchasing food, and in preparation of food items for sale such as *kenkey*.

*Physical Characteristics of Housing and Facilities*    Eight of the respondents (13.3%) lived in modern single family dwellings with at least two bedrooms, a kitchen, electricity, and indoor plumbing. The majority (fifty-two women, 86.7%) lived in a one or two bedroom traditional compound type house with no electricity or inside plumbing (François 1981:57). These households obtained their water from a public stand-pipe; thirteen households (21.7%) used a public latrine; forty-nine households (81.7%) made use of communal bathing facilities, detached from the main compound house. Nine of the sample households (15%) had no kitchens. The women cooked on charcoal coal-pots on their verandahs. Thirty-three women (55%) cooked on wood fires in small open sheds or on the ground in the compound. The sheds were also used for food processing and smoking fish. Thirty percent (30%) of the sample carried out their food preparation and cooking in enclosed detached rooms, however, seven of the women (11.7%) owned an electric or gas stove. A level-of-living scale, constructed from these items, was used to group the households into three categories, high, middle and low (François 1981:67). The measure was used in a cross-tabulation with the time-use measure of women's work load.

*Women's Workload Market Production*    Workload was determined by calculating the mean time per day spent by the women in the sample, based on the time-use data. The mean time spent by twenty-three women who worked in the formal sector of the economy (38.3% of the sample of sixty women) was calculated to be seven hours sixteen minutes (François 1981:69). Fifteen of these women worked an extra one to six hours per day in supplementary income-earning activities in informal market production.

The mean time calculated to be spent by the thirty-seven women (61.7% of the sample) whose primary source of income was from the informal market sector was four hours and twenty-two minutes; a range from zero to eighteen hours. Zero scores were recorded for twenty-four respondents (40%) who reported not working outside the home. Income-earning activities inside the home were observed to overlap with household work and child care and could not be recorded. Income-earning activities of thirty-nine (65%) of the respondents (two of whom also worked full-time as wage earners in the formal economy) were more easily separated activities carried out at home. These women prepared *kenkey* or snack foods for sale; sold fruits and vegetables, cola and ice water and other items. They indicated having spent between seven minutes to six hours thirty-eight minutes per day, on average, in home-based income-earning activities.

*Women's Non-Market Production*   In this study, household production was classified as housework and inter-household activities (François 1981:72). Housework was sub-divided into five categories: food preparation and cooking, laundry, child care, house chores and shopping. The most time-consuming task for the respondent's was reported to be cooking, but only twenty-two women (36.7%) reported cooking daily. Some women bought snack food from other women on the street; five of the women delegated the cooking to female relatives or children. Other time-consuming activities were shopping, getting the water for cooking and washing up after the meal. In eight cases, house cleaning and laundry were delegated to children and other adults. The mean daily time spent by the respondent on household chores was reported to be one hour twelve minutes; and on child care, one hour ten minutes. Much of child care was carried out concurrently with household or market activities and was not counted. Interhousehold activities: helping others, meeting with kin, attending funerals and ceremonies, were reported as intermittent activities carried out by all but one woman during the three-month period prior to the interview (François 1981:82–83). Such activities included child care, hair plaiting and cooking. The mean daily time arrived at (one hour fifteen minutes) was a weighted figure based on the reported total of all activities.

*Personal and Environmental Factors in Relation to Women's Workload*

A numerical measure of each of the above variables was constructed from the collected data and analyzed through the use of two statistical techniques. First, cross tabulations and chi-square tests of the association of workload with each of the variables assumed to influence women's work were carried out, then a step-wise multiple regression analysis. Multiple regression was the statistical tool chosen in order to

Table 2
Relationship between sector of economy and women's workload

| Sector | Light workload | | Heavy workload | | Total | |
|---|---|---|---|---|---|---|
| | N | % | N | % | N | % |
| Informal at home | 25 | 83.3 | 12 | 40.0 | 37 | 61.7 |
| Formal outside home | 5 | 16.7 | 18 | 60.0 | 23 | 38.3 |
| Total | 30 | 100.0 | 30 | 100.0 | 60 | 100.0 |

Source: François, 1981, p. 101.

$X^2 = 10.15275$     df = 1     p = 0.0014

examine the relative influences of the variables on women's work load. Such a tool assumes normally distributed variables, ordinal measures and linear relationships, not all of which hold true for the data available. Calculating means and reducing the data to two dimensions (eg. light and heavy housework, or husband present or not) for purposes of statistical analysis made the household situations seem less complex than they really were.

The range in recorded work time use was extreme: from thirty minutes to eighteen hours, but for purposes of analysis the sixty women were sub-divided into two groups. Those who worked up to nine hours, forty-nine minutes per day were considered to have a light workload; those who worked longer hours, a heavy workload. Income-earning activities were categorized as formal or informal, based on the primary job. Table 2 presents the results of a cross tabulation showing that workload was significantly related to sector of work.

The chi-square test of independence confirms that the women with the heavier work load were those engaged in income earning activities in the formal economy. Because of the location of the workplace, these women were unable to dovetail their market and non-market work.

The chi-square test revealed no statistically significant relationship of women's workload with other variables (size of household unit, number and age of children, material condition or level of living, and residence of husband) (François 1981:103). One would have expected a heavier workload for women with large households, young children, inadequate facilities and fewer household appliances, but such was not the case. Possibly the more simple the facilities, the less time required, or the lower a woman's standards the less time spent.

A stepwise multiple regression analysis was attempted in order to find out the combined influence of household variables and individual characteristics on the workload of the women. Results corresponded with the chi-square analysis; higher ranked occupations in the formal sector were significantly related to workload and accounted for most of the common variance.

### Critique of the Two Case Studies

The case studies from Malawi and Ghana were attempts at categorizing and studying intra-household labour allocation during one or two seasons. The Malawi study followed the household ecosystems concepts more closely than the Ghana study. In an ecosystem there are inputs, transformations, outputs and feedback. Three types of inputs to the household system: matter, energy and information, were not made explicit in either study. Resource inputs such as technology, fertilizer, seeds, consumer goods and services; energy inputs such as fuels and human energy; and information from internal and external sources were not explored.

Labour time is the resource input which received attention. The study of women's labour time as compared to men exposes the nature of the sexual division of labour. Time is a critical resource used in combination with all other resources. If needed labour time is missing, the household system cannot perform effectively and produce the expected outputs. The outputs of food supply and nutritional status, as measured in the Malawi study, are illustrative. The actual time consumed is also an output, expressed in the Ghanaian study as women's workload.

Emphasis in the two studies was on the "separable" production tasks performed by women; tasks that could be observed and counted with the measurement tools available. They received more research attention than the "inseparable" nurturing, socialization and mutual aid activities. Management is also an activity which is difficult to measure but is an important system process, noted in a household's allocation of labour.

The sample households studied in two villages in Malawi and in one urban community in Ghana came from small communities which are sub-systems of larger districts. They are socio-economic systems in their own rights, components of the whole human ecological system where boundaries, residential groupings, natural and physical environments, and jurisdictions change. In Malawi, the male farmers engaged in tobacco production used the labour of their wives during the growing season. During this season, women had less time to spend on household production. The relative contribution of husbands and wives to

cash crop farming and to subsistence was altered. Women in the tobacco producing village maintained a mean workload of about twelve
hours per day, similar to the women in the food-producing village, but
they did not maintain the nutritional status of their children and themselves between seasons. However the mean workload of husbands differed between the two seasons; namely husbands worked greater hours
only during the growing season.

In the osu situation in Ghana, petty trading and other home-based
enterprises were dominant activities for the sixty women in the sample
(67% on a full-time basis, 25% part-time). Trade was locally based and
market production took place in the household. These women, like
those incisively described by Robertson (1984), operated within a sexually segregated structure using labour intensive, time-consuming
methods in an impoverished environment, without much outside help.
Children and adults who lived in the same household were not necessarily helpmates, but for lack of other income-earning opportunities
the women continued to trade. Paradoxically, women who worked in
the formal sector (38%), with somewhat higher levels of education, co-
resident husbands and better material conditions, had the heaviest
workloads. Their household tasks had to be carried out before and
after formal sector working hours and on week-ends. When the data
about time spent on household work and on income earning activities
were separated out in the analysis, it was found that the presence of a
husband made no difference to the time women spent on housework.

CONCLUSION

The major objective of this paper was to present a household ecosystem
perspective and a concept of "whole" economy in order that the work
of women could be examined in the context of a micro environment.
Theory and method must be combined. New theoretical perspectives
and concepts, such as those presented, have potential for guiding our
thinking and our research, but a satisfactory research methodology for
examining structures and human-environment interactions has not yet
been fully developed. Examination of the two case studies demonstrates the need to examine the web of interactive factors inside and
outside the household system that influence the work and position of
women. The ecosystem perspective and the emerging rapid rural appraisal techniques could help that exploration.

Immediate environments form the context for households and their
members. Human interaction is not restricted to these environments
but the boundaries for women are often more restrictive than they are
for men. Social systems are structured in ways that more frequently

allow men rather than women to transcend the boundaries of their households and local communities, and participate in the larger political and economic systems. The two case studies present some evidence that men and women do not relate to the economy of the household, nor the economy of the nation, in the same way. Much of women's time is taken up with non-market household production. Group survival is dependent on the inseparable child rearing and family maintenance tasks assigned to women. Historically, women's income-earning activities have tended to mesh with child rearing and home-based responsibilities. A household ecosystems perspective and a focus on problems that emerge at the interface of the household system with its environments could provide insights on women's condition. Participatory research methods involving women themselves in reflection and problem indentification could be an emancipatory first step. Self-reliant, ecologically sound development will require women's full participation at many levels – in the household system and at higher system levels.

## REFERENCES

Archarya, M. and L. Bennett 1981. *The Rural Women of Nepal: An Analysis and Summary of Eight Village Studies.* Kathmandu, Nepal, Centre for Economic Development and Administration, Tribhuvan University.

Anker, R. 1983. "Female labour force participation in developing countries: A critique of current definitions and data collection methods", *International Labour Review,* 122:709–724.

Beckerson, S. A. 1983. "Seasonal Labour Allocation, Food Supply, and Nutrition in Subsistence and Semi-subsistence Farming Households in Malawi, Africa". M.Sc. Thesis, University of Guelph.

Beneria, Lourdes 1981. "Conceptualizing the labour force: The underestimation of women's economic activities", in N. Nelson (ed.), *African Women in the Development Process.* London, Frank Cass: 1–28.

Beneria, Lourdes and Gita Sen 1981. "Accumulation, reproduction, and women's role in economic development: Boserup revisited", *Signs – Journal of Women in Culture and Society,* 7, 2:279–298.

Beutler, Ivan and Alma Owen 1980. "A home production activity model", *Home Economics Research Journal,* 9:16–26.

Boulding, Elise 1983. "Measures of women's work in the Third World: Problems and suggestions", in M. Buvinic, M.A. Lycette and W.P. McGreevey (eds.), *Women and Poverty in the Third World.* Baltimore, MD, John Hopkins University Press: 286–299.

Breman, Jan 1976. "A dualistic labour system? A critique of the informal sector concept", *Economic and Political Weekly*: 1870–1876.

Chambers, Robert 1983. *Rural Development: Putting the Last First*. London, Longmans.

Danes, Sharon M., Mary Winter and Michael B. Whiteford 1987. "Level of living and participation in the informal market sector among Honduran women", *Journal of Marriage and the Family*, 49:631–639.

Deacon, Ruth and Francille Firebaugh 1988. *Family Resource Managment* (2$^d$ Ed.). Boston, Allyn and Bacon: 28–38.

Dennis, Carolyn 1988. "Women in African labour history", *Journal of African and Asian Studies*, 25, 1:125–140.

Engberg, Lila E., Jean H. Sabry and Suzan A. Beckerson 1987. "Production activities, food supply and nutritional status in Malawi", *The Journal of Modern African Studies*, 25, 1:139–147.

Feldstein, H.S., S.V. Poats, K. Cloud and R. Norem 1987. "Intra-household dynamics and farming systems research and extension: Conceptual framework and worksheets", in *International Federation for Home Economics Post-Congress Workshop Handbook*. Ames, College of Family and Consumer Sciences, Iowa State University: 1–23.

François, Edith 1981. "Workload of Ghanaian women managers: an exploratory study in Accra, Ghana". M.Sc. Thesis, University of Guelph.

Folbre, N. 1983. "Household Production in the Philippines: A Non-Neoclassical Approach". Working Paper no 26, Women in International Development. East Lansing, Michigan State University.

Goldschmidt-Clermont, L 1982. *Unpaid Work in the Household: A Review of Economic Evaluation Methods*. Geneva, International Labour Office.

– 1987. *Economic Evaluations of Unpaid Household Work: Africa, Asia, Latin America and Oceania*. Geneva, International Labour Office.

Grandstaff, T.B. and S.W. Grandstaff 1987. "A conceptual basis for methodological development in rapid rural appraisal", in *Rapid Rural Appraisal*, Proceedings of the 1985 International Conference. Khon Kaen, Thailand, Khon Kaen University: 69–88.

Granovsky, Nancy 1985. "Family resource management: A model for international development", in S.Y. Nickols (ed.), *Thinking Globally and Acting Locally – The Balancing Act.*. Washington, D.C., American Home Economics Association: 25–35.

Grossman, L.S. 1984. "Collecting time-use data in Third World rural communities", *The Professional Geographer*, 36:444–454.

Harris, O. 1981. "Households as natural units", in K. Young, C. Wolkowitz and R. McCullagh (eds.), *Of Marriage and the Market. Women's Subordination in International Persective*. London, CSE Books: 46–68.

Hirschmann, David 1984. *"Bureaucracy and Rural Women: Illustrations for Malawi"*. Working Paper No. 71, Women in International Development. East Lansing, Michigan, State University.

Huber, Joan 1988. "A theory of family, economy, and gender", *Journal of Family Issues*, 9, 1:9–26.

Jamieson, N. 1987. "The paradigmatic significance of rapid rural appraisal", in *Rapid Rural Appraisal*. Proceedings of the 1985 International Conference. Koen Kaen, Thailand, Koen Kaen University: 89–102.

Johnson, O.R. 1980. "Cross-cultural approaches to the study of time-use", in V.C. Kehm (ed.), *Issues in Action: Women in Transition*. Proceedings of the Western Regional Home Management-Family Economics Educators Conference. Los Angeles, California State University: 14–25.

McFarland, Joan 1988. "The construction of women and development theory", *Canadian Review of Sociology and Anthropology*, 25, 2:299–308.

Melson, Gail F. 1980. *Family and Environment – An Ecosystem Perspective*. Minneapolis, Burgess Publishing.

Mencher, J.P., K. Saradomoni and J. Panicker 1979. "Women in rice cultivation: Some research tools", in S. Zeidenstein (ed.), *Learning About Rural Women. Studies in Family Planning*. New York, Population Council: 408–412.

Messer, E. and M.N. Bloch 1983. *Women's and Children's Activity Profiles in Senegal and Mexico: A Comparison of Time Allocation Methods*. Working Paper no 42, Women in International Development. East Lansing, Michigan State University.

Minge-Klevena, W. 1980. "Does labor time decrease with industrialization? A survey of time allocation studies", *Current Anthropology*, 21:55–86.

National Sample Survey of Agriculture (NSSA) 1984. *Household Characteristics, Labour Availability and Garden Details*. National Sample Survey of Agriculture 1980/81. Zomba, Malawi, Government of Malawi, National Statistical Office.

Norem, Rosalie, H. 1988. "Integration of intra-household dynamics into farming systems research and extension: A survey of existing projects", in S.V. Poats, M. Schmink and A. Spring (eds.), *Gender Issues in Farming Systems Research and Extension*. Boulder, Westview Press: 19–35.

Oppong, C. 1982. "Family structure and women's reproductive and productive roles: Some conceptual and methodological issues", in R. Anker, M. Buvinic and N.H. Yousseff (eds.), *Women's Roles and Population Trends in the Third World*. London, Croom Helm: 133–150.

Paolucci, B., O. Hall and N. Axinn 1977. *Family Decision-Making: An Ecosystem Approach*. New York, John Wiley: 15–27.

Poats, S.V., M. Schmink and A. Spring (eds.) 1988. *Gender Issues in Farming Systems Research and Extension*. Boulder, Westview Press.

Reid, M. 1934. *Economics of Household Production*. New York, Wiley.

Robertson, Claire 1984. *Sharing the Same Bowl – A Socioeconomic History of Women and Class in Accra, Ghana*. Bloomington, Indiana University Press.

– 1988. "Invisible workers: African women and the problem of the self-employed in labour history", *Journal of African and Asian Studies*, 23, 1–2:180–198.

Ross, D. P. and P. J. Usher 1986. *From the Roots Up: Economic Development as if Community Mattered*. Toronto, James Lorimer.

Safilios-Rothschild, C. 1985. "The persistence of women's invisibility in agriculture: Theoretical and policy lessons from Lesotha and Sierra Leone", *Economic Development and Culture Change,* 33, 2:299–317.

Society for International Development (SID) 1988. "Objectives and terms of reference of the South Commission", *Journal of the Society of International Development,* 4:95–98.

Staudt, K. 1984. *Women's Politics and Capitalists Transformation in Subsaharan Africa.* Working Paper no 54, Women in International Development. East Lansing, Michigan State University.

Tiano, S. 1981. *The Separation of Women's Remunerated and Household Work: Theoretical Perspectives on Women in Development.* Working Paper no 2, Women in International Development. East Lansing, Michigan State University.

Tripp, R. B. 1982. "Time-allocation in Northern Ghana: An example of the random visit method", *Journal of Developing Areas,* 16:391–400.

UNICEF 1988. *The State of the World's Children.* New York, United Nations Children's Fund.

White, B.N.F. 1980. "Rural household studies in anthropological perspective", in H.P. Binswanger, R.E. Evanson, C.A. Florencio, B.N.F. White (eds.), *Rural Households in Asia.* Singapore, Singapore University Press: 1–25.

White, M.A. 1984. *Breaking the Circular Hold: Taking on the Patriarchal and Ideological Biases in Traditional Economic Theory.* Occasional Paper no 7 in Social Policy Analysis. Toronto, Centre for Women's Studies in Education, Ontario Institute for Studies in Education.

Wollenberg, Eva 1988. "An evaluation of methodologies used in time allocation research", in S.V. Poats, M. Schmink and A. Spring (eds.), *Gender Issues in Farming Systems Research and Extension.* Boulder, Westview Press: 127–148.

*The Consequences of Development Policies for Women*
*Les effets des politiques de développement sur les femmes*

CECILIA NG[1]

# Women and Rice Production in West Malaysia

Since the early 1960s Malyasia has undergone a "green revolution", primarily based on the growing use of mechanization. The author examines the effects of this revolution on the sexual division of labour, access to land and the new technology and on gender relations. Because it has increased men's control over the means and process of rice production, this "green revolution" can be understood as a form of the domestication of women described by Rogers (1980). As such, it reinforces the dominant islamic ideology with respect to men's and women's roles.

### Les femmes et la culture du riz en Malaysia

Ce chapitre présente une analyse des effets de la « révolution verte », en cours en Malaysia depuis le début des années 1960, et en particulier ceux de l'intensification récente de la mécanisation, sur la division sexuelle du travail, l'accès à la terre et à la nouvelle technologie de même que sur les rapports sociaux de sexe. Associée au contrôle accru des hommes sur les moyens et le procès de production rizicole, cette « révolution verte » apparaît comme un processus de « domestication » des femmes (Rogers 1980), qui conforte l'idéologie islamique dominante quant aux rôles masculins et féminins.

The purpose of rural development in West Malaysia is to increase agricultural productivity, and consequently farm income, through the introduction of modern farming methods and institutions in the rural sector. It has been hoped that a commercially oriented farming population would emerge to replace what is usually viewed as a more traditional and backward agricultural sector.[2] Hence, through the years there has been an increasing penetration of capital in the rural areas, subsequently transforming the social organization of production. This chapter will discuss the changes, particularly in the realm of gender relations and labour utilization patterns, in rice cultivation in a West Malaysian village.

Modern technological innovations have been introduced in the rice sector since the early 1960s, albeit in different stages of technological adoption. At the most basic level of this "Green Revolution" package is the introduction of double-cropping through the utilization of high-yielding varieties (HYV) and other biochemical inputs (fertilizers, weed-killers and so on), complemented by improved infrastructure facilities. The more advanced stage sees the introduction of mechanized rice production where the tractor and the combine replace the hoe and the sickle. The establishment of rice mills also takes over traditional post-harvesting processes such as winnowing and manual-pounding of padi. What is also significant here is the increasingly important role of the state, via formal rural institutions, in determining the direction of agricultural change.

What has been the impact of such transformation on rural women? In terms of female labour utilization, studies undertaken in some Asian countries point out that, while technology in rice production increases female labour input in the early stages, the more advanced stage of farm mechanization reduces female participation. However, this phenomenon is not universal as it varies from country to country. For example, female labour use in a rice-farming village in the Philippines declined both absolutely and relatively between 1970 and 1980, as a consequence of modern technology.[3]

On the other hand – in Japan, for instance – while overall labour input has decreased substantially due to modern technology, female participation in rice production has remained quite high – at 41 per cent.[4] This is because Japan's industrialization policies have led to an emigration of male labour to the urban areas, leaving the middle-aged and older women to tend the fields and even to operate farm machines.[5] It would seem that the issue is not technology *per se*, but the nature of the existing social and gender relations under which technology is being introduced which determines the extent of female participation in mechanised agriculture. As Agarwal has succinctly pointed out: "More often than not, the problem cannot be located in the technological innovation *per se*, since what is often appropriated about the innovation is not its technical characteristics but the social-political context within which it is introduced. This gives the innovation its specific class and gender bias and mediates the distribution of costs and benefits from its adoption."[6] My earlier studies in the Krian District on the impact of the early diffusion of modernization practices on female labour utilization and the status of rural women examined an area much neglected by studies on the impact of the Green Revolution in Malaysia.[7] This present chapter is a continuation of that study, albeit in another rice-bowl area called Tanjong Karang where mechanization processes have been widely adopted.

The primary question asked in this chapter is "What happens to the division of labour and gender relations when advanced mechanization is practised in the rice sector in rural Malaysia?" In other words, what are the implications for rural women's status in terms of their access and control of agricultural resources? Given that the rural community is not homogeneous, how are women from different socio-economic strata affected? What sort of policies should be pursued to ensure that modernization programmes benefit the rural women, especially the poorer ones?

After describing the village setting and study methodology, this chapter will examine the changing role of women in rice production under advanced mechanization. This will be related to their increased role in reproduction and the implications in terms of their access to household and agricultural resources. Several case studies will be highlighted to provide a more personal insight to the study. The final section will summarize the changing nature of gender relations under the on-slaught of rural modernization and propose some policy recommendations for the advancement of rural women's status.

## THE VILLAGE SETTING

The village of Sawah Sempadan, consisting of 23 blocks (about 6,000 acres), is located within the Tanjong Karang rice belt along the coast of the state of Selangor.[8] Originally conceived in the late nineteenth century by the colonial authorities to convert jungle swamp into productive rice cultivation, the Tanjong Karang Scheme attracted pioneers who came from various parts of the country and as far as Java and Sumatra from neighbouring Indonesia. However, irrigation work for single cropping began only in the mid-1930s whereby settlers were awarded 3 acres of rice land each and 1 acre for domestic cultivation.[9] It was only in the early sixties, in line with the Green Revolution strategy, that double-cropping was introduced, followed by the use of the two-wheeled tractor. By 1978 the four-wheeled tractor was in operation, and in 1982/83 broadcasting by hand and machine-harvesting were introduced.

The scheme is at present administered under the Northwest Selangor Integrated Agricultural Development Project (henceforth IADP or the Project). Launched in 1978, the Project covers an area of approximately 247,405 acres, consisting of the rice areas in the districts of Sabak Bernam and Kuala Selangor. The initial projected cost, estimated at M$148.73 million, 43 per cent of which was funded by the International Bank for Reconstruction and Development, will be increased to M$265.72 million by the end of 1990.

The Project objectives as spelt out in its briefing report are:

1  to increase the yield and quality of various crops;
2  to maximize farm income;
3  to alleviate rural poverty; and
4  to develop a self-reliant, progressive and commercial-orientated farming society.

Strategies towards achieving these objectives include the strengthening of existing infrastructure and support services as well as the provision of training to farmers in modern farming techniques.[10]

The actual research area comprises four blocks within Sawah Sempadan.[11] All rice-farming households with married couples (101 households) were interviewed between June and December 1987 – that is, during the rice-planting season.[12] Out of this, forty households were selected for detailed study of their labour utilization patterns in the various rice-production tasks. Another visit was made in October 1988 to verify certain data and to interview selected families.

Although the original settlers started on an equal footing, by the time of the study it was found that there were variations in the socio-economic standing of the 101 households sampled. For example, 26 households did not own any land at all. The size distribution of rice-holdings owned and operated ranged from less than 1 acre to as high as 21 acres. Out of this, three-quarters of the farmers owned less than 3 acres of padi land, while half of them rented in extra land in order to increase production.

In terms of income, 62 per cent of the households earned a monthly income of less than M$300 a month, 24 per cent between M$301 and M$500, while a minority of 14 per cent earned more than M$500 a month. The average income per household was approximately M$330 per month.[13] It is understandable then that household members seek other income-earning activities, although the opportunities for off-farm employment are more limited for the women. Half of the husbands are involved in off-farm employment, mainly as rural labourers within the rice scheme or in the nearby palm-oil estates or factories. However, less than 20 per cent of the wives, mainly from the poorer households, are engaged in short-term rural wage work.

The households have been stratified into poor (*susah* – 44 per cent), middle (*sederhana* – 45 per cent) and rich (*senang* – 11 per cent) categories based on broad categories of land ownership, per capita income and employment status. Here again is further evidence of the unequal benefits derived by farmers through the Green Revolution strategy implemented under conditions of a market economy geared towards personal as against social gain.[14] Consequently, the ability to reproduce the household will involve different survival strategies for households from different strata. Women belonging to such households will also be differently affected. If labour utilization and income-earnings patterns are differentiated by one's socio-economic and gender status, then this should be an important point to be considered by policy-makers. With this background, it is now possible for us to delve into the impact of advanced technology on rural women's productive and reproductive activities.

## THE CHANGING DIVISION OF LABOUR UNDER ADVANCED TECHNOLOGY

As noted earlier, the majority of farm households have more or less adopted *in toto* the various technological innovations recommended by the IADP office. For example, all land preparation is undertaken by machine, 97 per cent of the households use direct seeding (broadcasting) as a planting method, either by hand or by machine; and about 96 per cent utilise fertiliser, weed-killers and insecticide as methods in crop care. Moreover, 99 per cent use the combine harvester for harvesting their crops after which the padi, upon being weighed by the middlemen, are sent directly via lorries or motorbikes to the rice mills for processing.

The end result of such widespread use of technology is a significant reduction in labour utilization among men and women. Table 1 depicts the intensity of labour use per acre of padi land among the forty households as compared with similar padi operations in the mid-seventies as shown in Table 2. A more detailed breakdown of labour utilization in rice production by strata is provided in Tables 3, 4 and 5.

It can be seen from Tables 1 and 2 that mechanization has brought about a five-and-a-half-fold decrease in average labour input; that is, from a total of 185.18 hours per acre in 1975/76 to a mere 33.2 hours per acre in 1987. Nursery preparation has been completely eliminated while a drastic reduction in labour has taken place in the three labour-intensive tasks of planning (from 50 to 2.2 hours), harvesting and threshing (from 76 to 1.2 hours). The contribution of family labour re-

Table 1
Average labour utilization (hours/acre) of 40 households by operation in Sawah Sempadan, 1987

| Type of operation | Family Labour | | Wage Labour | | Total labour | | |
|---|---|---|---|---|---|---|---|
| | Male | Female | Male | Female | Total | % M | % F |
| Land preparation | 7.4 | 1.9 | 2.7 | – | 12.0 | 84 | 16 |
| Seed preparation | 0.7 | 1.8 | – | – | 2.5 | 28 | 72 |
| Broadcasting | 1.1 | 0.4 | 0.7 | – | 2.2 | 82 | 18 |
| Crop care, application of: | | | | | | | |
| (a) Weedkiller | 2.2 | 0.1 | 0.2 | – | 2.5 | 96 | 4 |
| (b) Fertilizer | 5.7 | 1.7 | 0.7 | – | 8.1 | 78 | 21 |
| (c) Insecticide | 3.3 | 0.3 | 1.1 | – | 4.7 | 94 | 6 |
| Machine harvest | – | – | 0.9 | – | 0.9 | 100 | – |
| Transportation | – | – | 0.3 | – | 0.3 | 100 | – |
| Total | 20.4 | 6.2 | 6.6 | | 33.2 | 81 | 19 |
| | (61%) | (19%) | (20%) | | (100%) | | |

Total acreage = 158.5 acres
Average acreage = 3.96 acres

Table 2
Number of hours and man-days utilized by field operation per acre of padi cultivated, average over two seasons 1975/76

| Operation | Family labour (Hours) | | | | | | Hired labour | |
|---|---|---|---|---|---|---|---|---|
| | $F^b$ | $M^b$ | $P^b$ | $C^b$ | Total | Man-days | Hours | Man-days |
| Nursery preparation | 9.56 | 3.27 | 5.95 | 0.26 | 18.99 | 2.38 | – | – |
| Field preparation | 10.67 | 2.05 | 4.38 | 0.16 | 17.25 | 2.16 | – | – |
| Transplanting | 17.03 | 6.99 | 15.45 | 0.46 | 39.93 | 4.99 | 9.90 | 1.24 |
| Crop care[a] | 15.56 | 1.57 | 4.94 | 0.18 | 22.24 | 2.78 | 0.27 | 0.04 |
| Harvesting, threshing and transportation | 21.05 | 9.35 | 20.58 | 0.40 | 51.38 | 6.43 | 25.22 | 3.15 |
| Total | 73.87 | 23.23 | 51.30 | 1.46 | 149.79 | 18.74 | 35.39 | 4.43 |

[a] Including weeding, application of fertilizer, insecticide, herbicide, etc.
[b] F = Farmer; M = Male adults; P = Female adults; C = Children (under 16 years old)

Table 3
Average labour utilization (hours/acre) of poor households by operation in Sawah Sempadan, 1987 (N = 24)

| Type of operation | Family Labour | | Wage Labour | | Total labour | | |
|---|---|---|---|---|---|---|---|
| | Male | Female | Male | Female | Total | % M | % F |
| Land preparation | 7.1 | 4.1 | 2.8 | – | 14.0 | 71 | 29 |
| Seed preparation | 0.8 | 2.8 | – | – | 3.6 | 22 | 78 |
| Broadcasting by hand | 0.8 | 0.7 | 0.7 | – | 2.2 | 69 | 31 |
| Broadcasting by machine | 0.1 | – | 0.07 | – | 0.17 | 100 | – |
| Crop care, application of | | | | | | | |
| (a) Weedkiller | 1.9 | 0.25 | 0.1 | – | 2.25 | 89 | 11 |
| (b) Fertilizer | 4.6 | 3.0 | 0.7 | – | 8.3 | 64 | 36 |
| (c) Insecticide | 3.2 | 0.6 | 0.8 | – | 4.6 | 87 | 12 |
| Machine harvest | – | – | 0.9 | – | 0.9 | 100 | – |
| Transportation | – | – | 0.2 | – | 0.2 | 100 | – |
| Total | 18.5 (51%) | 11.45 (32%) | 6.27 (17%) | | 36.22 | 68 | 32 |

Total acreage = 63.5 acres
Average acreage = 2.64 acres

Table 4
Average labour utilisation (hours/acre) of middle households by operation in Sawah Sempadan, 1987 (N = 1)

| Type of operation | Family Labour | | Wage Labour | | Total labour | | |
|---|---|---|---|---|---|---|---|
| | Male | Female | Male | Female | Total | % M | % F |
| Land preparation | 5.4 | 0.8 | 4.1 | – | 10.3 | 92 | 8 |
| Seed preparation | 0.6 | 1.4 | – | – | 2.0 | 30 | 70 |
| Broadcasting by hand | 0.8 | 0.3 | 0.4 | – | 1.5 | 80 | 20 |
| Broadcasting by machine | 0.07 | 0.07 | 0.3 | – | 0.44 | 84 | 16 |
| Crop care, application of | | | | | | | |
| (a) Weedkiller | 1.9 | 0.03 | 0.5 | – | 2.43 | 99 | 1 |
| (b) Fertilizer | 3.8 | 1.3 | 0.8 | – | 5.9 | 78 | 22 |
| (c) Insecticide | 2.9 | – | 1.7 | – | 4.6 | 100 | – |
| Machine harvest | – | – | 1.0 | – | 1.0 | 100 | – |
| Transportation | – | – | 0.4 | – | 0.4 | 100 | – |
| Total | 15.47 (54%) | 3.9 (14%) | 9.2 (32%) | | 28.57 | 86 | 14 |

Total acreage = 57.5 acres
Average acreage = 5.22 acres

Table 5
Average labour utilization (hours/acre) of rich households by operation in Sawah Sempadan, 1987 (N = 5)

| Type of operation | Family Labour | | Wage Labour | | Total labour | | |
|---|---|---|---|---|---|---|---|
| | Male | Female | Male | Female | Total | % M | % F |
| Land preparation | 10.9 | 0.1 | 0.5 | – | 11.5 | 99 | 1 |
| Seed preparation | 0.5 | 0.8 | – | – | 1.3 | 38 | 62 |
| Broadcasting by hand | 0.2 | – | – | – | 0.2 | 100 | – |
| Broadcasting by machine | 1.5 | – | 0.3 | – | 1.8 | 100 | – |
| Crop care, application of | | | | | | | |
| (a) Weedkiller | 3.1 | – | – | – | 3.1 | 100 | – |
| (b) Fertilizer | 10.7 | – | 0.6 | – | 11.3 | 100 | – |
| (c) Insecticide | 4.4 | – | 0.6 | – | 5.0 | 100 | – |
| Machine harvest | – | – | 0.9 | – | 0.9 | 100 | – |
| Transportation | – | – | 0.2 | – | 0.2 | 100 | – |
| Total | 31.3 (88%) | 0.9 (3%) | 3.1 (9%) | | 35.3 | 97 | 3 |

Total acreage = 37.5 acres
Average acreage = 7.5 acres

mains at 80 per cent, with the remaining 20 per cent being accounted for by hired labour primarily during field preparation, broadcasting, harvesting and transportation of padi sacks. Reciprocal labour relations *(berderau)*, prevalent in other less commercialised rice communities, are entirely absent in this area.

This disintegration is also manifested in a significant change in the division of labour by gender. Whereas traditionally, certain padi production functions are gender-specific, the situation in Sawah Sempadan seems to point to a reduction of female labour even in what is ideologically conceived as "women's work", such as transplanting and harvesting. These two tasks have been taken over by male family and male hired labour. Broadcasting of padi seeds by hand or by machine is invariably a less laborious task than the earlier method of actually bending one's back to transplant the padi seedlings.

Similarly, harvesting by machine does not require the usual hard labour experienced in manual harvesting and threshing, the latter being acknowledged as threshing your bone *(membanting tulang)* in Malay proverbial language to denote hard work. Indeed, the role of harvesting has been taken over by the combines operated by richer farmers, state rural institutions or other middlemen who rent their combines for M$5.50 per *guni* sack of threshed padi.

Advanced mechanization has deprived poor women and men of substantial income-earning opportunity as rural labourers, although women seem to be more adversely affected. Indeed my sample households found that all hired labour in the various padi operations were men.

In this sense the introduction of machine broadcast and machine harvest has been appropriated by the male, both in terms of the nature and type of work as well as in the time utilised for such tasks. Female family labour contributes only 19 per cent of total labour input and mainly comprises the lighter tasks of burning off the dried stalks during field preparation and in seed preparation. This is a far cry from their previous participation rate of 34 per cent in 1975/76. Furthermore, my study in another rice-bowl area in the north revealed that women provided 60 per cent of the total labour input in rice production.[15]

It seems that the opposite phenomenon is happening – that is, a masculinization of agriculture instead of a feminization of land – a conclusion often reached in studies on rural women.[16] With the drudgery of work being eliminated, it is now relatively easy to operate by machines and this is undertaken by men while the women are left to their reproductive tasks. The question arises – is technology gender-specific?

I argue that pre-existing gender relations constrain women to take up such "heavy" and more lucrative tasks. Malay and Islamic gender ideology, as expressed by the villagers, pre-supposes women's primary role in the domestic sphere. The majority of husbands and wives interviewed felt that religion defined women's role at home although at the same time, interestingly enough, about half of the women and one-third of the men did not believe that the fundamental duties of the wife are confined to home and children. However, it was strongly felt by both parties that learning new technology was the responsibility of the men. Concretised so clearly here is the contradiction and struggle between abstract notions of women's role and their actual work reality although other external social forces are also at play.

For example, equally important is the impact of the labour market, because, unlike in Japan, the lack of other wage-earning opportunities, especially during the recession, means that male labour is not pulled away to the capitalist sector. On the contrary, young girls opt for the city as electronics workers and domestic servants, settling within the lower rungs of the segmented labour market. These circumstances provide the conditions towards the emergence of a patriarchal household, particularly within the rich and middle stratum, in which males provide the management and labour in the farm and women undertake the reproductive function, sharpening the ideological distinction between the idea of man as the producer and women the reproducer.[17] On the other hand, the existence of a substantial number of female-headed households belies the fact that poor men do migrate, leaving women to manage the farm and household.[18]

It is not surprising, then, that the division of labour is a little different when one breaks down the rural community by strata. As shown in Tables 3 – 5, women from the poor households contribute 32 per cent of total labour input, compared to 14 per cent of the middle households and only 3 per cent of the rich households. It is interesting to note that women from the poor households provide a substantial contribution in land and seed preparation, broadcasting and fertiliser application. Women from the middle and rich households are mainly involved in seed preparation, a relatively light task which is undertaken in the house compound. The middle households have the means to command the labour of others while the rich households have the means to buy their own machinery as a form of investment to hire out to others.

It is also significant to note that wage labour comprises 17, 32 and 9 per cent of total labour in the poor, middle and rich households respectively. Wage labour is used among poor households only when necessary; if not, most of the work is shared between the men and women. It can be seen that half the hired labour utilized here is in the area of land preparation and harvesting which necessitates the use of machines. A similar situation exists with the middle households although they are probably in an economically more secure position to hire labour. None the less, the rising costs of production are a continuous source of lament among the majority of the people in the village. For example, the cost of labour has risen from M\$1.20 in the sixties to the present M\$6 per day; while the rent per acre has risen from M\$50 to between M\$125 and M\$200 within the same period. Ploughing the land takes up another M\$130, and this does not include the costs of weed-killer and pesticide, all of which were not necessary before.

The rich households use a minimum of hired labour, which is actually not surprising when one realizes that the few rich families in Sawah Sempadan have bought their own four-wheeled tractors, mechanical broadcasters and sprayers which they can operate themselves rather easily. They then hire out their tractors, which they or their sons handle, to the surrounding villagers. This is a lucrative venture. According to one rich farmer, he bought a four-wheeled tractor for M\$36,000 and after four years he had earned M\$60,000, a sum sufficient to cover his mortgage and to make a tidy profit. To be sure, women from this stratum are visibly absent from the various padi operations. One of them said that she hardly goes down to the padi fields and is relatively ignorant of what is happening in the fields. She just "sits in the house" *(duduk rumah sahaja)* and has been elevated to the status of a housewife.

To sum up, the impact of advanced rice technology has serious, long-term implications for the role and status of rural women and men. It has definitely transformed the division of labour by gender, whereby rural women's contribution in general has been reduced significantly both in terms of the type performed and the intensity of the work process. Although the women are invariably happy with the elimination of such hard work, they have also lost many skills coupled by a concomitant decrease in knowledge about rice production and technology. For example, about 40 per cent of the wives interviewed did not even know the name of the type of seeds utilised in their fields – a rather shocking discovery, at least to me.[19] The new skills created in the operation of the new technology are possessed by the men who have basically taken over the management of the rice farms. This is mainly true of the middle and rich households, as in the poorer households women still have a substantial say in padi production given their significant contribution.

Another important dimension is the increasingly coercive role of the state in directing agricultural modernization. With double-cropping, work has to be completed at a much faster pace, so that one is forced to mechanise whether one can afford it or not. For the future, the Project is planning to convert the entire padi scheme into mini-estates in which all agricultural operations will be synchronised and unified by the state machinery. As one farmer said, "If you do not plough your land in time, the Farmers' Organization will do it for you and you have to pay, whether you like it or not". Again the benefits will accrue to the richer farmers, who will rent out their machines to the state, which will mediate any conflicts arising with the poorer farmers.

## WOMEN'S INCREASED ROLE IN REPRODUCTION

With their displacement in rice production, it seems that rural women play an increasingly pivotal role in household reproduction. As mentioned earlier, women, especially those from the middle and rich households, are now becoming full-time housewives, confirming earlier myths of "women only helping in the farms". Table 6 informs us about the nature of involvement of husbands and wives in home tasks and responsibilities. It can be seen that certain domestic activities like food preparation, serving, cleaning, washing are clearly the responsibility of the wives. However, tasks which involve the use of money, like

Cecilia Ng

Table 6
Wives' and husbands' performance of home tasks

| | Task performer* (percentage, N = 101) | | | | | | |
|---|---|---|---|---|---|---|---|
| | W | W+ | W=H | H+ | H | O | NA |
| Food shopping | 14.9 | 14.9 | 30.7 | 15.8 | 20.8 | 3.0 | – |
| Food preparation | 76.2 | 13.9 | 1.0 | – | – | 8.9 | – |
| Setting plates, glasses, etc. on dining table/floor | 73.3 | 11.9 | 1.0 | – | – | 12.9 | – |
| Food serving | 73.3 | 11.9 | 1.0 | – | – | 13.9 | – |
| Dish washing | 73.3 | 13.9 | – | – | – | 12.9 | – |
| In-house cleaning | 75.2 | 10.9 | 1.0 | – | – | 12.9 | – |
| Yard cleaning | 70.3 | 12.9 | 2.0 | – | – | 14.9 | – |
| Washing clothes/bedsheets/ curtains | 70.3 | 11.9 | 2.0 | – | 1.0 | 14.0 | – |
| Ironing clothes | 49.5 | 11.9 | – | – | – | 32.9 | 5.9 |
| Sewing and mending clothes | 67.3 | 11.9 | 2.0 | – | – | 13.9 | 5.0 |
| Bed-making | 81.2 | 12.9 | 2.0 | – | – | 4.0 | – |
| Buying household appliances/furniture | 9.9 | 3.0 | 34.7 | 9.9 | 30.7 | 5.9 | 5.9 |
| Buying piece of land and other productive assets | – | 1.0 | 11.9 | 5.0 | 40.6 | 4.0 | 37.6 |
| House repair and improvement | – | – | 15.8 | 5.9 | 48.9 | 18.8 | 10.9 |
| Fetching water | 19.8 | 7.9 | 5.0 | 3.0 | 14.9 | 8.9 | 40.6 |
| Gathering firewood | 9.9 | 4.0 | 4.0 | 6.9 | 29.7 | 5.0 | 40.6 |
| Caring sick family members | 26.7 | 21.8 | 39.6 | 4.0 | 2.0 | 5.9 | – |

*Code
W      = wife only
W=H  = wife and husband about equally
H      = husband only
NA    = not applicable
W+    = wife more
H+    = husband more
O      = neither husband nor wife

shopping for food, the purchase of household appliances, furniture, land and other productive assets, are the purview of the husbands.

This dichotomous pattern in household responsibilities reflects the decreasing access and control of women to non-agricultural household resources, probably as a consequence of their decreased role in agricultural production. Indeed, some women remarked that since they do not work and earn income now they have less say in the "business of running the house". And even if the women wanted to work outside the home, there are very limited opportunities available. Moreover, they are often discouraged to do so by their husbands who feel that they should stay at home since there is "enough to eat in the house" *(dah cukup makan)*.

The distinction between production and reproduction is made sharper with the male taking a dominant role in agricultural tasks, and women being more responsible for domestic work. It seems that the ideology of woman as the helper has caught up with the reality of her actually becoming a housewife. This is particularly real to the women from the middle and upper strata, while for those from the lower strata, their workload is intensified in both reproduction and petty commodity production. However, women in both groups still play the role of maintaining and reproducing labour at no cost to capital; for example, maintaining migrant workers, the sick and unemployed. The implications for women's status are discussed in the following section in the context of their access and control of the available resources in the household and village.

## RURAL WOMEN AND RESOURCES

Land, as one of the most important means of production, is highly valued by the villagers in Sawah Sempadan. Rural women are supposed to have equal access to property under the customary *(adat)* law of inheritance which recognizes and thus rewards their important contribution in agricultural production. Alternatively, under the Islamic law of inheritance, daughters are legally entitled to one-half of the male share of inherited property.

However, with the increasing commoditization of padi production, the price of land has soared from a low M$400 per acre in the 1960s to as high as M$12,000 per acre at the time of writing. Hence, only the better-off farmers have access to bank and other credit facilities to purchase land now. And if the men are the ones working on the land, then the opportunities would automatically accrue to them since they would be the ones in contact with the representatives of financial institutions. What are the implications on women's traditional rights to land?

My data show that women own only 11 per cent of total land in Sawah Sempadan; 87 per cent of the land is owned by men, while only 2 per cent of husbands and wives jointly own land. One of the reasons could be that land registered by the colonial state reflected a patriarchal bias, in that title deeds were put under the husband's name, as head of household. It is possible also that with women's decreasing role in rice cultivation, there could be a similar decrease in their access to land ownership.

Indeed, this could be a critical juncture in that there could be other legal implications pertaining to land ownership. For example, it could be more difficult now for a divorced woman to demand land jointly ac-

Table 7
Ownership of farm and household assets

|  | Poor | | | Middle | | | Rich | | | Total | | |
|---|---|---|---|---|---|---|---|---|---|---|---|---|
|  | J | H | W | J | H | W | J | H | W | J | H | W |
| *Farm assets* | | | | | | | | | | | | |
| Hand/pedestrian tractor | 1 | 3 | – | – | 4 | – | – | 2 | – | 1 | 9 | – |
| Four-wheeled tractor | – | – | – | – | 1 | – | – | 2 | – | – | 3 | – |
| Seed broadcaster | – | 4 | – | – | 2 | 1 | – | 1 | – | – | 7 | 1 |
| Sprayer | 3 | 30 | 2 | 5 | 31 | 2 | 1 | 9 | – | 9 | 70 | 4 |
| Car | – | 3 | – | – | 3 | – | – | 1 | – | – | 7 | – |
| Motorcycle | 5 | 22 | 3 | 8 | 26 | – | 1 | 6 | – | 14 | 54 | – |
| Bicycle | 13 | 5 | 6 | 9 | 7 | 8 | 1 | 1 | 6 | 23 | 13 | 20 |
| *Household assets* | | | | | | | | | | | | |
| Gas range | 3 | 5 | 2 | 6 | 3 | 1 | 1 | 2 | 4 | 10 | 10 | 7 |
| Electric/gas stove | 1 | 1 | 2 | – | 4 | 6 | 1 | 1 | 2 | 2 | 6 | 10 |
| Refrigerator | 3 | 2 | – | 5 | 4 | 2 | 2 | 1 | 2 | 10 | 7 | 4 |
| Washing machine | – | – | – | 2 | 2 | – | – | – | – | 2 | 2 | – |
| Blender | 2 | 4 | 4 | 5 | 4 | 12 | 2 | 1 | 3 | 9 | 9 | 19 |
| Flat iron | 9 | 9 | 8 | 7 | 9 | 17 | 3 | 2 | 5 | 19 | 20 | 30 |
| Television | 7 | 23 | 1 | 9 | 26 | 7 | 3 | 3 | 4 | 19 | 52 | 12 |
| Electric fan | 3 | 14 | 2 | 5 | 22 | 4 | 3 | 6 | 1 | 11 | 42 | 7 |
| Wall clock | 3 | 15 | 10 | 9 | 21 | 3 | 3 | 4 | 2 | 15 | 40 | 15 |
| Radio | 4 | 14 | 8 | 8 | 11 | 6 | 3 | 3 | 2 | 15 | 28 | 16 |
| Sewing machine | 3 | 4 | 9 | 6 | 2 | 19 | 1 | 2 | 5 | 10 | 8 | 33 |
| Rice cooker | 2 | 4 | 6 | 4 | 4 | 7 | – | 2 | 3 | 6 | 10 | 16 |

Note: J = joint ownership
      H = husband
      W = wife

quired as a result of shared input *(harta sepencarian)* even though the land is not legally under the name of both spouses. Since housework and/or subsistence production is not legally recognized as work, the divorced woman could lose out economically in terms of obtaining any kind of land compensation with the justification that she did not contribute to the land and hence did not "work".

As for other resources, the data revealed that farm assets are also under the control of men. Table 7 shows that the majority of farm implements (tractors, sprayers, motorcycles), except bicycles, are owned by the men, irrespective of socio-economic position. There is more flexibility in the ownership of household assets, some of which are jointly owned. However, it is interesting to note that many wives do not want to acknowledge themselves as owners or co-owners of household implements since it is not "their money" which buys the goods. Bigger household items like stoves, televisions and fans, belong to the men, while the kitchen ustensils, such as blenders and rice cookers, are the property of the women.

Farmers under the Project rely heavily on state aid and extension support systems for continued access to other agricultural resources such as credit and training facilities regarding technological innovations. In fact, as discussed earlier, education and training in new technology is one of the main aims of the Project. It would be really beneficial if the farmers were encouraged to participate in the planning, implementation and evaluation of their crops together with the extension agents on the ground. This type of process would then encourage a two-way communication between farmers and policy-makers in the direction and strategy of rural development. However, it seems that not everyone has equal access to the benefits of this increasing dependence on formal state institutions.

A series of questions were directed to the husbands and wives regarding their perceived access and actual utilization of agricultural resources and training within the past twelve months. It is useful to note that the men and women across the three strata perceived things differently, although the difference was more significant between the genders than across strata.

Table 8 shows the actual utilization of the various facilities in terms of visits by extension agents, attendance at training/seminars, use of printed materials produced by the Project office, discussion with block leaders under the Training and Visiting System, and attendance at field demonstrations. The latter is especially important especially when there are attacks of padi diseases, a common occurrence in the area.

The majority of farmers (between 60 and 90 per cent) felt that they did not have much access nor did they actually utilise the resources available. More women than men registered a negative use of such resources. For example, more than three-quarters of the women interviewed felt that they never met the extension officers while more than 90 per cent had never attended any meetings, training nor attended field demonstrations. The statistical findings for the men are not impressive either, although a higher percentage of men utilised the existing resources and training.

The diffusion of technology according to the training and visiting system is through the block leader, who will then disseminate the new information to his block members. However, it appears that this trickle-down effect is not very effective because many of the farmers do not receive such communication from the leaders. Communication among the farmers themselves, in defiance of the diffusion of innovation concept, seems to be a more popular process of obtaining and sharing in-

Table 8
Utilization of agricultural resources and training

| | Poor | | Middle | | Rich | | Total | |
|---|---|---|---|---|---|---|---|---|
| | M | F | M | F | M | F | M | F |
| *Personal visits by Extension Officers* | | | | | | | | |
| Not at all | 24 | 32 | 29 | 37 | 6 | 8 | 59 | 77 |
| A little | 13 | 8 | 12 | 9 | 1 | 1 | 26 | 18 |
| A great deal | 7 | 4 | 5 | – | 4 | 2 | 16 | 6 |
| *Consultation at office with Extension Officers* | | | | | | | | |
| Not at all | 27 | 42 | 27 | 43 | 6 | 10 | 60 | 95 |
| A little | 13 | 2 | 17 | 1 | 2 | – | 32 | 3 |
| A great deal | 4 | – | 2 | 2 | 3 | 1 | 9 | 3 |
| *Attendance at training/seminars* | | | | | | | | |
| Not at all | 35 | 42 | 38 | 46 | 8 | 17 | 81 | 99 |
| A little | 6 | 2 | 8 | – | 3 | – | 17 | 2 |
| A great deal | 3 | – | – | – | – | – | 3 | – |
| *Printed utilisation of agricultural materials* | | | | | | | | |
| Not at all | 32 | 35 | 30 | 32 | 7 | 8 | 69 | 75 |
| A little | 10 | 8 | 15 | 14 | 3 | 3 | 28 | 25 |
| A great deal | 2 | 1 | 1 | – | 1 | – | 4 | 1 |
| *Discussion with farmer leader* | | | | | | | | |
| Not at all | 11 | 32 | 14 | 33 | 3 | 7 | 28 | 72 |
| A little | 20 | 9 | 20 | 11 | 2 | 4 | 42 | 24 |
| A great deal | 13 | 3 | 12 | 2 | 6 | – | 31 | 5 |
| *Discussion with fellow farmers* | | | | | | | | |
| Not at all | 11 | 23 | 14 | 22 | 5 | 7 | 30 | 52 |
| A little | 23 | 17 | 24 | 22 | 3 | 3 | 50 | 42 |
| A great deal | 10 | 4 | 8 | 2 | 3 | 1 | 21 | 7 |
| *Attendance at field demonstrations* | | | | | | | | |
| Not at all | 33 | 42 | 35 | 44 | 6 | 10 | 74 | 96 |
| A little | 7 | 2 | 7 | 2 | 3 | 1 | 17 | 5 |
| A great deal | 4 | – | 3 | – | 2 | – | 9 | – |

Note: M = Male    F = Female

formation. In fact, many of the women stated that the block leaders and extension officers spoke only to the menfolk. As a consequence, rural women are deprived of knowledge of new techniques and access to credit facilities, which in the long run will mean a lowering of their status as rural producers. Rural women are in fact encouraged to attend family life education programmes conducted by community teachers (*guru* KEMAS). Perhaps it is not by coincidence that these programmes prepare women to be housewives, foreseeing their displacement from agricultural production. Moreover, would it not also conveniently conform to the existing gender ideology of the model homemaker?

Hence it is seen that while there has been a shift in the locus of control to the state and its auxilliary agencies in terms of access and control over agricultural resources, not all farmers partake of such benefits. Poor farmers are left out and so are women, I shall try to illustrate this by providing two cases.

### NAPSIAH AND MAT

Napsiah's father came from Indonesia when he was in his late forties. He later settled down and married her mother, who was only 9 years old. They had fifteen children, four of whom died. Napsiah herself married Mat when she was 14 years of age. At that time they were "squatting" on Mat's grandfather's land. He later bought half an acre of land, all that they could afford. "Nowadays land is very expensive... only the rich can buy. It is also difficult to rent in land as the landowners want us to pay the rent in cash and in advance... not like before, when you could pay after the harvest", she adds.

Both of them work on the land, but the produce is insufficient for household expenses. To obtain more income Mat works in a padi processing mill, earnings M$300 a month. That is not enough to feed their six children, five of whom are still in school. As a result, the eldest daughter has gone to the city to work in an electronics factory.

Before mechanization, Napsiah used to be a wage labourer in transplanting and harvesting. However, now there is no work, so she helps a neighbouring relative to make cakes, earning M$2 – 3 a day. She says she feels exploited by the relative but she cannot say anything – she feels bad (*malu*) to ask for more money. In fact she claims she had a miscarriage due to the hard work involved. She wants to migrate somewhere else but Mat says there is nowhere for them to go. To avoid being exploited, Napsiah is now looking after the two children of the community teacher, obtaining a wage of M$80 per month.

Money is a continual problem but they survive by cutting down on various expenses. For example, in rice cultivation they do not use weed-killer; so she does the weeding by herself. They don't sell all their produce, keeping several sacks for a rainy day. Both husband and wife try to obtain any kind of wage work while their daughter is in the city. Napsiah is not happy that the daughter is away but there is no choice.

Napsiah also tends some mango trees and sells the fruits when they ripen. They usually discuss family and farm matters together before any decision is taken.

Napsiah does not have much free time, but when she does she attends the classes conducted by the community teacher – programmes mainly related to cooking, embroidery, religion and so on. She says she likes to go to these classes to learn new things. However, Mat does not go to the meetings organised by the Farmers' Association due to the lack of time.

## MUKARAH AND ZAIN

Unlike Napsiah, the husband, Zain did most of the talking, although efforts were made to direct questions to Mukarah. So this story comes from the male perspective.

Zain's father came from Java and bought 3 acres of paddy land. When Zain was 16 years old he dropped out of school and decided that he wanted to be a farmer – and a good one – since he was interested in agriculture. So he rented in 1.5 acres of land for M$50 per year for two years. It was a good crop. Consequently, with the money obtained from the sale of the produce he rented in another 1.5 acres. By the time he was 18 years he was a tenant with 4.5 acres of land. It was time to marry. He married Mukarah, and with her additional help he rented in another 3 acres of land for M$50 per acre. Besides padi, he also planted sweet potato and he made a huge profit from the sale.

Mukarah and Zain worked very hard on the land. In fact, he added that people in the village said that he was treating his wife like a coolie, but he did not care. He was only interested to increase his yield and to make money. Finally, he was able to buy a piece of land – 1.5 acres – from his accumulated savings.

When double-cropping was introduced in 1963, Zain worked very closely with the Farmers' Association. During the land blight in the sixties he continued to work on the land, although this time he could rent in land for free. Whatever he could save he did. That paid off because he began buying land and machinery. In 1965 he bought 3 acres for M$1,200 and in 1968 he bought a two-wheeled tractor for M$3,000 through a loan from the Farmers' organisation.

By the 1970s he was a big owner-operator and tenant, cultivating 29 acres of land, hiring fifteen men from the neighbouring state, Perak, to work on his land while Mukarah cooked for the workers. In fact, she was slowly disengaging herself from actual work in the field. He also made money by renting out his tractor to the neighbouring villagers. At that time he was active in the Farmers' organisation, being the unit head. He was also active in the local party politics (of the ruling party), being the head of the Information Section. His credibility was growing, so to speak.

In the 1980s Zain continued accumulating more rice land. Altogether he bought 8 acres of land for a tidy sum of M$64,000, which he borrowed from the Agricultural Bank. He also bought a four-wheeled tractor for M$36,000, although within four years he had made M$60,000 from the hire of this tractor.

Now Zain says that his wife can stay at home and do anything she wants. She does not have to work any more and can sleep the whole day long. However, Mukarah said that she felt bored at home and wanted to work. But because he does not allow her to do so she has to stay at home. In fact, they have a big double-storey concrete house which sticks out like a sore thumb in the village surroundings. He continued to point out that in Islam the man has the power and control (kuasa) over the women and if he has sufficient income, the wife need not work. She needs his permission to do so.

It can be seen that the Green Revolution has benefited Zain and Mukarah. He has been able to make use of the opportunities offered in terms of loan and credit facilities due to his close contact with the state agencies. In the process he has become confident of his abilities as an entrepreneur and in his ability to make money if "one works hard enough". His wife remains in the shadow and only listens to him while he talks about his life.

### CONCLUSION

Capital penetration has brought about various changes in the organization of padi production in Sawah Sempadan. This can be seen in the patterns of labour utilisation, although at the initial stages of commodity production, the division of labour by gender was not significantly altered. Indeed, the labour process was not, and is still not significantly commoditized, unlike production inputs and outputs.

It is only with advanced mechanization that there is a reduction in labour utilization as well as a shift from communal and gender-specific work parties to the use of mainly male family workers and male hired labour. This is made possible by the prevailing gender ideology which, while according an equal status to women in the economic realm, also places priority on her singular role as reproducer. Hence, although technology is not gender-specific, rural women seem to have lost out in the wake of technological progress, not least due to village and state patriarchal biases. Community home economics education programmes for rural women bear this out.

At the same time with increased commercialization, peasant differentiation has also emerged with different implications for the various
peasant strata. Women from the rich and middle households, displaced from agricultural production, retire to the kitchen, so to speak
– donning their new role and status as rural housewife. However,
women from the poor households need to work as there is not sufficient cash to command labour nor to buy the whole range of inputs for
increased productivity. To make ends meet, younger women from this
stratum leave for the city as domestics or as workers in the manufacturing sector, particularly in the electronics industry. The men also find
work in the capitalist sector, usually returning during the harvest time
if they are away from the village.

There seem to be two broad trends, one leading to the emergence
of a patriarchal household within the middle and rich stratum, and the
other, female-headed households among the poorer strata. Because of
their participation in agriculture, gender relations in poor households
seem to be less unequal than those in the other two strata, although
the women in general are slowly being displaced by the advance of
mechanization.

With the sharper distinction between production and reproduction,
rural women begin to lose their power base in agriculture and subsequently have decreased access and control of household and agricultural resources. State intervention consciously or unconsciously
contributes to the emergence of a patriarchal household, and women
could begin to lose their legal status as rural producers in property inheritance dealings. Moreover, existing gender ideology of the glorifica-
tion of the housewife status also influences this possible trend towards
the shift in rural women's role from production to reproduction.
Unless some steps are taken to overcome this situation, rural women
could well become short-changed despite the benefits and progress introduced by technological advancement.

As an immediate stop-gap measure, formal state institutions should
actively encourage the participation of rural women in all their development and credit programmes. Knowledge and training in new technology should also be provided for the women in order for them to be
involved in farm management and crop care. As a long-term policy, alternative employment opportunities should be provided for those displaced by mechanization, with special focus on the poorer farmers.

At another level, the attitude towards work, especially women's work,
should be changed. Reproduction should be recognized as a necessary
process in the overall production process and should be legally and culturally acknowledged. Rural women's organizations, free from political
control, should be set up to struggle genuinely for their rights and

should provide educational programmes to cultivate values of co-operation, social and gender equality and dignity. Of course, all this also entails a reorienting of existing gender relations and ideology but it is imperative that a start is made before it is too late.

### NOTES

1 This is a revised version of a paper presented at the Twelfth Annual Canadian Research Institute for the Advancement of Women Conference, Quebec City, 11–13 Nov. 1988. I would like to thank the Commonwealth Foundation for sponsoring my participation in this Conference. This paper first appeared in AFSHAR, Haleh (ed.) (1991). *Women, Development, and Survival in the third World.* London, Longmans. It is reprinted with the permission of Haleh Afshar and Longman.

2 See the National Agricultural Policy as discussed in the Fifth Malaysia Plan (Government of Malaysia, 1986).

3 See Lyda Reys (1985).

4 See Ryohei Kada and Yukiki Kada (1985).

5 The study by Reiko Ohki notes that the increased role of women in padi cultivation has led to their increased access to farm machinery. As early as 1977, 53 per cent of 4,628 farm women sampled could operate a variety of agricultural machinery ranging from tractors to combines. Refer to Reiko Ohki (1985).

6 See Bina Agarwal (1985).

7 See Ng (1985 and 1986).

8 See L.J. Fredericks (1977).

9 Abdul Halim Taib, "Tanjong Karang Survey – Phase II: Socio-economic survey of Sawah Sempadan, a study of Blocks E, Q, S, W", Graduation Exercise, University of Malaya, 1963. What was interesting was that Malay and Chinese farmers worked together in the early stages. It was only later that Sawah Sempadan was allocated to the Malays and another area, Sekinchan, to the Chinese farmers.

10 "Brief information on the Northwest Selangor integrated agricultural development project", Pejabat Pengarah Projek Barat Laut Selangor (July 1986).

11 Each block is identified by a letter in the alphabet. The four blocks selected – E, Q, S and W – are adjacent to each other and stretch for several kilometres from one end of the village to the other.

12 I am extremely grateful to Fe Dagoy for assistance in the data collection and analysis, especially when I was incapacitated for several months in 1987 and 1988.

13 This figure is lower than the monthly income of M$420 per month provided by the Project office. However, it is acknowledged that the poverty rate has been

reduced from 65 per cent to 41.7 per cent in 1985, with a projected decrease to below 35 per cent by 1990. See "Brief information on the Northwest Selangor integrated agricultural development project".

14 See Henry Cleaver (1972).

15 See Ng (1985).

16 Studies of rural women in Africa point to their important contribution in agricultural production and processing. Nearer to home, rice cultivation in the state of Kelantan is also predominantly a female responsibility. What these two studies have in common is the vacuum created by the emigration of male labour to mines (in Africa) and factories (in Malaysia) to seek to alleviate their poverty-stricken conditions. For further details see Maria Rosa Cutrufelli (1983), and Janet Rodenburg (1983).

17 This important issue is brought up by Ben White (1985) who sees this as a possible trend with adverse implications for rural women. See his article entitled "Women and the modernization of rice agriculture: Some general issues and a Javanese case study", in *Women and Rice Farming*.

18 This point is also brought up by Hart in the Muda region about the nature of labour circulation. However, she also cautions us that women's "major role in farm management does not necessarily ensure their control over farm income", since by returning to the village during harvest time they do take charge of the marketing and proceeds of the crop: Gillian Hart, (1987).

19 In the Krian area I was suitably impressed with the wide knowledge the women there had of the different padi varieties used within the past ten years. They could name about fifteen different varieties and could differentiate their growing patterns, plant structure, and so on.

### REFERENCES

Abdul Halim Taib 1963. "Tanjong Karang Survey – Phase II: Socio-economic survey of Sawah Sempadan, a study of Blocks E. Q. S. W". Graduation Exercise. Kuala Lumpun, University of Malaya.

Agarwal, Bina 1985. "Women and technological change in agriculture: The Asian and African experience", in Iftikar Ahmed (ed.), *Technology and Rural Women: Conceptual and Empirical Issues.* London, George Allen & Unwin.

Cleaver, Henry 1972. "The Contradictions of the Green Revolution", *Monthly Review,* 24, 2.

Cutrufelli, Maria 1983. *Women of Africa,* London, Zed Press.

Dagoy, Fe 1988. "Wives' Work Roles in Two Padi-Farming Villages in Malaysia." Masters' thesis draft, Selangor, Centre for Extension and Continuing Education, Universiti Pertanian Malaysia.

Fredericks, Leo 1977. "Patterns of labour utilization and income distribution in rice double cropping system: policy implications". Occasional Papers on

Malaysian Socio-economic Affairs, no 8. Kuala Lumpur, Faculty of Economics and Administration, University of Malaya.

Government of Malaysia 1986. *Fifth Malaysia Plan 1986–1990*. Kuala Lumpur, Government Printers.

Hart, Gillian 1987. *The Mechanisation of Malaysian Rice Production: Will Petty Producers Survive?* Working Paper, World Employment Programme Research. Geneva, International Labour Office.

Kada, Ryohei and Kada, Yukiki 1985. "The changing role of women in Japanese agriculture: the impact of new rice technology on women's employment", in *Women in Rice Farming*. Philippines, International Rice Research Institute.

Ng, Cecilia 1985. "Gender and the division of labour: a case study", in Hing Ai Yun and R. Talib (eds.), *Women and Employment in Malaysia*, Kuala Lumpur.

– 1987. "Agricultural modernization and gender differentiation in a rural Malay community, 1983–1987", in Cécilia Ng (ed.), *Technology and Gender*. Serdang, Universiti Pertanian Malaysia.

Ohki, Reiko 1985. "Women's labour and the technological development of rice cultivation in Japan", in *Women in Rice Farming*. Philippines, International Rice Research Institute.

Pejabat Pengarah Projek Barat Laut Selangor 1986. "Brief information on the Northwest Selangor Integrated Agricultural Development Project", July.

Reys, Lyda 1985. "Changing labor patterns of women in rice farm households: a rain-fed rice village, Iloilo Province, Philippines", in *Women in Rice Farming*. Philippines, International Rice Research Institute.

Rodenburg, Janet 1983. "Women and padi farming: A sociological study of a village in the Kemubu scheme". Unpublished paper, University of Amsterdam.

White, Ben 1985. "Women and the modernization of rice agriculture: Some general issues and a Javanese case study", in *Women and Rice Farming*. Philippines, International Rice Research Institute.

ELLEN JUDD[1]

# Alternative Development Strategies for Women in Rural China*

Three major strategies for enhancing women's role in economic development in rural China are apparent in the 1980s: replacing male labour in agriculture; employment in rural industry, and "household"-based commodity production. The implications of each strategy for women's economic roles and for the structuring of gender in rural China are analysed. Particular attention is given to explicating the unanticipated reasons behind the attraction of Women's Federations to the third alternative. The concept of "strategy" is examined in this context. The analysis is based on fieldwork data, including interviews and household surveys collected in three villages in Shandong during the summer of 1986 and the winter of 1987–88.

### Diverses stratégies de développement pour les femmes dans la Chine rurale

Les années 1980 ont vu émerger trois stratégies pouvant revaloriser le rôle des femmes dans le développement économique de la Chine rurale: le remplacement des hommes dans le travail agricole; l'emploi dans l'industrie rurale; la production de biens à partir de l'unité domestique. Ce chapitre, basé sur des données de terrain recueillies en 1986, 1987 et 1988 dans trois villages du Shandong, analyse l'effet de chacune de ces stratégies sur le rôle économique des femmes et la redéfinition des rapports de sexe. L'intérêt des femmes chinoises et des fédérations de femmes pour la troisième stratégie est l'objet d'une attention particulière.

A central development issue for China in its era of rural reform has been the question of the role of women in these reforms and the impact of the reform programme as a whole on the lives of rural women. Discussion on this issue, both within and beyond the borders of China, has focused on women's economic roles. Predictions in Western scholarly circles have varied, for example, from the early positive view of Phyllis Andors (1981), based on the significance of rural women's long-standing involvement in domestic sidelines which operate under more favourable conditions with the reform programme, to the much less positive view of Delia Davin (1988), based on concern with the strengthening of the patriarchal household under the household responsibility system. Within China, representatives of the official Women's Federations and writers in their publication, *Zhongguo funü (Chinese Women)*, express hope that women will find avenues to benefit from new opportunities that have become available, together with concern about rural women lacking employment or other income-generating opportunities, and concern about the phenomenon of rural women choosing to withdraw from the extra-domestic workforce.[2] The current situation, in its considerable complexity, is the result, as Davin (1988:145–146) has noted, of a complex of policy reforms necessarily affecting rural women, that were initiated without specific attention to the concerns of rural women.

It is the intention of this paper to add to the literature in this field, which already contains much valuable work on the policies involved and their implications for women (see especially Croll 1987, 1988), with a discussion of alternative strategies pursued by both local rural leaders and by rural women themselves in response to current policies and opportunities. This discussion is based on ethnographic work in three geographically separated villages in Shandong province during 1986 and 1987–88.[3] Although other rural implications will be indicated, the focus will be on alternative strategies for women's participation in productive labour outside the household.

The incorporation of women into the extra-domestic workforce has been the orthodox cornerstone of China's policy for the liberation of women.[4] The major breakthroughs in this area were made in the 1950s and women's participation in the labour force has remained high since that time. Rural labour participation rates are difficult to calculate precisely,[5] but it is certain that a large majority of rural women were active in the collective sector during the commune era (although often working shorter days in collective activities than men in order to tend to household responsibilities), and an even larger proportion were involved to some degree in the production of exchange values if domestic sideline production is taken into account. In short, women have been active in the extra-domestic work force, but it is evident that this has not resulted in the liberation predicted by orthodox theory.

Certainly, women who are underemployed or unemployed typically suffer from depressed living standards (to the point of absolute poverty), low relative status and restricted life opportunities. Access to income-generating work is a necessary but insufficient measure. The present recognition of the inadequacy of prior policy is opening a window of possibility for the generation of new policies on the gender structure of economic activity and its social implications.

In this paper I will address some specific alternatives which are currently available in the Chinese countryside for women's participation in income-generating work. The villages upon which this discussion is based differ in several respects, but all offer income-earning opportunities for women. I will concentrate this brief discussion on the structural implications of different forms of gender division of labour where both men and women have multiple possibilities.

### AGRICULTURE

The current division of labour in agriculture may be illustrated by the off-hand comment of a Qianrulin village leader that he supposed that in the West, too, women did most of the agricultural work. That he would take this for granted as natural, as he evidently did, was something of a surprise. The long-standing view of this matter in the West, and one still to be found in recent feminist scholarship (for example, Johnson 1983), is that women in north China typically were not heavily involved in agricultural labour prior to the land reform and collective periods, when they were for the first time absorbed into the extra-domestic rural labour force in large numbers. It may, of course, be the case that this is what happened, and that it is now far enough in the past that the current gender division of labour is readily definable as "natural".[6] The most detailed information on pre-Liberation division of labour in agriculture, Buck's massive 1929–33 study, presented women as doing 13% of farm labour in China and distinctly less than this average in the north (Buck 1964:292). This estimate may well be open to the criticisms (see Rogers 1980) now current regarding studies which overlook substantial elements of women's contribution to agriculture, and it might be more fruitful to look at the non-quantitative but detailed description provided by Martin Yang (1945) of the gender division of labour in specific agricultural tasks in Taitou. Although women in Taitou appear to have provided less field labour than men, they were a significant component of the agricultural labour force. Certainly, even women in the most senior generation I interviewed in Qianrulin uniformly indicated that they had done agricultural work when young, except for occasional cases of unusual affluence (school attendance) or economic need (domestic help). While I would not deny that women were drawn more into agricultural work from the

1950s, and constituted a significant as well as flexible addition to the rural labour force, the contrast with the past has likely been overstated. Generally, the pattern during the commune era was one of women's participation in collective labour (primarily but not only agricultural), combined with domestic labour and domestic sideline production, both of which increased women's workday and encroached on the time available for work in the collective sector.

What was distinctly different was that rural collectivization and the transformation of agricultural work into work beyond the household, which earned workpoints for both men and women (if not equally), made this work more visible and more directly remunerated. This recognition in the material form of income increased women's relative status in general and could be translated into somewhat greater autonomy within the household. Women's work increased and changed to some extent, but one of the most important changes was in the shift from the production of direct use values to the production of exchange values.

Women are now agreed to be the main agricultural labour force in China, as men are moving into preferred and increasingly available alternative occupations. The questions of interest at present relate to the structure of this gender division of labour, to variations in it, and to its relation with alternative possibilities for women (see De Koninck 1985). A suitable starting point for this discussion is the village of Qianrulin in the southern portion of Weifang prefecture, Shandong. This village is one of the minority which has not decollectivized, and it shows features of the common past in social organizational terms, together with responses to a changed political and economic environment.

Qianrulin's economy is primarily non-agricultural and the village leadership reports only fifty-eight of its total number of 326 "labour power units" as working in its three agricultural teams. There are some complexities involved in assessing the meaning of these numbers, as the leaders of each team have administrative responsibilities which extend beyond agriculture, some agricultural work is done by a separate all-male agricultural machinery team (although it is primarily engaged in mechanized transport work), and women work flexible and shorter hours than men, and are counted as only "half labour power units". The figure of twenty-six female labour power units in the agricultural teams underrepresents the number of women engaged in agricultural labour. Further, among these women, there are none filling leadership, accounting, or specialist livestock, vegetable-growing or machine-operating roles in agriculture in this village. This not only means that women's opportunities in agriculture are restricted, it also means that men's time allocated to agriculture is largely occupied by these responsibilities and more of the actual agricultural work falls to women.

This analysis is supported and extended by information on work in a sample of thirty-three of the 140 households in the village. In these thirty-three households, there were fifteen people who worked in agriculture, of whom ten were women who did ordinary agricultural work. Of the five men, the three oldest were accountants or storemen, and the younger two did ordinary agricultural work. It was apparent from the organizational structure of the teams, and from the career patterns of some of the leaders, that assignment to an agricultural team could provide opportunities for men to prepare for future leadership roles, especially as the agricultural teams continued to have non-agricultural administrative responsibilities. The pattern for women was very different. The few women in this village who did work other than manual labour were in small-scale rural industry (and will be discussed in the next section) or were kindergarten teachers. The pattern described to me, by the leadership, for women in this village was that married women in their thirties, whose children were by then in school, would work in agriculture until they were about forty, when they would retire from work outside the home. This description was partly confirmed by my sample. I unexpectedly found that five of the ten women working in agriculture were unmarried young women, which puts in some question the asserted ground for preferring women in agriculture; that is, that it allows for the flexible hours important for young married women. The pattern of early retirement for women does hold: the oldest women doing agricultural work were just over forty and, indeed, this was the case for women in the village more generally. At the age when many men are taking on positions of increased responsibility, women retire to the household to be replaced in the village workforce by young adult members of their households. In part these women are shifting to different work located in the household – domestic labour, childcare and raising domestic animals – and in part they are enjoying a well-earned reduction in their workloads.

In Qianrulin, women provide labour to meet the necessary demands for agricultural work in the village. With limited exceptions in areas of specialized crop production, villages are required to provide for their own needs in basic foodstuffs and to provide some surplus to the state. Even in a village such as Qianrulin, where agricultural labour accounts for only 14% of total recorded work-days, people must be found and, as it is still a collective economy, allocated to do this least preferred form of work. Married women, consistently referred to by male leaders as "housewives", are a disproportionate component of this labour force.

Essentially, this is the result of decisions made by the village leadership, which women modify as differentially able, with decisions on early retirement and, in some cases – with advantages of education or kinship ties – alternative employment in other sectors of the village economy.

Zhangjiachedao, in the north of Weifang prefecture, offers a contrast to this pattern. It, too, is a village with a shortage of land, which has developed rural industry on a large and successful scale and one which has a strong village government, although it has at least formally decollectivized. Its approach to organizing the necessary agricultural labour has differed in interesting directions. There is no formal assignment of anyone in Zhangjiachedao to ordinary agricultural work as their primary responsibility. Although there is an agricultural machinery station (all male) and an orchard unit (male and female), there are no agricultural work teams and no households which specifically contract to specialize in agricultural work. The latter arrangement was tried early in the 1980s, but was found to result in inter-household inequities that were unacceptable in the village. This system was replaced by a per capita allocation of land to all villagers (approx. 1 *mu* (1/6 acre) per person). Each household was then responsible for arranging for the cultivation of this land, with some support from the agricultural machinery team, and working hours in the main village enterprise were reduced from daily 12-hour to 8-hour shifts in order to facilitate this. The goal, which is one clearly important to the village leadership, is to remove inequities associated with the differences between agricultural and non-agricultural work.

The relatively small quantities of land per household, the prior experience of the villagers in agriculture, and their willingness to work long hours to improve their standard of living makes this arrangement fundamentally feasible. Discussions with villagers and village leaders, as well as survey data on eighty-four of the 170 households in the village confirm that the village has succeeded in eliminating the phenomenon of households experiencing inequity because they are concentrating on unremunerative production of basic foodstuffs. This is no small achievement as this form of inequity is a common occurrence elsewhere under the contract system. Even under the collective system, with its typical allocation of a variety of work assignments to the several members of a household, such concentration occurs and is to be found, for example, on a small scale in Qianrulin.

It is an expressed and, I believe, firmly held goal of Zhangjiachedao's leadership that this arrangement should diffuse agricultural work widely through the village and not only equitably between households. The leadership is reluctant to see concentration of ordinary agricultural labour on some individuals, although women seemed to consider it readily evident that there were married women who did the bulk of the agricultural work in some households. There are several reasons for this, and an examination of these helps explicate the forces, beyond administrative decision, which work to concentrate women in agricultural labour.

The distribution of agricultural work in the sample mentioned above confirms the view that married women were, in at least some cases, disproportionately involved in agricultural work. The underlying configurations which give rise to this are those of household composition, which is in part a question of domestic cycle. Each household must somehow arrange to cultivate its portion of land as well as keep household members employed, either in village enterprises (with a 7-day workweek) or in town or city enterprises or offices (with a 6-day workweek but added commuting time or prolonged absences). The village has a number of workers (most but not all male) employed in good positions outside the village and ample employment opportunities for both men and women in the village, especially in its large weaving and dyeing factory. Agricultural work is not done in the absence of alternatives, in an absolute sense, but because it is necessary work which must somehow be accomplished in the village. Adult members of a household who are fully employed, resident in the village and in good health commonly do participate in their household's agricultural work, as do those working nearby and returning daily, and teenagers still in school. However, where there is someone available who is less than fully employed outside the household, this person is likely to do a disproportionate share of agricultural labour.

People show little sign of declining other employment in favour of agriculture. Of the ten men whose primary work was agricultural, most were in identifiably special situations: men of advanced age still contributing agricultural labour, men flexibly combining agriculture with independent craft or commerce, or men with poor health or work records who could do some agricultural work.

Married women, however, much more commonly found themselves primarily engaged in agricultural work. The pattern here was striking and consistent. Of the thirty-four women in the sample who were primarily engaged in agricultural work, *all* were married or widowed, were the senior woman in their households, had children present in the household (either working adults or, in the case of twenty-four, younger children), and reported significant domestic labour. There were *no* women primarily engaged in agriculture who were single, who were married but without children, or who had a mother-in-law resident in the household. An additional pattern was a concentration of women working in agriculture in the age group from thirty-five to fifty.

Although women preferred to work in the well-paying village enterprises where their domestic conditions permitted, an alternative of combining primary agricultural and domestic (and, at times, child-care) responsibilities as the contribution of one mature woman was a household-oriented strategy which many adopted.

In brief, women are distinctly more concentrated than men in agricultural labour, for reasons connected both with local policy decisions and with household configurations, although the results are not uniform either between communities or within them. However, in these two communities still only a minority of women were so concentrated. Where needs for agricultural labour are limited and other employment is available, women do seek it and questions then arise about differences in employment among working women. What are the preferred alternatives and who has effective access to them?

## RURAL INDUSTRY

China's peasant economy has never been wholly agricultural, but has required and relied upon production in artisanal crafts and in cottage industry to service agriculture and to supplement agricultural subsistence production and income. Part of this production now occurs on a larger scale and is classifiable as rural industry. Formerly this developed within the collective sector and its growth was a significant part of the late Cultural Revolution programme to restructure the rural collective system. While that larger programme has been rejected, the promotion of rural industry has continued and become even more important in the 1980s. It offers numerous advantages to policy-makers: it increases production at lower investment costs than necessary in urban industry; it reduces demands on the tightly pressed transportation system; it provides a channel for improving rural livelihoods; and it reduces pressures for rural-urban migration. It also coincides with and supports a vision of development in which rural-urban differences are reduced and population remains dispersed in the countryside. Rural industry, present on a smaller scale in earlier years, mushroomed in 1975 (Song Linfei 1984), experienced restructuring – fewer factories becoming larger and producing more – in 1979–81 (Perkins and Yusuf 1984), and has grown dramatically in the 1980's (Tu 1986; Wong 1988). By the mid-1980's rural industry employed approximately 20% of the rural labour force, and half of this number (approx. 37 000 000) consisted of women (Tu 1986:33; Guan 1986:5).

To cite figures closest to the cases examined here, Shandong's overall industrial growth in 1986 compared with 1985 was 16.5%, but for enterprises at or below the village level was 63.8% ("Shandong's

Economy", 1987:3). The growth of rural industry offers substantial employment opportunities for women and, indeed, one could well argue that it has been possible in part because of the availability of previously underemployed female labour.

Rural industry can be viewed as a significant alternative to agricultural labour for both men and women, and both men and women in the countryside do actively seek non-agricultural income-generating opportunities. Men may often find these in temporary construction teams or contract factory work in towns or cities or in commerce, but women have fewer such opportunities and, barring exceptional circumstances, only before they have married. Rural industry thus assumes comparatively greater importance as an economic avenue for rural women than for men.

The pattern for women's employment in rural industry is less encouraging in structural than in numerical terms. Here two considerations are critically important. The first of these is the age structure and associated marital and residence status of the women in rural industry. The villages discussed above, Qianrulin and Zhangjiachedao, have both mature married women and younger unmarried women employed in their rural industries (with the opportunities for married women being better in Zhangjiachedao). In Qianrulin, where intra-village marriage is rare and shows no prospect of becoming more acceptable, the young unmarried women will leave their jobs when they marry (at or shortly after the age of twenty) as the village is not willing to employ married women from other villages. I was told that while this might be considered, it would require agreement on the part of Qianrulin, the village the woman married into, and her marital family and that this would, in practice, never happen. In Zhangjiachedao, which is also an essentially single-surname village, intra-village marriage is acceptable and young women speak of it as a desirable arrangement for their future employment, but young men of the village (who need not consider this factor) continue to find matches elsewhere, and only a minority of Zhangjiachedao's young women can expect to marry within the village. A woman who has married out of Zhangjiachedao can continue to work in the village, but this is not common and the shiftwork of the largest and preferred factory makes it genuinely difficult to arrange unless (or as long as) she remains resident in her natal family.[7] Young women in both these villages are invariably employed, in most cases in a village factory, upon leaving school – a few find contract work in nearby towns or cities, hold other jobs in their own village or, in the case of Qianrulin, are assigned work in an agricultural team, but these are exceptions. To the extent that women now constitute a flexible labour force in these villages, this refers primarily to older, married women who are much less uniformly employed and may retire (at least from work outside the home) at an early age.[8] This is especially the case in Qianrulin.

However, this touches only the surface of the issue. Village enterprises do not employ only their own villagers and such enterprises have developed unevenly in the countryside. Each of these two villages has successful and expanding enterprises which employ outsiders. Some of these are professionals or craftsmen brought in to provide expertise, and often training, in their special fields. All of these are male. There are also considerable numbers of ordinary workers hired from nearby villages, and the majority of these are young unmarried women. To mention only the largest employers, Qianrulin's felt factory employs about eighty workers from nearby villages, of whom sixty are women; and Zhangjiachedao's weaving and dyeing factory employs ninety-nine workers from outside the village, of whom seventy-five are women. All of these women are young, unmarried women who will leave their jobs upon marriage (or, in some cases in Zhangjiachedao, marry into their employing village).

Employment in rural industry for these women offers better wages than they would otherwise be likely to earn, but no employment future and, usually, no skills. Their wages will go to their families and, while they will share in the enhanced household income, they may suffer a premature termination of their education in order to start earning this income earlier.[9] There are indications that this phenomenon has been occurring elsewhere and it appears to be present in Qianrulin. Zhangjiachedao's weaving and dyeing factory requires that all its employees have junior middle school graduation, in part because it seeks a more skilled workforce and in part through a community commitment to education. Local policy decisions of this nature are a positive step but not always taken – economic decisions simply to find adequate workers can easily take precedence, and a value on education for women, where present, need not extend to the women of other villages. Limits of concern are evident in other respects for, although wages may not be lower for non-local workers (and are not in these villages), continued employment beyond marriage is provided only, and not always then, for women resident in the village after marriage. Married women are widely viewed as less efficient employees than either men or unmarried women.

The second major consideration is the type of work available in rural industry for married women, that is, for women settled in the village in which they expect to spend their adult lives. The type of factory work available to married women, in most cases, differs little from that temporarily available to younger women, although particular work groups or stages in a production process are often wholly composed of women of one or the other marital status. Positions of leadership, finance or goods management, sales and procurement, or of higher technical or skilled character are almost without exception filled by men. In each village the few women who could be found in minor positions of responsibility were not only able women but very well connected through kinship ties: a daughter-in-law of the village Party secretary, wives of factory heads, and a uxorilocally married woman.[10] One significant implication of this pattern is that differential work opportunities are creating greater differences between women. In Zhangjiachedao this pattern is softened by the availability of comparatively attractive ordinary work assignments for many mature working women, such as inspecting cloth in the weaving factory. Qianrulin may be moving in a similar direction. Its largest factory at present, which employs large numbers of young women, is a recycling factory in which the work is unskilled, tedious and dirty. Qianrulin's small but expanding factory producing specialized packaging for chemical materials has plans to hire more married women, and may well offer better working conditions.

In summary, women figure prominently in the working force for rural industry and through this contribute significantly to economic growth. The direct opportunities and rewards to them are limited, although often superior to those of ordinary agricultural production or underemployment. Their employment in rural industry is structured in such a way that it does not seriously undermine relations of authority along gender lines. Its potential for challenging generational authority is curbed by the pattern of older men holding managerial positions and, in Qianrulin but not in Zhangjiachedao, by young daughters-in-law being restricted in their access to employment in rural industry.

## COMMODITY PRODUCTION

Problems with utilizing agriculture or rural industry, and especially the latter, in development strategies for women can be highlighted by reference to a third available strategy. This is one which has been and is being used spontaneously by rural women and which is currently being promoted by some people within the Women's Federation.[11] They refer to it as *shangpin shengchan* (commodity production) and I will adopt that term for it here, while clarifying what it designates in this context. In general, "commodity production" characterizes China's current market-oriented economy, and is a much broader category than the one with which I am dealing. The use of the term, "commodity production", for this third strategy serves to situate the strategy within current official policy and to legitimate it, as well as to describe it. Essentially, the third strategy is one in which women independently produce goods or services for the market. This resembles earlier strategies in which women concentrated on household-based production (both for use and for exchange) prior to collectivization or in which some women limited their participation in the collective sector in order to work in what were termed *jiating fuye* (domestic sidelines) during the commune era (see Wolf 1985).

Commodity production differs from domestic sidelines in two decisive senses, which might roughly be described as political and economic. Whereas it was not officially legitimate to place domestic production ahead of collective production in the former case, there is less occasion for such conflict at present and rural women's commodity production is now legitimate and encouraged. Commodity production is occurring in a qualitatively different economic climate, compared with domestic sidelines, and while it may involve very similar activities (such as vegetable or livestock production), it takes place in a much more commercialized context offering more opportunities for immediate income as well as the possibility of, in effect, developing a small private business. What are termed *zhuanye hu* (specialized households) are family enterprises which meet minimum levels of specialization and income-generation. Small-scale operations which look very much like the former sidelines can expand into specialized households, and these may range in scale from individual self-employment to factories employing any number of workers.

It is by no means new that rural women are actively involved in small-scale production of commodities in the home, although it may be more worth noting that women entrepreneurs have become prominent in specialized household production. In Shandong, 42% of specialized households were headed by women in 1987 and these households accounted for over 40% of the value produced by specialized households.[12]

However, the point of raising this as an issue is not simply to observe that women have spontaneously adopted household-based income generating strategies, and been successful in doing so. It is particularly interesting to note that elements in the official Women's Federation who are launching the organization into directly promoting economic activities in the specific interests of women (in contrast with the previous policy of attending only to women's contribution to general issues), are particularly interested in promoting women in commodity production. Work in this direction has begun, at least experimentally, in a number of localities. Examining one such case may serve to indicate the attractions of this strategy and simultaneously to cast a comparative light on the other strategies.

Huaili, in Dezhou prefecture, is only beginning to develop rural industry and has limited plans in this direction. It has sufficient good-quality land to have done well in grain and cotton production, although it has reached the limits of ready growth in these directions and, with a decline in cotton production from 1985, has been looking toward commodity production for continued economic growth. Several women in the village have been noticeably successful in this, largely on the basis of special skills: a former teacher manages the business and accounting end of a profitable restaurant (her skilled but illiterate husband is the cook); a skilled seamstress runs a tailoring shop with six apprentices and two former apprentices whom she has kept on; and so on. About 70% of the households in the village have some type of household project, many but not all of which prominently involve women.[13] In 1987 the village was selected by the Lingxian County Women's Federation as one of several sites for experimenting in drawing more women into commodity production.

The activities chosen for this effort were the growing of *xiangchun* trees and vegetables and the raising of domestic animals, especially goats, in domestic courtyards. This course of action has several distinct advantages. It draws upon skills and resources which are available to many village women, and not only to those with special advantages who, in any event, do not need Women's Federation encouragement or support.[14] It also draws upon opportunities readily available in this village which had not been fully utilized, and which did not require high levels of investment. Although any courtyard could be used for cultivation, many of Huaili's houses had been recently constructed on agricultural land and had good fertile land in their courtyards, which could be planted to *xiangchun* and vegetables. *Xiangchun* trees produce an edible leaf which is a delicacy, and Huaili has a historical reputation for producing especially fine *xiangchun*, a reputation which can be converted into good prices in the marketplace. Huaili is located near a rural market and major roads, providing favourable and inexpensive access to buyers. This latter advantage is also applicable to vegetables and to livestock, both of which produce faster returns than *xiangchun*, which take three years to mature. Immediate returns from vegetable production are therefore only the beginning of what can be expected to be a more profitable undertaking in a few years. The returns are, nevertheless, already good – reportedly averaging about RMB1,000 in 1987.[15] This commercial success was partly attributed to making use of another local resource, market advice on foodstuffs, which was organized by a group within the village women's organization and which partly came from the woman restaurant-owner in the village.

The immediate economic returns from this project were advantageous in absolute terms to the women who organized and produced them, and to their households and village. They were, in all probability, also advantageous in relative terms for individual women within their own households and for the prestige of the women's organization in the village – cash income is both useful and very highly and explicitly valued. In pursuing this approach the Women's Federation, which has been widely criticized as removed from its constituency and ineffective, in this case showed itself sensitive to the needs and situation of mature rural women. Young women may benefit from employment in rural industry, but this will likely be a brief interval in their lives. The third strategy builds on one spontaneously developed by rural women as a flexible and long-term alternative.

There are other advantages, as well, which make this strategy compare well with the other two presented above. To all involved this was clearly distinct from agricultural work, as that domain is not ordinarily the growing of any kind of crop, but primarily or exclusively the growing of necessary but unprofitable staples. Market production of vegetables can be distinguished from ordinary agriculture in several ways, but the main point is that it can be very profitable. Huaili's courtyard vegetable production was not "agriculture".

The more interesting comparison is with rural industry. I inquired about the choice by economic activists in the Women's Federations to promote household commodity production rather than rural industry, and the possibility of promoting women's roles in technical and managerial roles in rural industry, an especially dynamic sector of the rural economy. Their response was that, although the Women's Federation is giving some attention to these issues, rural industry has little to offer women. They consider prospects for promoting women's interests through rural industry to be very poor – the management is overwhelmingly male and the work available to women is not attractive. The key point of their argument against rural industry is that it offers women little autonomy. When Women's Federation activists speak with hope about the economic policies of the 1980s, they are claiming that these policies provide more openness and opportunities for women – more autonomy. To the extent that this is real or can be made real, it requires action to take advantage of the changing pattern of economic opportunity. Their argument is that women have more autonomy in units of smaller size, such as households. If income can be generated in the household, it then offers tangible economic advantages combined with the intangible advantage of enhanced personal autonomy.

Autonomy is, of course, a prominent theme and a major source of popular support for the economic reform programme for both men and
women.

Prospects for both self-employment and small business forms of commodity production may be reasonably good for some (not all) rural
women, although there are grounds for concern. The Chinese rural
economy is in flux, and questions of organizational structure and scale
of production are among the issues of prime discussion (*Jingji yanjiu*
1988; Xu Yunquan 1988). Women following this strategy could find
themselves isolated from a larger-scale mainstream, to their long-term
disadvantage. Or the approach could provide a basis for women to
move into more prominent roles in the rural economy, perhaps
through the growth of female-headed specialized households, but it is
too early to make predictions.

### STRATEGIES

The title of this paper is, of course, ambiguous. "Strategies *for* women"
can mean women's own strategies for development, or it can mean
planners' or leaders' strategies for the role they wish women to play in
development. Depending on how one reads the phrase, both "strategies" and "development" acquire different meanings. I have been using
both sets of meanings throughout the paper. The everyday world in
which these strategies are being deployed is one in which both sets are
present and salient, in which the meanings are sometimes collapsed
together and sometimes, especially in the voices of women, explicitly
separated. It is a field of overt and covert conflict about the direction
of China's modernization programme.

Some goals are certainly shared, especially those of increasing
income and improving living conditions, and all involved are agreed
that accomplishing these goals requires fundamental social restructuring. The leadership is further convinced that popular initiative must be
motivated and drawn upon, and is sensitive to the need for political legitimacy. Public policy is, as a consequence, more open to the pursuit
of alternative strategies than it has been at times in the past.

Policy-makers whose priority is economic growth and prosperity aim
to employ women productively and profitably, and there are ample avenues to do this without challenging existing patterns of gender hierarchy. Women may, for example, be quite willing to do agricultural
work if it is the only or the best income-generating alternative available
to them; or to return to the home and provide support, for working
members of the household, where this is economically feasible and
where their own income-earning capacity is limited; and so on. Women

may willingly adopt any of several available strategies which offer them purely economic advantages. They are also, where able – through individual ability or connections, through supportive local policies, or through external organizational support – pursuing strategies which offer prospects of development in other senses, principally in terms of enhanced autonomy. This type of strategy may be not alternative but, rather, oppositional or potentially oppositional in relation to gender hierarchy. It is most effectively pursued quietly and without posing direct or immediate challenges. Some hints of these strategies may be found above, but the present paper is only an introduction to a continuing, complex practice on the part of rural Chinese women.

## NOTES

\* This paper first appeared in *Development and Change,* 1990, 21:23–42. The author and the publisher Sage (London) have kindly given permission for this reprint.

1 The research for this study was supported by a series of grants from the Social Sciences and Humanities Research Council of Canada: SSHRCC-Chinese Academy of Social Sciences Bilateral Exchange Grants, 1986 and 1987; a SSHRCC General Research Grant, 1986; and a SSHRCC Canada Research Fellowship at the University of Western Ontario, 1987–1989. The author gratefully acknowledges the cooperation and assistance of the Shandong Academy of Social Sciences, local authorities at various levels in Shandong and, especially, the leadership and residents of Zhangjiachedao, Qianrulin and Huaili.

2 Regarding the prominently discussed case of the women of Daqiuzhuang who are choosing to return home, see Zhang and Ma (1988). These women are not returning home to pursue income-generating possibilities in household-based sidelines, a choice which would not be new (see Wolf 1985) or any longer controversial, but specifically in order to cook and care for male members of their families working outside the household.

3 Fieldwork was carried out in Zhangjiachedao in June-August 1986, in Qianrulin in December 1987 and in Huaili in January 1988, with the generous assistance on the part of many people and organizations cited above. The present paper is a partial report on a larger, continuing project.

4 There is an extensive literature on this policy and its history. Among the major sources, to which interested readers might wish to refer, are Croll (1978) and Johnson (1983).

5 For a detailed discussion of the data available on this subject, see Thorborg (1978). In comparison, women came to comprise between 35 and 40% of urban employees, and were 36.5% in 1985 (Chen 1985:6), when pressures against their employment had already been mounting for several years.

6 On the naturalization of gender difference in China, see Honig and Hershatter (1988).

7 Post-marital dual (natolocal/patrilocal) residence is customarily acceptable for women in this area, but temporary. See Judd (1989).

8 In places where rural industry is less developed, young women may also be underemployed and constitute a reserve labour supply; however, where they are fully employed the only flexibility remaining concerns their age at entering the labour force. For a comparison with the role of young women as a flexible supply of labour and their importance to the growth of industry in Taiwan, see Farris (1986).

9 On this issue also see an excerpt from the Chinese press in Honig and Hershatter (1988:36–37). For a comparison with Taiwan, see Greenhalgh (1985).

10 Kinship ties with influential people are significant factors in male careers as well. The difference is not in the presence of this factor but in its weight. Men have relatively more opportunities and exceptionally good kin connections may be less critical, at least for modest advancement.

11 This observation is based on a number of discussions with members of the All-China Women's Federation and the Shandong Provincial Women's Federation, at various levels, in 1987 and 1988. It is difficult, at this time, to assess how influential or effective this approach may become within the Women's Federations, but see Liang (1988).

12 These figures were provided by members of the Shandong Women's Federation in an interview in December 1987.

13 For comparison with a locality where women are especially active in commerce, see Zhang (1988).

14 In contrast with Maria Mies's observation that women engage in commodity production only when compelled to do so (Mies 1986:145), I found no sign of such reluctance.

15 Rural per capita net income was RMB449.3 in Shandong in 1986 (Shandong's Economy 1987).

## REFERENCES

Andors, Phyllis 1981. "The Four Modernizations" and Chinese policy on women", *Bulletin of Concerned Asian Scholars*, 13, 2:44–56.

Buck, John Lossing 1964. *Land Utilization in China*. New York, Paragon, 1937.

Chen Muhua 1985. Statement of Mme Chen Muhua, Head of the Chinese Delegation at the World Conference to Review and Appraise the Achievements of the United Nations Decade for Women, 17 July.

Croll, Elisabeth 1978. *Feminism and Socialism in China*. London, Routledge and Kegan Paul.

– 1987. "Some implications of the rural economic reforms for the Chinese peasant household", in Ashwani Saith (ed.), *The Re-emergence of the Chinese Peasantry: Aspects of Rural Decollectivization.* Beckenham, Croom Helm: 105–136.

– 1988. "The new peasant economy in China", in S. Feuchtwang, A. Hussain and T. Pairault (eds.), *Transforming China's Economy in the Eighties,* vol. 1. *The Rural Sector, Welfare and Employment.* Boulder, Co, Westview and London, Zed: 77–100.

Davin, Delia 1988. "The implications of contract agriculture for the employment and status of Chinese peasant women", in S. Feuchtwang, A. Hussain and T. Pairault (eds.), *Transforming China's Economy in the Eighties,* vol. 1. *The Rural Sector, Welfare and Employment.* Boulder, CO, Westview and London, Zed: 137–146.

De Koninck, Rodolphe 1985. "La réhabilitation de l'agriculture familiale en République Populaire de Chine: quelques interrogations", *Labour, Capital and Society,* 18, 1:44–67.

Farris, Catherine S. 1986. *The Sociocultural Construction of Femininity in Contemporary Urban Taiwan.* Working Papers on Women in International Development 131. East Lansing, Michigan State University.

Greenhalgh, Susan 1985. "Sexual stratification: The other side of 'growth with equity', in East Asia", *Population and Development Review,* 11, 2:265–314.

Guan Minqian 1986. "Agricultural system, women and women's organization in socialist China". Unpublished paper.

Honig, Emily and Gail Hershatter 1988. *Personal Voices: Chinese Women in the 1980's.* Stanford, Ca., Stanford University Press.

*Jingji Yanjiu* [Economic Research] 1988. Beijing.

Johnson, Kay Ann 1983. *Women, the Family and Peasant Revolution in China.* Chicago, Ill, University of Chicago Press.

Judd, Ellen R. 1989. *"Niangjia:* Chinese women and their natal families", *Journal of Asian Studies,* 48, 3:525–544.

Liang Weiling 1988. "Guanyu Fulian gaige de gouxiang" [Thoughts on the reform of the Women's Federation], *Zhongguo funü* [Chinese Women], 1:14–17.

Mies, Maria 1986. *Patriarchy and Accumulation on a World Scale: Women in the International Division of Labour.* London, Zed Books.

Perkins, Dwight and Shahid Yusuf 1984. *Rural Development in China.* Baltimore, MD, Johns Hopkins University Press.

Rogers, Barbara 1980. *The Domestication of Women: Discrimination in Developing Societies.* London, Tavistock.

"Shandong's economy in 1986" 1987. *British Broadcasting Corporation Summary of World Broadcasts,* Part 3, *The Far East,* FE/W1439, 6 May.

Song, Linfei 1984. "The present state and future prospects of specialized households in rural China", *Social Sciences in China,* 5, 4:107–130.

Thorborg, Marina 1978. "Chinese employment policy in 1949–78 with special emphasis on women in rural production", in Joint Economic Committee of the US Congress (ed.) *Chinese Economy Post-Mao* vol. 1, *Policy and Performance.* Washington, US Government Printing Office: 535–604.

Tu Nan 1986. "Rural industry – China's new engine for development", *FAO Review,* 19, 6:32–38.

Wolf, Margery 1985. *Revolution Postponed: Women in Contemporary China.* Stanford, Ca, Stanford University Press.

Wong, Christine P.W. 1988. "Interpreting rural industrial growth in the post-Mao period", *Modern China,* 14, 1:3–30.

Xu Yunquan 1988. "Yige xin gainian: fada de jiating jingying" [A new concept – developed family management], *Zhongguo shehui kexue* [Chinese Social Science], 3:29–36.

Yang, Martin 1945. *A Chinese Village: Taitou, Shantung Province.* New York, Columbia University Press.

Zhang Changxin 1988. "Liaobei pingyuan shang de niangermen" [Women of the northern Liaoning Plain], *Zhongguo funü* [Chinese Women], 5:8–9.

Zhang, Juan and Ma Wenrong 1988. "Daqiuzhuang 'finü huijia' de sisuo" [Explorations of Daqiuzhuang's "Women returning to the home"], *Zhongguo funü* [Chinese Woman], 1:8–10.

*Zhongguo funü* [Chinese Women] 1988. Beijing, Quanguo funü lianhehui.

LAUREL BOSSEN[1]

# Gender and Economic Reform in Southwest China

China's economic reforms in the last decade are often subject to debate over the extent to which they either favour gender equality or open the door to renewed discrimination. This chapter examines the impact of these reforms on rural women in Yunnan by comparing data for three time periods – before the revolution, at the start of the reform period, and in 1988. Fieldwork data collected in 1988 suggest that real gains have been made in the wage sector with respect to gender equality. At the same time, they indicate that a return to family-based employment may turn out to be socially constraining for women.

### Genre et réforme économique dans le Sud-Ouest de la Chine

L'effet des réformes économiques de la dernière décennie en Chine sur l'égalité entre les femmes et les hommes est l'objet de nombreux débats. Ces réformes favorisent-elles l'égalité ou entraînent-elles plutôt davantage de discrimination? Ce chapitre tente de répondre à cette question en comparant la situation des femmes de la province de Yunnan à trois époques différentes: avant la révolution, au début de la période de réforme et en 1988. Les données suggèrent que les femmes ont connu des gains dans le secteur salarié mais elles indiquent aussi que la recrudescence du travail autonome basé sur l'unité domestique pourrait entraîner de nouvelles contraintes sociales pour les femmes.

The Chinese Revolution that was hailed for its achievements in favour of sexual equality under Mao has been reexamined in recent years.[2] The faith that many observers once placed in the Chinese model of socially engineered gender equality has been replaced by disillusionment

and criticism. In particular, the state has been criticized for its failure
to live up to its egalitarian rhetoric.

Now, with the economic reforms of the post-Mao era loosening many
sectors that were subject to rigid and inefficient bureaucratic planning,
there are some who would argue that this is bound to have a harmful
effect on women. The essence of this position is that, whatever the in-
efficiencies and problems of the Maoist era, there was at least an explicit commitment to female equality, to female education, and to the
participation of women in productive labour outside the home. With
state planning in employment coupled with an overt commitment to
sexual equality (however feeble it may be in fact), do women have
a better chance of equal treatment than with a "free-market" system?
Critics fear that "laissez faire" economic policies will permit the patriarchal traditions of old China to resurface. In particular, they believe
that the household responsibility system will resubject women to the
control of the family patriarch (Smith 1991:207–211).

Those who applaud the economic restructuring and the return of
market mechanisms in China generally have had little to say about its
impact on sexual equality.[3] This silence might be interpreted to stand
for either of two positions. One is that the impact on gender equality
will probably be *neutral,* but the benefits of greater motivation, higher
productivity and a higher standard of living will make everybody hap-
pier, including women. The other is that there may well be *negative* consequences for women, but the general benefits outweigh the possible
losses to women in terms of sexual equality. Few have taken the position that the reforms might actually have net positive results for women
relative to men (see Smart 1993). This paper attempts to address such
issues.

These questions of Chinese economic policy and its impacts on
women are far too far-reaching in their implications for a social anthropologist to pretend to answer on the basis of her fieldwork in several
small villages. However, even fieldwork in one village that actually looks
for effects of these policies may be more helpful than ideological debates over the benefits of market vs. planning in the domain of social
justice. Thus, I present some of the preliminary results of my study on
gender and the economic reforms in China in 1988. While these data
will be subject to further refinement and analysis, I wish to share them
now in order to stimulate a more rigorous empirical view of the policies
in question.

The research covered in this article is part of a larger comparative
study of gender in village economies in China. I will discuss only one
of the villages worked in. My objective is to reconstruct some reason-

able measure of the economic change that has taken place in this area with respect to gender. This is no easy task because there are no detailed baseline studies of gender economics for most areas of China. In fact, I rather hesitatingly look at three points in time in rural Yunnan. First, I briefly consider the limited data for the prerevolutionary situation in 1939. Next, relying on the imperfect method of informant recall, I look at the economic situation 10 years ago in the village of Weixing on the eve of the recent economic reforms. Finally, I consider my preliminary data collected from 51 Weixing[4] households (approximately 1/3 of the village) in 1988 while the reforms were in full swing.[5] In each case, I will simply try to identify the types of work women did, and how much they were paid as individuals in comparison to men. Then I will attempt, for this one small piece in that enormous Chinese puzzle, to assess the benefits and problems that these reforms hold for particular village women, and to suggest answers to some of the questions about the reform. Finally, I will suggest the areas where improvements in research methods could be made.

Before turning to the prerevolutionary period, it will be useful to offer a brief description of Weixing and of the type of rural village being discussed, since it is important to realize that such villages in China vary greatly among regions and provinces.

## WEIXING VILLAGE[6]

Weixing is a relatively prosperous suburban agricultural community with good transportation to Kunming, the capital of Yunnan Province. As such, it cannot represent the conditions or problems faced by populations in many other parts of rural Yunnan. It is a satellite of the City of Kunming. Yet it can be said that it is *this* type of semi-rural community which is generally the first to benefit from the increased market activity between city and countryside.

In 1988, Weixing (Satellite) village had a population of 510 people distributed among 146 households. It belongs to Da Xing Xiang (Big Star Village), a larger village district of nearly 3000 people (formerly called a production brigade) which lies within one of Kunming's administrative divisions. Although located within Kunming's jurisdiction, the village district itself is classified as a rural area; it is not included in official statistics on the urban population.

Despite its agricultural base, this community is also characterized by local industries, cash crops, and a labour force that are all closely bound to the urban economy. Weixing is only about 15 to 40 minutes, by bus or by bike, from the heart of Kunming. A paved road skirts the

community. It is surrounded by irrigated rice fields, but is also dotted
with the types of small industries that are found in almost all the suburbs around Kunming, and around other important cities in China.

The village economy has three major branches:

1 Agriculture: predominantly wet-rice farming with broad beans as the
  main winter crop,
2 Livestock: mainly household dairy cows, and pigs,
3 Industry: village-based industries, including electric component assembly, food processing, plastic recycling, and metal working.

While the size of production units is only as large as the household for
most agricultural and livestock production, the village-based industries
range from about a dozen to several hundred workers.

## A COMPARABLE YUNNAN VILLAGE IN 1939

The first handicap in attempting to measure change over time was the
lack of detailed wage and employment data by sex for villages in
Yunnan before the Revolution. While the status of women was generally described and decried as being severely subordinated, there are
few quantitative measures available. Since there are so few adults of
both sexes alive who would be able to reliably recall adult wages for
both sexes before 1940, I do not attempt to use informant recall in
Weixing to address these questions. Rather, I propose to examine Fei
Hsiao Tung's research in 1938–1939 (in *Earthbound China*, 1945) in a
different Yunnan village, at approximately 100 km distance, to serve as
a baseline. While this strategy has the obvious shortcoming of substitut-
ing the past history of one village for that of another, it is not entirely
inappropriate given the regional proximity and certain other similarities[7]. Moreover, for all its shortcomings, the quality of Fei Hsiao-Tung's
data on women is exceptional for that period.

Fei's village of Luts'un (population 611, in 122 households) is comparable to Weixing in several important respects. First, its main agricultural crops were rice and beans, as is the case for Weixing. Both villages
are located on the plains where irrigated rice farming is practised.
Second, Fei's report on the sexual division of the main agricultural
tasks required to produce these crops in Luts'un is very similar to
Weixing. Third, Luts'un's landholdings of 927 mu or 1.5 mu per person,[8] are comparable to those of Weixing. According to a former
Weixing village head, at Liberation, they had about 2.3 mu of land per
person although much of this land was nonarable and was only later
supplied with water through irrigation. Fourth, both villages have rel-

atively good connections to the major market networks. While Weixing is obviously closer to the provincial capital, with residents supplementing rice farming with marketing and transport activities focussing on Kunming, Luts'un was hardly isolated in 1938. It was but a half an hour walk from a district market town located on the Burma Road, then a new international highway connecting Burma to Kunming. In 1938 in Luts'un, 27% of the households were engaged in specialized occupations along with agriculture. In addition, household livestock raising (pigs, horses, sheep, ducks), marketing and innkeeping services were important sidelines into the local economy (Fei and Chang 1945:45–50). Given these features, Luts'un by virtue of being roughly 100 rather than 10 km. from Kunming was not necessarily much more rustic.

While Fei's report was far from complete concerning women's economic activities, he constructed an agricultural work schedule which suggests that village women performed virtually half of the agricultural work (660 days for women compared to 667 for men, p. 39). However, certain observations imply that they did more. For instance, Fei observed that "a tendency for landowners to avoid working on their farms might seem to be contradicted by the fact that the women of all families, even of those with large landholdings, are invariably active in agriculture. During the harvest period almost every woman in the village, except those occupied in cooking for the workers, is to be found toiling in the fields." (65)

Despite this significant work contribution, Fei reported that when farm labourers were hired, "women are paid at only one-half the rate received by the men" (31). Even as labour became increasingly scarce in 1939 (due to conscription for the Sino-Japanese war) and male wages tripled from 10 to 30 cents per day, the female/male wage ratio remained unchanged at 50%, with women's wages rising only from 5 to 15 cents (67). In another passage, Fei estimated that 27% of Luts'un's petty landowning households had enough land to avoid manual labour themselves by hiring others and then stated: "But, in fact, idle males far exceed the above estimate. This is made possible through the cutting-down of labor costs on the smaller farms by means of work performed by the women of the family. Having their own female workers at command, farm owners can hire less labor and consequently realize greater profit ... In Luts'un idle men can be found in one out of every three houses" (74).

Fei further provided critics of the old days with the familiar but deeply disturbing image of "the weaker sex, with their bound feet" who "toil in the mud while the men spend their days in idleness" (111), confirming in that one casual sentence that Luts'un was one of the many villages of Yunnan where rural women's feet were still generally bound.[9] This was also true for the women of Weixing at that time.

These passages make it clear that village women not only bore a heavy work load but that even in wealthier families, women categorically were not considered co-owners of the land and thus were not able to avoid agricultural work the way some men could.

There is much more we might wish to know about the economic condition of women in Luts'un than Fei was able to supply, but the data clearly suggest that 1) women supplied at least half of the agricultural labour within the village, 2) women were subject to severely discriminatory wage rates, receiving 50 % less than men in the labour market, and 3) women experienced discriminatory exclusion from family land ownership, and hence exclusion from leisure.[10] While we cannot be absolutely certain that these conditions applied to Weixing village as well, it seems very likely that they did.

## WEIXING IN 1979

By 1979, Weixing village had experienced nearly 30 years of Communist rule. During that time, many changes had occurred. Land reclamation and irrigation, electrification, and improved transportation, sanitation, health and educational services had been introduced. Like most other areas of China, villagers experienced hard times during the Great Leap Forward, and some were targeted and punished during the Cultural Revolution. In 1979, they still had a collective system of agricultural production under which villagers worked for the collective workteam and were credited with workpoints that were later converted to cash.

In order to estimate the nature of the changes in gender equality, we asked male and female informants about their incomes in 1979. While informant recall and sampling procedures are far from ideal, these data provide some measure of the degree to which gender relations had changed, and will change.

The first finding is that annual incomes for men and women who reported their participation in the labour force in 1979 still show a significant gender gap. In a sample of 40 males and 36 females, the average income of workpoints converted to Yuan was ¥442 per year for males and ¥297 for females. In other words, women were earning only 67% as much as men. This suggests that significant discrimination against women may still have existed.[11]

The second finding weakens the impact of the first. This finding concerns the daily workpoint rates. The workpoint rate is essentially the equivalent of a daily wage rate. It would be converted to yuan by a standard multiplier, such as .11 yuan per workpoint for most cases in 1979. For those who reported their incomes in terms of daily workpoint rates (only 21 men and 23 women from the more inclusive sample above), women's daily workpoint rates were approximately 87% of men's. The fact that men's rates were virtually all 10 points per day (except for 1 case of 12), while the majority of women got only 9 or 8 workpoints and in some cases less, indicates that, nevertheless, gender discrimination persisted. These rates did not correspond, for instance, to the length of the workday or the type of work but to the sex of the worker. For example, one informant explicitly compared the length of her workday with that of her husband. While she had worked 10 hours per day and got 8 workpoints, he worked 9 hours, or an hour less per day, and earned 10 workpoints. Since he got off work an hour earlier, he would go home first and take care of the children.

If one takes the daily wage differentials of 1938 Luts'un as a reasonable baseline, the improvement from 50% to 87% of the male wage rate is impressive. If one takes the annual incomes in 1979, the fact that women were earning something more like 67% of men's income is significantly less impressive.

How, then, do we reconcile these two ways of reconstructing male and female income for 1979? One obvious consideration is that in 1979 some women in Weixing worked fewer days per year than men. While our interviews did not specifically cover this difference, a review of the responses showed that a number of women did not work a full year. This can be interpreted in three different ways: One is that women were offered fewer or less regular opportunities to join the workteam and earn workpoints. Unfortunately, I have no evidence that supports or refutes this, and it is something I hope to go back and ask. Another interpretation is that women are less committed to participation in social as opposed to familial labour, and therefore they deserve less pay. Again, I have no specific evidence, but can imagine that some women might find certain types of public work unattractive due to cultural, historical or social considerations. The third is that when given a lower rate of pay, women have less economic incentive to join the labour force than men.

This third interpretation may be supported by the fact that some women who worked less than a full year also earned workpoints by raising pigs and selling pig manure to the collective. This suggests that women may not have been opting for less work as much as for better terms. Taken together, the returns in kind from livestock (e.g. pork) and the workpoints for manure (which was presumably compensated by quantity rather than gender of the seller) may have been higher than the rate of return for joining the workteam. The income from manure for those reporting it ranged from about 300 to 600 points a year, or about 20% of their incomes. While most of the work of raising pigs is done by women, there appears to be no real cultural barrier to men doing this work and in a few cases men (especially old men) take more responsibility. But if the wages offered by the workteam automatically bring men more cash or workpoints (and if people want to eat pork), the rational family will surely select men to do the teamwork, and women to raise the pigs.

At this point, let us return to the original question regarding the system of collective production as opposed to private production as a mechanism for increasing gender equality. Clearly, the question is not how much labour women contribute to production (or holding up half the sky, as it used to be phrased) for even in 1939 there seems to be little doubt that women in this area were contributing more than their fair share. The more significant question is whether women get fair returns for their labour. The theory is that when women are completely subject to the authority and private accounting of the male household head, they are not likely to benefit fairly from the fruits of their labour. A public accounting system and collective production have been seen as important mechanisms for counteracting the power of the patriarch to exploit the labour of women in the family. While this may be so, it is not enough to identify such mechanisms. One must see if they work. It is important to know whether or not women were able to collect and dispose of these incomes themselves. While I do not have data bearing specifically on that question for Weixing, there are numerous reports from other parts of China (Wolf 1985, Banister 1987:135) which indicate that workpoints were typically collected by the male household head on behalf of the whole family. Whether the improved but still unequal wage rates that women received in the workpoint system resulted in fairer distributions of benefits to women within the family is extremely difficult to determine in any systematic way. What is clear, however, is that women were often working in production teams that were not simply organized on a household and kinship basis, and that they made up approximately 47% of the labour force working in non-familial production units.[12]

## WEIXING IN 1988

Research on the village economy in 1988 has the advantage of being able to draw on village statistics for certain kinds of demographic and economic data. However, for the purposes of answering questions about the effects of the reform on women, these data have rather limited utility. First, they tend to be village-bounded while the economic

Table 1
Weixing Distribution of Income by Sector, 1987

| | |
|---|---|
| Livestock | 34 |
| Agriculture | 30 |
| Transportation | 14 |
| Industry | 9 |
| Construction | 5 |
| Commerce, fisheries, services & other | 8 |
| TOTAL | 100 |

*Source:* Village statistics

activities of the villagers themselves seem to be increasingly moving beyond these boundaries since the reforms and the revival of commercial activity. Second, they generally fail to distinguish between men and women when reporting data on employment. While I use official data to provide a general background on village conditions, the data on the sexual division of labour and income are drawn from interviews with women and men representing a sample of 51 households, or roughly 1/3 of the village population.

Official village income data for Weixing in 1987 showed that livestock and agriculture were the two most important sectors, accounting for 64 % of village income. Table 1 measures sources of income that are located within Weixing itself. Yet a significant number of people are employed in industries or other occupations that are actually located in neighbouring villages and towns, if not in Kunming itself. This is partly suggested by the distribution of population by employment sector which shows that industry accounts for a far larger proportion of employment than of village income (Table 2).

In present-day Weixing, (as in 1939 Luts'un) households and individuals often engage in a mixture of 2 or 3 occupations so that they have multiple sources of income and security, as well as more employment throughout the year. Thus, the occupational figures for the village showing only 16 people, or 5%, in livestock production are misleading, for many of the individuals listed under agricultural employment are also raising livestock. Taken together, agriculture and livestock still account for half the labour force, while industry accounts for nearly a third. Unfortunately, such village statistics do not clarify where women stand in this division of labour. Table 3, based on the 1988 household sample differs only slightly from the village data in the total distribution of employment, but it shows significant differences in the placement of women and men within the present occupational

Table 2

Weixing Occupational Distribution of the Work Force, 1987

| Occupation | Workers | Percent |
|---|---|---|
| Agriculture | 140 | 43 |
| Industry | 94 | 29 |
| Other | 42 | 13 |
| Livestock | 16 | 5 |
| Construction | 16 | 5 |
| Transportation | 8 | 2 |
| Fishing, commerce and services | 9 | 3 |
| TOTAL | 325 | 100 |

*Source:* Village statistics

Table 3

Weixing Summary of Occupations in 1988

| Main Occupation | Female | | Male | | Total | |
|---|---|---|---|---|---|---|
| | N | % | N | % | N | % |
| Farming (including large & small livestock) | 52 | 65 | 18 | 24 | 70 | 45 |
| Factory work (including managers) | 16 | 20 | 17 | 22 | 33 | 21 |
| Construction | 0 | 0 | 16 | 21 | 16 | 10 |
| Private enterprise (including veg. traders, small stores, workshops & food processors & sanit. service co.) | 8 | 10 | 8 | 11 | 16 | 10 |
| Government service (including teachers) | 1 | 1 | 5 | 7 | 6 | 4 |
| Transport | 0 | 0 | 5 | 7 | 5 | 3 |
| Students | 1 | 1 | 3 | 4 | 4 | 3 |
| Disabled, retired, or domestic | 2 | 2 | 3 | 4 | 5 | 3 |
| Incomplete | 0 | 0 | 1 | 1 | 1 | 1 |
| TOTAL | 80 | 99 | 76 | 101 | 156 | 100 |

*Note:* This table is based on preliminary calculation of primary occupation. Certain individuals have multiple occupations and assignment of a primary occupation is misleading. Further evidence of the "Feminization of Farming" can be found across China (Bossen 1992, 1993). Percent total may not add up due to rounding.

structure. Almost two-thirds (65%) of the women are primarily engaged in farming, in contrast to less than one quarter of the men.
While both sexes have entered into factory work and private enterprise
at about the same rate, construction provides a significant amount of
employment exclusively to men. Men also have a much stronger position in the government service and transport sectors.

While there is no comparable occupational distribution for 1979
which would make it possible to pinpoint changes in gender distribution in agriculture and industry, at least one important observation
about change in these two periods can be made. In 1979, agricultural
employment was synonymous with work in the collective, whereas in
1988, agricultural employment is carried out by household units of
production. Thus, the predominance of women engaged in agricultural occupations (74% of the agricultural labour force) means that
women are the major *in-village* labourers in household units of production, which account for an estimated 64% of village-generated income.
While these data again signal the economic importance of women
farmers in holding up roughly 2/3 of the village "sky", there are still
no measures to show that women within the family share benefits pro-
portional to their labours. The official mechanism for consistently
bringing women into larger social units of production has disappeared
and so has the accounting system which credited them with producing
an identifiable fraction of family income.

### Independent and family occupations

Another method of comparing the current economic status of
women and men is to divide occupations into two categories:
(1) *Independent* occupations are those of wage-earning employees or independent entrepreneurs where the product sold is not primarily a
product of joint family effort using family assets. (2) *Family* occupations
are those that are performed within a family unit of production where
precise labour inputs of individual members are not accounted, and
family assets are employed. Thus, when someone is a full-time marketer
or carter, buying and selling or hauling produce, I classify that person's
occupation as *independent,* whereas if individuals are selling their family
farm produce part-time, I classify them as having *family* occupations. A
store or factory is also a family occupation when several family members work together.

Using this system of classification, I found that 60% of the men (44
out of 73) and 30% of the women (25 out of 82) in the sample hold
independent occupations. The remainder engage primarily in family-
based activities. Thus, the shift back to the household unit of produc-

tion is particularly significant for women's employment. It will be recalled that under the collectives, 47% of those in the sample with independent workpoint or cash income were women. With the responsibility system, only 36% of those with independent incomes are women. This shift makes it more difficult to calculate how much value women contribute to the family through their diverse farming and commercial livestock pursuits. At this point, I have not yet attempted any such calculations.

### Age and occupation

The return to family occupations that has occurred since the reforms is not evenly distributed by age. As Table 4 shows, older women are far more likely to be engaged in family occupations, predominantly farming, than younger women. For men, the pattern contrasts sharply since middle-aged men are the most likely to pursue independent occupations. Marital status and childcare responsibilities are also likely to be important factors in the distribution of family farm work by sex (see Judd, this volume). For those who do continue to earn independent incomes, it is relatively straightforward to compare male and female earnings. Such women earn approximately 83% of men's cash earnings. The average estimated income for women was ¥1210 per year, and that for men was ¥1449 (N = 45 for men, plus 3 incompletes, and N = 20 for women, plus 5 incompletes). While these data are surely too limited to draw any major conclusions, they do suggest that the economic reforms have not resulted in a return to pre-revolutionary patterns of sexual discrimination in wages or incomes. Women who earn independent incomes through factory work or entrepreneurial activities are doing surprisingly well with respect to men. While most of these women perform casual labour or piecework in the local plastics factory, the food factory, or the electric parts assembly factory which employ a high proportion of women, a few are independent marketers and entrepreneurs, and one is a village factory manager. Similarly, among the men, there are entrepreneurs and transport workers, village cadres and factory managers as well as construction and factory workers.

In most cases, but especially for women, independent income or occupations do not preclude major contributions to family farm activities. Striking examples of this are the woman factory manager who also raises pigs, and a woman who cooks for a factory cafeteria nine hours a day and then comes home to spend two more hours per day in the fields. Not only do village women take responsibility for most of the cooking, washing, and childcare, but they also play vital roles in trans-

Table 4
Weixing Distribution of Independent or Familial Occupations by Age Group and Sex in 1988

| Age Group | Independant or Familial | Women (number) | Percentage of age group | Men (number) | Percentage of age group |
|---|---|---|---|---|---|
| 15–20 | Independant | 4 | 66 | 5.5 | 92 |
|  | Familial | 2 | 33 | 0.5 | 8 |
| 21–35 | Independant | 11 | 33 | 14.0 | 56 |
|  | Familial | 22 | 66 | 11.0 | 44 |
| 36–50 | Independant | 4.5 | 22 | 17.5 | 80 |
|  | Familial | 15.5 | 78 | 4.5 | 20 |
| 51–65 | Independant | 2 | 13 | 4.5 | 41 |
|  | Familial | 13 | 87 | 6.5 | 59 |
| 66+ | Independant | 3 | 38 | 2.5 | 28 |
|  | Familial | 5 | 62 | 6.5 | 72 |
| Total number |  | 82 |  | 73 |  |
| Familial |  | 57.5 | 30 | 29 | 60 |
| Independent |  | 24.5 | 70 | 44 | 40 |

*Note:* An occupation is classified as Independent when it is *not* based on family cooperation and assets, or Familial when it *is* based on family cooperation and assets, without individual wage or income attribution. Fractions indicate individuals performing both types of work.

planting, weeding and spraying rice, harvesting and threshing beans, and preserving vegetables or selling vegetables. Women also generally do a large proportion of the work of feeding and cleaning up after courtyard livestock (pigs, cows, chickens, and turkeys), but men often contribute to certain aspects such as going to town to buy commercial animal feed. Overall, the interview data suggest that, compared to women, men's contributions to family work are more limited in type or duration. They appear to contribute mainly to hoeing and threshing during two short seasons with minor contributions to field work at other times.

## CONCLUSION

This paper has looked at some of the evidence for changes in the gender system over time by examining the labour force of a rice-growing and partially industrializing village in central Yunnan, and by trying to reconstruct the magnitude of some of the changes that have occurred in village life. Since these findings are preliminary and small-scale, they should not be carelessly taken to characterize the vast regions, populations and processes of change within China.

The work so far suggests that from 1939 to 1979 there were definite improvements in the relative wage rates accorded to women. It also suggests that even if women did not have an equal voice in the disposal of family income, they were more involved in larger units of production and in formal systems of crediting their labour contributions. Moreover, the pre-revolutionary land-owning system which allowed some men but no women to abstain from labour had been destroyed. In 1979, men could no longer enjoy idleness as a class and sex privilege; they generally participated in the manual labour of the village production or construction teams. I have heard some of the village women express the view that the revolution increased the participation *of men* in productive labour. While this is consistent with Fei's comments on the former idleness of some men, it is quite a reversal from the standard Marxist tenet that *women* are the ones who needed to increase their participation in productive labour in order to achieve an equal footing with men.

In the most recent period, there appear to have been some important shifts of women back into domestic units of production. While some women seem to have welcomed this opportunity in terms of the relative returns to their labour and a greater scope for autonomy, there is a real danger that more extreme patterns of patriarchal control and devaluation of women's labour may reemerge. So far, there is no evidence that this has occurred in Weixing. With men more often working outside the family context, women who remain in charge of farm and livestock production and marketing seem to have considerable discretion in the organization of their work and expenses. Woman who work in family farm or livestock production appear to be highly motivated, and along with their families are particularly proud of the new consumer items they are now able to afford as farm incomes rise. Moreover, the one-child family policy has undoubtedly had a major impact on women's time allocation. While adherence to the policy is not perfect, families with more than one child born since the policy came into effect are extremely rare. Women are thus far less constrained by childcare responsibilities than in the past.

For the Weixing women with independent incomes, the limited evidence looks fairly positive. The reforms have shown no signs of sending women back to the 50% wage rate. Moreover, incomes for villagers as a whole are rising. New homes are being built, consumer goods purchased, and new enterprises are being started. Among both men and

women there seems to be a widespread feeling that they have benefited. Two comments from the interviews may help to illustrate some of
their sentiments:

Since the reform, we earn more. The economy is better, there is more to eat.
Before 1979, we had to be in the fields every day. Now, we can accomplish the
same with only half a year of work, and income is still higher.

Working is better now: our incomes are higher. Now, we are very busy, but
there is more freedom. You can arrange the work yourself. Now, there is a lot
of housework but the husband also helps. Perhaps men and women are even
rather equal.

While it is still very early to determine whether the return to family
farming, freer markets and the responsibility system will be relatively
beneficial or detrimental to women, this review of the evidence for one
village has attempted to suggest the kind of data we need in order to
adequately answer these questions. Certainly more complete and more
sophisticated baseline data would be desirable. For instance, it is only
after leaving the field that I recognized the importance of consistently
asking about the annual and monthly number of workdays, the workpoint rate, and the contributions of sidelines such as selling pig manure to the village in exchange for workpoints in 1979. Also, as part of
the international movement to improve statistics on women's work, it
is important to continually seek and promote the collection of data on
women that allow us to determine the direction of change over time.
Some scholars have argued that the patriarchal family has survived and
re-rooted itself in Chinese rural society (Stacey 1983). Yet it remains
difficult to measure in any systematic way how much men and women
give, withhold, and receive from their families. Finally, a key question
which needs to be asked as Chinese families accumulate more private
wealth is: How much and what kind of property are women permitted
to own[13] and transact?

## NOTES

1 This research was supported by a Canada Research Fellowship and by a
Research Grant from the Social Sciences and Humanities Research Council of
Canada, as well as by a grant from the McGill University Faculty Research
Council. I would also like to thank participants in the Department of An-
thropology Seminar series, and in particular Don Attwood and Deborah
Sick, for their comments and suggestions.

2 See Honig and Hershatter (1988), Johnson (1983), Smith (1991), Stacey (1983), Wolf (1985), and Woon (1991).

3 For instance, Vogel (1989) describes the results of the reforms in the Guangdong-Hong Kong region as a "take-off" and considers differential regional, social and ethnic benefits but ignores gender. However, Huang (1990) argues that China's Yangzi delta developed in the reform period, although this is not entirely due to market forces, and suggests that women still benefitted from leaders efforts to provide them with equal opportunity in factory employment (1990:213).

4 Following standard anthropological practice, I have assigned a pseudonym to the village, and the village districts to which it belongs. This is to respect the privacy of the individuals who shared personal information about their economic condition and their lives. Due to the form of introduction and participation by village leaders during the initial stages of our investigation, our sampling was far from "random". We also were unable to obtain a good map of the housing plan of the village with which to easily select a random sample. In the end, various types of distortion may have been reduced by the proportion (roughly one third) of the households visited, and the impromptu scheduling of interviews in the later stages of research. However, both inexperience in dealing with village officials and lack of time to carry out a random sample mean that our data are most likely somewhat biased.

5 From April to June, 1989, China experienced widespread demonstrations for change in almost all of its major cities. These demonstrations were abruptly ended by the imposition of martial law in Beijing. I was present in China throughout this period, and returned to Weixing briefly in July. While I could not evaluate the full impact of these events on the countryside, in the short term their effect was considerably less apparent than in the cities.

6 This field research was carried out primarily from March through May 1988, in cooperation with two colleagues from the Yunnan Academy of Social Sciences, Zhou Yong-Hua and Yu Wen-Lan, who provided valuable assistance in gathering the data and translating local dialects. I appreciate their help and patience in teaching me about Yunnan. I am grateful to the Yunnan Academy of Social Sciences, and in particular to the late Yuan De-Zheng, Director, and to Zhao Jun-Chen, Director of the Agricultural Economics Institute within the Academy, for facilitating this research at all stages. I am grateful to the late Dr. Xiang Qing-Yun and Liu De-Wei for making me feel at home in Kunming.

7 Of course it would have been preferable to re-study Luts'un, but up until 1988, the village was not open to foreigners. In October, 1988, however, government policy changed and Luts'un was finally declared open. I managed to visit the village for several days in July, 1989, and was honoured to be their first foreign guest. Based on local statistics and discussions with village officials it appears that the hypothesized similarities between the current economies of the two communities are well-founded. This adds some further support to the use of

Luts'un as an approximate baseline. In 1990 and 1991, I returned to Luts'un for more lengthy field investigations. This material will be the subject of future publications.

8  The *mu* is a unit of 666 square meters. Officially Luts'un had only 594 *mu* within its boundaries or 0.97 *mu* per person (with 611 people), but net holdings of its members (including lands in other villages) were 927 *mu* (Fei 1945:37) or 1.52 *mu* per person. In Weixing, the land base is reported as constant, at 650 *mu.* Population in 1944 was only 170 people in 32 households, and in 1949 it was 273 people in 52 households. Using this later figure, the land: population ratio would have been 2.3 *mu*/person in 1949. In 1980, the total arable land for the village was approximately 650 *mu* but by 1987 it had dropped to 600 *mu* due to house and factory construction. Today, Weixing has only about 0.7 *mu* per person.

9  It has been suggested that when women generally had bound feet, this might partially account for the lower wage rate in that the physical handicap may have made them less productive than men.

10  Fei discussed the extent to which "leisure", was the culturally significant manifestation of wealth and status in this village rather than material acquisitions. He attributed this to a largely preindustrial context in which "comfort" is defined as the absence of strenuous effort rather than the satisfaction of numerous material wants (82).

11  Similar reports of unequal workpoints and workpoint rates by gender have been frequently reported in recent studies Chinese villages (Endicott 1983: 183; Huang 1990: 201; Potter and Potter 1990:120).

12  The term nonfamilial is relative to the nuclear family. From the male point of view, since patrilocal marriage practices were largely preserved, a large part of the population in such small villages or work teams are necessarily kin, or "family" in the larger sense of uncles, aunts, and cousins.

13  I have begun to address questions of women and land rights in Bossen (1991a, 1991b).

## REFERENCES

Banister, Judith 1987. *China's Changing Population.* Stanford, Stanford University Press.

Bossen, Laurel 1991a. "Changing land tenure systems in China: Common problem, uncommon solution." *Sociological Bulletin: Journal of the Indian Sociological Society,* 40 (1 & 2): 47–67.

– 1991b. "Gender and systems of inheritance." Paper presented at the American Anthropology Association meetings; Society for Economic Anthropology sponsored session. Nov. 20–24, Chicago, Ill.

– 1992. "Chinese rural women: What keeps them down on the farm?"

International conference on "Engendering China: Women, Culture and the State." Harvard University and Wellesley College. February 7–9, Cambridge, MA.

– 1994. "The household economy in rural China: Is the involution over?" In *Anthropology and Institutional Economics*, James Acheson, (ed.). Lanham, MD: University Press of America and Society for Economic Anthropology.

Endicott, Stephen 1989. *Red Earth: Revolution in a Sichuan Village*. Toronto, NC Press.

Fei, Hsiao-Tung and Chang Chih-I 1945. *Earthbound China: A Study of Rural Society in Yunnan*. Chicago, University of Chicago Press.

Honig, Emily and Gail Hershatter (eds.) 1988. *Personal Voices: Chinese Women in the Eighties*. Stanford, Ca., Stanford University Press.

Huang, Philip C.C. 1990. *The Peasant Family and Rural Development in the Yangzi Delta, 1350–1988*. Stanford, Ca., Stanford University Press.

Johnson, Kay Ann 1983. *Women, The Family, and Peasant Revolution in China*. Chicago, University of Chicago Press.

Judd, Ellen 1988. "Alternative development strategies for women in rural China." Paper presented at Canadian Research Institute for the Advancement of Women Conference on Women and Development, Québec.

Potter, Sulamith H. and Jack M. Potter 1990. *China's Peasants: The Anthropology of a Revolution*. Cambridge, Cambridge University Press.

Smart, Josephine 1993 "The impact of foreign direct investment on gender relations in the Pearl River Delta (PRC) since 1978." Paper presented at the Canadian Asian Studies Association Meetings, October 1–3, Montreal, Quebec.

Smith, Christopher 1991. *China: People and Places in the Land of One Billion*. Boulder, Co., Westview Press.

Stacey, Judith 1983. *Patriarchy and Socialist Revolution in China*. Berkeley, University of California Press.

Vogel, Ezra 1989. *One Step Ahead in China: Guangdong Under Reform*. Cambridge, Mass., Harvard University Press.

Wolf, Margery 1985. *Revolution Postponed: Women in Contemporary China*. Stanford, Ca., Stanford University Press.

Woon, Yuen-fong 1991 "From Mao to Deng: Life satisfaction among rural women in an emigrant community in South China." *The Australian Journal of Chinese Affairs*, 25: 139–170.

NANCY E. JOHNSTON AND GLENDA S. ROBERTS

# Thankless Tasks and Scarce Incentives: The Work and Life Experiences of Chinese Nurses

This chapter discusses research on the work and life experience of Chinese nurses and offers a few suggestions for improving the relevance of development assistance to the nursing profession. Three areas of study are discussed: 1) a background history, which presents a context in which to understand how particular circumstances, political models and power relations have created conditions under which women's work, and nurses' work in particular, has been devalued; 2) results obtained by open-ended interviews and ongoing communications (1987–90) with nurses occupying various positions and coming from a variety of cities in China; and 3) challenges confronting aid donors and project implementors in light of the special conditions affecting nursing, the current complex political climate and the restricted conceptions of health development.

*Tâches ingrates et encouragements épars: l'expérience de travail et de vie des infirmières chinoises*

Ce texte présente une recherche sur le travail et l'expérience de vie des infirmières chinoises et propose des améliorations dans l'aide au développement de la profession. Les conditions de la dévalorisation du travail des femmes, en particulier des infirmières, sont d'abord situées dans leur contexte historique afin d'identifier les circonstances particulières, les modèles politiques et les relations de pouvoir qui les ont forgées. Puis, les résultats d'entrevues avec des infirmières occupant différentes positions dans différentes régions de la Chine sont analysés. Enfin, les défis auxquels font face les pays donateurs sont examinés au regard des conditions du nursing en Chine, du climat politique contemporain et des conceptions étroites du développement de la santé.

As one of the largest groups of women workers in the world, Chinese nurses face a myriad of problems, including low social status, poor wages, and back-breaking work in situations of critical staff shortages. Widespread knowledge of the poor working conditions of nurses has led to the public's perception of nursing as a thankless task and a career pathway to be avoided. Currently the profession faces severe recruitment problems which are resolved only by allocating the least promising students to nursing schools.

In seeking answers as to why nursing is such an unpopular occupation, extensive open-ended interviews were conducted in 1987 with key nursing leaders. Questionnaires querying feelings about work, family life, and the future were distributed to twenty-one nurses occupying various positions ranging from bed-side nurses to nursing administrators in one Beijing hospital. An analysis of interviews conducted with an additional twenty nurses from several hospitals in Southern China supported the results obtained from the original group. Three more recent visits to China (August 1988, June 1989, and January 1990) have provided opportunities for ongoing communication with members of the original and subsequent groups.

In considering how a relevant development strategy for nursing in China could be evolved, interviews were carried out with various Chinese nursing leaders, Chinese government officials, donor representatives and recipients, as well as health project personnel actively involved in development assistance to nursing in China.

The authors describe how the perpetuation of a system wherein praise is reserved for medical interventions based on Western scientifically derived treatment models and wherein caring for patients and their families is de-emphasized, has led to a situation which prevents nurses from taking pride in their work. Moreover, the continuation of a political and economic policy which assumes the subordination of human services (among which women and nurses are disproportionately represented) to economic development has led to disastrous consequences which are unlikely to be altered without structural change.

While it is apparent that the conditions affecting nursing will not improve significantly unless political and economic policy is adjusted to correct the asymmetry of development in industrial and human service sectors, and a cultural reappraisal occurs so that nurses' work is ascribed greater status value. External aid to nursing can play an important role in the recognition of nursing. By facilitating the development of cooperative educational linkages that nurture solidarity among foreign and indigenous nurses, educational institutions in China can be strengthened in their commitment to advance nursing and to share knowledge through their ties with professional organizations and educational institutions around the world.

## BACKGROUND HISTORY

In order to understand the current situation of nursing in China, it is first necessary to provide a background on how nursing has been regarded in the past.

Women have traditionally cared for the sick, the infirm and the socially dependent. Prior to the arrival of missionaries in China during the 1830's, women tended to care for the majority of the sick within their own communities. They developed expertise in administering herbal remedies, performing as midwives, setting bones and caring for the terminally ill. Since the sick were cared for within their own homes, and most frequently were ministered to by the female members of their own families, the health work of these women was not easily observable.[1]

## MISSIONARIES, MONEY, AND MEDICINE

With the advent of the missionaries, new approaches to treating and caring for the sick were introduced. Surgery, anesthesia, disease control and hygienic measures were comprised in the repertoire of medical interventions that were suddenly thrust upon the Chinese. These new approaches were not always enthusiastically embraced, however, and early accounts by missionary doctors indicated they felt themselves to be as frequently "victimized outsiders" as "venerated doctors".

It was not until 1910, when the North Manchurian Plague broke out, that the Western model of medicine gained any significant degree of acceptance. There was no preventive inoculation at that time and until the advent of the sulfa drugs in the late 1930s there was no cure. Old-style Chinese medicine soon proved powerless against the plague, and so authorities from the emperor on down resorted to modern preventive measures, which involved segregating the dying from the healthy (Nathan 1974).

During the following decade, private aid to build hospitals poured into China. The motivation to supply the assistance was not wholly predicated on humanitarian grounds however. Cultural and political imperialism were scarcely concealed below a patina of philanthropic activity. A principal and highly persuasive proponent of a China program in medicine was President Emeritus Charles W. Eliot of Harvard. Eliot was convinced that Western medicine was the vehicle by which to move China from a medieval condition to a modern nation. French political interests, which required keeping pace with the Germans in their penetration of China, were served by establishing a hospital in Shanghai. As missionaries flocked into China, bringing with them not only the gospel, but also medicine and money, conventional folk wisdom in treating illness and traditional Chinese medicine were discredited. The prevailing doctrine in these foreign controlled hospitals was that only Western approaches were efficacious in dealing with China's health problems. Invariably situated in urban centres, the faculties of these teaching hospitals were composed entirely of foreigners and the schools had extremely small student bodies. The introduction of western medicine not only failed to tap traditional sources of cultural power, but it repudiated the socio-cultural context of traditional Chinese medicine, polarized the concepts of public health and social welfare, and separated the concept of prevention from curative medicine (Liu 1984).

At first the nursing personnel in hospitals built by missionaries were comprised of expatriate women who embodied the typical Victorian and Christian ideals of the time which included dedication, vocation and obedience. Nursing in China, as in other parts of the world, was organized under the expectation that it's practitioners would accept a duty to care, rather than demand a right to determine how they would satisfy this duty (Reverby 1987). Later, and well after these altruistic notions were well entrenched, it became evident that staffing could not rely on entirely foreign sources, and would need to depend on suitably trained local personnel, selected from middle class echelons. When the Union Medical College of Peking opened the Union School of Nurses in 1908, with a three-year course, admission was restricted to male students since viewing the bodies of strangers was thought to be unseemly for middle class Chinese women of desirable moral standing.

In a move that was to have a paradoxical effect on the development of nursing in China, Henry S. Houghton, Director of the Red Cross Hospital in Shanghai and later the director of the Peking Union Medical College Hospital, during the early 1900's, denied access to nursing to male applicants and was lauded as a pioneer in breaking the social barriers against women (Bowers 1974). In fact, what he achieved was a replication of the system which existed in Europe and North America at that time and which was characterized by the development of nursing as a sexually stereotyped occupation. Caring, even though it then entered the formal sector, that is it became recognized as work to be paid for, remained to all intents and purposes "invisible" since it was associated with "women's work" which was devalued and underpaid.

Because of the social barriers existing in feudal Chinese society and the paucity of preliminary educational opportunities for women, there were only three students in the first class, and one single graduate four years later. Staffing shortages were critical and it became obvious that only two solutions existed: either to admit males, or to lower educational requirements so that females, considered "by nature" to be more suitable for this sort of work, could be recruited. The latter option was chosen. This decision justified a course of action which was to result not only in sexual stereotyping but also in the marginalization of nurses' work. They now assumed the status of the servant class. Drawing on western male dominated models of medical science, knowledge of new medical techniques was emphasized. Nurse midwives were taught what doctors thought was best for the administration of cure and treatment – which they prescribed but which they did not provide. Bedside care and the care of mothers and infants were learned through procedures without regard for the nurses' cultural background nor for their own experiences as mothers or child-care providers. What had been learned from life was not integrated into a body of professional expertise.

With the out-break of World War II, nursing education in China was severely disrupted. The invasion of Japanese armies resulted in the forced closure of most schools of nursing and the dispersal of students to their homes.

In relying on western models of medical science, hospitals failed to produce a relevant number of suitably prepared nurses to deal with the realities of health care in China. The role that expatriate health experts had prescribed for nurses was illusory and exclusive since larger issues of health remained unaddressed: people were starving, hygiene and sanitation were poor, infectious disease was rampant. No assistance of significant proportions was being offered to communities or rural areas.

## QUANTITY NOT QUALITY

When the Communist government assumed power over the entire country in 1949, high priority was given to the establishment of an efficient health care system for the entire population. The basic guidelines for the organization of medical care were enunciated at the People's Republic of China First National Health Congress in 1950. They included the following:

- Medicine should serve the workers, peasants and soldiers.
- Preventive medicine should take precedence over therapeutic medicine.
- Chinese traditional medicine should be integrated with Western scientific medicine.
- Health work should be combined with mass movements (Sidel and Sidel 1982).

As the country was faced with the task of training as many nurses in as short a time as possible, baccalaureate nursing education was abandoned in 1951 in favour of Soviet-styled programs.

The Soviet model in place from 1951 to 1979 saw nursing as a service vocation rather than as a profession. Nurses were trained to think of themselves as health technicians responsible for a narrow range of duties such as giving injections, maintaining intravenous infusions and changing bandages. The caring aspects of nursing, demonstrated through tasks such as bathing and nutrition, were further denigrated. Thought to be unsuitable tasks for nurses, these tasks were relegated to the family.

Rather than developing the role of the nurse, large numbers of middle medical schools were established to train assistant or barefoot doctors that were in many ways similar to nurses but who also incorporated the roles of pharmacists, technicians and sanitarians.

## FROM RESPECTED PROFESSIONALS TO ELITIST VILLAINS

During the Cultural Revolution (1966–76), the effort to deprofessionalize and decentralize the health care system was intensified. As a result, nurses and physician specialists, many of whom had virtually been conscripted to work in hospitals, now found themselves a disenfranchised group, heavily criticized for being elitist and unconcerned with the plight of the masses.

Throughout the period before the Cultural Revolution, a limited number of nurses were organized into mobile health units that travelled the countryside providing services and training. With the advent of the Cultural Revolution, more health professionals, including some senior nurses, came under heavy criticism and were required to take up long term assignments in rural sites. Formal nursing education was suspended. In an attempt to meet the still unsatisfied need for basic patient care, hospitals trained nurses in only the most basic of procedures. Not only was the application of knowledge in a scientific manner virtually lost, but the caring aspects of nursing were further eroded since nurses came to be regarded as auxiliary personnel whose recognized work was to serve doctors and apply treatments rather than helping patients and their families. The status of nursing was further diminished by events which placed many of the most talented and committed nurses on the wrong side of the political fence. Medical education was diluted so severely that many so called doctors had less education than the nurses who had been educated before the Cultural Revolution. This led inevitably to role conflict between the two professions. The State dealt with this by promoting senior nurses of greater talent, commitment, and political purity to the role of "Doctor", thus depleting nursing manpower and undercutting the role and status of the nurse as viewed by both the public and the nursing profession itself.

By the late 1970s, it was apparent that the barefoot doctors often exceeded their knowledge and training. Examinations and narrower definitions of their roles were a necessary means to protect the public from zealous and minimally trained practitioners. Caught between western models of male dominated medical science, which concentrated decision-making for patient-care in the hands of hospital-based physicians, Soviet models of medicine, which obscured the role of the nurse even more, and Chinese Communist models, which saw the rapid proliferation of other categories of health workers, nursing in China continued to lose ground.

Nurses were denied access to practice in the community because they were seen as being more needed in county hospitals. There, they fell under the governance of physicians and had little professional autonomy nor access to decision making.

## NURSING IS REINSTATED

By the late seventies, it was apparent that the move to deprofessionalize healthcare had resulted in some unforeseen and even dangerous outcomes. Nursing care in hospitals had deteriorated abysmally. Low levels of knowledge, coupled with a poor sense of professional identity caused in part by the lack of professionally trained nursing leaders, meant that something had to be done quickly. A sudden change in policy was effected in 1979 and nursing leaders who had been languishing for years in remote areas undergoing re-education were precipitously rehabilitated and restored to positions they had held a decade earlier.

The Chinese Nursing Association was reinstated and universities and colleges were charged with re-instituting as many baccalaureate programs as possible within the shortest period of time. Upgrading the education of all nurses who entered the profession during the Cultural Revolution's ten years of turmoil – numbering in the hundreds of thousands – became a top priority. Before 1949, the total number of nurses was a scant 30 000; by 1989, the figure had reached 800 000. Although communist policy has been successful in preparing more relevant numbers of nurses, 800 000 is still an insufficient number to meet the needs of a population exceeding one billion people.

Part of the reason behind the nursing shortage is its image as a low-status profession which requires little education or intelligence. Despite the erosion of the barefoot doctor's role, as a result of the open door policy which provides incentives for transfer to more lucrative lines of work, it is apparent that these primary health practitioners enjoy as much or greater status in their communities than nurses who possess higher levels of education and who work in larger urban centres. Nurses commented to us that even if they were enabled to take up positions in communities, as they would surely like to do, they might be obligated to drop the title of "Nurse" and take up the title of "Doctor". When we inquired as to why this would be so, we were told that rural people see nurses as doctors' servants and incapable of making independent judgements. Partial explanations for this phenomenon seem to lie in the influence of cultural conceptions, which see nursing as women's work, and therefore ascribe to it a low status, and in the influence of the western scientific medical model, which separates curing from caring and gives caring subordinate status. Even in urban areas, nursing is seen by the public as a service vocation, and the image of nurses is "that of people who help patients to eat and drink".

The idea of the nurse as a type of low-skilled service person surely contributes a great deal to the reluctance of young women to enter the profession. One young nurse told us, "Many do not like to work with people the way nurses must. They feel like a servant. The patients are not respectful". The *China Daily* (22 June 1987) corroborated this view: "Such a job of attending to others is regarded as inferior by any people who are prejudiced against service trades". Culturally driven attitudes as well as western medical influences have contributed to the notion of caring as menial work. Consequently, treatment and cure procedures frequently involving the use of high technology equipment which comes under the authority of doctors are seen as the only activities worthy of praise and recognition. Nursing educators complain that the quality of caring in the profession has diminished since there are now more obvious incentives for carrying out technical tasks than for caring in a holistic manner for patients[3] .

## EDUCATION AND ALLOCATION: THE SHORTAGE CONUNDRUMS

At present, only about 30% of nursing school students are in nursing by choice. The remainder are assigned to schools by the government. Most of these are young women who, having failed the exam for senior middle school, either had to apply for admission to technical or trade schools (of which nursing is one) or enter a job without further training. According to a nursing educator at the hospital in Beijing where we carried out a questionnaire survey, applicants from nursing schools are the lowest-ranked on the lists of applicants from all technical/trade school, if they appear on their lists at all. Many who have heard of the nursing profession know only of its negative aspects: long hours, night shifts, heavy and dirty work, poor salaries and low status. They would not think of volunteering for such a future. However, those who are rejected by the schools of their choice are put into a pool of similarly unsuccessful candidates from which nursing school quotas are filled. Furthermore, those students who did the poorest on these exams are allocated to nursing; those with higher scores become laboratory technicians or doctors' assistants. Thus, the largest challenge nursing schools face lies in instilling a sense of professional pride into a student body largely devoid of commitment. Ironically, while publicly proclaiming its support, the government actually undermines nursing by assigning to it those students lowest in aptitude.

Many nursing educators with whom we spoke asserted that better pay and working conditions were essential to nurses' morale; however, professionalism is the key to providing nurses a sense of dignity. They linked nurses' low esteem of their profession to the present allocation system of employment and to the lack of a standardized and updated curriculum of nursing, taught by nurses and distinct from the medical model. Indeed, even the university level nursing programs suffer some of these problems. Yang Jing, a teacher in the Beijing Medical University's Department of Nursing, remarked: "Even students in the colleges come to study nursing unwillingly. In the junior nursing class only two of the thirty students studied nursing as their first choice. The rest intended to study clinical medicine, dentistry or other majors, but as they didn't get high enough scores on their entrance examinations, they had to change their goals".

## WORKING AND LIVING CONDITIONS AND JOB SATISFACTION TODAY

The problems discussed above were related to us many times over in conversations with personnel at various levels of the nursing hierarchy in Beijing and Tianjin. Through an open-ended questionnaire survey, we were also able to solicit the opinions of twenty-one nurses at one Beijing hospital regarding their working conditions and their opinions of the nursing profession. Our survey was limited by an unfavourable political climate which reduced our access to a larger pool of subjects; however, we were able to confirm our findings by conducting open-ended interviews with a second group of nurses in Southern China.

Our surveys tended to support ethnographic and anthropological data that have shown that the degree to which women are involved in production is not necessarily positively related to their access to economic or political power (Sanday 1974). Similar to the findings of studies which have examined the invisibility of women's labour in agriculture (Safilios-Rothschild 1985), our study found that within a system of patriarchal values, women's (nurse's) work and their economic contributions tend to be viewed as auxiliary to men's work and the breadwinning function; they do not lead to economic self-sufficiency for women. Irrespective of women's participation in the labour market, their class membership tends to be determined by their relationship to patriarchal authority (Delphy 1984).

With few exceptions married nurses lived in quarters provided by their husbands' work unit. Two factors account for this. First, hospitals face tight budgets and have not put a priority on building housing for nursing staff. We could safely speculate that hospital administrators assume that female workers have alternative sources of support from spouses often employed in more remunerative jobs elsewhere in the State sector. Consequently, married nurses usually end up in the housing of their spouses' work units, which may be very far from the hospital. Secondly, the patrilineal, patrilocal bias of the Chinese family pattern leads to a situation where a woman is expected to live in the housing provided by her husband's unit. There are exceptions to this, and sometimes a couple will live in the housing provided by the wife's unit, but it is not the usual case. An unmarried nurse will usually live with parents or other relatives, due to accommodation shortages and cultural norms which consider this the proper behaviour for unmarried women. Depending on the hospital, there may also be dormitory rooms for nurses, which sleep three or four to a room. In terms of housing conditions, most nurses we surveyed lived four or five people to two rooms, so there was is little chance for peace and quiet, relaxation or study at home. Many nurses faced long commutes by bicycle or bus, and tasks such as shopping, laundry, cooking and cleaning took up their spare time remaining after work. Despite the communist party's policy of making domestic appliances available for all households, a policy which can lead to the mechanization of domestic labour, only wealthy households have the electrical appliances to make these chores easier. According to our respondents, domestic tasks are shared by husbands and wives, but few husbands contribute an equal share and the attitude that a husband's career demands should take precedence over those of his wife is quite common. There are nurses who live in more spacious housing; they are the few at the top of the hierarchy or have husbands in favored positions.

A phenomenon, virtually universal in its proportions, is the oppression of women evidenced by the cancelling out of their earnings by the necessity to purchase hired help to replace their own unpaid services

(Delphi 1984). Nurses in Beijing with whom we spoke indicated that finding day-care services is becoming a significant problem, with waiting periods of over one year being common. In some cases, the solution is to have grand-mothers as caregivers, which in itself perpetuates the problem of the invisibility of women's labour. In other cases, nannys or ayis are hired. Although common, this is not a popular recourse since ayis command almost as much in salary as the beginning nurse brings home (about 50 yuan).

## RECOGNITION, WAGES AND ECONOMIC VALUE

The economic policy currently in place is characterized by strong incentives for what are referred to as the productive (industrial) forces. However, the contribution of the human services sector to the health of the nation, a factor which has a direct bearing on productivity, has received less attention in recent years. A retired nurse to whom we spoke, summed it up this way: "As nurses our problem is that we cannot point to so many bolts of cloth nor so many tons of steel and say this is our contribution to industrial production. Rather, we have to look at things that are hard to measure, and that you cannot put a price on like easing a dying patient's suffering, returning a worker to productive labour early because of excellent nursing care following surgery, or teaching good health care to expectant mothers so that the child born into society will be healthy and strong".[4] This statement makes it obvious that the problem of ascribing value to care is directly related to the difficulty in estimating the financial value of care in a society where the aim is to produce a high rate of goods and services.

Although all health providers including physicians, dentists and laboratory technicians have found their wages shrinking in relation to inflation and the earnings of workers in other sectors, nurses have been among those hardest hit. The basic salaries of nurses average approximately 70 yuan/month (1 yuan is roughly equivalent to 26 cents Canadian or 30 cents US). A beginning nurse earns only 50 yuan per month. Nursing supervisors earn about 70 yuan/month, and head nurses, 120 yuan. Women at the very top level command salaries over the 300 yuan/month mark, but they are few in number. To a question about how doctors' salaries compare a nursing administrator replied that if a doctor and a nurse graduate with the same educational level, their salaries would be equal. But this is rare, since doctors usually have more education than nurses. Moreover, their superior educational status enables them to attain promotions faster, and they have an additional income "bonus" from the private sector in the form of under-the-table cash gifts from patients. In the cities at least, it has become

customary for patients to give doctors presents in order to ensure superior treatment, and to thank them for jobs well done. Although nurses
have a large hand in the success of patients' hospital stays, they are not
similarly rewarded.

In the media and in our Beijing survey, nurses complained about
their low salaries. Looking at the statistics for the average yearly wages
of workers, they had reason to complain. In State and collective sectors,
it was 1,271 yuan. That for Beijing was 1,488, while Shanghai's was even
higher at 1,593 yuan. If we consider only workers in the health, education and social welfare sectors, the wage in Beijing was 1,286 yuan, and
in Shanghai, 1,465 yuan per year (exclusive of the above mentioned
gift payments), significantly lower than the average wage of workers in
all sectors. As the average wage for nurses amounts to approximately
840 yuan a year, over 400 yuan less than that of the average worker in
this sector, it is no wonder that they feel unjustly treated. The salaries
of workers in joint ventures, such as waitresses in hotels catering to foreign clientele, are much higher. The average hourly wage for a joint-
venture worker in 1986 was 2,005 yuan, and that for a wholly-owned
foreign venture worker was 2,304 yuan (*China Statistical Year Book*
1987:680). Even personnel in State-owned hotels catering to domestic
clientele receive much higher wages than nurses, from 100 to 300
yuan/month. One can understand why nurses are among the hardest
hit by the inflation which is now rampant in China. With increases as
high as 24% in prices of non-staple foods, and increases in costs of
transportation, child care and clothing, if they are not heavily subsi-
dized by spouses or parents, nurses are worse off in terms of actual buying power than they were several years ago.

Thus, it is apparent that while the State relies heavily on nurses to
maintain the health of the populace, it neglects to reward them in a
tangible way. This was dramatically illustrated in a *China Daily* article
(December 19, 1987) celebrating International Nurse's Day. In it,
nurses were extolled as being exemplars of moral rectitude, since they
care for people from birth to the grave, are dedicated to the care of the
sick, perform long hours of back-breaking labor, and receive very low
pay. The public was enjoined to "Respect Nurses!" Lack of social status
was attributed to the nurses' poor education. The failure of the State
to provide an adequate level of educational opportunities to nurses was
totally overlooked. We questioned a nurse about her reaction to this
article. She responded, "Putting articles in the paper is not good
enough. If the society really respects us, let them pay us what we deserve, so that we can live with some degree of dignity".[5]

Another untoward effect of the unleashing of market forces has been
the increasing emphasis laid by hospital administrators on "efficient"

models of management. According to one of our sources this has meant that hospitals have sought to economize primarily by cutting back on nursing services and that this has, in turn, only worsened the working conditions for nurses who already find themselves coping with unacceptably heavy patient assignments. Heavy patient loads and fewer nurses frequently mean that hospitals cannot release nursing staff for a few hours per week to study foreign languages. Thus, relative to other disciplines who can afford to release personnel for such study during working hours, nurses are disadvantaged in competing for scholarships to study abroad. One hospital administrator with whom we spoke flatly refused to consider allowing nurses to study English during their working hours. "If they study English, there will be no one to look after the patients", he said. "If they want to study English badly enough, they'll do it during their leisure hours".[6] When we questioned our nursing colleagues about whether physicians were similarly disadvantaged, the answer was "Maybe not, since the shortage in medicine is not so severe".

### LEAVING THE PROFESSION

It is not uncommon for the most talented and ambitious nurses to find a way out of the profession. Many enter laboratory work, where a curative/treatment and technologically dependent orientation ensures better pay and superior working conditions. Others become doctors. Madame Lin Ju Ying, President of the Chinese Nurses Association, said: "Most Chinese nurses admire doctors' and would change jobs if they had a chance". According to the *Beijing Review* (Liu 1984), there may be ample opportunity for those nursing students who earn baccalaureates in medical science to become doctors in the future since their educational credentials will be equivalent.

Some nurses opt out of the health field entirely. We had the opportunity to interview one young woman who had left nursing to join an international firm as a marketing representative. In her words:

I never wanted to be a nurse in the first place, but during the early seventies I had no choice. My parents were not of the right political background so I was not permitted to go to University. I was sent to work as a nurse in a hospital with only a few weeks training. I hated it at first and I was scared because I had to deal with situations for which I had no background in handling. I really did care about the patients, though, and I wanted to do my best. So I worked hard, studied a lot on my own, and I became a very good nurse. This got me into a lot of trouble with my peers, who used to say, "Why bother, it's not going to get you anywhere". Primarily because of my youth, I was passed over for promotion several times, even though everyone knew I should have been the one chosen. As a result of all these disappointments, I became more and more depressed, and finally I became very ill physically. For a while I was afraid I might die, but I was determined to live. I did a lot of thinking while I was sick, and finally I decided that I had to find a way out of the trap. After a year in a hospital, I finally got better and I did find a way out. It was by studying English which I did secretly in the evenings. After over a year of study, I felt I was fairly good at it. I answered an ad in the newspaper, placed by a unit that was hiring Chinese with proficiency in English, to work in foreign enterprises. I applied and was hired. Now after a year, I have worked myself into a good position and I'm making a salary that is 8 times more than I made as a nurse.

When asked whether she missed nursing she answered: "Yes, there was a sense of meaning to my life then and in some ways I loved my work, but I would never want to go back – not with conditions the way they are now".[7]

This anecdote offers a personal glimpse of some of the problems mentioned above: a promotion system that continues to be based on seniority rather than performance, the disparity in income between the industrial (here, the foreign venture) sector and the health sector, and the increasing sense of futility and professional estrangement many nurses are feeling toward their work. This individual was fortunate enough to find a way out of her situation in which she felt unrecognized, alienated and exploited. Was her abandonment of nursing to her ultimate gain? It is hard to say. Certainly, she is better off financially. However, the profession of nursing in China has lost a valuable asset, and an even more significant privation has been the loss to the recipients of her care – the patients themselves.

## NURSES AS WOMEN WORKERS

In 1949, the China Communist Party set out to explicitly create a nation wherein women were the equal of men. This agenda, however, has not received as high a priority as other goals, such as the recent drive for modernization, or the liberalization of the economy. The Chinese Women's Federation has noted such remaining problems as the male dominated kinship system, patrilocal marriage, the unofficial division of labor which often restricts women to lower-paid and/or subordinate jobs, and the dual burden of housework and home responsibilities (Davin 1987).

The history of the effort toward the liberation of women in China has been well documented (Stacey 1983; Wolf 1985; Davin 1987). All authors agree that women have not attained the equal status guaranteed them on paper. The debate bears on whether or not their lack of progress has been an intentional outcome of official policy. Without taking part in this debate, we shall turn to the question of how the State perceives women workers in the economy, and what this portends for nurses.

December 1988 marked the tenth anniversary of the historic Third Plenum that set the Chinese economy on the course of reform. Since the Open Door Policy, there has been an implicit acceptance of some of the underlying assumptions of the Western view of modernization; for example, the emphasis on paying workers according to their work, the stress on material rather than spiritual rewards, and the acceptance that some sectors of the economy will inevitably move ahead of other poorer, less-developed sectors. Former Prime Minister Zhao Zhiyang summed it up bluntly: "Socialism has only two principles, public ownership of the means of production and paying each according to his work. Beyond that all policies and measures which promote the development of production should be fully adopted" (Walker 1985).

The economic policies of the Third Plenum have provided women a mixed blessing. While light industry such as textiles and electronics have expanded, offering many women employment, these are not usually highly skilled jobs with career ladders (Andors 1983). Furthermore, women still predominate in those areas of employment which are most closely associated with the responsibilities usually assigned to mothers: women constitute more than half the labor force in catering trades, health and medicine, clothing and textiles and pre-school education. The inverse relation between high wages and proportion of female employees reinforces the popular view that men are worth more than women (Robinson 1985). Women remain a minority of employees in heavy industry where salaries and social benefits are higher.

A major obstacle facing women is the perception of women as both the weaker and the lesser productive sex (Croll 1984; Andors 1983; Hooper 1984). Now that factories are urged to turn a profit, women, who are perceived as requiring a higher level of benefits, are the first to be laid off.

The *Beijing Review* (Liu 1984) links increasing unemployment rates for women to industry's drive to rationalize production: "To improve productivity and cut costs, Chinese enterprises have strictly fixed the numbers of their employees and optimized the organization of labour, thus expanding the ranks of the surplus labour force".

They noted that women account for 64% of all surplus labour and cited women's lower productivity relative to men's as the result of maternity leave, breast-feeding time and longer breaks as the reason for their disproportional lay-offs.

The *Beijing Review* article takes the position that the practice wherein the government set the quotas for women in all enterprises was an "unfair practice". They say this policy ignored women's physiology, and "With the introduction of the optimum organization of labour, these women have been the first to be asked to leave. Ironically, under the old system, where profit was not the major goal, women had more job stability and more opportunities".

In a similar vein, the United Press International (November 1988) reported on an article from the *China Daily* which states: "Many work units are experimenting with a system called 'staged employment' in which women workers take a seven year unpaid leave of absence after giving birth, and retire at age forty, presumably leaving their jobs to be filled by younger men". We cannot but conclude that the direction for change lies in the realm of increased peripherality, the downskilling of women's jobs and a stronger occupational division of labour by sex. This is ironic at a time when women, under the one child policy, are officially deemed less restricted than ever from full participation in the labor force. Although the one-child policy may limit the number of children a woman cares for, it may act to reinforce rather than inhibit cultural views which give mothers the responsibility for the domestic realm. With only one child to provide for one's old age, we can anticipate that the urban mother will devote increasingly greater amounts of her time to coaching her child to compete in the education system so that the child might eventually obtain an influential position. Clearly, nursing would not be a targeted career.[8]

Where do nurses stand as compared with other (non agricultural) women workers, and how will State policy affect them? In terms of education, they are probably more educated than women in unskilled manufacturing and service jobs, but their salaries are smaller. When we consider job responsibilities and the difficulties of the work, surely few jobs are as demanding. Since nursing is considered to be in the female domain, at least nurses' jobs are not threatened by the spectre of early retirement to make way for young men. If the State would put some financial backing in its promotion campaign for the respect of nurses, it is possible that nursing could become a valuable and valued profession. As it stands now, not one of the nurses we surveyed wanted her daughter to become a nurse.[9] Many even indicated they would actively discourage their child from entering nursing. Unless working conditions for nurses are upgraded and their work is perceived to be of greater social value, recruitment into the profession will become even more critical, with the percentage of women who choose nursing shrinking as inflation rises.

### THE CALL FOR HELP

In the absence of a political policy to redress the widening gap between those who are permitted to profit significantly from the open-door policy and those who are not, the nursing profession in China has begun increasingly to look toward Western countries for professional support (Dirschel 1981; Desantis 1988).

We need to be able to give our young nurses some hope that they will have an interesting career and that there will be some recognition and that their hard work and commitment will pay-off. If our nurses believe that there is even a slim chance that they could study abroad, or that they would have an opportunity to learn how nursing has advanced in other countries, and if they thought they could gradually begin to make some changes in their own work-settings, morale would improve. We could keep our talented people and we might even be successful in attracting people of greater ability into the profession. With things the way they are now, we are at the bottom of the heap, both in the health-care system and even in the larger society.[10]

Thus it has been with the idea of engendering hope for something better that nursing leaders have vigorously exploited their contacts with western nursing groups. Calls for assistance have been directed to aid-granting agencies, international health organizations, professional nursing associations, universities, colleges and hospitals.

### RESPONSE DILEMMAS

Observing the outcomes of the few foreign funded projects that have been mounted thus far and attempting to ascertain the way aid could most usefully be offered in the future, a number of formidable barriers to the implementation of an effective development strategy become apparent.

At the present time there is no strategic plan for the development of nursing in China. A vision of improving the quality of caring for the patient and extending the role of nurses into the community does exist in the minds of a few eloquent and impassioned elderly nurses. However, neither this vision nor any other plan has been endorsed officially and articulated in a manner which would render it a practical and concrete plan for the development of the nursing profession. This lack of bureaucratic commitment to the development of nursing means that requests for aid to nursing are made on a piecemeal basis and without consideration for how they will fit in the priorities of the profession or the health care system.[11] Little attention so far has been given to developing an appropriate infrastructure to maximize the effect of development strategies and to sustain the development process. These kinds of institutional, structural and attitudinal barriers are typical of the problems women face when they try to transform their own self-help groups into officially recognized bodies. The recognition of nursing with full professional autonomy and legal status is an important goal to strive for, not only to help defend a large group of women workers' (in this case nurses') interests but also because a vocal professional association can help make nurses' working and economic contribution more visible.

Complicating the development process are the recent political events (June 1989) in China which have signalled a chilling of diplomatic relations and appear to have dampened the enthusiasm of western groups for engaging in development assistance projects. Sharply escalating rates of defection among Chinese students studying abroad has meant not only that knowledge and technological transfer to China has been abruptly attenuated but that in fact a brain drain from China to the West has occurred. Paradoxically the very projects that were designed to assist China in its drive for modernization have become, in some cases, conduits for the disillusioned youth seeking political asylum. The loss of intellectual and technological expertise has resulted in official Chinese policy to facilitate closer scrutiny of exit visa applicants. It is now evident that age and political loyalty may supersede academic and professional quality as a criteria for those Chinese students seeking permission to study overseas. Expatriate counterparts working on collaborative projects may find their loyalties divided between the institutions in China, whose development they have been committed to, and individual Chinese scholars, who are reluctant to return to China believing that their future career prospects have been narrowed to an unacceptable degree by current political developments. Potential expatriate project participants may be more likely to accept opportunities for collaborative involvement in projects in other countries about which they can feel less ambivalence and uncertainty.

Developing appropriate selection criteria for scholars being chosen to study abroad has proven to be a major challenge. Of necessity the major consideration beyond a certain level of professional or technical expertise has been the ability to speak a foreign language. Since persons in their twenties have had the greatest opportunities to attend foreign language classes by virtue of their widened educational options, they are frequently favoured in the selection process. Often single, these young persons easily make the transition to life abroad. They frequently however find readjustment to life in China difficult. Lacking access to positions which would enable them to make changes they view as desirable in their work settings, they frequently feel frustrated and embittered. Middle-aged persons, on the otherhand find the transition to life abroad more difficult. Moreover, the years of political turmoil experienced during the Cultural Revolution (1966–76) has meant that their educational foundations are less solid and their exposure to English minimal. For middle-aged women, the burdens of launching their own child(ren), caring for aging parents and occupying demanding professional roles has meant there is virtually no leisure time to devote to the study of a foreign language.

There are now strong indications that students being selected for periods of study abroad will be thirty-five years of age or older. Thus nursing work units will be required to contribute twice the amount they formerly contributed to the development process given that the period of study for older candidates, with no previous exposure to English, can be conservatively estimated to take twice as long as for younger persons. For nursing faculties already experiencing shortages of qualified teachers this requirement constitutes an added burden.

Notwithstanding the desirability for aid organizations to bring their operational policies into line with their ostensible commitment to reducing gender–related disparities in developing countries, our data tends to suggest that an updated policy which would recognize the need to provide additional supports to mature women could be justified when the return on the investment is considered.[13]. Firmly established in positions of some power and influence, these mature students are more able to be discriminating about what they are exposed to in North America and are thus in a position to transform knowledge and refine skills in a manner compatible with the Chinese culture and process of modernization.

## EXCHANGE PROGRAMS: CONFORMITY OR MUTUALITY?

As far as we are aware, all of the foreign assistance to nursing which has been mounted in China thus far has taken the form of disseminating western knowledge (Dirschel 1981; Desantis 1988). To the extent that methods of adapting programs to local and national needs are implemented, these programs make a valuable contribution. However we know of no foreign sponsored program which accords in its curriculum a meaningful place to traditional Chinese sources of health knowledge. Thus, in emphasizing western knowledge while ignoring traditional sources, the later is devalued. Indicators of the effectiveness of foreign-funded health projects seem to be focused on the evidence of the extent to which the Chinese have adopted western systems of knowledge. The potential for a two way process allowing for Chinese transformation of western views seems to be largely overlooked.

Expatriates working on limited time assignments, typically one or two months only, and with superficial knowledge of Chinese culture and the health care system find it difficult to engage in a process of intelligent dialogue or to present ideas and alternatives in a way that can be judged by the Chinese to be culturally relevant or practical. Although the Chinese nursing profession publishes at least seven journals on a regular basis, it is highly unusual for overseas nursing colleagues to display an interest in what this literature contains.

Achieving a relationship based on mutuality rather than conformity to western systems of knowledge is challenging because indigenously derived models of health practice are not generally well-understood by Westerners. These traditional practices, which tend to be holistic, minimally invasive and non toxic, have received less recognition and support recently in China as greater numbers of personnel are trained in western scientific medical models. It is evident now that most nurses in large urban centres know only of traditional theory but are unable to apply its precepts in practice. Western nursing colleagues, in tending to view traditional systems of knowledge regarding health as items worthy of curiosity more than subjects for serious study, have unwittingly reinforced unidirectional, conformist patterns in knowledge transfer.

Emerging western conceptions of nursing practice have much in common with traditional indigenously derived models of health practice. For example, although it is true that nurses in North America are expected to understand how disease may affect various parts of the body, they have begun to deviate from the medical model's concern with isolable disease categories, which can be zeroed in on, changed, controlled or destroyed. Assisting in the process of finding precise causes for specific symptoms no longer is seen to be the principle of nursing. Like the practitioner of traditional Chinese healing methods, the North American nurse directs attention to the complete physiological, psychological and spiritual person. All relevant information is collected including the symptoms and other general characteristics until a pattern of disequilibrium or compromised functioning emerges. Total configurations, or as the Chinese so aptly put it, "patterns of disharmony", provide the framework for intervention.

It seems clear that the possibility for fostering a creative synthesis between Chinese and Western thought exists and that this transformation of thought could provide an important counterbalance to the increasingly impersonal technology-dependent health care systems both in Western developed countries and in China.

## CONCLUSION

Our study of the experience of Chinese nurses allows us to draw the following conclusions:

- Nursing, situated within it's historical context can be understood to be governed by particular circumstances, political models and power relations which have created conditions under which women's work has been devalued. Thus Chinese nurses, as one of the largest groups of women workers in the world, have been called upon to pay an unfair price for cultural attitudes, western medical model influences and socio-economic policies which provide little appreciation and only scant incentives for the nurturing, caring aspects of their work.
- China, in its drive for modernization is beginning to mirror the mistakes of the West. By accepting technology's promises of disemburdenment and freedom from pain, it has failed to recognize the essential role of nursing in the healing process.
- The nursing profession in China, as indeed in many other countries, will continue to be threatened with chronic and dangerous shortages unless a process of cultural reappraisal occurs so that nursing comes to be valued and rewarded with appropriate status, remuneration, autonomy and more humane working conditions.
- External aid, potentially useful as it might be, cannot replace the need for radical changes in organizational structures and processes in China in order for nurses as women workers to gain greater political influence, social respectability and professional identity.
- In the design of cooperative projects with nursing in China, attention should be given not to exacerbate current problems by heightening expectations, delivering few practical solutions and reinforcing dependency. By emphasizing the dissemination of western knowledge, ignoring the relevance of indigenous knowledge and failing to take into account the complex, cultural and economic factors which govern health care in China, valuable opportunities to strengthen Chinese nurses' contribution to the advancement of the profession globally may be lost.

NOTES

1 For a description of the role that women have traditionnally played as healers see Pizurki, Mejia, Butter and Ewart (1987) and Collière (1986).
2 Interview with Lin Ju Ying, President of the Chinese Nursing Association, Beijing, May 1986.
3 Interview with Chen Shu-Jian, Vice-Director National Nursing Centre, Beijing, PRC, June 1987.
4 Interview with Wang Xiu Ying, Honorary Vice-President of the Chinese Nursing Association and Honorary Vice-President of the All China Women's Federation, Beijing, July 1987.
5 Interview with Xu Bing, Head Nurse, Beijing Medical University Hospital, Beijing, May 1987.
6 Interview with Hospital Superintendent, First Municipal Hospital, Tianjin, PRC, January 1990.
7 Interview with A. Wu, International Business Machines, Beijing Representative Office, Beijing, July 1987.
8 For a good deal of useful information data and commentary on the one-child policy in its first four years of implementation, see Croll, Davin and Kane (1985)
9 We say "daughter" because nursing is with rare exceptions a female occupation in China.
10 Comments offered by Lin Ju Ying, President of Chinese Nursing Association during consultations with Canadian Nurse's Association, Ottawa, June 1988.
11 Interview with Dr. Gillian Biscoe, Consultant, World Health Organization, June 1989.
12 Personal communication, M. Colette, First Secretary, Embassy of Canada, Beijing, March 27, 1990.
13 The data mentioned here refers to one author's experience directing a CIDA funded linkage project entitled "The Canada-China University Linkage Program: Tianjin College, School of Nursing, Faculty Development Project".
14 Interview with Li Xiang Dong, Vice-Director, Department of Nursing, Peking Union Medical College Hospital, Beijing, and International Scholar at the School of Nursing, University of Ottawa, Ottawa, November 1989.


REFERENCES

Andors, P. 1983. *Unfinished Liberation of Chinese Women: 1949 to 1980.* Bloomington, Indiana University Press.
Bowers, J. Z. 1974. "American private aid at its peak: Peking Union Medical College", in J. Z. Bowers and E. F. Purcell (eds.), *Medicine and society in China.* New York, Josiah Mary Jr. Foundation: 82–98.

Croll, E. 1984. *Chinese Women Since Mao*. London, Zed Books.

Croll, E., D. Davin and P. Kane 1985. *China's One-Child Policy*. London, MacMillan Press.

Davin, D. 1987. "Engels and the making of the Chinese family", in J. Sayers et al. (eds.), *Engels revisted*. New York, Routledge, Chapman and Hall: 145.

Delphy, C. 1984. *Close to Home: A Materialist Analysis of Women's Oppression*, translated by Diane Leonard. Amherst, University of Massachusetts Press.

Dirschel, K. 1981. "Teaching nursing in China: An exchange program", *Nursing Outlook*, 722–725.

Hooper, B. 1984. "China modernization: Are young women going to lose out?", *Modern China*, 10, 3:317–343.

Liu, Y. C. 1984. "China: Traditional healing and contemporary medicine", *International Nursing Review*, 31:110–114.

Nathan, C. F. 1974. "The acceptance of western medicine in early 20th century China: The story of the North Manchurian plague prevention service", in J. Z. Bowers and E. F. Purcell (eds.), *Medicine and Society in China*. New York, Josiah Mary Jr Foundation: 55–75.

Pizurki, H., A. Myjia, I. Butter, and L. Ewart 1987. *Women as Providers of Health Care*. Geneva, World Health Organization.

Reverby, S. 1987. "A caring dilemma: Womanhood and nursing in historical perspective", *Nursing Research*, 36, 1:5–11.

Robinson, J. C. 1985. "Of women and washing machines: Employment, housework and the reproduction of motherhood in socialist China", *The China Quarterley*, 101:32–57.

Safilios-Rothschild, C. 1985. "The persistance of women's invisibility in agriculture: Theoretical and policy lessons from Lesotho and Sierra Leone," *Economic Development and Cultural Change*, 33:299–317.

Sanday, P. 1974. "Female status in the public domain," in M. Rosaldo and L. Lamphere (eds.), *Women, Culture and Society*. Stanford, CA: Stanford University Press: 189–206.

Sidel, R. and V.W. Sidel 1982. *The Health of China: Current Conflicts in Medical and Human Services for One Billion People*. Boston, Beacon Press.

Stacey, J. 1983. *Patriarchy and Socialist Revolution in China*. Los Angeles, University of California Press.

United Press International 1988. "China cites poor productivity, lays off women in favor of men", *Ottawa Citizen*, F19.

Walker, J. 1985. "Changing China", *International Perspectives*, 18:14–16.

Wolf, M. 1985. *Revolution Postponed*. Stanford, Stanford University Press.

PENNY VAN ESTERIK[1]

# Gender and Development in Thailand: Deconstructing Display

The structural importance of women in Southeast Asia is well known. However, practices such as prostitution and beauty contests illustrate the increasing subordination of women in Thaïland. This article explores the ideology and use of beauty which underlie both practices and concludes with a discussion of why these practices are difficult to integrate into WID planning in Thaïland.

*Genre et développement en Thaïlande: déconstruction des apparences*

La position structurelle des femmes en Asie du Sud-Est est bien connue. Toutefois, des pratiques comme la prostitution et les concours de beauté illustrent l'augmentation constante de la subordination des femmes en Thaïlande. Ce chapitre analyse l'idéologie et les usages de la beauté qui sous-tendent ces deux pratiques. L'auteure conclut par une discussion des difficultés qu'entraînent ces activités pour les politiques d'intégration des femmes au développement (IFD) en Thaïlande.

Southeast Asia differs dramatically from some of the other geographical regions discussed in this book. In spite of its incredible diversity – the area includes the upland and lowland peoples of Burma, Thailand, Laos, Cambodia, Vietnam, Malaysia, Singapore, and the island nations of Indonesia and the Philippines – there are commonalities that cross-cut this vast area. The most significant for this discussion is the structural importance of women and the complementarity of the sexual division of labour. The importance of women has been related to features such as the low population density in parts of Southeast Asia, wet rice production, the inheritance of land by daughters, women's management of family's finances, the active role of women in ritual activities, and the predominance of bilateral kinship with matrilocal residence (Van Esterik 1982).

History and myth glorify powerful female political and legal figures – a fifteenth century Burmese queen, the ruling female sultans of precolonial Aceh, or the Thai and Philippine reports of women respected for their legal prowess. The aura of strength and competence surrounding Southeast Asian women survived colonial exploitation. The British were clearly shocked at the respect accorded Burmese women; "When greater races bound the feet or veiled the face of their women or doubted if she had a soul, the Burmese held her free and enthroned her as chieftainess and queen" (Nyun-Han 1972:100). This image of Southeast Asian women must have been particularly striking to British, French, and Dutch colonists in contrast to the position and condition of women in Victorian England and Europe.

Nevertheless, Southeast Asia is an area that defies generalizations and demands historical and cultural specificity, particularly in questions as complex as those related to gender. Limiting the discussion to contemporary Thailand, male dominance and patriarchy are inadequate concepts for explaining contemporary gender ideology. Thai scholars are seeking new ways to explain Thai sex roles, a difficult task considering the extraordinarily rapid changes that have occurred in Thailand over the past few decades. These changes have not always benefitted women – neither urban entrepreneurs nor village farmers. The most dominant transnational forces influencing Thai women today include industrialization and international tourism. The influences may not always be direct, although the employment opportunities of Thai women are affected. However, these forces may transform Thai gender ideology into forms more compatible with capitalist expansion and western style patriarchy.

An earlier paper (Van Esterik 1987) argued that Women in Development (WID) programmes seldom emerge out of the experiences of real Thai women but rather from somewhere in the midst of bureaucratic discourse. Bureaucratic discourse refers to language and activities associated with the planning and implementation of development projects in order to ensure accountability, measureable results, and efficiency to donor agencies. The core activities include data collection, selection and monitoring of indicators, and the production of documents. When WID programmes are viewed as technical problems enmeshed in bureaucratic discourse, many women's voices are not heard, and many practices not examined. Among the practices which illustrate the problematic of gender and development issues in

Thailand are prostitution and beauty contests. Both are part of the sexploitation of Thai women and both illustrate elements of gender subordination in Thailand.

Underlying both prostitution and beauty contests are a set of indigenous Thai concepts regarding physical beauty that provide cultural space encouraging both these practices. By juxtaposing observations about the development of Thai prostitution with observations on beauty contests some of the common features can be identified. This article explores the ideology of beauty and the work of beauty in Thailand which, underlie both practices. It concludes with a discussion of why these practices are so difficult to integrate into WID planning in Thailand. To bring up the existence of more than 700,000 prostitutes in Bangkok is to bring up a narrow advocacy issue best left to welfare oriented women's groups. To speak of the Thai Miss Universe in the same breath is to be a "kill joy". Neither prostitution nor the beauty industry is on the WID agenda, yet both reveal the contradictions underlying past development strategies. The complexity of both practices underscores the importance of including gender ideology with an examination of more measureable material conditions. This argument does not suggest that cultural constructs are the only or even the primary determinants of women's position and condition. Indeed, the land tenure system, tax structure, and environmental degradation of forests, for example, are all relevant. But even these determinants must be examined within a cultural context.

## THE DEVELOPMENT OF THAI PROSTITUTION

Prostitution is not a new phenomenon in Thailand. What is new is the extent of child prostitution, the public display of prostitution, and the amount of international media attention on it. Skrobenek (1983) argues that although prostitution is an old institution, it flourished only under the penetration and internationalization of capital. She documents the history of prostitution in Thailand from the brothels of sixteenth century Ayutthaya, noting that prostitution in Thailand neither developed from temple prostitution as in India, nor from the Japanese type "geisha" system. Prostitutes served commoners performing corvée labour, not high ranking men who had harems. In the late nineteenth century, Chinese immigrant men were serviced by prostitutes purchased from China. In 1930, there were 151 licensed brothels in Bangkok – 126 Chinese, 22 Siamese, and 3 Vietnamese (Skrobenek 1983:29–31).

The Vietnam war and rest and recreation businesses expanded the commercial aspects of prostitution to increase the number of massage parlours, nightclubs, and bars. The American GI's demand for "rented wives" (*mia chao*) in the late sixties and their practice of treating prostitutes like girlfriends increased the public display of prostitutes and their customers. This pattern continued through the sex tours of the seventies and eighties.

Karnjanauksorn (1987) argues that there is, in Thailand, cultural space for prostitution. She does not blame international tourism for creating these conditions, but only for expanding the market demand for prostitution and for increasing its display. When women's groups protest against sex tourism, for example, they face harassment from government officials, tourist authorities, and the police who benefit from prostitution. Thai prostitution was quite discrete in the past, flaunting neither the prostitute nor the relationship. With the increase in tourism, places of prostitution are advertised in neon signs, and prostitutes and customers walk arm-in-arm down main streets, encouraging a more taken-for-granted tolerant attitude towards prostitutes and prostitution. On the other hand, Hantrakul (1983:11) argues that the more traditional, discrete brothels in the back streets servicing Thai men play a more vital role in the continuation of prostitution in Thailand.

She also stresses the autonomy some prostitutes have in their personal and sexual lives, and writes, "It is interesting to watch an innocent and obedient young girl turn into a sophisticated and rebellious woman in such a male-dominated society where good women are all subservient and respectful to male superiority beyond question" (1983:26). Many prostitutes have in their lives a high level of what is considered *sanuk* or fun – excitement, variety, opportunities to socialize with friends, festive food and drink, and occasions for displaying high fashion consumer goods such as cosmetics, jewelry, and clothes. Even in cases of child prostitution in the Khmer refugee camps in Thailand, the girls are "tempted by pretty clothes and make-up" (Reynell 1989:105). The value placed on beauty and fashion is usually irrelevant in the case of child prostitutes who are sold into prostitution by family members or by those in positions of power such as village headmen. There are an estimated 200,000 child prostitutes in Bangkok ranging in age from 9 to 16, whose virginity is sold for 5,000 baht ($250) (Phanbunkoet 1984).

Variations in Thai and western interpretations of prostitution emerge from the difficulties in clearly defining who is and who is not a prostitute in Thailand. While prostitution is quite clearly defined in the west, in Thailand, "these distinctions are not clearly drawn conceptually or institutionally, so that a fuzzy grey area exists between full-fledged prostitution and straight, purely emotional relationships between the sexes. Tourist-oriented open-ended prostitution is located within this grey area" (Cohen 1987:224).

Attempts to rescue, reform, and rehabilitate prostitutes, the three R's of prostitution, have failed to make a dent in the prostitution industry in Asia (UNESCO 1987:1). In Thailand, rehabilitation programs concentrate on trying to rehabilitate the "fallen women" by providing education, health services, and alternative skills training. For example, the Institute for Socially Handicapped Women for convicted prostitutes in Bangkok offers courses in weaving, sewing, laundry, book binding, beautician skills, and cooking (Hantrakul 1983:18). As one women's group leader exclaimed, "It seems that the only way for poor women to get some vocational training is to become prostitutes first" (*Bangkok Post*, February 25, 1983). From this social work perspective, suppression of prostitution can be accomplished by arresting, penalizing, or rehabilitating individual prostitutes. Many Thai women's groups avoid the issue of prostitution altogether, possibly because middle and upper class women have difficulties identifying with the problems of prostitutes. Others offer charitable services to rehabilitate prostitutes or legal protection in the case of rape. One group, Empower, offers direct services to prostitutes on the infamous Patpong Road. But service providers face dilemmas when they are asked to provide services such as "technical English" classes for prostitutes or to provide handbooks containing translations for key sexual phrases needed in a number of languages. If these are some of the expressed needs of Bangkok prostitutes, women's groups, particularly feminist groups, may well be tempted to ignore these expressed needs and address more strategic needs as perceived by women who are not prostitutes.

Efforts to legalize prostitution and register the prostitutes neglect the political economy of prostitution and its place in a male dominated society. Skrobenek argues that current laws and programmes tackling prostitution tend to "protect" the men from "bad" women in prostitution. Often factory women have to take on prostitution as a part-time job to supplement their meager incomes. But these women see prostitution as a short-term solution for their survival. Registering prostitutes would therefore stigmatize them and make it more difficult for them to leave prostitution (Skrobenek 1985:4–5).

How does tourism fit into the broad pattern of change and modernization transforming Bangkok in the last decade? First, it is not the cause of all the problems Thailand faces at the end of the eighties. More importantly, it is not the cure. But it is closely connected with increasing rates of prostitution and consumerism. The disproportionate number of male visitors to Thailand is very obvious from the statistics on visitors to Thailand from 1979 to 1983.

Table 1
Visitors to Thailand according to Sex

|   | 1979 | 1980 | 1981 | 1982 | 1983 |
|---|---|---|---|---|---|
| M | 1,107,812 | 1,322,165 | 1,394,806 | 1,564,210 | 1,547,944 |
| F | 483,643 | 536,636 | 620,809 | 654,215 | 643,059 |

*Source:* Government of Thailand Statistical Summary 1985, 25.

Hong (1985:73) estimates that 60% of the two million tourists visiting Thailand annually are attracted by the availability of bargain priced sex. Organized sex tours to Thailand from Japan and Europe, complete with brochures displaying available bedmates have reportedly decreased in frequency, thanks to the efforts of local and international women's groups protesting this practice. Currently, efforts to curb prostitution in Thailand also reflect the growing threat that AIDS and other sexually transmitted diseases might present to the tourist industry. There is also a growing concern with the negative publicity that Thailand receives. Nevertheless, in 1988, the Thai government allocated 504 million baht on tourism, 2 million more than the national housing budget (The Nation, May 11, 1988).

The sex industry is not blamed for this negative image, but rather, the women's groups that publicize sexploitation are criticized for giving the country "bad press". Consequently, much current attention on prostitution in Thailand is influenced more by financial and sanitary considerations than by moral and gender considerations.

## INTERNATIONAL BEAUTY CONTESTS

Bangkok exploded in excitement over the victory of Miss Thailand in the Miss Universe contest in May of 1988. As part of her prize she received a $76,000 Maserati, a condominium in the Caribbean, an apartment in Los Angeles, and a spectacular wardrobe. Her prizes were important reminders of the rewards for beauty. An editorial in The Nation (May 27, 1988) suggested "we have to question why we are so pleased that someone has won a beauty contest", pointing out that "people making serious contributions to society tend not to enter beauty contests." Responding to that editorial, a Thai reader wrote, "if a Thai Miss Universe (à la California) is the only thing we have left to be proud of, this country is poor indeed" (June 14, 1988). Another male writer commented on the boost that she gave to the status and self assurance of Thai women.

The killjoys saw the Miss Universe contest in a different light. When feminists pointed out the contradictions between celebrating the victory of Miss Thailand, and the life situations of Thai women, they were told that they had bad timing and further, were not beautiful themselves. Government officials stressed the benefit there might be to Thai tourism, the Thai garment industry, and even Thai restaurants abroad from having a Thai Miss Universe (Finance Minister Suthee Singhasaneh, *The Nation,* May 25, 1988).

Discussions among Thai feminists about beauty contests began long before Miss Thailand became Miss Universe. In 1985, Friends of Women Magazine published an editorial and an article opposing the idea of holding the Miss Universe pageant in Thailand. They objected to women being assessed on the basis of their appearance and treated as objects to benefit others. They contradicted the argument that the pageant would encourage tourism and foreign investment, pointing out that the pageant would encourage sexist tourists who view Thailand as "the biggest brothel in the world". Moreover, foreign investments, they argued, are linked to factors like profit margins, market demand, and political stability, not beauty pageants. In North America, demonstrations against the Miss America contest in 1968 publicized the feminist discourse against beauty competitions, stressing how they commoditize women and exploit them for capitalist expansion through commercial endorsements and publicity appearances. Thai women's groups also objected to the contest because it created a situation where a North American criterion of beauty – straight nose, large eyes – is encouraged, leading to a greater homogenization of standards for evaluating women's physical appearance.

Interest in international beauty contests is extraordinarily high in Thailand, more so among women than among men according to the Bangkok Post (June 24, 1989). The first teenage beauty contest for fifteen to seventeen year olds was recently held in Thailand (Bangkok Post, July 2, 1989). Even more bizarre was the private sector initiated Miss Thai-Indochina beauty pageant (won by Miss Burma) in May, 1989. The Lao contestants withdrew from the competition when they learned they were expected to parade in swimsuits. Contestants for the recent Miss Ho Chi Minh City contest had to be medically verified to be virgins (*The Nation,* April 18, 1989). It is difficult to understand why Laos and Vietnam would choose to participate in such blatantly commercial undertakings.

Prostitution and international beauty contests are linked through the high value placed on women's beauty in both practices. This is an important basis for Thai gender ideology and therefore has relevance for gender and development in Thailand. This argument can best be developed by examining first the ideology of beauty and second, the work of beauty.

## THE IDEOLOGY OF BEAUTY

National beauty contests have been an important part of Thailand's nation building stategy since the 1940s. Many Bangkok communities held local beauty contests around New Year's celebrations. These urban contests may have inspired village beauty contests associated with merit-making rituals following Buddhist lent. Buddhist rationale for such events included the idea that physical beauty was a reflection of merit store, good deeds in past or present lives, and moral purity. Clarity of complexion, grace and serenity were reflections of moral goodness, one guide to knowing merit store. Ugliness, unfortunately, conveyed the opposite, although since all acts have karmic consequences, both evil and goodness may have to be worked out in one individual's life. That leaves potential for a beautiful person to become ugly, an ugly person to become beautiful, or an ugly person to be morally good.

In the Pali texts containing the discourses of the Buddha, the questions of Queen Mallika to the Buddha, and his answers, expand on this point. She asks: "Reverend Sir, what is the reason, and what is the cause, when a woman is ugly, of a bad figure and horrible to look at, and rich, wealthy, affluent, and high in the social scale? Reverend Sir, what is the reason, and what is the cause, when a women is beautiful, attractive, pleasing, and possessed of surpassing loveliness, and indigent, poor, needy, and low in the social scale?" (Warren 1969:228–229) The Buddha links these conditions to the women's behaviour in former lives; perhaps they manifested hatred but at the same time gave alms to monks. According to feminist interpretations of Buddhist logic, a woman becomes a prostitute as a result of bad deeds in former lives. But a beautiful prostitute is understandable since in her present life, she is working out both good and evil.

Terms for prostitutes reveal interesting indigenous interpretations. An old term for prostitute, *ying ngam muang*, (the beauty of the city) explicitly links beauty and prostitution. Another term, *sopaenee* derives from *ying nakorn sopaenee*, a story from a popular text outlining Thai cosmology, *Trai Phum*[2]. The story itself is very revealing concerning the context sensitivity of Thai action, and the impermanence of life conditions. In brief, Ambapali serves a period of time in hell for cursing a respected *Bhikkuni* (female monk), and is reborn an Indian courtesan of great beauty. Her son becomes a monk and attains enlightenment; and Ambapali becomes a *Bhikkuni* and is enlightened (Reynolds and

Reynolds, 1982). That a human can pass through these various moral levels with impunity is perhaps the heart of Buddhist interpretations of gender. This perspective helps explain the lack of total condemnation for prostitutes as evil people. Rather, they are humans who are working out the moral consequences of past actions. A beautiful prostitute is just one of the increasing number of contradictions modern urban Thai must live with (along with wealthy thieves, clever beggers and aggressive politicians). This also explains why ex-prostitutes can move back to their villages, marry, and live morally respectable lives by rural standards, particularly if they retain their beauty, have accumulated wealth, and have used that wealth to make religious merit and help their parents and siblings.

Since there are such a wide range of relationships referred to as prostitution, there is ambiguity as to whether the activities of prostitutes are morally bad. Although the third Buddhist precept requires abstaining from wrongful sex, it is not clear whether or not unmarried adults who are "attracted" to each other and exchange gifts are engaging in wrongful sex. Prostitution is not listed as one of the wrongful livelihoods (*Pali, samma ajiva*). Right livelihood requires abstaining from a livelihood that brings harm to other beings, such as trading in arms, in living beings, intoxicating drinks, or poisons (Nyanatiloka 1972: 92). Therefore, it is absolutely unambiguous that procurers of child prostitutes and anyone who coerces or controls prostitutes is practicing a wrong livelihood in Buddhist terms because he or she is trading in human beings.

The Buddhist concept of beauty might be considered sexist if only women's appearance showed the effects of merit collected from past lives and of keeping the precepts. But men's faces show the effects also, in the opinion of several (good looking) Thai men. However, in practice, it is Thai women who are more likely to be judged by their appearance. As one Thai graduate student explained, "I went into graduate school because I was not pretty enough to be a secretary". The potential is very strong in Thai society for ranking individuals on the basis of their physical appearance. Thus, there is cultural space for beauty contests in Thailand, even though the interpretation of beauty may have different roots in Thai and western societies. Khunying Kanitha, in a description of Thai women, identified the most desirable sought-after woman as the possessor of the five beauties (hair, eyes, teeth, nails, complexion). She mentioned that some people wish to change these five beauties to five virtues (honesty, unselfishness, dedication to family, concern for community problems, and working to improve the status of Thai women). With the increase in international beauty contests, this change in meaning will be much more difficult to attain.

Feminists should rightly expose the gender bias built in to women's beauty contests rather than men's beauty contests (transvestites, *katoej* have their own contests). Thai women's groups also have the responsibility to analyze how beauty contests are used to encourage women to conform to a passive, morally upright, dutiful stereotype, while men continue to enjoy a double standard – expecting sexual purity of their mothers, wives and sisters, but condoning and practising sexually exploitative behaviour with prostitutes, subordinates, and minor wives.

The international beauty contests, with their huge budgets and commercial sponsorship bear little relation to Thai assumptions about beauty. In fact, they destroy any vestige of value in the indigenous Thai interpretation. How do Thai grandmothers feel thinking back on the temple beauty contests when they wore their finest family clothing and jewelry, and walked modestly around a temple compound to the rhythm of Thai music, smelling of jasmine and lotus blossoms, knowing that the man they hoped to marry will be watching, admiring from a distance. Such memories must be confused by the parading of women in bathing suits in international beauty pageants, parading both their sexuality and their commercial endorsements.[3]

A similar argument can be made for massage, a valued skill of Thai women, easily ignored or misinterpreted because of the new context in which massage has been embedded since the rest and recreation of the Vietnam war – massage parlours with women on display, to be chosen for sudsy sex with foreign males. Traditional Thai massage is part of the system of herbal cures and spiritual healing of Thai traditional medicine. This indigenous knowledge is devalued and delocalized when it is equated with the sexual massage of massage parlours. The ads from Bangkok tourist magazines underscore the potential confusion between traditional Thai massage and massage parlours by showing diagrams of traditional Thai massage alongside showgirls.

Related to beauty and massage is the complex of cosmetics. Both indigenous herbal mixtures to enhance women's beauty (*samun prei*) and the products of international cosmetic companies like Revlon are very popular in Thailand. These are key consumer items for rural and urban women, rich and poor, and have been for decades. In 1926, Prince Bidyalankarana described all night singing contests with young men and young women in separate boats. The woman's boat "carries a good-sized box in which are to be found powders, scents, unguents and a hundred and one articles of feminine garniture and paraphernalia suitable for rural beauty queens" (Rutnin 1975:178). Cosmetics link into the indigenous health system of massage and herbal cures. Further, cosmetics are part of the royal style, bringing the face of the wearer into line with cosmological order (Van Esterik 1980). In Thai

ideology, there is cultural space for an immense western cosmetics industry, a reality that causes Thai feminist groups some uneasiness.
While some Thai feminists see cosmetics as irrelevant to gender subordination, others see the decision to use cosmetics as a politically incor-
rect choice for Thai feminists.

This is not merely glorifying an imaginary or elite past in Thai history
– glorifying massage over surgery, herbal face powders over Revlon
powder. Both these domains of knowledge were possessed by women
and highly valued. Further, like physical beauty their possession and
use were linked to personal morality. Sex tourism has detached these
local knowledges from their indigenous roots, and encouraged re-
interpretation of massage and beauty into forms more compatible with
western categories of thought and capitalist expansion.

## THE WORK OF BEAUTY

The ideology of beauty requires work on the part of the individual consumer and on the part of the producer of goods enhancing beauty.
Mies argues that capital needs third world women as cheap producers,
as well as women in urban industrialized countries to fulfil their duties
as consumers (1986:125). However, this consumption work is not limited to developed countries, as the mobs of shoppers in new Bangkok
shopping malls confirm. The women who work in the textile and
garment factories in the suburbs of Bangkok not only produce these
consumer items, but make every effort to purchase them as well.

Young women factory workers in Thailand and elsewhere in
Southeast Asia are enticed to behave appropiately with make-up and
fashion classes, and beauty contests within the factory. The experiences
of women in the electronics industry and the means by which they are
controlled has been well documented for Malaysia: "At the weekends
they not only organized cosmetic bazaars where the women are encouraged to spend their hard-earned money on lip-sticks, make-up, creams,
etc. to emulate the glamourous women of the West projected by the
media and in films, but they also organize beauty contests in their firms
where the women compete with each other for the title of the beauty
queen of their company" (Mies 1986:136).

In Bangkok, the streets around the factories display inexpensive
jewelry, make-up, and fashion accessories to tempt young women,
particulary those in the factory dormitories provided by the factory
owners. The work of creating fashion and beauty are highly valued by
these women. For example, hairdressing and dressmaking are the most
desired educational courses requested by women who work in the
booming textile industry in Bangkok (Wongphanich 1982). However

much these beauty products are desired, factory women have few opportunities to display their purchases in the work situation.

Work in the garment and textile factories is difficult, underpaid but almost always available to young women who migrate from the rural areas into Bangkok. A recent study of 120 industries in Bangkok and Chiangmai found that 23% of the employees were on short-term contracts (*Bangkok Post,* July 5, 1989). It is usually women who have three months temporary contracts while men have yearly contracts. Women in particular are often paid by the piece, by the hour, or by short-term payment plans. Only permanent employees have the benefits of social security, insurance, or maternity leave, for example. Social security, when it is available, is given to men for their family's health care. Their wives may never see this money that is intended for children's education or health needs. This is particularly damaging since women tend to use their income to pay for food, gas, water, medicine and school fees.

Many of the laws which purport to protect working women and guarantee their equality under the law are not enforced. As Khunying Amporn expressed it during a women's seminar (May 1988): "these are laws to show we are civilized". For example, under the law women are not "permitted" to lift weights in excess of ten kilos. Around any construction site, women can be seen lifting much heavier loads, while men rest on their shovels, watching them.

In the country that used to be one of the largest exporters of rice in the world, textile products passed rice as the leading export earner in 1986. In 1987, the exports were valued at 35,894 million baht [$1,795 million], a 78% increase over 1986. The industry expects a further 18% increase in earnings in 1988. Thailand expects to be the centre of garment production in the next decade "due to the advantages of lower labour costs and high quality workmanship" (*Bangkok Post,* April 26, 1988).

Work in the garment industry producing fashionable clothes for local sale and export bears no direct relationship to prostitution. Yet the mechanisms connecting the two vocations are in place. First, many women workers are exposed to constant sexual harassment from men who hold positions of power over them. This is referred to by the English phrase "lay down or lay off". Young women can find themselves sexually exploited for no more reward than the privilege of keeping a low paying job. Second, with low wages factory women who have debts may turn to part-time prostitution. Skrobenek documents cases where women who lose regular factory work seek work in the hotels and service industry where opportunities for prostitution are easily available. The potential advantages for women who leave factory work for prostitution must seem enormous. The monthly pay is much better for prostitutes whose earnings range from about 2,000 baht ($100) to 50,000 baht ($2,500). If women become prostitutes, they may have more resources to send home to their families as well as the opportunity to display the fashionable hairstyles, clothes, cosmetics, and jewellery they have learned to value in the factory context.

## CONCLUSION

This has been a very speculative examination of some of the conceptual links between the ideology of beauty and the work of beauty, and how these relate to both beauty contests and prostitution. Clearly neither is a typical entrée into issues of gender and development in Thailand, nor are these isolated ancedotes about Thai women. Prostitution and beauty contests are both evidence of the commodization and exploitation of women. Both encourage women to display flawless make-up and hair, along with fashionable, beautiful clothes and jewellery – desired consumer goods for rural and urban, poor and wealthy women alike. Both prostitution and beauty contests advertise the beauty and desirability of Thai women for the profit of others (usually men). Yet neither prostitution nor beauty contests were introduced to Thailand by western imperialism or western tourism. Rather, there was cultural space for both within Thai cultural ideology. Therefore both are deeply embedded in Thai meaning systems. At the same time, they have other meanings in western society. The existence of these near correspondences – the interest that both Thai and Canadian women have in fashion and cosmetics – obscures the differences in the underlying meaning of beauty in the two societies. To explain or unravel some of the complexities of both prostitution and beauty contests requires deconstructing layers of indigenous interpretation along with layers of social science and feminist exegesis, giving equal attention to each.

What, then, are the implications for gender and development work in Thailand? First, WID projects, planning and policies require a new approach to cultural data and innovative efforts to operationalize the concept of culture. Second, WID work must be prepared to incorporate advocacy strategies on behalf of certain groups of women.

This discussion of prostitution and beauty contests in Thailand demonstrated the complexity of the cultural context in which both are embedded. Cultural context is notoriously difficult to define and operationalize for WID projects and planning. It is not suprising that culture is often viewed as an obstacle to be overcome through development. Gender issues are so deeply entrenched in cultural meanings that it is impossible to address WID issues in a cultural vacuum, however difficult the task of defining culture might be.

While Thai feminists decry the selling of women and the selling of illusions, they might also reflect on the way in which new interpretations of gender relations and events like beauty contests destroy or transform earlier indigenous Thai interpretations of beauty. These connections between indigenous and external definitions may be valuable for linking generations of women, and for providing an indigenous base for building new models of gender relations.

History and ethnography should be used to critique the current situation of Thai women and to examine women's local or indigenous knowledge. This will enable policy makers to understand how Thai women individually and collectively have succeeded in advancing themselves and their interests in the face of obstacles and opposition. This task requires use of local language and concepts even when they do not map onto bureaucratic language with ease. "The task of western scholars and aid agents is to take local knowledge seriously; to rescue them from the margins of society and to incorporate them into a scientific understanding" of society (Stamp 1989: 133) – an immense task but one eminently suited for local feminist initiatives.

Advocacy action is easily avoided in WID projects because it may alienate both elite women and important government groups. Gender and development issues cannot be separated from moral responsibility or human rights issues. The greatest challenge is to build advocacy research and action into WID planning, thus exposing areas of contradiction between different development trajectories. When an explicitly advocacy role is incorporated, it is easier to explore in a critical manner broader questions concerning Canada's role in Thailand's rapid industrialization. We should be asking how our joint trade ventures, international business projects, and, for example, the export of food irradiation equipment to Thailand contributes to the depletion of Thailand's natural resources, the increase in income disparities in the nation, and the exploitation of women's labour. By adopting an advocacy perspective, WID groups can expose some of the trade-offs and costs to women of rapid industrialization. They could demonstrate what women would be most vunerable during this process and suggest ways to avoid some of the worst problems.

Most policy and planning efforts concerning women avoid advocacy issues such as prostitution and beauty contests. Advocacy work is often avoided because it is very painful for Thai individuals and groups to confront others directly. To raise these issues requires confronting and critiquing those in power. This causes great discomfort, particularly for Thai women. Also, it is seldom effective, and so the suffering appears to be unproductive, of no value. However, Thai non-governmental organizations are developing a Thai style of advocacy integral to gender and development work.

Canada has a unique opportunity to contribute to this process, as we have become the largest donor for women's development projects in Thailand, with the establishment in 1988 of a CIDA project called WELD (Women's Economic and Leadership Development) funded for five years at five million dollars. The WELD Task Force views increased prostitution, abuse of female child workers, and work hazards for female workers as results of the negative impact of past and current development programs on women (WELD Task Force 1989, xiii). The danger is that programs like this that directly address gender issues will be overwhelmed by other Canadian development projects that unwittingly reinforce ideologies and material conditions which further reduce options for Thai women.

NOTES

1 This paper is one small part of a larger effort to study gender and development in Thailand. The opportunity to explore these issues developed from an institutional linkage between York University and a consortium of Thai Universities (Thammasat, Chulalongkorn and Khon Kaen Universities) funded by Canadian International Development Agency (CIDA). The members of the Women in Development Consortium in Thailand (WIDCIT) have contributed greatly to my understanding of gender in Thailand, although they may well disagree with my interpretation in this and other articles. Nevertheless, I thank them for their generosity and patience with me. I would also like to thank Professor Suwanna Kriengkraipetch of Chulalongkorn University for her valuable comments on an earlier draft of this paper.
2 *Trai Phum,* The Three Worlds According to King Ruang, was translated by Reynolds and Reynolds, 1982.
3 Recall that the Lao delegation withdrew from the Thai-Indochina pageant when they learned they were expected to parade in bathing suits.

REFERENCES

Cohen, Eric 1987. "Sensuality and venality in Bangkok: The dynamics of cross cultural mapping of prostitution", *Deviant Behaviour,* 8:223–234.

Hantrakul, Sukanya 1983. "Prostitution in Thailand". Paper presented at the Women in Asia Workshop, Monash, Australia.

Hong, Evelyn 1985. *See the Third World While It Lasts.* Penang, Malaysia, Consumers Association of Penang.

Karnjanauksorn, Teeranat 1987. "Gender Relations, Sex-Related Services, and the Development of the Thai Economy". Paper presented at the Assocation for Asian Studies Meeting, Boston.

Mies, Maria 1986. *Patriarchy and Accumulation on a World Scale*. London, Zed Books.

Nyanatiloka 1972. *Buddhist Dictionary*. Colombo, Freevin.

Nyun-Han, Emma 1972. "The Socio-political Roles of Women in Japan and Burma". PhD dissertation, University of Colorado.

Phanbunkoet, Atthaphon 1984. "Child prostitution: The worst abuse". *Matichon*, October 27 (Thai language newspaper).

Reynell, J. 1989. *Political Pawns*. Oxford, Refugee Studies Programme.

Reynolds, F and M. Reynolds, trans. 1982. *Three Worlds According to King Ruang*. Berkeley Buddhist Studies Series 4. Berkeley, University of California at Berkeley.

Rutnin, Mattani 1975. *The Siamese Theatre*. Bangkok, Siam Society.

Skrobenek, Siriporn 1983. "The Transnational Sex-Exploitation of Thai Women". MA thesis, Institute of Social Studies, The Hague.

– 1985. *Strategies Against Prostitution: The Case of Thailand*. Bangkok, Thailand, Women's Information Centre.

Stamp, Patricia 1989. *Technology, Gender, and Power in Africa*. Technical Study 63. Ottawa, International Development Research Centre

UNESCO 1987. "Reporting on prostitution: The media, women and prostitution in India, Malaysia, and the Philippines" (Special Issue), *Communication and Society*, 18.

Van Esterik, Penny 1980. "Royal style in village context: Towards a model of interation between royalty and commoner". *Contributions to Asian Studies*, 15:102–117.

– 1982. *Women of Southeast Asia*. Monograph Series on Southeast Asia. Chicago, Center for Southeast Asian Studies, Northern Illinois University.

– 1987. "Ideologies and women in development strategies in Thailand", in *Proceedings of the International Conference on Thai Studies*, Vol. 3, Canberra, Australian National University: 597–604.

Warren, H.C. 1969. *Buddhism in Translation*. New York, Atheneum.

Weld Task Force 1989. *Women's Economic and Leadership Development in Thailand*. Bangkok, WELD Task Force .

Wongphanich, Malinee 1982. *Women Workers in the Textile Industry of Japan and Thailand*. Bangkok, Japan Foundation.

ARLETTE GAUTIER

# Programme de planification familiale et liberté reproductive au Yucatan, Mexique

Le Mexique a lancé en 1973, et surtout en 1977, un programme de planification familiale dont les succès quant à la réduction de la fécondité ont été récompensés par un prix de l'ONU. La mise en œuvre de ce programme tient-elle compte des intérêts des femmes? Une étude de terrain menée dans cinq villages de la zone henequen du Yucatan auprès de soixante-cinq couples apporte une réponse nuancée bien que globalement positive. Du fait de la crise économique, femmes et hommes veulent réduire leur fécondité à trois enfants. Le système public de santé ne ménage pas ses efforts pour les informer sur les méthodes contraceptives mais d'une façon quelque peu biaisée. Il ne réussit pas à imposer son choix, puisque les femmes refusent le stérilet. Toutefois les stérilisations féminines sont l'occasion de dérapages, or cette méthode fait l'objet d'une préférence de plus en plus nette au niveau institutionnel.

### Family planning programs and procreative freedom in Yucatan, Mexico

In 1986 Mexico received the United Nations' prize for population policy. The fertility rate dropped from 7.4 in 1967 to 3.8 in 1986. Was women's reproductive choice respected in obtaining this success? Fieldwork was done on this subject in 1986–87 in the Sisal area of Yucatan. Interviews with families and representatives from diverse institutions (midwives, doctors, parish priests) were carried out in order to assess the impact of various public programs resulting from the population policy. The investigation shows that the family planning program permitted an easy access for poor and uneducated women to contraception. This was seen as a relief by the majority of them. But side effects discouraged some women. As a result, institutional pressures, especially for sterilization, were often in conflict with women's reproductive freedom.

Les études sur le thème « femmes et développement » ont longtemps été marquées par une double exclusion. D'un côté, les féministes traitaient essentiellement du travail des femmes ou de l'accès de celles-ci aux ressources, suivant en cela le contenu du livre fondateur de Boserup. Il est temps, comme le fait remarquer Dagenais (1988), d'y intégrer, d'un point de vue féministe, la politique du corps et notamment la reproduction. De leur côté, les économistes traitaient, depuis Malthus, du rapport entre reproduction et développement sous la forme: un fort accroissement naturel est-il un frein ou un moteur pour la croissance économique? La réponse, généralement malthusienne, donnée à cette question après 1945 a conduit au lancement de nombreuses enquêtes sur la fécondité. Ces enquêtes assimilent les femmes à la fécondité, puisque seules les individus sont interrogées, tout en les occultant, puisqu'elles n'apparaissent plus que comme des taux de fécondité. En effet, jusqu'à très récemment, dans le monde des démographes, les femmes procréaient alors que les hommes travaillaient et migraient; les deux sexes ne se retrouvaient que pour mourir. Pourtant, les enfants eux-mêmes apprennent très tôt qu'il faut être deux pour procréer et l'observation la plus commune fait apparaître le rôle souvent fondamental des hommes dans la décision d'enfanter. En fait, démographes et économistes évacuent le fait que la reproduction s'inscrit dans un rapport social de sexe et qu'elle est l'enjeu d'une lutte entre différents acteurs individuels mais aussi institutionnels: États, religions, entreprises multinationales fabriquant de produits anticonceptionnels.

Ce débat sur la fécondité et le développement a des effets concrets sur la vie des femmes, puisqu'il se traduit par le choix de telle ou telle politique, comme la création ou non de centres de santé, l'offre ou non de moyens anticonceptionnels. Les gouvernements qui veulent réduire le taux de fécondité s'appuient généralement sur les résultats de l'enquête mondiale de fécondité (EMF), qui a porté sur 62 pays, dont 42 en développement, et montre que de nombreuses femmes ne veulent plus avoir d'enfants, ainsi que sur les études dévoilant les effets nocifs de grossesses trop nombreuses ou trop rapprochées pour la santé des femmes et des enfants, ceci afin de poser l'équation suivante: bien-être féminin = politique démographique. Les féministes, comme Andrée Michel, appuient généralement ce point de vue et critiquent les gouvernements de ne pas mettre assez de services de planification familiale au service des femmes (Michel 1988:32–33). Toutefois, des recherches, notamment anthropologiques, indiquent que ces programmes peuvent attaquer la position des femmes au niveau du seul statut social qui leur soit reconnu: celui de mère (Birdsall 1976:100) ou au plan économique, en leur retirant la ressource que constitue le travail des enfants dans la famille, puis lors de la vieillesse ou en cas de répudiation (voir notamment Cain 1982). il faut donc étudier les contextes locaux de la procréation pour analyser les intérêts en jeu; les coûts et bénéfices de la reproduction ne peuvent être considérés comme étant déterminés une fois pour toutes.

Si la diminution du nombre d'enfants n'est pas toujours bénéfique aux femmes, il est essentiel qu'elles aient la liberté d'utiliser ou non la contraception. Ce n'est malheureusement pas toujours le cas puisque, si certaines politiques de réduction de la fécondité sont fondées sur le développement de l'éducation et de l'information et l'offre de méthodes contraceptives, d'autres utilisent des incitations financières, la dissuasion et même la coercition (Chasteland 1984). Elles ne tiennent donc pas toujours compte des intérêts des femmes. Rappelons à ce sujet les campagnes de stérilisations massives à Puerto-Rico (Mass 1977) et, plus récemment, au Vietnam (Lâm-Thanh-Liêm 1987). Même lorsque la diminution de la fécondité est bénéfique aux mères, les méthodes utilisées ne sont pas neutres; ainsi, les effets négatifs des injections de dépo-provera ont été fortement critiquées (Rakusen 1981; Roberts 1981).

Les recommandations du rapport de la Conférence internationale sur la population (ONU 1984) ont le mérite de reconnaître le principe de la liberté reproductive sous le double aspect du droit à l'accès à la contraception et du libre choix de l'individu.

Les gouvernements devraient d'urgence mettre à le disposition de tous ceux qui le souhaitent les informations, l'éducation et les moyens nécessaires pour leur permettre d'avoir les enfants qu'ils désirent. L'information, l'éducation et les moyens en matière de planification de la famille devraient inclure toutes les méthodes de planification de la famille appropriées et approuvées par le corps médical, y compris la planification naturelle, pour qu'un choix puisse s'effectuer en toute liberté en fonction de l'évolution des valeurs individuelles et culturelles.

Certains gouvernements ont repris ces recommandations de l'ONU, celui du Mexique l'intégrant dans sa constitution. Toutefois, on peut se demander si la mise en œuvre des programmes se fait bien suivant ces principes démocratiques.

Cette question prend une certaine urgence car, malgré les nombreuses critiques apportées dans un premier temps contre les programmes de planification familiale au nom de l'idée que « le développement est le meilleur contraceptif », les politiques de réduction de la fécondité se développent dans de nombreux pays du Tiers-Monde.

Ainsi, alors qu'en 1960 seuls cinq pays en avaient adoptées, en 1980, 37 pays sur 126 sont dans ce cas (Chasteland 1984). En Amérique latine, trois pays mènent une politique explicite d'accroissement de la population (Argentine, Bolivie, Chili) alors que huit pays, représentant 38% de la population de cet ensemble géographique, développent une politique explicite de diminution de la fécondité et que onze autres, regroupant la moitié des habitants, n'ont pas de politique explicite en ce domaine mais fournissent un appui aux cliniques de planification familiale dans un but sanitaire (« Policicas de poblacion [...] » 1983). Dans les années 1980, 43% des latino-américaines d'âge reproductif utilisaient une méthode de contraception pour 12% des africaines, 24% des asiatiques du sud et 69% des asiatiques de l'est. trente-quatre pour cent (34%) des latino-américaines de ce groupe prenaient la pilule, 24% étaient stérilisées, 14% s'étaient fait insérer un stérilet et les 28% restantes pratiquaient d'autres méthodes (Bongaarts 1986). Les pays où la prévalence de la contraception est la plus forte ne sont pas forcément ceux où une politique de planification familiale est menée. Ainsi, trois des quatre pays ayant la plus forte pratique contraceptive (Panama, Trinidad, Vénézuela) n'ont pas de politique démographique explicite mais ils se caractérisent par un degré élevé de développement. Les démographes qui ont étudié le rôle des politiques dans la baisse de la fécondité ont d'ailleurs généralement conclu que celles-ci jouent surtout un rôle d'accélérateur. Ils se sont peu préoccupés de ce qui nous concerne principalement, c'est-à-dire leur impact, non pas sur la fécondité, mais sur la liberté reproductive.

L'objectif de la recherche[1] présentée ici était d'étudier les intérêts des deux sexes qui sont en jeu dans la procréation et le fonctionnement d'une politique de réduction de la fécondité, en particulier les moyens utilisés et le type d'information diffusé. Le choix du Mexique se justifie par le fait que le Consejo nacional de la poblacion (CONAPO), l'organisme chargé de la mise en œuvre de la politique démographique, a obtenu en 1986 le prix de la population décerné par l'ONU (*Uno mas uno* 28 mai 1986: 3). Ce pays est donc emblématique d'une politique de population dont la réussite est reconnue internationalement. En effet, les résultats mexicains sont tout à fait étonnants. Ainsi, le taux global de fécondité est passé de 7,1 enfants par femme en 1967–1969 à 5,6 en 1976 et 3,8 en 1986 (Secretaria de Salud et Institute for Resource Development/Westinghouse 1987). Les analyses portant sur les variables intermédiaires de la fécondité (nuptialité, ruptures d'union, allaitement, contraception) montrent que la baisse intervenue entre 1976 et 1982 est imputable, pour la presque totalité, à l'extension de la pratique anticonceptionnelle (Cosio 1988a: 346–437). Cette profonde transformation a-t-elle été obtenue d'une manière démocratique ou les accusations d'atteintes aux libertés individuelles, énoncées par l'Église et par certaines féministes, sont-elle justifiées? (*Jornada,* 26 novembre 1986)

L'étude a porté sur une région du Yucatan caractérisée par une production agricole de monoculture pour l'exportation, l'henequen (sisal). Les femmes y accèdent peu au travail rémunéré et elles vivent rarement seules, la maternité célibataire étant extrêmement stigmatisée et le divorce très rare. Les chefs de ménage (masculins) appartiennent aux catégories sociales ainsi regroupées: 1) les *ejidatarios* que nous appellerons institutionnels (ES), dont les tâches sont définies par la banque rurale dans le cadre de l'appropriation collective des terres; 2) les *ejidatarios* indépendants (ED) qui sont sortis de ce système et ne bénéficient plus des crédits de la banque ou qui sont propriétaires de quelques champs; 3) les salariés agricoles et non agricoles ainsi que les travailleurs indépendants (S & A). Le recensement de 1980 dénombre 57 360 *ejidatarios* institutionnels (ES), 11 000 parcellaires, 1 304 autonomes (ces deux catégories formant les ED), 20 000 salariés agricoles, ainsi qu'un nombre bien plus faible d'ouvriers non agricoles, d'artisans et de commerçants (S & A). Dans notre enquête, il y a 35 familles dont le chef est un *ejidatario* institutionnel, 11 familles dont le chef est un *ejidatario* indépendant et 19 « autres catégories » (S & A), soit sept salariés agricoles, quatre salariés non-agricoles, six travailleurs indépendants et deux « autres ».

L'enquête a été réalisée dans cinq villages représentatifs de diverses situations de natalité: Hunucma a connu une légère baisse (de moins six naissances pour 1 000 habitants de 1970 à 1980) mais le taux brut de natalité y reste très fort, soit 45‰, alors qu'Acanceh et Canicab, avec une baisse de 4 points, arrivent à un taux moyen pour le Mexique de 36‰ et que Sinanché et Yobaïn, avec une baisse record de 13 points atteignent un des taux les plus bas de la région, 30‰.

Nous cherchions à comprendre les interactions entre, d'une part, les discours et les pratiques des principaux intervenants de la politique de population et, d'autre part, les comportements de fécondité des familles et les représentations qu'elles en ont. Nous avons donc interrogé, dans les cinq localités retenues, tous les médecins des secteurs public et privé, toutes les sages-femmes, les curés et pasteurs, les directeurs d'écoles et les infirmières chargées de la planification familiale et des sages-femmes, ainsi que six médecins et quatre infirmières d'hôpitaux où accouchent les femmes de la zone henequen. Un questionnaire a été passé à 65 femmes âgées de 15 à 49 ans et à 57 de leurs époux (les autres étant absents lors de nos visites) car leurs éventuelles divergences sont un des facteurs d'explication, trop souvent ignoré, des comportements de reproduction. Puis, des entretiens en profondeur ont été menés avec 40 de ces femmes lors d'un deuxième passage. Cet article est donc fondé sur l'analyse de deux corpus différents, l'un quantitatif (les 122 questionnaires), désigné par Q, et l'autre qualitatif (les entretiens avec 65 responsables de la politique de planification familiale et 40 femmes), désigné par la lettre E.

## LE PROGRAMME DE PLANIFICATION FAMILIALE ET LES REPRÉSENTATIONS DE LA FÉCONDITÉ

Depuis 1974, et surtout depuis 1977, date à laquelle une coordination nationale a été instituée, le gouvernement mexicain met en œuvre une politique de planification familiale qui passe par de nombreux canaux: radio, télévision et surtout système public de santé (Quesnel et Livernais 1985; Brachet-Marquez 1985; Alba et Potter 1986). Son but est à la fois de promouvoir de nouvelles normes de fécondité et de fournir gratuitement les méthodes les plus appropriées à son contrôle. Notre enquête a cherché à connaître les normes et les justifications réellement diffusées par les médiateurs institutionnels ainsi qu'à préciser celles en vigueur dans les familles.

On a beaucoup reproché aux questions sur la fécondité et aux questionnaires en général (Bourdieu 1980:230–235) d'imposer aux personnes interviewées des questionnements qui leur sont étrangers et auxquels elles répondent, soit au hasard, soit par des « non réponses » qui sont généralement exclues de l'analyse, soit, plus souvent, par ce qu'elles pensent qu'on veut leur entendre dire. Ainsi, à des enquêteurs ou chercheurs étrangers, ou du moins urbains et donc assimilés aux institutions modernisatrices, les personnes interviewées essaient de donner une image de couple moderne désirant peu d'enfants. Le fait que, dans notre recherche, les entretiens confirment les questionnaires (tout en apportant des éléments nouveaux) ne valide peut-être pas entièrement nos résultats indiquant une baisse importante des normes de fécondité, étant donné que ces entretiens ont été menés par une chercheuse française et réalisés en une seule fois. Toutefois, les différences des réponses selon le sexe, la catégorie sociale et la langue parlée dans les couples ainsi que la conformité de celles-ci avec certaines pratiques de contraception manifestent des valeurs et des intérêts distincts entre les groupes.

### Normes publiques et valeurs privées

S'il est une chose que l'on ne peut pas dire, c'est bien que les Yucatèques n'ont pas entendu parler de la limitation des naissances. La radio diffuse de nombreux slogans en faveur de la planification familiale, de l'ancien slogan: « la petite famille vit mieux » à celui que l'on entendait en 1987: « avoir peu d'enfants pour leur donner beaucoup ». On entendait également des scénettes présentant de jeunes parents ayant pu améliorer leur situation professionnelle parce que leur famille réduite leur en laissait le temps. Or, 81 % des foyers étudiés disposent d'une radio ou d'une télévision et entendent donc ces slogans. À Sinanché, les distributions gratuites de lait par un organisme public sont également l'occasion de parler de contrôle des naissances.

Le système public de santé, en particulier, s'est lancé de tout son poids dans cette campagne. Les centres de santé donnent chaque mois des explications sur les différentes méthodes contraceptives, pendant que les patientes et patients attendent leur tour, et les médecins du secteur public doivent parler de contraception à toutes les femmes d'âge reproductif, quelle que soit la raison pour laquelle celles-ci viennent les consulter. Or, tous les *ejidatarios* institutionnels sont affiliés à l'Institut mexicain de Sécurité sociale (IMSS) ainsi que plus des deux tiers des autres catégories. Ces ayants droit font suivre leurs enfants et les grossesses de leurs femmes dans cette institution, même s'ils se voient parfois obligés d'aller chez les médecins du secteur privé pour les cas plus graves. Ceux qui ne sont pas assurés sociaux vont, soit dans un centre de santé du ministère de la Santé (Secretaria de salubridad y asistencia SSA), soit encore chez les médecins du secteur privé et les sages-femmes traditionnelles.

Dans les localités de notre échantillon, le tiers seulement des accouchements sont réalisés par des sages-femmes traditionnelles, lesquelles massent le ventre des femmes enceintes pour que le bébé ait une bonne position au moment de l'accouchement et pour atténuer les douleurs. Le choix de la personne qui assiste la femme lors de l'accouchement dépend très fortement de la catégorie sociale du chef de famille, plus même que ne le ferait croire la seule appartenance institutionnelle. Ainsi, accouchent avec une sage-femme 33 % des femmes d'*ejidatarios* institutionnels, mais 80 % de celles d'*ejidatarios* indépendants et 66 % de celles des autres catégories. Toutefois, la moitié de ces matrones sont affiliées à une institution publique de santé, ont suivi des cours sur la contraception, doivent en parler et distribuent des contraceptifs. Les femmes des ES et des ED sont donc suivies majoritairement dans le système public de santé et ont souvent l'occasion d'entendre parler de contraception.

Le système public essaie de diffuser certaines normes de comportement: grossesses seulement entre 20 et 30 ans, espacement de trois ans entre les naissances, nombre idéal d'enfants. Ces normes sont intériorisées par les agents des services de santé interrogés. Cependant le nombre idéal d'enfants varie selon la catégorie professionnelle: deux ou trois pour les médecins des secteurs public et privé, deux pour les infirmières et travailleuses sociales; seules les matrones, beaucoup plus âgées, proposent trois ou quatre enfants, et deux d'entre elles disent même: « ceux que Dieu envoie ». Les couples de notre échantillon, dont les femmes ont en moyenne 31 ans, déclarent souscrire à ces conditions de la reproduction, sauf qu'ils pensent pouvoir concevoir leur dernier enfant bien après 30 ans. Ils indiquent un nombre idéal d'enfants proche de celui des médecins.

Selon les entretiens, la cherté de la vie est le motif fondamental de la baisse de la fécondité dans la zone; la taille des familles aurait diminué de moitié parce qu'aujourd'hui les enfants coûtent cher. Comme le disent nos informateurs et informatrices, « les enfants c'est mignon mais ça coûte cher ». Les familles pâtissent de l'inflation car, du fait de la pauvreté de la terre et surtout de l'absence d'irrigation, elles atteignent difficilement l'autosubsistance. Vingt-deux pour cent (22%) n'ont ni fruits ni légumes, 50% ne disposent pas de fruits, la moitié n'ont pas d'animaux et 44% seulement élèvent des poules ou des dindons. En 1980, les familles étaient beaucoup plus nombreuses à posséder des animaux, y compris des porcs, mais elles ont dû les vendre car elles ne pouvaient plus payer leur alimentation. Il faut donc acheter les produits de base. Or, les prix de ceux-ci ont augmenté de 110% pendant l'année 1986; celui de la tortilla, dont la consommation quotidienne par personne se compte au demi-kilogramme, a augmenté de plus de 200% (*Diaro de Yucatan*, 12 janvier 1987). Ces faits manifestent la force de la paupérisation de la zone henequen.

Le marianisme et le machisme, c'est-à-dire la valorisation sexuelle de la femme et de l'homme en fonction du nombre d'enfants, semblent peu répandus. La femme reste essentiellement perçue comme une épouse et une mère mais, désormais, être une bonne mère c'est avoir suffisamment de temps à dédier à chaque enfant pour lui enseigner les valeurs essentielles et assez d'argent pour l'envoyer à l'école. En effet, l'éducation est valorisée, aussi bien pour les filles que pour les garçons, et, selon 44% des hommes et 33% des femmes de notre échantillon, elle peut être plus facilement fournie dans les petites familles. Toutefois, ces moyennes masquent des variations concernant le nombre d'enfants qu'il faut avoir dans la période actuelle. Ainsi, un quart des femmes et des hommes jugent qu'une famille est grande avec plus de trois enfants alors qu'inversement, un homme sur cinq considère petite une famille avec quatre enfants et plus. Il n'y a donc pas de norme unique mais des modèles variables; ce sont les principes de ces variations qu'il faut expliquer.

*Des appréciations différentes selon le sexe et la catégorie sociale*

Les femmes et les hommes divergent dans leurs appréciations. Certains hommes sont favorables à un nombre plus élevé d'enfants: 28% des hommes et 20% des femmes déclarent désirer quatre enfants ou plus. Pourtant, en général, les hommes citent plus souvent (+10%) le nombre de deux enfants et les femmes (+20%) celui de trois. De plus, encore 61% des hommes contre 37% des femmes considèrent les grandes familles négativement et 9% des hommes contre 23% des femmes les jugent positivement. De même, 88% des hommes et 60% des femmes voient favorablement les petites familles. Il y a trois explications à cette différence sexuelle.

D'une part, 23% des femmes craignent la mortalité infantile alors que cette inquiétude n'est partagée que par 3% des hommes. Lors des entretiens, seulement la moitié des femmes jugeaient que la mortalité infantile avait diminué. C'est que beaucoup ont fait cette expérience et l'ont sans doute ressentie plus fortement que leurs époux. Elles s'accorderaient donc un enfant de plus pour faire face à cette éventualité.

D'autre part, la division sexuelle du travail est extrêmement forte; les femmes accomplissent toutes les tâches domestiques et seulement 15% travaillent à titre principal, alors que les hommes sont les pourvoyeurs de revenus et surveillent les devoirs des enfants. Tandis que les femmes travaillent 13 heures par jour à la maison (Pinto et Villagomez Valdes 1986), soit 90 heures par semaine, les hommes ont des durées de travail variables selon leur catégorie professionnelle. Ainsi, les *ejidatarios* institutionnels travaillent en moyenne 25 heures, les salariés agricoles et les travailleurs à leur compte, 34 à 35 heures, et les salariés non agricoles, 40 heures (Lerner, Quesnel, Geller et Saavedra 1980). On comprend que dans ces conditions la valorisation du travail des enfants soit corrélée avec le sexe de la personne interrogée et cela, bien que les garçons aident autant leur père que les filles aident leur mère. Pour les femmes cette aide est indispensable alors qu'elle l'est moins pour les hommes. Aussi, le travail des enfants au sein de la famille valorise-t-il les grandes familles, du moins aux yeux de 12% des hommes et du double des épouses. Le fait que les femmes vivant en couple soient moins favorables aux petites familles (53%) que celles vivant dans des familles étendues (73%) confirme cette analyse; les premières ont davantage besoin de l'aide de leurs enfants que les secondes, qui peuvent bénéficier de l'aide d'autres femmes de la maisonnée. De plus, les femmes étant peu nombreuses à avoir des revenus directs et leur rémunération étant de toute façon extrêmement faible (la moitié des travailleuses gagnent, au début de 1986, moins de 10 000 pesos contre 15% des hommes), elles valorisent également davantage le soutien des enfants pendant la vieillesse (9% contre 5% pour les hommes). Ces pourcentages restent faibles car, d'une part, les ES ont droit à une retraite, petite mais guère inférieure à ce qu'ils gagnent en travaillant, et, d'autre part, les femmes savent que les enfants les secourront mais qu'ils auront du mal à apporter une aide conséquente, étant eux-mêmes au seuil de la survie. La division du travail, et notamment le fait que les hommes soient les pourvoyeurs de revenus, explique que ceux-ci citent plus souvent la cherté de la vie pour justifier les « petites » familles (66% contre 44% des femmes). Les intérêts des hommes et des femmes diffèrent donc, mais peu, puisque la majorité des deux sexes jugent que le nombre idéal d'enfants se situe à trois environ.

Par ailleurs, la norme d'une petite famille, bien que majoritaire, n'atteint pas également tous les groupes sociaux. Il est particulièrement frappant de noter que les groupes qui y sont réfractaires sont ceux où femmes et hommes sont d'accord. Ainsi, 31% des femmes de s & A et 41% des hommes énoncent une norme de quatre ou cinq enfants. Pour ces hommes, la différence s'explique par un moindre souci de la cherté de la vie, lié à une meilleure situation économique, et une plus grande valorisation de l'ensemble de l'aide apportée par leur descendance (33%, contre 53% pour les épouses et 16% pour les hommes ES). Les hommes et les femmes se parlant en maya ont également des normes de fécondité plus hautes que celles des couples qui discutent en espagnol ou dans les deux langues. Ainsi, 50% des hommes et 46% des femmes mayas affirment que le nombre idéal est d'un à trois enfants alors que ce pourcentage monte à 70% pour les autres catégories, quelque soit le sexe. La seule différence entre hommes et femmes mayas réside dans le fait que 33% des hommes mentionnent un nombre idéal de six enfants ou plus, alors que 23% des femmes mentionnent quatre ou cinq enfants et 31% « ne savent pas ». Ces non réponses peuvent marquer une plus grande familiarité avec le système public de soins, qui conduirait ces femmes à nier leur véritable désir, ou encore signifier « ceux que Dieu envoie ». Désirer procréer seulement trois enfants nécessite un contrôle de la fécondité et implique donc de connaître certaines méthodes contraceptives.

## L'INFORMATION SUR LES MÉTHODES CONTRACEPTIVES

Au Mexique, l'information objective et variée sur la planification familiale est un droit constitutionnel. Nous allons voir plus en détail les arguments en faveur de telle ou telle méthode selon les médecins, puis essayer d'apprécier leur conformité aux exigences des droits de la personne humaine ainsi que leur réception par les individus.

Il faut noter, en premier lieu, que le programme de planification familiale doit faire face, depuis quatre à six ans, à une dénonciation très vive de la part de l'église catholique. Celle-ci ne se dit pas nataliste ; elle prône d'ailleurs les méthodes de contraception naturelles mais elle critique violemment la contraception moderne comme contraire à la santé, aux desseins divins, qui ont permis que la femme ne soit fécondable qu'à certains moments, et à la liberté : les femmes seraient obligées pour bénéficier de l'IMSS de pratiquer la contraception ou seraient ligaturées sans leur assentiment. Cette campagne est fortement appuyée par les deux journaux les plus lus dans la région, le *Diario de Yucatan* et le *Novedades,* mais elle est surtout menée par les curés pendant les messes et les confessions. Dix-huit (18) des 40 femmes interviewées (E), dont la moitié à Sinanché, déclarent avoir entendu le prêtre s'opposer à la pratique contraceptrice alors que trois (une dans chaque village) n'ont jamais rien entendu de tel ; les autres femmes vont rarement à la messe ou sont protestantes. Les prêtres menacent de refuser la communion aux femmes qui pratiquent la contraception, mais ils reconnaissent que celles-ci ne viennent jamais en parler avec eux, ou seulement une fois qu'elles sont déjà ligaturées ; aussi, certaines communient-elles tout en pratiquant la contraception. Un curé prétend même que la pilule rend aveugle, en plus de donner le cancer. Les Églises protestantes, très diverses bien que regroupant peu de personnes, sont beaucoup plus tolérantes.

### La présentation des méthodes

L'Église, après avoir appuyé la méthode de la température, promeut actuellement celle de Billings, fondée sur l'observation de la glaire cervicale, et la méthode sympto-thermique, combinaison des méthodes de Billings et de la température. Ces méthodes ne sont diffusées, par les groupes d'action catholique, que dans deux villages. Les explications données semblent toutefois inadéquates. Ainsi, un groupe déclare qu'il suffit de ne pas avoir de relations deux jours dans le mois, alors que ce délai devrait être de huit à dix-huit jours selon la régularité du cycle. Le médecin catholique d'Acanceh juge ces méthodes trop compliquées et préfère demander aux femmes de compter les jours. Les médecins du secteur public, sauf un, ne les préconisent pas, contrairement à la moitié des médecins du secteur privé. Les femmes sont plutôt réticentes ; elles jugent ces méthodes peu fiables, trop contraignantes

(« autant divorcer tout de suite ») et difficiles à imposer au mari, surtout lorsqu'il rentre saoûl.

Le système public de santé promeut des « méthodes efficaces et sûres ». Un guide pour les médecins, édité par diverses institutions publiques de santé, dont l'IMSS et la SSA, propose aux femmes ayant un, deux ou trois enfants et jusqu'à 35 ans, en premier lieu, le stérilet, et, en second lieu, la pilule; ensuite, il promeut la stérilisation. En effet, les médecins considèrent la pilule comme extrêmement efficace mais présentant des contre-indications et de nombreux effets secondaires, aussi conseillent-ils de l'abandonner momentanément chaque année ou tous les deux ans. Le stérilet est préféré par les médecins du secteur public car il coûte moins cher et provoque moins d'effets collatéraux. De plus, il présente une plus grande continuité que les autres méthodes puisqu'il est toujours porté par 80 % des femmes après un an et par 50 % après trois ans. Cependant, les médecins reconnaissent que cette méthode est peu pratiquée dans la zone et semblent se dispenser assez souvent de l'expliquer. Le guide à l'intention des médecins propose en troisième lieu les injections mais celles-ci ont été retirées officiellement du cadre des médicaments de base en 1981, à la suite des critiques adressées au depo-provera. Cependant, les sage-femmes en sont encore pourvues à cause de la forte demande féminine. Les injections qui sont utilisées au Mexique, notamment par les pharmaciens, contiennent un principe actif différent du depo-provera et elles sont d'ailleurs vendues en France.

La ligature est devenue la méthode de contraception la plus employée dans de nombreux pays du Tiers-Monde et aux États-Unis car les récents progrès chirurgicaux la rendent beaucoup plus simple et les échecs de la contraception sont de plus en plus mal acceptés (Ross 1987). Elle est vivement recommandée par l'IMSS qui promeut peu la vasectomie, pourtant encore plus simple et sans danger. Médecins des secteurs public et privé s'opposent au sujet de la ligature. Ainsi, les premiers la considèrent comme la meilleure méthode, car la plus définitive et la plus sûre; ils évoquent seulement des problèmes « liés à toute opération chirurgicale » et des difficultés psychologiques liées à la pression du mari ou lorsque la femme change d'avis et veut un autre enfant. Les médecins du secteur privé estiment, au contraire, que la stérilisation féminine provoque des troubles de la menstruation ou une inflammation des ovaires.

Les femmes n'acceptent pas tels quels les arguments du corps médical; l'expérience de leurs voisines et parentes joue un rôle essentiel dans la formation de leur opinion. Ainsi, elles refusent le stérilet, bien que cette méthode soit considérée comme la meilleure par le système public, en citant des cas de femmes qui sont devenues enceintes ou ont développé un cancer. En revanche, bien qu'inquiétées par les réticences médicales, elles sont favorables à la prise continue de la pilule. La moitié de celles qui ne sont pas ligaturées refusent cette méthode parce qu'elle constitue un acte chirurgical, jugé de plus mutilant.

*La réception de l'information*

L'information sur la contraception est un droit, ce qui implique la connaissance de la plus grande variété possible de méthodes afin que chaque personne puisse choisir celle qui convient à son cas. Cet objectif n'est pas encore tout à fait atteint au Mexique, bien que le progrès soit important par rapport à 1976, alors que, selon Miro, 25% de la population mexicaine ignorait tout de la contraception (Miro 1980: 779–783). Dix ans plus tard, seulement 8,7% des Mexicaines ne connaissent pas la pilule, 14% le stérilet (DIU) et les injections, et 5% la ligature (Secretaria de Salud 1987). Dans la zone du henequen, seulement 3% des femmes ne connaissent aucune méthode, 12% n'en mentionnent qu'une, 35% en mentionnent deux ou trois et 57%, quatre ou plus. On peut cependant dire que la moitié des femmes ont une information très insuffisante puisqu'elles ne connaissent pas plus de trois méthodes.

La pilule est sans conteste la méthode la plus connue des femmes, seulement deux des 65 informatrices interviewées ne la citant pas; viennent ensuite le stérilet et les injections avec respectivement 18% et 26%; la stérilisation féminine reste ignorée de 38% des femmes, le rythme de 60% et les autres méthodes, de plus de 67% (dont la vasectomie de 75%). Les trois méthodes préconisées par le système public sont donc bien connues alors que celle proposée par l'église vient loin derrière. Les hommes connaissent autant que les femmes la pilule, la méthode rythmique et le retrait mais ils connaissent moins les méthodes locales et la ligature (−10%), la vasectomie (−15%), les préservatifs et le stérilet (−19%). Leur méconnaissance est cependant moindre qu'on aurait pu le craindre; en 1984, un médecin avait trouvé dans une hacienda jusqu'à 92% d'hommes ignorants de toute méthode.

L'IMSS joue un rôle essentiel dans la diffusion des méthodes. Selon les personnes enquêtées, les médecins de cette institution ont fourni, dans 60% des cas, l'information concernant les deux méthodes les plus utilisées, tous les autres médecins n'intervenant que pour 16%, la famille et les amis pour 9%. Le rôle des amis augmente cependant avec les troisième et quatrième méthodes, lorsque l'IMSS n'intervient plus que pour un tiers des décisions. Les autres personnels de santé conseillent surtout la pilule et les injections (21% et 17%); les amis et parents jouent un rôle important pour le rythme et le retrait (23–24 %), la pilule, les injections (17%) et la ligature (14%), puis le stérilet et les préservatifs (11% et 9%). L'information concernant les méthodes proposées par l'Église transite donc plus par les amis et les parents que par le personnel religieux.

L'IMSS informe 85% des personnes de la catégorie *ejidatarios* institutionnels, 53% de celles de la catégorie des salariés et autres (avec les autres médecins du secteur public), mais seulement 11% des personnes de la catégorie *ejidatarios* indépendants alors que plus des deux tiers de celles-ci relèvent de l'IMSS. Les matrones informent 44% des personnes de cette dernière catégorie et 12% de celles de la catégorie S & A car elles effectuent respectivement 32% et 16% de leurs suivis péri-natals.

Les couples de la catégorie ES sont les moins au courant des injections, des méthodes locales, du rythme et même de la ligature: la moitié n'en ont jamais entendu parler. Ils ne sont les mieux informés sur aucune méthode. Curieusement, les couples de la catégorie ED sont les plus au courant de toutes les méthodes, à l'exception du stérilet. Les autres catégories connaissent le mieux les préservatifs et le rythme. Bref, l'accès au système public de soins n'est nullement garant d'une meilleure information; l'appartenance à un groupe social est plus déterminante.

De plus, l'IMSS ne conseille pas toutes les méthodes contraceptives avec la même intensité; moins de 7% des informations qu'il fournit sont pour le rythme et le retrait; 12 à 14% pour les préservatifs, les méthodes locales et la vasectomie; 35 à 38% pour la ligature et les injections; 57 à 60% pour la pilule et le stérilet. Ainsi, deux mères, l'une ayant deux enfants à 20 ans et l'autre cinq enfants à 34 ans, n'ont été informées que de l'existence de la ligature comme moyen contraceptif. L'information est donc plus conforme aux priorités de l'institution qu'aux impératifs des droits de la personne, ce qui contredit les discours des médecins qui prétendent expliquer toutes les méthodes. On peut également se demander pourquoi ceux-ci informent aussi peu sur la vasectomie alors que cette opération est beaucoup plus simple que la ligature, comme l'indiquent d'ailleurs tous les manuels lus par les étudiants en médecine.

Pour être conforme aux droits de la personne, l'information doit être variée mais aussi complète sur les risques de santé liés à l'utilisation des contraceptifs. On sait, en effet, que ces problèmes, moins graves certes que ceux liés à la grossesse, augmentent lorsque le niveau socio-économique diminue. Ainsi, d'après une enquête auprès de patientes contraceptrices de la ssa (Figueros 1986), le fait d'appartenir à un groupe à faible scolarité multiplie par dix les céphalées, par quatre les varices, par deux l'hypertension. Toute la hiérarchie et les livres de l'imss prônent l'explication de possibles effets collatéraux mais les médecins de base avouent ne pas le faire car ils doivent convaincre cinq femmes par mois de commencer l'utilisation d'une méthode, ce qu'ils réussissent déjà difficilement. Ils se contentent donc d'évaluer les risques pour chaque femme et de lui proposer la méthode qu'ils jugent la plus adéquate.

La moitié des femmes interrogées en profondeur ont entendu parler des effets secondaires et l'autre moitié pas. Il paraît contre-productif de ne pas parler des risques puisque toutes les femmes en ont eu connaissance par une amie ou peuvent les expérimenter. Ainsi, une femme ayant eu de fortes hémorragies et des maux de tête, après avoir pris la pilule après la naissance de son deuxième enfant, a abandonné toute idée de contraception et a maintenant six enfants. On trouve de plus quelques cas de désinformation. Ainsi une femme présentant un masque de grossesse à la suite de la prise d'un contraceptif oral se fait répondre par la doctoresse que ces deux phénomènes ne sont pas liés alors que le masque de grossesse est un des effets, rare mais bien connu, de la pilule. Cette même femme s'est retrouvée ménopausée après une ligature; on lui a répondu que l'opération n'y était pour rien, opinion partagée par tous les médecins du secteur public yucatèque mais contraire à l'opinion des chirurgiens français. Un médecin avait expliqué à un *ejidatario* institutionnel, dont la femme est sourde, que cette méthode peut être réversible, ce qui est en fait rarement le cas. Cet homme ne pensait d'ailleurs pas que sa femme profiterait de cette réversibilité, puisqu'ils avaient déjà assez de mal à nourrir leurs enfants. Le système public de santé fait donc un gros effort d'information sur la contraception mais il évoque surtout les méthodes anticonceptionnelles qu'il promeut, ce qui n'est pas conforme aux recommandations de l'onu.

### OFFRE OU IMPOSITION DE SERVICES?

Une question essentielle est de savoir d'une part, si la disponibilité des méthodes permet aux plus démunies d'en bénéficier et si les femmes qui ne veulent plus d'enfants ou n'en veulent pas tout de suite peuvent réaliser ce souhait; d'autre part, si le système public de santé n'oblige pas les femmes à utiliser les méthodes contraceptives, question qui se pose avec plus d'acuité encore en ce qui concerne la stérilisation.

## La contradiction du système public de santé

Le système public de santé doit accroître la disponibilité de la contraception pour celles et ceux qui le désirent mais il emploie des modes de mobilisation qui peuvent entrer en contradiction avec la liberté des usagères. En ce qui concerne la disponibilité des méthodes, nos résultats confirment ceux de l'enquête de Potter, Mojarro et Hernandez (1986) concernant trente-deux cliniques et hôpitaux de l'IMSS et de la SSA: il n'y a pas de problème d'approvisionnement pour les deux méthodes prioritaires: pilules et stérilets. En revanche, les vaccins pour les enfants manquent souvent. Il n'y a pas de différence significative entre les villages: l'hacienda sans centre de santé ni sage-femme affiliée au système public ne présente pas de différences quant à la pratique contraceptive parce que tous ses habitants sont des *ejidatarios* institutionnels et vont à la clinique de l'IMSS, trois kilomètres plus loin. Par contre, le fait que l'IMSS soit ouvert à tout le monde (et pas seulement aux affiliés), en ce qui concerne la contraception, n'est pas connu de tous. Par ailleurs, les pilules de l'IMSS sont jugées trop fortes par certaines usagères qui préfèrent celles des pharmaciens ou des médecins du privé. Aussi, l'IMSS ne pourvoit-il qu'à la moitié de la demande. Cela ne paraît pas constituer un problème pour les Yucatèques qui jugent le prix des plaquettes bas, surtout par rapport à celui des enfants.

Cette disponibilité se transforme-t-elle en obligation? En effet, chaque médecin du secteur public doit convaincre cinq nouvelles utilisatrices par mois. Les médecins interrogés estiment qu'il n'y a ni sanctions contre ceux qui n'atteignent pas les objectifs, ni gratifications pécuniaires pour ceux qui y arrivent; il n'y a pour tous que des observations verbales et des tapes sur la nuque. Cette forme de mobilisation est donc très loin des paiements à l'acte stérilisant pratiqués au Bangladesh. Toutefois, onze des quatorze médecins interrogés dans les centres ruraux préparent leurs diplômes de généralistes ou de médecins familiaux et espèrent, vu l'absence de débouchés dans la médecine privée, intégrer une institution publique. Ces deux phénomènes concourent à la conformité des médecins à la norme institutionnelle, malgré les critiques qu'ils peuvent lui adresser.

Les médecins du secteur public n'imposent pas la contraception puisqu'ils n'arrivent pas à convaincre les patientes de se faire poser un stérilet, ni les épouses d'*ejidatarios* institutionnels, catégorie la plus suivie par l'IMSS, à prendre la pilule. De plus, la catégorie qui pratique le plus la contraception (les s & A) le fait pour espacer les naissances et atteint un nombre élevé d'enfants, en désaccord total avec les objectifs anti-natalistes poursuivis par les institutions publiques.

*Désir d'enfant*

Du point de vue des femmes, la réussite du programme de planification familiale se mesure notamment au fait qu'elles aient les enfants
qu'elles désirent. La moitié des femmes ne veulent pas d'autre enfant.
Parmi celles-ci, la moitié sont ligaturées, les autres prennent la pilule,
sauf une qui suit les méthodes traditionnelles, et un tiers ne pratiquent
pas la contraception en ce moment. Les huit femmes qui ont abandonné la contraception bien qu'elles ne veuillent plus avoir d'enfants
sont essentiellement des femmes de la catégorie ES n'ayant pas fini
leur scolarité primaire; deux d'entre elles parlent le maya avec leur
époux. Elles ont arrêté à cause d'effets collatéraux ou parce qu'elles
sont devenues enceintes malgré l'usage d'une méthode contraceptive.
Fellous (1982:60) explique les effets collatéraux, dans le cas des
femmes immigrées en France, comme la conséquence de conflits psy-
chiques générés par l'opposition du mari ou le sentiment de violer un
tabou. Ce ne semble pas être le cas dans notre échantillon. Les couples
yucatèques qui abandonnent une méthode de contraception ne sont
pas plus en désaccord sur le nombre d'enfants que les autres couples.
En revanche, ces femmes sont plus nombreuses à juger positivement
les grandes familles, bien qu'elles soient aussi nombreuses que celles
qui pratiquent la contraception (et plus que celles qui ne l'ont jamais
fait) à trouver que les enfants coûtent cher. Les effets secondaires
peuvent donc être le résultat d'un conflit entre un désir d'avoir une
nombreuse progéniture et les réalités financières de la vie. Cependant,
on ne peut pas évacuer les effets néfastes de la pilule, particulièrement
sensibles chez les femmes fortes et mal nourries, ce qui est généralement le cas dans la zone du henequen. Par ailleurs, ces femmes ont en
moyenne moins d'enfants que celles qui pratiquent la contraception.
On peut donc penser qu'une nouvelle grossesse les déciderait à utiliser
de nouveau une méthode. Les femmes fécondes qui n'ont jamais pra-
tiqué la contraception et ne veulent pas d'autre enfant ne sont que
deux; ce sont des épouses de salariés agricoles qui n'ont pas trois
enfants. L'une d'entre elles compte se renseigner sur les méthodes
naturelles.

On peut poser la question plus générale des décisions en matière de
contraception. Il y a deux cas où l'homme, pour des motifs religieux,
impose de ne pas utiliser de méthode de contraception, mais deux
femmes se sont fait ligaturer sans que leur mari le sache et six autres
n'utilisent pas de contraceptifs parce qu'elles veulent un autre enfant
alors que leur mari n'en voudrait plus. La décision semble donc relever
plutôt de la femme. Outre la décision de pratiquer ou non la contra-

ception, se pose le problème de la méthode choisie, notamment dans le cas de la ligature.

## Les stérilisations

La ligature a connu une progression fulgurante au Mexique: pratiquée par 8,9% des utilisatrices de la contraception en 1970, elle l'est par 35% en 1986, soit 18,8% des femmes d'âge reproductif (Secretaria de salud et Institute for Resource Development/Westinghouse 1987), à la fois dans les milieux les plus pauvres et dans les plus riches (Bronfman, Lopez et Tuiran 1987). Cette pratique est souvent critiquée comme étant imposée aux femmes par la force ou par l'absence d'informations sur d'autres méthodes ou sur son caractère définitif. Ainsi, 5% des femmes enquêtées en 1982 pratiquaient cette méthode pour espacer les naissances et non pour les arrêter. Cependant, selon une enquête menée par l'IMSS auprès de 4500 femmes, aucune ne regrette cette opération (Cosio 1988b:63, note 61).

Dans notre enquête, 31% des femmes d'âge reproductif sont stérilisées, soit 50% des pratiquantes de la contraception; 90% d'entre elles l'ont été après une quatrième grossesse. Ces femmes sont particulièrement pauvres. Ainsi, le taux de stérilisation pour les plus de 30 ans est de 55,6% chez les familles dont le logement est en terre, pour 34,5% chez les autres. Les personnes ligaturées sont également les mieux informées sur la contraception puisque 75% d'entre elles connaissent quatre méthodes ou plus, contre 70% de celles qui utilisent la pilule, 50% de celles qui ont abandonné et 33% de celles qui n'ont jamais utilisé de moyens de contraception.

Comment les couples sont-ils arrivés à cette solution définitive? Cela est lié à la fois aux histoires contraceptives et à la préférence de l'IMSS pour cette méthode. On peut ainsi distinguer trois types de rapport à la ligature. Premièrement, neuf femmes ont choisi la ligature comme première méthode, soit un quart des femmes de la catégorie ES et la moitié des S & A. Elles ont en moyenne 5,4 enfants; les cinq femmes ligaturées qui parlent le maya avec leur époux en ont en moyenne 7,4. Il y a donc une surreprésentation des femmes mayas qui, par ailleurs, décident l'opération avec un nombre d'enfants plus élevé. Il semblerait que les femmes peu instruites ou parlant maya répugnent à ingérer des médicaments et demandent la ligature quand elles jugent avoir assez d'enfants. Deuxièmement, cinq femmes sont devenues enceintes à la suite d'un échec de leur contraception et sont alors passées à la ligature. Enfin, certaines femmes ont utilisé la pilule, puis ont choisi la ligature lorsqu'elles ont atteint le nombre d'enfants qu'elles avaient décidé d'avoir. C'est notamment le cas des femmes de moins de trente ans de la catégorie S & A qui se font ligaturer avec en moyenne 3,5 enfants; elles ne veulent pas avaler des hormones pendant vingt ans et répugnent à essayer le stérilet.

Ces histoires contraceptives sont surdéterminées par la préférence institutionnelle pour la ligature qui se manifeste assez clairement par le fait que 43 % des épouses d'*ejidatarios* institutionnels sont ligaturées, 31 % des épouses de salariés et autres et seulement 18 % de celles des *ejidatarios* indépendants. Cette emprise se réalise de diverses manières. Trois femmes n'ont pas choisi: une femme a été opérée pour motifs médicaux alors qu'elle aurait voulu avoir deux autres enfants; une autre l'a été parce qu'elle avait déjà trente-sept ans, cinq enfants et des grossesses à problèmes; la dernière n'a pas voulu nous répondre. Trois femmes jugent que la ligature a été décidée par le médecin pour cause de maladie ou parce que la femme avait déjà eu trois césariennes. On peut se demander si la fréquence relative de ce mode d'accouchement n'a pas pour but de faciliter l'acceptation ultérieure de la stérilisation; toutefois, elle peut aussi provenir de l'étroitesse du bassin des Yucatèques et de l'inexpérience des stagiaires, qui paniquent facilement devant un accouchement un peu difficile. Certaines femmes reprennent aussi le discours médical sur la ligature comme intervention simple, non contraignante et définitive. Maria, mère de cinq enfants et épouse d'ES, en est représentative: « Ils m'ont dit que si je voulais me protéger il fallait me mettre un DIU ou prendre des pilules. Mais, comme je suis tellement paresseuse, je ne voulais pas prendre tous les jours des pilules, et le DIU me dégoûte, alors qu'ils me ligaturent ».

La politique de l'IMSS recommande les stérilisations post-partum parce que les femmes répugnent à revenir à l'hôpital et à laisser de nouveau leurs enfants seuls à la maison. De fait, 85 % des femmes ligaturées de cette enquête ont été opérées au moment de leur accouchement (contre 68 % selon l'enquête démographique nationale de 1982) mais elles avaient déjà décidé de se faire stériliser et accouché à l'hôpital pour ce motif. On ne peut donc pas dire que les femmes acceptent la stérilisation parce qu'elles sont traumatisées par les douleurs de l'accouchement et ont l'esprit quelque peu obscurci. En revanche, selon une encyclopédie de référence en France, c'est le plus mauvais moment, du moins d'un point de vue chirurgical: la stérilisation tubaire post-partum fragilise les tissus, présente des risques infectieux, provoque une hypervascularisation et souvent une altération de l'état général (Darbois 800 A10). Deux ligatures ont dû être refaites après des grossesses; avec 10 % d'échecs, la ligature cesse d'être une méthode vraiment efficace. Les autres femmes interrogées sont con-

tentes d'avoir été ligaturées et n'ont subi aucun effet secondaire, sauf
une qui a été ménopausée à 31 ans et à qui l'on ne donne pas de traitement adéquat. Sur les 20 femmes ligaturées, on trouve donc un cas
de désinformation, trois impositions, deux échecs opératoires, une
ménopause précoce, soit sept cas à problèmes, le tiers du total, ce qui
fait beaucoup.

## CONCLUSION

L'exemple yucatèque confirme donc l'analyse d'Andrée Michel,
fondée sur l'enquête mondiale de fécondité de 1975, selon laquelle
de nombreuses Mexicaines ne veulent plus avoir d'enfants, et
infirme celle de Nancy Birdsall pour qui les programmes de planification familiale s'opposeraient aux intérêts économiques et sociaux des
femmes. La plupart de celles-ci jugent que trois enfants suffisent à leur
apporter l'aide dont elles ont besoin et à combler leurs besoins affec-
tifs. En l'absence de données rétrospectives, il est difficile de savoir si
ce faible nombre d'enfants désirés est l'effet du programme de planification familiale mais celui-ci n'a pu qu'accroître la légitimité d'un tel
souhait.

Le système public de santé joue un rôle essentiel dans la diffusion de
l'information sur les méthodes contraceptives. On peut lui reprocher
cependant d'informer surtout sur les méthodes qu'il promeut et de ne
pas apporter une réponse détaillée aux inquiétudes des femmes en
matière d'effets collatéraux, cela sans doute à cause du manque de
temps mais aussi du fait des différences sociales et sexuelles entre médecins et patientes. Vu le nombre important de femmes qui ont abandonné toute forme de contraception alors qu'elles ne veulent plus
d'enfant, ces défaillances au plan de l'information auraient dû recevoir
une attention plus soutenue de la part des responsables du programme.

Le programme de planification familiale n'est pas totalitaire et les
femmes utilisent la contraception en fonction de leurs intérêts et
valeurs, comme le montre la pratique différentielle des femmes des catégories ES et S & A. Toutefois, si les femmes peuvent refuser l'usage du
stérilet ou de la pilule tel que les médecins du secteur public veulent
l'imposer, elles acceptent plus facilement le discours sur la ligature
alors que cette méthode donne lieu à des dérapages importants. On
peut d'ailleurs parler de contradiction au sein du système public
puisque celui-ci refuse, au nom d'une idéologie médicale, la pilule à
des femmes qui la supportent bien tout en imposant à d'autres une ligature qu'elles ne souhaitent pas. Cette contradiction s'explique bien
entendu par la nature patriarcale du système public de santé qui con-

çoit ses objectifs en termes de baisse de la fécondité et non d'amélioration du statut des femmes.

Les problèmes auxquels donne lieu la ligature des trompes sont
d'autant plus inquiétants que celle-ci aurait touché 2,7 millions de
Mexicaines en 1988, soit 20% des femmes d'âge fécond en union. On
peut voir le renforcement de la préférence du système public pour les
méthodes définitives comme une réponse non démocratique au fait
que les Mexicaines pratiquent la contraception selon leurs conve-
nances propres et non en fonction des objectifs gouvernementaux.

Le bilan de la planification familiale au Mexique, qui a valeur
d'exemple du fait du prix qu'a reçu le pays de la part de l'ONU, est
donc mitigé. Actuellement largement positif pour les femmes, il pourrait s'inverser si la pression en faveur de la stérilisation s'accentuait. En
ce sens, on ne peut qu'espérer le développement d'un contre-pouvoir
qui s'appuierait sur la notion de liberté contraceptive. Il faut, par
ailleurs, noter que cette transformation de la fécondité s'est réalisée en
l'absence de changements dans le rôle social des femmes, toujours exclues du travail rémunéré et soumises à une domination largement fondée sur la violence physique. Peut-être la diminution de la fécondité
aura-t-elle pour conséquence, et non pour cause comme on a tendance
à le croire, une amélioration de l'autonomie des femmes.

## NOTE

Cette recherche a été menée dans le cadre du programme « Transformation
des dynamiques de reproduction sociale en référence aux politiques de développement », UR B5, département MAA, avec André Quesnel et Patrick
Livernais, et d'une convention avec le Colegio de Mexico, impliquant notamment Susana Lerner.

## RÉFÉRENCES

Alba, Francisco et Joseph E. Potter 1986. « Population and development in
    Mexico since 1940: An interpretation », *Population and Development Review*,
    12, 1:47–75.
Birdsall, Nancy 1976. « Women and population studies », *Signs*, 1, 3: 699–712.
Bongaarts, John 1984. « Implications of future fertility trends for contraceptive
    practice », *Population and Development Review*, 1, 2:341–352.
Bourdieu, Pierre 1980. *Questions de sociologie*. Paris, Minuit.
Brachet-Marquez, Viviane 1985. « Le planning familial au Mexique: processus
    de formation d'une politique publique », *Sciences sociales et santé*, 3, 1:9–33.

Bronfman, Mario, Elsa Lopez et Rodolfo Tuiran 1987. « Practica anticonceptiva y clases sociales en Mexico », *Estudios demograficos y urbanos*, 1, 2:165–203.

Bumpass, Larry 1987. « The risk of an unwanted birth: The changing context of contraceptive sterilization in the US », *Population Studies*, 41, 3:347–363.

Cain, Mead 1982. « Perspectives on family and fertility in developing countries », *Population Studies*, 36, 2:159–175.

Chasteland, Jean-Claude 1984. « Les politiques de population dans le Tiers-Monde huit ans après Bucarest: espoirs et réalités », *Politique de population*, 2:7–70.

Cosio, Maria Eugenia 1988 a. *Changements de fécondité au Mexique et politiques de population*. Doctorat d'État de démographie, Université de Paris V.

– 1988 b. « Politiques de population au Mexique », *Documents de recherche du CREDAL*, 57.

Dagenais, Huguette 1988. « Pour les femmes, un autre développement », *Recherches féministes*, 1, 2:1–13.

Darbois, Yves n.d. « Gynécologie », *Encyclopédie médico-chirurgicale*, 4, 800 A 10.

Fellous, Michelle 1982. *Contraception et migration*. Paris, Syros.

Figueroa, Guillermina 1986. « Factores de riesgo en metodos anticonceptivos » in *3 reunion nacional sobrea investigacion demografica en Mexico*. Miméo, Mexico, novembre.

Gautier, Arlette et André Quesnel 1993. *Politique de population et médiateurs institutionnels au Yucatan (Mexique)*. Paris, Éditions de l'ORSTOW.

Lâm-Thanh-Liêm 1987. « La planification familiale au Vietnam », *Population*, 42, 2:321–336.

Lerner, Suzana, André Quesnel, Lucio Geller et Fernando Saavedra 1980. *Dinamica socio-demografica de la zona henequenera*. Miméo.

Mass, Bonnie 1987. « Puerto-Rico: A case study of population control », *Latin American Perspectives*, 4, 4:66–81.

Michel, Andrée 1988. « Femmes et développement en Amérique latine et aux Caraïbes », *Recherches féministes*, 1, 2:19–38.

Miro, Carmen A. 1980. *Los derechos humanos y las politicas de poblacion. Investigacion démografica en Mexico*. Mexico, Consejo nacional de ciencia y tecnologia.

Organisation des Nations unies 1984. *Rapport de la Conférence internationale sur la population*. Mexico, Organisation des Nations unies.

Pinto, Wilbert et Gina Villagomez Valdes 1986. *Trabajo domestico en el ambito rural*. Thèse de maîtrise en anthropologie sociale, Université de Merida.

« Policas de poblacion en America latina: experiencias de diez anos » 1983. *Notas de poblacion*, 11, 33:87–92.

Potter, Joseph, Octavio Mojarro et Daniel Hernandez 1986. « Influencias de los servicios de salud en la anticoncepcion rural de Mexico » in *3 reunion nacional sobre la investigacion demografica en Mexico*. Miméo, Mexico, novembre.

Quesnel, André et Patrick Livernais 1985. « La fécondité au Mexique », *Espaces, population, sociétés*, 3, 1 :9–34.

Rakusen, Jill 1981. « Depo-Provera » in Helen Roberts (éd.), *Women, Health and Reproduction*. Londres, Routledge and Kegan Paul: 75–108.

Roberts, Helen (éd.) 1981. *Women, Health and Reproduction*. Londres, Routledge and Kegan Paul.

Ross, John *et al.* 1987. « Cohort trends in sterilization: Some international comparisons », *International Family Planning Perspectives*, 13, 2 :52–60.

Secretaria de Salud et Institute for Resource Development/Westinghouse 1987. *Mexico encuesta nacional sobre fecundidad y salud*. Mexico.

United Nations 1988. *World population trends and policies*. 1987 Monitoring Report. New York.

*The Empowerment of Women through Alternative Actions*
*Le pouvoir des femmes sur le développement: mobilisations et actions*

ROSALIND E. BOYD[1]

# Empowerment of Women in Contemporary Uganda: Real or Symbolic?

Since the National Resistance Movement (NRM) took power in Uganda in January 1986, some positive changes for women appear to be in process. Based on two recent field trips, this chapter assesses the significance of the changes affecting the situation of women within the major organizations of government and autonomous organizations, including trade unions, in Uganda. Are the traditional relations of power based on gender being confronted by these changes? How effectively are these institutions able to mobilize women? What are their priorities and resources? What are the mechanisms for ensuring women's concerns are acted upon? Is there any mobilization towards an autonomous women's movement in Uganda? This analysis is based on interviews with women in leadership positions as well as with those in the countryside of Uganda.

## L'accès au pouvoir pour les femmes en Ouganda: réalité ou symbole?

S'appuyant sur des entrevues réalisées sur le terrain en Ouganda, auprès de femmes occupant des postes de direction et des paysannes, l'auteure tente de déterminer si les changements survenus au sein des principaux organismes gouvernementaux et des organismes indépendants, dont les syndicats, depuis que le mouvement national de résistance (MNR) a pris le pouvoir en janvier 1986, ont eu des effets significatifs pour les femmes. Les rapports de force traditionnels entre sexes sont-ils remis en question par ces changements? Dans quelle mesure ces organismes sont-ils capables de mobiliser les femmes? Quelles sont leurs priorités et leurs ressources? Quels sont les mécanismes mis en œuvre pour solutionner les problèmes des femmes? Les femmes se mobilisent-elles en vue de créer un mouvement autonome?

Over the past decade there has been a surge of activities concerning women and development, particularly stimulated by the United Nations Decade for Women (Boyd 1988b). From the appearance of Ester Boserup's classic in 1970 up to the present, documentation about the place of women in relation to the so-called "development process" has grown considerably. Studies abound on Africa (see among others Henn 1984; O'Barr 1982; Parpart and Staudt 1988; Robertson and Berger 1986; and Stamp 1989). And yet there are clearly gaps; especially neglected is research on the situation of women in Uganda.[2] Uganda, a small agricultural country in East Africa, with a history of women's concern for development that predates Boserup and the U.N. Decade (Tadria 1987:87), has had a marginal role within the international context of these activities due to its tragic internal struggles. Development of any kind had been halted by nearly two decades of state terror and civil war. This chapter attempts to open up discussion and identify needed research on the changing situation of women in Uganda.

The chapter examines the initiatives affecting women that have been taken within the structures of government and within autonomous organizations, including trade unions, since the National Resistance Movement (NRM) government came to power in January 1986, after a peoples' war under the leadership of Yoweri Museveni. It attempts to address a primary question: Are the traditional relations of power based on gender being challenged by the changes instituted under the NRM government?

Ugandan women, as women in all patriarchal societies, confront an oppressive, subordinate situation in the workplace, in the family and in most spheres of society at large. While the specifics of the subordination differ from other cultural experiences, traditional gender-based attitudes, which are deeply ingrained in the consciousness of men and women, have limited women's access to and control over all spheres of life – be it educational opportunities, political participation, working life, or legal rights.

Coupled with that traditional culture, Uganda has a recent legacy that should not be overlooked or set aside when we examine women's empowerment in contemporary Uganda. This is a legacy of state terror, of civil strife, of brutalization over the past two decades, a legacy which has done deep damage to civil life and to the daily living habits of Ugandan citizens. This legacy has resulted in an increase in domestic violence (see Mukasa-Kikonyogo 1987 and 1988), in suicides, in breakdown of families, in abandoned children, a major increase in female-headed households, and major dislocations in the rural economy with far-reaching implications for rural women (Loxley and Kyesimira

1986). As the massive socio-economic devastation has been particularly harsh for women, a fundamental re-evaluation of their condition is needed. While this chapter does not pretend to attempt such a re-evaluation, the analysis does identify various changes affecting women and asks whether they are contributing to the empowerment of women in contemporary Uganda.

Following an elaboration of the context in which these changes are emerging in contemporary Uganda under the NRM, this chapter examines three principal government initiatives affecting women: the establishment of elected Resistance Committees with a mandatory position for women; the establishment and then upgrading of the Women's Desk within the NRM Secretariat to Directorate for Women's Affairs; and the establishment of the Ministry for Women in Development. The analysis then focuses on women within trade unions and within autonomous women's organizations. The chapter does not, however, look at the hidden struggles in everyday life, the non-organized forms of resistance to gender oppression that are recognized to be part of the process of women's empowerment. Nor does the chapter examine women's relationship to land or the past struggles of women in Uganda.

### RESEARCH METHODOLOGY

The observations and analyses in this chapter draw upon two field trips conducted in Uganda in November 1987 (after 18 years absence) and in September-October 1988, in which a diversity of sources were made available. During the first visit as the guest of the research Group for the Study of Labour at Makerere University, the investigative focus was on interviews and meetings with women in trade unions, autonomous women's organizations, and women researchers at the university, together with an analysis of Uganda's general socio-economic and political situation. A special all-day seminar in Kampala with women from 10 different trade union organizations revealed considerable material for understanding their situation.

The second series of investigations was organized by the Ministry of State for Women in Development where again women in working situations were given priority. This second trip provided the opportunity to visit the eastern, western and central areas of the countryside where follow-up meetings were conducted on-site in the factories with individual rank-and-file members as well as separate organized sessions with union officials and management. In addition, systematic discussions with rural women in collective situations – on cooperative projects, *shambas* (farms), at meetings of village committees and women's organizations – were also conducted in these areas. Many meetings were

formally organized; others arose spontaneously. Private individual discussions with women were also made possible through translators provided during this second visit. Finally, interviews were held with several
ministers in the NRM government and women leaders in Uganda. All
of the above discussions and investigations were open-ended, allowing
the voices of the women themselves to form the basis of the working
interpretation or analysis provided in this chapter.

## DEFINING EMPOWERMENT

Resistance is a way of life for women. We spend our lifetimes resisting
the daily conditions of oppression and subordination in a patriarchal
world system. So it is not surprising that women in Uganda, with a
legacy of brutalization, violence and economic hardship, coupled with
their history of survival strategies (Obbo 1980:101ff) are asserting
their place within the changing context of Ugandan society. Before
focusing on these changes, we need to elaborate the concept of "empowerment", particularly in an agricultural society such as Uganda
where 86% of the population live in the countryside.

Empowerment is a process by which people, women in this case,
acquire real powers and command real resources within their locality;
in other words, recognized power over material resources and recognized power institutionalized within the political structures. It constitutes an affirmation of confidence that one has the tools, the
mechanisms, and the resources to make decisions capable of solving
ones own problems. There are historical junctures when popular forces
– workers, peasants, and women's organizations –, through their agitation or struggle, gain access to the state and when that state can act to
facilitate their control and authority within the political system. In
other words, such a state provides an opening so that the interests of
the popular forces and those of the state can at least partially correspond; popular organizations can then draw advantages from that
situation.

Generally, the state implies hierarchical structures that support relationships of domination and inequity. And certainly a healthy skepti-
cism of the state is to be expected, particularly by women. Through
most of the past 25 years the post-colonial state in Africa has been "an
authoritarian control structure pre- occupied with political survival and
the material interests of those who control it" (Kwame Ninsin quoted
in Allen 1989:193).

At this historical juncture, the state in Uganda needs to stabilize, to
strengthen itself and to reconstitute itself after two decades of devastation. In such circumstances popular mobilization is an important strategy towards empowerment. In Uganda, the NRM government is

reconstituting the state with the institutionalized support and participation of women, traditionally marginal and subordinate within the
state structures.

## ELABORATING THE CONTEXT

Uganda's recent history is quite familiar: the terrorizing reign of Idi
Amin from 1971 to 1979; the Uganda National Liberation Front's oust-
ing of Amin with the assistance of the Tanzanian army; the terror of
"Obote II's regime", often described as worse for the citizenry than
Amin's dictatorship; the civil war of the 1980s, particularly within the
Luwero Triangle area north of Kampala where thousands of people
were massacred; then the West's fascination with the "priestess" Alice
Lakwena and Lakwenaism.[3] Uganda has had 10 governments in
26 years, only two of which were elected. Any one of these features
would make any country the pariah of the international community
which is what Uganda had so tragically become during the last two
decades.

But there is another reality for Uganda; it is one of resistance that
began to emerge during the 1980s civil war, leading up to the January
1986 takeover of power by the National Resistance Movement, a
popularly-based guerrilla movement under the leadership of Yoweri
Museveni. January 1986 was a turning point in the history of Uganda,
in which women played a vital role as they do in most nationalist struggles (Ankrah 1987). Women were army soldiers, integrated into the
National Resistance Army (NRA). Others, "countless ordinary village
women performed a variety of vital tasks essential to the resistance
movement's victory"; they supplied food and provided key intelligence
information essential for strategic planning. While so often after the
military struggle, the position of women remains unchanged, that does
not appear to be what is occurring in Uganda. In fact, women's active
participation in the NRA seems to have broken some attitudinal barriers "in the minds of male soldiers" (Ankrah 1987:24). During those
years in the bush, from 1981–1986, gender questions began to be
consciously addressed by the NRA/NRM. The words and actions of the
leadership of the NRA/NRM continue to reflect a consciousness of
gender-based inequality and a determination to alter it.

Shortly after coming to power, President Museveni addressed
women directly for the first time in a speech for International Women's
Day (8 March 1986), an event which several women noted to me during my two recent visits to Uganda. In fact he is locally referred to by
women as a "pro-women President". In that speech, he said that women
in Uganda had been everything in Uganda's history yet they have been
disadvantaged all through history. They have been the tractors in the

field (constituting 60–70% of agricultural labour), the pumps in the water, "the wheelbarrows, bicycles and other beasts of burden". Under the NRM government, he vowed to change that situation.

More recently, in 1988, President Museveni has argued that "women should draw away from traditional emphasis on handicrafts and engage in more productive small-scale industrial activities". He cited as examples soya milling and jam making establishments already being run by some women's groups. He went on to say that:

there is an urgent need to destroy the prevailing (self) defeatist mentality among large sections of the womenfolk, that they are less capable than men. This mentality is a result of centuries of intimidation and indoctrination and subjugation by men. This must be fought because such subservience is an obstacle to the development of the maximum potential in women.

Generally, subordination of women is a universal phenomenon. But the President said that the NRM government will enhance the political and socio-economic legitimisation of the role of women in the development process.

He quoted Amilcar Cabral who once raised the necessity of "cutting off the dead branches of tradition", retaining and assimiliating only those in resonance with concrete reality. (*Weekly Topic*, 16 March 1988)

While the experiences of women in Uganda like women elsewhere make them cautious about possible manipulation by political forces and certainly skeptical of the state, the actions taken by the NRM government to date (which are elaborated below) suggest a commitment towards the full participation of women in rebuilding their society. Women make up well over 50% of Uganda's 16 million population. They provide 60% of the labour force in the agriculture sector and account for over 80% in food production. The fact that they now have a President and leadership that recognize their vital role is significant.

Two other aspects are important to mention to understand the attitudinal change that seems to be emanating from the government: the character of the NRA/NRM and its political program. The motivation for joining the Movement was to remove state terror, to liberate the country from military regimes responsible for rapes, robberies, murders and the general terrorizing of the civilian population. During the 1980s civil war, the NRA operated with a strict code of ethics in relation to the civilian population in stark contrast to the past military terror. Villagers provided assistance to the NRA/NRM and often joined their ranks; in fact, the social base of the NRA was initially from the peasantry and intellectuals from the southern regions. Consequently, the NRA had sympathisers in large sections of the country at the time it came to power, although its organized political base covered only about half of the country (Mamdani 1988:1168).

When the NRA/NRM took power, this positive relationship with the civilian population continued. Many of the first reports remarked upon the polite and respectful attitude of NRA soldiers toward the civilian population (see *South,* 1986 and Rusk 1986:98). While this was not surprising to those insiders who knew the guerrilla movement, which was politically trained to respect and value its people, it was a remarkable change for Ugandan civil society. Once in power, the NRA/NRM presented their ten-point program consistent with their code of ethical behaviour *vis-à-vis* the civilian population. Democracy, security and national unity were given priority; without doubt, a new feeling of peace and security has characterized their first years in power (up to the time of writing). Most of the major organized military challenges from the north and east have been resolved, although there are still pockets of banditry and occasional remnants of Lakwenaism, attributable in large measure to the extreme economic deprivation throughout the country.

In examining the attempts to correct gender inequities, Uganda's economy and debt burden cannot be overlooked (Boyd 1989). Uganda has a (US) $2 billion debt. The government restraint policies imposed by the IMF/World Bank are severely hurting the labouring population. The Ugandan shilling has been devalued by almost 1,000 per cent between 1987 and 1989. In addition, subsidies have been removed from a number of products, contributing to the impoverishment of large sectors of the rural as well as urban population. Most of the working population is not making a living wage, an income that can provide for their basic necessities. Children are being kept out of schools as parents cannot afford school fees. Clearly two decades of socio-economic destruction cannot be turned around in just three years. But factories are beginning to reopen – sugar, coffee, textiles and cement being the priorities. Food production for domestic needs continues to be strong, although, due to the lack of transport in parts of the country, uneven distribution still remains a serious problem .

There are some unresolved and difficult tensions that emerge from the examination of these recent initiatives for women in the changing context of Uganda, tensions that are specific to women's struggle for empowerment within most agriculturally-based Third World societies: state control versus autonomous organizations, rural versus urban bias, and educated elite women versus peasant women. Furthermore, these state initiatives emerge from proposals made by the women themselves and should be seen as a partial response to many years of political agitation by Ugandan women. In that history, there are real divisions and power struggles, often rooted in regional and religious differences (Tadria 1987:87). However, the 1980s civil war in Uganda, almost 20 years after independence, has brought about deeper questioning of the subordinate position of women and given a very different political context to women's struggles. Even knowing the critical experiences of gender setbacks in Mozambique (Arnfred 1988), Tanzania and Nicaragua, the analysis in this chapter maintains that institutional initiatives by the state with regard to women are significant, especially if they can be shown to transform the dynamics of gender relations.

## RESISTANCE COUNCILS AND COMMITTEES

The most important initiative of the NRM government is the establishment of the Resistance Committees and Councils (RCs) throughout the country, a continuation of the organizational structures that they established in some rural areas during the civil war. The RCs are the organized mechanism instituted to ensure popular democratic participation in the state. Each of the 34 districts is divided into 5 administrative zones; that is, RC I at the village level, RC II at the parish level, RC III at sub-county, RC IV at county and RC V at district. There are 9 elected seats on the RCs with a mandatory place for a woman on each of the Committees. Statutes give judicial and political powers to the citizens through these elected committees and councils. Villagers at the grassroots, including women, thus have the power to elect their own representatives.

The existence of these Committees has made mobilization easier, particularly for women. Messages transfer more effectively to and from the grassroots and a given Ministry. For example, women in the villages, at the base, can now mobilize themselves in their relations with the Women's Ministry literally overnight. Similarly, self-help projects are much easier to co-ordinate between the village and the Ministry. The African Housing Fund has provided loans via the Women's Ministry (together with the Ministries for Housing and Urban Planning and Youth, Culture and Sports) for women in Masolita in the Luwero Triangle, to rebuild houses which had been totally destroyed by the war. Women and youth are now actively involved in brick-making and tile-making for construction of their own houses, working organizationally through the RCs.

There are of course some difficulties with the RCs; people for so long excluded from democratic participation in the state system, and especially women, must learn how to participate. Seminars are being held in various parts of the countryside to raise the consciousness of women and men about the RCs and about the importance of their full participation. In theory, for example, women have 9 opportunities to be elected on committees whereas men have only 8; in fact, the practise is quite different. Men tend to be elected in all 8 seats, women only to the one reserved for them. Women have begun to complain that they are being relegated to run only in the one seat reserved for them. Traditionally particularly in rural Uganda, women did not easily speak about their personal burdens; they did not openly participate with males, even with their husbands in conversation (Personal interviews). Traditionally, women participated in organizing outside the state system, marginal to political power (for example in handicraft ventures). While many traditions continue, the two decades of struggle began to change their situation and now the RCs are providing an organizational mechanism to allow women to assert their views and their needs within the political system.

Other gender-based struggles surfaced during discussions with women in Iganga, Mbarara, Masaka, Mbale, Jinja and Mukono. The RCs appear to provide a challenge to traditional gender ideology in the economy and in the household. It is recognized that women are the farmers of Uganda, responsible for 80% of food production. In fact, "the great majority of African women are farmers" (Henn 1984). It is thus significant to stress that the NRM has appointed a woman, Victoria Sekitoleko, as the Minister of Agriculture, the only one in any African country. Knowing the dominant role played by women in agriculture in Africa, her appointment is to be recognized as an historic one for women, and particularly so for African women. She is responsible for developing agriculture policy, a domain where women are overwhelmingly affected.

Sekitoleko is a very dynamic activist; she knows what it is to experience the world as a woman farmer from Jinja (personal interviews, 1988). However she is also a highly competent professional as a graduate in agriculture from Makerere University. For several years, she worked with the Rural Credit Farmers Schemes in the bank, and she was Deputy Minister of Agriculture from January 1986 until February 1988 when she became Minister. The NRM government has accorded her Ministry a high priority in terms of resources, obtaining 16% of the July 1988 budget.

The Ministry's first priority is to feed the population with a balanced diet. Its second priority is to provide raw materials (coffee, cotton and sugar) for Uganda's industries. To some extent, these priorities can be seen to challenge traditional gender ideology which put the production of food by women as a less valued activity, an "assumed" household activity that women simply "carried out" for domestic consumption. The cash sector, from which women had been traditionally excluded, "has (been) more highly valued than the subsistence sectors" (Tadria 1987:82). Increasingly, food production and food security are becoming highly valued by the state, especially as many of the bordering countries experience food shortages and famine.

Similarly the emphasis on a "balanced" diet for all the population confronts another aspect of gender ideology, that is sex differentiation in food intake in favour of males. Women traditionally were not allowed to eat protein rich foods such as eggs, chicken and some meat. Thus, in addition to their multiple roles, they suffered from poor nutrition. Sekitoleko has established a Food and Nutrition Council which is strongly educative; she has developed a "women's desk" within the Ministry and is organizing the overseas training of women (in Canada, Britain and Germany), particularly as agricultural extension officers, long the preserve of men by development agencies. It was also largely due to Sekitoleko's pressure, it seems, that the Minister of Commerce finally appointed a head to the Ugandan National Bureau of Standards, a professional Ugandan woman lecturer in Food and Nutrition Technology from the University of Nairobi, Dr Kasirye-Alemu (*Weekly Topic*, October 1988).

The appointment of Sekitoleko and the consequent shift in the Ministry's agricultural policies in which farmers are consciously acknowledged as being predominantly women, suggest that real empowerment for women within the state is in process. It also demonstrates the importance of rural grassroots experiential understanding at the top levels of government, with a possible working alliance between educated women and peasant women farmers. Women's empowerment to have real meaning has to exist at all levels of society. It is not simply enough to have grassroots organizations expressing those interests. They must have a meaningful linkage, a way of influencing those within the highest level of decision-making within the state apparatus. It is not enough to ensure that women at the rural levels participate; they must also have mechanisms that translate their participation into policy-making within the state apparatus.

Some additional questions surface about the RCs that relate to empowerment. The RCs were until February 1988 under the NRM Secretariat, the political arm of the NRM. Since then they have become the responsibility of the Minister of Local Government which means that District Administrators are now members of the civil service. Formerly they were political representatives of the NRM Secretariat simply coordinating district RCs. The question thus arises, to what extent as organs of the state, can the RCs be truly expressions of grassroots empowerment? Can they be truly critical? Can they challenge the corruption within the civil service or within the *parastatals*? Will their initial grassroots populist tendency be muffled by being incorporated into the institutional structures of the state? Are they to be organizations of the state, of the party, i.e. the NRM Secretariat, or of the people? (Mamdani 1988:1176–77).

These questions are real issues to be debated when discussing the RCs and empowerment; and they are part of the present political discourse within Uganda. However, in that context, these questions – really questions about democracy – must intersect with questions concerning pervasive gender subordination. The struggle against women's subordination and oppression will occur whether the RCs are under the control of the party, of the state or of the people. History has at least taught us that. Even if we agree that the RCs to have real democratic powers must be vested in "the people", women would still face the struggles against their subordination within that structure.

## DIRECTORATE OF WOMEN'S AFFAIRS, NRM SECRETARIAT

In addition to the RCs, the other important structure of government is the NRM Secretariat, which is the political mobilization apparatus, the party organ where there are 11 different directorates, one of which is a Directorate of Women's Affairs. The training seminars, mentioned earlier, held to explain the RCs or to work out problems within the RCs often directly involve the Women's Directorate. The Director of Women's Affairs, responsible to the National Political Commissar is Janette B. Mukwaya, another impressive appointment (personal interview, 1987). She is a former magistrate who was one of three prominent women mobilizers for the NRM/NRA during the civil war struggle from 1981 to 1986. "Apart from the actual fighting, formulating guidelines and overseeing the courts 'in the bush', Mrs Mukwaya took responsibility for mobilising villagers to ensure an adequate support system for the guerrillas" (Ankrah 1987:23).

The Directorate, at an early stage, was instrumental in getting the Women's Lawyers Association of Uganda to provide free legal services for women. It now stresses leadership training programs in rural areas and recognizes that men must be involved in changing gender attitudes. Although hampered by lack of transport, especially bicycles in the areas where women members of the RCs must move around long distances, organized meetings of rural women to emphasize their vital role in rehabilitation activities in the countryside are an important part of the Directorates work. In addition, the Directorate organizes special seminars in response to problems identified by rural women. For example, in the Mukono District, women met with Directorate officials to

discuss problems of vermin destroying crops, wild pigs and monkeys in-
terfering with their agricultural activities, and the problem of transportation for marketing their fish from the Buvuma Islands. They also
complained about the way in which some RCs fail to give women an
opportunity to discuss their views and place women's concerns last on
the agenda. The Directorate suggests corrective strategies and provides
information to women on how to remedy their on-going problems.
Although problems are not always rectified, women now have organized mechanisms and some resources to assist in improving their
situation.

## MINISTRY FOR WOMEN IN DEVELOPMENT

As mentioned earlier, in February 1988, the NRM government established a full Ministry for Women in Development. Such an initiative,
according it a full separate status and not making it an appendage of
community development or social development, gives clear formal
recognition of the need to alter gender imbalance and to consolidate
resources for women's empowerment. However, the appointment of
women in other critical areas (such as the Minister of Agriculture,
Deputy Minister of State for Industry, Minister of State for the North,
first High Court Judge, representation on the Constitutional
Commission, etc.) and the existence of other structures for women
(representation on all levels of the RCs, Women's Directorate, etc.)
made in tandem with the establishment of the Women's Ministry offset
the possiblity of ghettoizing women's concerns in Uganda's political
struture.

The first Minister of State for Women in Development is Joyce
Mpanga, former chair of the National Council on Women, former
Deputy Head of the Public Service Commission, and former lecturer in
Education at Makerere. She has had a long-standing involvement in the
struggles of women dating back to her days as a student at Makerere in
the 1950s. The Ministry is responsible for government policy on
women and the impact of development projects on them. It has six
divisions: 1) legal affairs, 2) research, 3) education and training,
4) NGOs, 5) project implementation and 6) communication and information (including a library). It also maintains a close liaison with the
Women's Affairs Directorate of the NRM Secretariat. At present, the
Ministry (personal interviews with Mpanga, 1988) sees the importance
of conducting a national survey of women's needs in order to do a fundamental reevaluation of women's situation throughout the country
after so many years of turmoil.

Appointed to the highest policy-making body in the country, the
Cabinet, Mpanga has set her first priority as improving the lot of rural

women in the villages (Mpanga 1988). Mpanga like Sekitoleko and Mukwaya, may be what one would glibly term "bourgeois educated women", and there are those who would deny the validity of such women and the merits of their work by such labelling. But working alliances between educated townswomen and rural women are increasingly important in gender activities. Mpanga's Ministry attempts to respond to the burdens borne by rural Ugandan women. Although the Ministry is located in Kampala and their resources are far too limited, Mpanga and her small staff constantly travel in the countyside meeting and mobilizing rural women in conjunction with the RCs who in turn often work with various autonomous women's organizations, particularly those working on small-scale economic activities and self-help housing projects. This Ministry, like others involved in mobilization work for improving the situation of rural women, is also hampered by lack of adequate transport mentioned earlier.

Yet women do overcome such transportation problems, at least on a temporary basis. Over 60 women representing ll organizations in the Mbarara district managed to assemble for a meeting to discuss their problems in Mbarara (field trip, September 1988). About 50 women trade unionists came to Kampala for an all-day seminar focusing on the particular problems of women workers (field trip, November 1987). About 100 rural women gathered in the district of Iganga for a meeting to discuss their activities (field trip, September 1988). The organizational capacity of women at the grassroots is strengthened structurally by the Women's Ministry working in conjunction with the RCs. But women in both villages and urban centres stressed how lack of regular transport for sustained organizational work makes their situation more difficult.

Women in the countryside are organizing themselves principally for small-scale economic activities. On-site visits and discussions with women at cooperative *shambas* (farms) and a chicken hatchery in the Iganga district, a *shamba* for passion fruit in the Masaka district, a *shamba* for *matoke* (bananas) and beans in the Mbarara district revealed their organizational strength. Women over and over stressed that they felt themselves participating, organizing collectively and freely for economic improvement. In addition to providing needed survival income, these activities give important management experience to women and are also meaningful expressions of women's solidarity. Even though their husbands often still complain about their absence from the home for meetings, they are gradually confronting aspects of their traditional subordination.

In summary, the NRM government has put in place state structures and resources to promote activities aimed at improving the situation of women in the rural and urban localities of Uganda. In many ways, these

programs are a response to what women had been informally attempting on their own when, during the years of tragic isolation, they
had only their own resources to fall back on. As resources (for the
Women's Ministry or the NRM Women's Directorate or the RCs) are still
very limited, it remains to be seen how deeply transformative these
state initiatives will be. Are they rooted strongly enough to be sustainable over a long period? Too little time has passed to measure their
impact; however, they seem to be positive initiatives which do articulate
well with women organizing and struggling at the grassroots.

## TRADE UNION AND INDUSTRY

The three principal factories visited for this recent research were coffee
(Bigisu in Mbale), sugar (Lugazi in Mukono district) and textile (Nytil
in Jinja) factories at which women are present alongside men in the
labour process. Seeing women and men hauling heavy bags of coffee
while breathing hazardous coffee dust was a sobering experience.
Their working conditions are harsh and their pay is inadequate.
According to the General Manager of the coffee factory, this visit was
the first time a woman, foreign or Ugandan, had toured the factory and
talked to women workers, acknowledging their place in the labour
process. Women workers in Ugandan industries have until recently
been in hidden and subordinate positions.

Only in 1987 was the Women's Wing of the National Organization
of Trade Unions (NOTU) constitutionally recognized within NOTU;
now ten of the fifteen unions within NOTU have Women's Wings.
Discussions with rank-and-file women workers suggest that they have
very limited resources for organizing effective workplace actions.
Grievance procedures, working conditions and wages for women
continue to be unaddressed problems.

Of the three unions, the Women's Wing of the National Union of
Plantation and Agricultural Workers (NUPAW) at the Lugazi sugar factory, officially the Sugar Corporation of Uganda with 51% government
ownership, appears to be the most organized. The women have developed ideas for supplementing their income – handicrafts, poultry and
piggery farms, and a knitting and tailoring project. Yet, they look to
management or to the union or to organizations abroad for resources
to develop these projects, rather than to local small-scale loans or credit
schemes that could contribute to their self-reliance. Futhermore, the
absence of any apparent workplace agitation to improve their factory
situation is striking. However, with their organizational capacity and
new structures in place, it may be just a matter of time before these
women workers will assert their demands within the unions.

There is also additional potential for mobilization, a point of inter-section between women in industrial labour – specifically within their unions – and with the state – specifically in the Ministry of Industry – which has yet to be explored. The Deputy Minister of Industry is Gertrude Njuba, who was another key mobiliser for the NRM/NRA from 1981 until 1986. Her involvement is pertinent to explain at this juncture. From February 1981 until March 1982, while working in Kampala as a government tax collector and living clandestinely in a crowded slum area of Kampala, Njuba undertook a series of important tasks for the NRA, such as establishing an intelligence network, recruit-ing soldiers as well as transporting equipment, food, arms and funds (personal interviews, 1988 and Ankrah 1987:24). From 1982 until January 1986, during the civil war, she lived in the bush with the guer-rillas where she continued many of these tasks and became the trusted assistant to Museveni.

With such a formation, it is not unreasonable to suggest that as Deputy Minister of Industry she could be a point of intersection between the state and organized women workers of these industries to develop appropriate strategies for improving their situation. There is also some potential for the trade unions to relate in an institutional way to the RCs, which are now organized according to residence rather than workplace. While this makes sense in the rural villages where onés workplace and residence are often the same, it would appear that RCs could also be appropriately introduced into the workplace.

Discussions during two field trips to Uganda, especially at the all-day seminar with the women workers in November 1987 and again during the on-site visits to the factories, revealed that gender-related attitudi-nal barriers continue to exist within the trade unions. Conflicts still exist for women with domestic responsibilities; they are not free from household chores to accept leadership positions or often to attend union meetings. Sexual harassment in the workplace is still a major problem for women; they are often subjected to "dual" interviews for a job and often must provide sexual favours to supervisors or face problems, even dismissal, at work.

While the Women's Wings have been established in a majority of trade unions, they have not yet developed meaningful collective action in the workplace. Women expressed confidence that this situation will gradually change as they strengthen their place within the unions and assert their specific grievances with collective support from other women workers. These women continually stressed the importance of workers education and the need for solidarity with women's wings within unions of other countries, both of which they presently lack. With new structures in place and the possibility for a point of interaction with the state, women workers may be able to exert some positive changes in their work situation.

However, their problems are also tied in with the overall issue of organized labour in Uganda, that is the absence of a living wage for most of the working population and the hopelessly inappropriate labour legislation that remains largely unchanged since the 1960s. The NRM government has recently agreed to hold a tripartite meeting with the National Organization of Trade Unions (NOTU) and the Federation of Uganda Employers (FUE) where together they will examine Uganda's current labour legislation in order to propose appropriate changes. Unionized women workers plan to voice their concerns within this forum as well.

## AUTONOMOUS WOMEN'S ORGANIZATIONS AND THE STATE

The emergence of numerous women's organizations within Uganda parallels that of many other countries during the 1980s (see Boyd 1988b). However the organization of Ugandan women into specific interest groups has a long history. There are over 40 women's organizations registered with the Ugandan National Council of Women. In addition, many other unregistered smaller groups exist within each of the districts in Uganda. Women's NGOs in Uganda can be classified into the following types: religious groups (such as the Mothers Union, the Muslim Women's Association or the National Committee of Bahai Women); professional organizations (such as the Uganda Association of Women Lawyers, the Uganda Media Women's Association or the National Association of Registered Nurses and Midwives); trade unions (discussed above); economic groups (such as the Kiyembe Women's Credit and Savings Cooperatives or the Uganda Women's Credit and Trust Fund); and social and cultural groups (such as the Disabled Women's Association or the Uganda nedagala Lyayo, i.e. Traditional Medicine Practitioners). These organizations raise questions about the possible mobilization towards an autonomous women's movement or independent national women's forum within Uganda as an essential direction toward authentic empowerment of women.

As mentioned above, the Women's Ministry has a Non- governmental Organizations (NGOs) division. After the first field trip to Uganda in November 1987, and when first discussing the Women's Ministry having a division which will oversee registered women's NGOs, that situation was characterized as "foul, state cooptation" (see Boyd 1988a). In fact, the presentation concluded that "institutional or state coopting has in a way been the dominant characteristic of the NRM/NRA government". Since the second visit, a reassessment of the state's relationship with NGOs has been necessary. Part of the reason for the increase in the number of NGOs may be related to the hustle to capture foreign funding which increasingly has been directed to NGOs in Third World societies. On the other hand, governments generally want to monitor who is receiving funding, from where and for what purposes. However, there often arises an uneasy balance between government monitoring and government controlling of non-governmental organizations. In June 1989, the National Resistance Council, equivalent to an elected parliament in Uganda, passed the Non-governmental Oganizations Registration Bill which means that all NGOs must now be registered or face penalties of fines or imprisonment. A Board has been set up to register and monitor NGOs. Before the Bill was passed, one researcher had written, "It is important that the Government permits NGOs to operate without undue direct Government intervention and that the Government takes only an advisory role" (Mwaka in ACFODE 1988:16).

In Uganda, NGOs and particularly women's NGOs must be placed in their context. Women's NGOs are "restricted to voluntary women's organized groups independent of Government. They are however neither anti-government nor opposition groups and their role is not to compete with, but to supplement Government efforts to improve living conditions" (Magezi in ACFODE 1988:26). How we judge the involvement of the state in the affairs of NGOs depends on the nature of the state involved. The state can be a facilitator in strengthening their activities, particularly at this juncture in Uganda, when resources for rehabilitation and development activities are very limited. However, the possibility of reinforcing a dependent mentality (i.e. the NGOs depending on the state for their resources) should be resisted just as the state consolidating too strong a hold over NGOs should also be resisted.

The National Council of Women, established by Presidential decree in 1978 by Amin's regime, is an umbrella organization for about 40 registered women's organizations. At present it operates somewhat like a parastatal under the wing of the Women's Ministry. It has had a rather chequered history in its early years, accused of being controlled by various sectarian or party interests. In September 1985, the National Council organized an important peace march in Kampala which some have suggested began to establish its place as an independent forum for women in Uganda. However, two leading researchers disagree on how to interpret the problems of the Council (see Tadria 1987:87–89 and Ankrah 1987:10–17). Ankrah maintains that the Council's stance of political neutrality, claiming "to remain aloof from the prevailing currents of the day" (Ankrah 1987:17) lends itself to suspicion and to being used by successive political regimes. Tadria, on the other hand, roots the problem in the ideology of gender inequality. Both concur, however, that the Council has not been an effective national organization for women. At the present time, the Council remains active but, under the Women's Ministry, its role as an independent national forum for women continues to present clear limitations.

The main concerns of the most active women's organizations found in the districts result directly, not surprisingly, from the objective economic conditions in the country. As already mentioned, there has been a large increase in single-headed households; women are estimated to be heading 40–70% of households in different parts of the country variously affected by the war (personal interviews and Tadria 1987). Women are well aware of their need to develop economic activities to generate income in the absence of secure work or in the absence of a living wage. They are determined to do so and are coming together in groups throughout the country for that purpose. Some examples are the co-operative *shambas,* hatcheries, poultry and piggery farms, as well as the soya milling and jam making activities, mentioned earlier.

One of the most effective research-oriented women's NGOs in Uganda presently is Action for Development (ACFODE). ACFODE was originally formed as a pressure group in 1985 to conscienticize women in Uganda on gender issues, especially as many of them felt completely left out of world community efforts and activities of the U.N. Decade for Women, which coincided with some of the most tragic years of terror and isolation for many Ugandans. ACFODE has approximately 200 members now and continues to conscienticize on gender issues. In addition, it is involved in action-oriented participatory research. It has held a series of networking seminars in several villages, allying itself more concretely with rural women's concerns and existing rural groups. While most of its active membership are educated towns-women, these women are working in alliance with rural women concerned with rural women's empowerment, a solidarity phenomenon that is increasingly characteristic of women's activities throughout many societies (Boyd 1988b:11). Some of ACFODE members are elected representatives on the RCs. ACFODE has also recently started a "Job Centre" to make themselves more self-reliant and less dependent on outside funding, and they publish a newsletter and have plans to begin a women's magazine. As many of their members are Makerere staff (faculty and administrative), it is not surprising that they have been instrumental in lobbying to establish a Women's Studies Program which is scheduled to begin at Makerere University in 1989.

Finally there are several women's organizations with a specific interest in the welfare of children.[4] Parentless, destitute, displaced and abandoned children are another severe consequence of the brutalities of Uganda's civil strife. One of the most prominent NGOs responding to these concerns is the Ugandan Women's Effort to Save the Orphans (UWESO). Originally founded in 1985 by a group of Ugandan women in exile in Sweden, one of whom is Janet Museveni, wife of the current President, UWESO has chapters operating thoughout the country.

## CONCLUSION

When focusing on empowerment of women, there is always a tension in one's analysis, between on the one hand, women organizing at the grassroots, at the base, at the domestic level, at the level of the division of labour, and, on the other, what the state is doing and government initiatives or leadership response to popular agitation by women. The tension in the analysis is reflective of the tension that exists within the reality of such gender struggles.

In addressing the question of women's empowerment in contemporary Uganda, the analysis here has focused on questions of state initiatives, questions of gender-based attitudes and questions of state versus autonomous organizations as routes to empowerment. Are the new organizational structures in government, in the trade unions and in the autonomous organizations equipped and able to address the principal concerns of Ugandan women? Are the traditional relations of power based on gender being challenged by these initiatives?

In summary, this analysis maintains that the establishment of the Resistance Committees with women's participation as grassroots organizations; key ministerial appointments in agriculture, industry and a women's ministry together with a gender sensitivity demonstrated by the NRM leadership and reinforced by the consciousness-raising activities of the Women's Affairs Directorate, the women's wings of some trade unions and of autonomous women's organizations, all together, these actions have laid the foundation for a process of real empowerment of women in Uganda. Structures are in place, women are in leadership positions in the government, in the judiciary and in other organizations throughout the country at all levels; rural women are gradually participating in the state system; and through these structures, real resources (though far too limited) are being made available directly to women. In the process, it appears that gender-based discrimination is beginning to erode.

Women sense an opening in relation to government, an opening that results from constant pressure by various organized women's groups. Particularly important recently have been the proposals made by ACFODE after their series of seminar discussions with women in almost all of the districts in Uganda as reported in ACFODE (1988). It is significant that government leaders recognize gender inequality in the society, listen to the women's concerns and are continually opening up new mechanisms (with all their limitations and difficulties) to confront that situation. One can become suspect of this as state cooptation, neutralization or control, or one can give it some time to translate into meaningful and serious change for women. Debates, mobilization and a fervour of organizational activities around every aspect of women's lives are currently underway in Uganda. The analysis and observations presented here suggest that these initiatives are an important and necessary *part* of the process towards empowerment of women.

But these initiatives, though significant, have a long and difficult road ahead. Gender-based discrimination is still deeply entrenched in Uganda. Economic deprivation throughout the country continues to be a major barrier to women's empowerment. Women are overburdened with work in order to survive and are not relieved of this burden even if they want to accept to be on a Resistance Committee in their village or to be involved in decision-making activities to alter their own situation. These initiatives respond to women's situation in public political life but not to their situation in the household. Men are not yet willing or sensitized or educated to share some of the load that women carry, especially in the domestic sphere. Other major areas of struggle for women, especially in the rural areas, continue to be legal ownership of land, separation rights and inheritance rights. The Women's Legal Aid Clinic established by the Ugandan Association of Women Lawyers assists by giving free legal advice to women on such matters. Women in Uganda are fully aware that they can never be complacent; their struggle is on-going and their determination to alter their situation is unwavering. In the new climate of relative stability and peace brought about by the NRM government, the important point is that women are organizing and asserting themselves within Ugandan society as reconstruction takes place.

## NOTES

1  I wish to thank the many Ugandan women who so openly discussed their situation with me during my recent visits to their remarkable country. My thanks also to Arpi Hamalian, Homa Hoodfar, John Jackson, Victor Piché and Greg Teal for comments on an earlier version of this article. The present chapter is a modified version of an article published under the same title in 1989 in the *Review of African Political Economy*, 45/46, 106–117.

2  Early attempts to examine the lives of women in Uganda were limited by ethnocentricism and male ideology, in which the research often focused on

details of women's sex lives. See, for example, Little (1973), Southall and Gutkind (1957) and Elam (1973). Elkan's work (1956) was a notable exception at the time. More recently the published works of Obbo (1980) and Tadria (1987) have started to provide an important corrective to our understanding of women in Uganda. However, the precarious conditions of the last two decades has meant that research on women in Uganda is still very sparse when compared with other countries of sub-Saharan Africa. Some of the most important research about women in Uganda has recently begun to take place but it is not widely circulated outside of Uganda nor is it yet available in a permanent form.

3 Alice Lakwena is the self-proclaimed priestess leader of the Holy Spirit Movement, notorious for rallying disoriented peasants in the northern areas of Uganda to lather themselves with natural oils and go to battle half-naked with spears against fully armed soldiers. The fanatical appeal of Lakwenaism is rooted in the puritanical ideal of cleansing the people, especially the Acholis, from the evil of so-called southerners. Lakwena was defeated when the peasants joined with the NRA against her Holy Spirit Mobile Force on its suicidal drive south.

4 For a comprehensive report on the situation of children, see the UNICEF study recently published by Nalwanga-Sebina and Sengendo, 1987.

## REFERENCES

ACFODE (Action for Development) 1988. *Women Breaking Through.* Kampala, Action for Development.

Allen, Chris 1989. "State, society and the African crisis" (A review article of five books), *Third World Quarterly*, 11, 1:189–94.

Ankrah, M 1987. *The Role of Women in the Resolution of Conflict.* Paper presented at the International Seminar on Internal Conflict, Kampala, Uganda.

Arnfred, Signe 1988. "Women in Mozambique: Gender struggle and gender politics", *Review of African Political Economy,* 41:5–16.

Boyd, Rosalind 1988a. "Women and labour under the National Resistance Movement in Uganda: Some preliminary comments". Paper presented at the Canadian Association of African Studies Conference, Queen's University, Kingston, Ontario.

– 1988b. *A Global View of Women After the U.N. Decade (1975–85).* Discussion Paper Series No. 56. Montreal, Centre for Developing-Area Studies.

– 1989. "The struggle for democracy: Uganda's national resistance movement", *Canadian Dimension,* 23, 6:29–35.

Elam, Y. 1973. "The social and sexual roles of Hima women". MA Thesis, Department of Anthropology, Manchester University.

Elkan, Walter 1957. *An African Labour Force.* East African Studies, No. 7. Kampala, East African Institute of Social Research.

Henn, Jeanne K. 1984. "Women in the rural economy: Past, present, and future", in Margaret Jean Hay and Sharon Stichter (eds.), *African Women: South of the Sahara*. London, Longman: 1–18.

Little, Kenneth 1973. *African Women in Towns: An Aspect of Africa's Social Revolution*. Cambridge, Cambridge University Press.

Loxley, John and Yoweri Kyesimira 1986. "Economic adjustment and long-term development in Uganda". Ottawa, International Development Research Center.

Mamdani, Mahmood 1988. "Uganda in transition: Two years of the NRA/ NRM", *Third World Quarterly*, 10, 3:1155–81.

Mpanga, Joyce 1988. Speech by the Minister of State for Women in Development, Government of Uganda, at the International Conference on Women and Development, Montreal.

Mukasa-Kikonyogo, L.E.M. 1988. "Child abuse in Uganda". Unpublished paper.

– 1987. "Violence against women in the family in Uganda". Unpublished paper prepared for the U.N. Vienna International Centre.

NRM Secretariat 1988. *Political Programme of NRM: Two Year of Action*. Kampala, NRM Publication.

O'Barr, Jean F. (ed.) 1982. *Perspectives on Power: Women in Africa, Asia and Latin America*. North Carolina, Duke University.

Obbo, Christine 1986. "Stratification and the lives of women in Uganda", in Claire Robertson and Iris Berger (eds.), *Women and Class in Africa*. New York, Africana Publishing: 178–194.

– 1980. *African Women: Their Struggle for Economic Independence*. London, Zed Press.

– 1976. "Dominant male ideology and female options: Three East African case studies", *Africa*, 46, 4:371–87.

Parpart, Jane and Kathleen A. Staudt (eds.) 1988. *Women and the State in Africa*. Boulder, Co., Lynne Rienner.

Robertson, Claire and Iris Berger (eds.) 1986. *Women and Class in Africa*. New York, Africana Publishing.

Rusk, John D. 1986. "Uganda: Breaking out of the mold?", *Africa Today*, 2nd/3rd Quarters: 91–101.

Stamp, Patricia 1989. *Technology, Gender and Power in Africa*. Ottawa, International Development Research Centre.

*South* 1986. Magazine published in London.

Southall, A. and P. Gutkind 1957. *Townsmen in the Making*. Kampala, East African Institute of Socail Research.

Tadria, H. Mary K. 1987. "Changes and continuities in the position of women in Uganda", in Paul D. Wiebe and Cole P. Dodge (eds.), *Beyond Crisis: Development Issues in Uganda*. Kampala, Makerere Institute of Social Research: 79–90.

KATHRYN KOPINAK

# The Double-edged Role of Religious Politics in Empowering Women Maquiladora Workers in Juarez, Mexico, from 1968 to 1988

This case study of how women factory workers in the Mexican Export Processing Zone organized themselves between 1968 and 1988 focusses on their unique synthesis of principles and structures derived from feminism, the theology of liberation, and the Catholic charismatic renewal. Baptism in the Holy Spirit, which is central to all charismatic and Pentecostal traditions, is found to be a way of empowering working women in a larger educational program that helped them resist control of the labour process in the workplace. This case study shows why it should not be assumed that all charismatics are politically conservative, and how actions leading to progressive social change can result from deeply held religious convictions. While working-class feminism is certainly not an inherent component of either the Catholic charismatic renewal or the theology of liberation, it could be a component of other historical and cultural situations with organizational elements essentially similar to those found here.

*Le rôle ambigu de la religion dans l'appropriation du pouvoir par les travailleuses des* Maquiladoras *de Juarez au Mexique*

Cette étude de cas décrit la manière dont des ouvrières d'usine de la zone franche mexicaine se sont organisées entre les années 1968 et 1988. L'auteure insiste sur la synthèse unique qu'elles ont réalisée à partir des principes et structures du féminisme, de la théologie de la libération et du renouveau charismatique catholique. Le baptême, qui est au coeur de toutes les traditions charismatiques et pentecostaires, semble avoir donné du pouvoir aux ouvrières, au sein d'un programme d'éducation plus large qui les aide à résister au contrôle de leur procès de travail. L'auteure conclut que toutes les formes de mouvements charismatiques ne sont pas conservatrices et que les convictions religieuses peuvent inspirer des actions pour le changement social. Le féminisme de la classe ouvrière n'est une partie

inhérente ni du renouveau charismatique catholique, ni de la théologie
de libération. Mais, il pourrait l'être dans des contextes historiques et culturels
où les modes d'organisation sont similaires à ceux identifiés dans la
présente étude.


Export Processing Zones (EPZs) and Free Trade Zones (FTZs) are areas
within countries which have been especially designed to facilitate manufacturing by multinational capital. They are called Free Trade Zones
because industries are not taxed on materials imported or exported in
production and because the usual customs arrangements are suspended to facilitate transportation across borders. The name Export
Processing Zones is indicative of the fact that the goods produced are
for export and not to be marketed within the countries where they are
assembled. Multinational capital is attracted to such zones by what has
been described as a "favourable business climate", the most important
component of which is a low-waged female labour force, characterized
by young age and single marital status.

This paper demonstrates how working women organized in one city,
Juarez, Chihuahua, Mexico, in such an EPZ, from 1968 to 1988, drawing ideas from feminism, the charismatic Catholic renewal, and the
theology of liberation and integrating them into their own set of
beliefs. The first part of the paper contains a brief background so that
the reader has some sense of the cultural, political, and economic
context in which the organization of women workers took place in
Juarez during this period. This overview should clarify why unions have
been ineffective in protecting women factory workers' rights and why
the religious dimension has not been brought to light by previous researchers. The second part of the paper analyzes exactly how religious
and political dynamics came together in this particular case.

## JUAREZ IN ITS CULTURAL, POLITICAL AND ECONOMIC CONTEXT

Juarez is a city of 2 000 000 inhabitants, located in the state of
Chihuahua, half-way between the Gulf of Mexico and the Pacific, south
of the Mexican-U.S. border. In 1966, it was the first Mexican city to
have factories established under legislation which created the EPZs
along the border, and it now competes with Tijuana for the largest
number of such factories, called maquiladoras in Mexico. In 1988, the
number of maquiladoras in Juarez was estimated to be 250, employing
some 100 000 workers in that city. This workforce represented approximately one-third of the total number of workers employed under the
Mexican EPZ legislation (Baker 1988).

The laws which created the Mexican EPZs, called Border Industrialization Program (BIP), were passed in response to the unilateral
U.S. closure of the border in 1964 to *braceros*, migrant Mexican male
farm workers, 200 000 of whom were abruptly left unemployed in
northern Mexico. The government was motivated to create the BIP
as an emergency measure because such a large number of suddenly unemployed men threatened the political stability of the region, and
there were historical precedents of earlier free trade zones in the area.
Multinational capital, however, chose to hire a labour force that was
made up mostly of women, from the ages of sixteen to twenty-five, who
had not previously worked outside the home. The interaction of workers' gender, age, and lack of experience in this economic and cultural
context makes them especially compliant and productive.

Ever since the Mexican revolution from 1910–17, the party in power
has been the *Partido Revolucionario Institucional* (PRI), which has been
characterized as containing "a formal alliance of the popular contin-
gents, including the army, in a national struggle against the oligarchies,
the Catholic Church, and foreign enterprise" (Costas 1976, 65–6).
Because of economic crisis, devaluation of the peso, and rampant inflation, the PRI has sought to take greater advantage of foreign enterprise
in the last twenty years. It still maintains a distrust of the Catholic
Church which was historically allied with counter-revolutionary forces
and the oligarchic elites. The constitution of 1917, which is still in
place, forbade the church from holding any fixed assets and the clergy
from voting or criticizing Mexican law and government. One strategy
for integrating the country after the revolution was to take education
out of the hands of the church, secularizing it in order to serve as a tool
for creating a national political consciousness (Hamilton 1982: 62). In
its struggle to oppose this, the hierarchy in the Mexican Catholic
church mobilized middle- and upper-class women in protest. Although
women from all classes had been equally active, if not more, in supporting the revolution as combatants and ideologues, this has not been
recognized. Instead, the revolution and its aftermath, as historical
events in the nation's political memory, seem to have affected gender
role expectations by reinforcing the notion that women's political participation may be dangerous to the Mexican polity because they are
likely to be counter-revolutionary and act on behalf of the church
(Marcias 1982:46, 156). For this reason, they were denied the fran-
chise until 1953 and did not vote in a presidential election until 1958.
In this regard, Turner (1971: 209) says that "anticlericalism flourished
until recently in a situation where the most faithful Catholics were
women who had no direct political power".

The state created after the revolution attempted to maintain the
support of the workers by including union representatives within the

party. During the period of economic growth in the 1930s, a great deal of popular support for the PRI existed and, as a result, most of the country's mass organizations were incorporated within it. The largest labour federation in Mexico, the *Confederacion de Trabajadores Mexicanos* (CTM), benefitted by gaining influence over decision makers within the government. This has led to a relationship between the CTM and the government whereby union officials support government policy, and the government legally prevents any other independent unions from gaining legitimate status. From its position within the state, the union movement was convinced in the early years of the BIP to limit its organization of maquiladora workers, with the result that only ten per cent of them have been unionized. Unions have not been effective in defending the rights of maquiladora workers. When the needs of capital have conflicted with those of workers, the state has been able to rule in the interest of the former. For example, after the world-wide recession of 1974–75, when many plants closed or laid off workers, the Mexican government exempted them from legislation protecting workers.

In this context, the exploitation of maquiladora workers is very high compared to that of workers in other parts of the world, and companies are constantly relocating from the United States, Canada, Japan, and other countries to northern Mexico EPZs. It has been estimated that in 1985, the average annual "savings" per employee to the company that moved to Mexico was 20 000 $ (U.S.) (U.S.-L.D.C. Trade Link Policy Research Project 1984:87). Employees must be paid at least the minimum wage by the Mexican government, but in the recent upward spiral of inflation, this has not been adequate for survival. As a result, there had been a high turnover in the maquiladora workforce, with workers going to whichever factory offers the best benefits. Benefits serve as an important indirect wage when direct wages are so low.

Gender is extremely important in making such high rates of exploitation possible. The personality complex which Mexican women are expected to exhibit has been called *marianismo* by Stevens (1973:94–5) who defines it as follows: "Among the characteristics of this ideal are semi-divinity, moral superiority, and spiritual strength. This spiritual strength engenders abnegation, that is, an infinite capacity for humility and sacrifice. No self-denial is too great for the Latin American woman, no limit can be divined to her vast store of patience with the men of her world." Although women have worked in factories since the advent of capitalism in Mexico in the late nineteenth century, women's waged work outside the home has not yet been accepted as appropriate work for them (Herrera-Sobek 1979). A decent woman is defined as a mother and/or housewife. As Chaney (1979:35) says of Latin America in general: "Ideally a girl passes without any detours from the house of her father to the house of her husband, there to fulfill her destiny as the mother of children and the dutiful wife who carefully performs all her husband's domestic tasks". When women and men share the maquiladora workplace, the cultural norm that they should occupy separate spheres is violated, and women workers suffer through the loss of a respectable status. As one of Fernandez-Kelly's (1983b:135) informants reported: "I constantly worry about this because many people, especially men, treat you differently as soon as they know you have a job at a maquiladora. They surely think that if you have to work for money, there is a good chance you are a whore. But I assure you that my friends and I are decent women."

As in other societies with a double sexual standard for men and women, the withholding of a respectable status leaves women vulnerable to men's unwanted attention. The maquiladora workplace is structured to take advantage of this vulnerability and to exploit it through sexual harassment. Pena (1983:441) describes how the occupational hierarchy is rigidly stratified by ethnicity and gender. The jobs with the least power, operatives and sometimes group chiefs, he found to be filled by Mexican women, whereas all jobs above this level were performed by Anglo men. Front line supervisors of workers are young, friendly, attractive, and well-educated men, who invite women workers to go out socially after hours (sometimes at company expense), and who often succeed in forging friendship networks through which they control the labour process and encourage increases in production.

Such patriarchal relations of domination are resisted and negated by women operatives through the creation of friendship networks among workers. Pena argues that because Anglos have a more universalistic value orientation, they are less likely to be drawn into shop floor networks which are based on more particularistic personal alliances common to Mexican culture. Group chiefs, who are also often Mexican women, become part of the female operatives networks of resistance because of cultural affinity, and because they are subject to the same forms of sexual harassment as operatives. Pena found that these networks were used to resist management's control of the labour process, to sabotage production, and to restrict output. He also found that the workers most likely to be engaged in such forms of resistance also have more militant attitudes, favouring strikes and independent unions.

The group that is best known for organizing maquiladora workers in Juarez, the *Centro de Orientacion de la Mujer Obrera* (COMO), designed its educational programs to reinforce and extend these friendship networks, and thus it was built on them. In its early years, from 1968 to 1974, the two founding members, Guillermina Valdez de Villalva and

Maria Villegas published a journal for working class women, opened a youth centre for them, and contracted with maquiladora management to teach courses called "What it is to be a Woman" in the plants. All of these efforts were geared to raising working women's consciousness. Their success as politicizing vehicles is evidenced by the fact that, after 1975, the factories refused to contract with COMO to give these courses any more because the students were too critical of health and safety conditions, and management feared that they might be a training ground for labour organizers.

Guillermina Valdez de Villalva arranged for COMO to petition President Echeverria on his 1972 trip to Juarez and, as a result, COMO was given title to a remodeled government building for their use. COMO subsequently held its courses at this location after the regular working day, from the time when workers' shifts ended until 8:00 p.m. Thus, they provided an alternative to going out with the supervisor after work, an alternative that was designed to facilitate a woman's development so that she might have marketable skills when her short career in the maquiladora industry was over.

The need for such education became acutely clear in the 1974 recession. COMO responded by promoting self-sufficiency. The students, many of whom were now unemployed, were taught to improve their lives by helping each other and by assisting other sectors of the community. Various social scientists (Pena 1983; Fernandez Kelly 1983a) describe how maquiladora workers helped material handlers at the Juarez dump to organize themselves into a worker owned and controlled cooperative. This was no easy struggle, since private entrepreneurs were not automatically willing to give up the concessions by which they skimmed huge profits as middle men. The cooperative which resulted was called *Sociedad Cooperative de Seleccionadores de Materiales* (SOCOSEMA). Another cooperative formed by COMO during these years was for unemployed seamstresses, called GUILLE. They assembled garments, as well as toys, and operated a maquiladora within COMO. Its distinguishing feature was that it was owned by and for its members. *Valle Nuevo* was an agricultural cooperative in whose formation COMO assisted.

After this early period, workers took over more of the administration of the organization. Between 1975 and 1977, there were approximately 300 students, many of whom also volunteered their time to participate in managing the organization. While Guillermina was an important role model and her leadership remained central, it was possible for workers themselves to take a greater role in the organization because of her Freirian and feminist orientations. From these perspectives, a collective process is preferred to a hierarchical one, and students are encouraged to bring knowledge from their own experiences which they can share with other students and the teacher.

In the period from 1978 to 1981, COMO underwent major transformations in its scope of activities, organizational structure, and funding bases (Pena 1983: 449). COMO workers saw the results of these years as: "systematization and restructuration of the educational program, acceptance of workers trained by COMO new labour markets, and acceptance of COMO by UCECA, CONAFE, and a variety of other public agencies. But the underlying accomplishment was clearly the process of self-management and linkage-building with the working-class community" (Pena 1983:456). The first part of this quotation refers to the development of *promotores externas,* workers acting as community organizers and social activists. These external promoters made COMO's presence felt in the working-class community by helping to organize co-operatives and developing intensive education centres, known as CEBIs *(Centros de Educacion Basica Intensiva),* that reached out into the community. These centres allowed COMO, under contract from the *Comision Nacional de Fomento Educativo* (CONAFE), to establish schools in some of the most impoverished areas of Juarez. They also continued to support, advise, and counsel industrial workers.

In order to develop new programs to teach these organizational and research skills to maquiladora workers, COMO formally incorporated itself in 1978 and received registered recognition from *Unidad Coordinadora para el Empleo, Capacitacion y Adiestramiento* (UCECA), a federal agency. This registration which allowed it to provide on-the-job training to industrial workers together with its work in the CEBIs, "solidified COMO as a viable organization and increased its legitimacy" according to Pena (1983: 449). Indeed, maquiladora workers' involvement at two factories (Converters and Acapulco Fashions) increased COMO's role in industrial conflicts. In the case of Acapulco Fashions, COMO assisted the independent workers' union with logistical support, advice on tactics, promotion of support networks, fund raising, and public relations.

By the early 1980s, over 14 000 workers had been associated with COMO. They often continued their activities after completing COMO programs, forming informal groups which undertook their own independent courses of action. COMO was assisted in these achievements by two grants worth less than 200 000 $ US each from the Inter-American Foundation. These grants were essential in leadership development because they allowed many of the maquiladora workers who had worked at COMO as volunteers to leave their factory jobs and become paid staff members. Yudelman (1987:23) provides interesting details of how this worked:

COMO began to transform itself from an ad-hoc operation of forty-two volunteers and nine paid staff members into a more formal organization. By 1978 COMO had an eight-member board of directors and departments of administration, promotion, special training courses, technical assistance to cooperatives, social work and community services. COMO also established a fifteen-member workers council made up of three board members, staff responsible for each of the programs, and a worker-student elected by participants in each of the program tracks.

At the same time, COMO began to conduct more of its own research on a broader scale. Of particular interest was a study of how workers could transfer skills learned in the factories to worker-controlled cooperatives. Pena (1983: 461) sums up succinctly:

The organization has succeeded in synthesizing self-management principles with a blend of change agent, community organizing, and Freirian pedagogical tactics. COMO is not a trade union, yet it promotes labor organizing through support and linkage of independent worker coalitions and informal networks. COMO is not a political party, yet it promotes political involvement and articulates political demands, sometimes much more effectively than leftist parties. In many ways, COMO bears striking similarities to the Polish workers' Solidarity movement.

Yudelman, who has been with the Inter-American Foundation for two decades and who has written the most recently published account of COMO's history, labels the next stage "crisis, diaspora, and new beginnings". She diagnoses the cause of the crisis as overextension, and says it was due to the emphasis on participation and self-management which left administrative infrastructure underdeveloped and Villalva too central as Director. Two evaluations of COMO identified such problems, and the I-A F decided to provide only a limited amount of "bridge" funding until COMO could restructure itself and find some other source of support. The Ministry of education and the PRI offered to take COMO under their wings, but both offers were rejected out of fear for "loss of control, bureaucratization, politicization, and loss of credibility among its constituency" (Yudelman 1987:106). In 1984, the director and staff decided to "liquidate personnel according to law with remaining funds and allow those who wished to continue to do so as volunteers, supporting themselves with other employment" (Yudelman 1987:27). The cooperatives continued to have offices in *Edificio* COMO and their rent paid for building maintenance and a secretary's salary. Those who had been employed in COMO programs found other jobs with government and local agencies in the private sector.

Finally, COMO was co-opted by the PRI.

In mid-1985, Dr. Valdez was asked by the federal government to organize a program for women in Juarez. The implementing organization was to be COMO. Subsequently, $50 000 was made available for six months, and former staff members working for government of state agencies were seconded to COMO for the duration of the project. (Yudelman 1987:28)

By the next year, there were the equivalent of twelve staff members who taught leadership and organizational training as well as courses in sewing, public speaking, etc. Yudelman says that the government's expectation was that COMO would deliver the women's vote to them. An ex-*obrera* became the Director at this stage. Guillermina Valdez de Villalva moved to lead a government sponsored research agency, *Centro De Estudios Fronterizos Del Norte De Mexico* (CEFNOMEX). Since then, this agency has developed into the *Colegio de la Frontera Norte*, with Guillermina remaining the director.

This very brief summary of COMO's history and achievements synthesizes what can be learned from the available literature. My own field work in El Paso and Juarez from 1984 to 1988 led me to hypothesize that a large component of COMO's organizational dynamics had not yet been brought to light, i.e. the religious basis of resistance. Many of my fellow researchers, as well as community activists with whom I came in contact, were aware that Guillermina Valdez de Villalva and many of her staff were charismatic Catholics, but had not included it in their analyses. Some dismissed it because of their own lack or distrust of religious belief. Others were silent in an effort to protect the organization. Because of the historic separation of the church and state in Mexican society, government authorities would have hesitated to allow religiously motivated people to mount educational programs for workers. The political stereotype of the middle-class woman acting on behalf of the church and against the PRI would probably have been used to discredit Guillermina if her religious convictions had been acknowledged.

This danger no longer exists for several reasons. First, as noted above, Guillermina Valdez de Villalva is no longer the director of COMO, and other staff members who were religiously oriented have also left. Equally, if not more important in the present investigation of the role of religion, is the fact that Mexican polity has changed since the near defeat of the PRI in the 1988 election.

Election times suggest the possibility of change, and often reveal internal dynamics of a society which are not ordinarily visible. Even the hierarchy of the Roman Catholic church was moved to publicly criticize the lot of workers under the BIP, when socialist candidates for the

Presidency began to make headway in the base communities and organizations of young Christian workers. In June of 1988, a press release
from the Archbishop's office recognized that the Roman Catholic
church had been absent from workers' struggles and committed the
church to finding some way of encarnating the gospel's message in
the worker's world. It also condemned the injustices suffered by
maquiladora workers, naming these as unfair wage scales, inhuman
hours, obligatory double shifts, excessive pressure on workers to meet
unreasonably high standards of production, and the repression of
independently organized workers. Then, the bishop of Juarez urged
foreign management in the maquiladoras to pay workers a living wage,
saying that "natural law imposes greater demands than merely human
laws" (Thompson 1988). In the face of such moral authority, even
those on the side of maquiladora management admitted how difficult
the situation was getting for Juarez workers: "Don Nibbe, editor of
Twin Plant News magazine in El Paso, agreed with the bishop that
inflation in Juarez is not on the wane despite government claims to
have brought it under control. In Juarez, Nibbe said, 'It's getting
harder and harder to put food on the table'. Nibbe, whose monthly
magazine is aimed at Twin Plant managers, said that when benefits and
wages are totaled, most maquiladoras now are paying 70 percent more
than Mexico's minimum wage of just under $4 a day" (Thompson
1988).

The public advocacy of the Roman Catholic church on behalf of
maquiladora workers is a new position for it to take, and many critics
fear that it still represents the counter-revolutionary forces that it once
did. Goulet (1988) believes that the Catholic church in Mexico is
finally shedding its persecution complex and will develop a more force-
ful presence in the public sphere. This is no longer opposed by the PRI
as vehemently as it once was, since they are convinced that if they are
to maintain office, they must legitimize their power through publicly
contested debates over the course that this society should take. The
church is a logical player in this scene, and attempts to prevent the participation of the church in future ideological debate would probably
serve to further delegitimize the PRI's holding of government office.

Scholars chronicling Pentecostal and charismatic movements have
called for clarification of the political orientation of participants.
Shepperd (1988:799), for example, says: "The assumption that
Pentecostals are likely to be politically conservative has left another
segment of the population – namely politically liberal or radical
Pentecostals whose concern is with social justice and with liberation
theology – under researched. Finally, there are not enough social scientists studying the process of modernization in relation to the growth
and decline of social and religious movements, especially in non-

Western societies." It is those who are least priviledged that have the most to gain from social change and, who, therefore, can be hypothesized to be predisposed in its favour. It is also among the most dispossessed of the world that Pentecostal and charismatic beliefs take hold most often. Spittler (1988:809) predicts that by the year A.D. 2000, Pentecostals and charismatics together "are expected to predominate in the new church of the southern hemisphere". The second half of this paper presents my analysis of how radical Catholic Pentecostals developed beliefs and structures which were used to educate and develop the leadership among maquiladora workers. It is based on interviews which I conducted in Juarez and El Paso from 1984 to 1988 with religious and political activists and a careful study of the literature in this area.[1]

EMPOWERMENT[2] AS A GIFT OF THE HOLY SPIRIT

When asked why this unique combination of working-class feminism and charismatic renewal should have emerged in Juarez, Guillermina Valdez de Villalva replied, "Because I am here". As the evidence presented in this section will demonstrate, she is probably correct, although this does not mean that other people as well as political and economic factors were not important. The remainder of this paper looks at how this leader responded to historical events in a remarkably creative way, at the connection which was made between religious and political ideas, and at their implementation through particular social organization. We begin by situating relevant actors biographically and social structural factors historically.

Guillermina Valdez de Villalva comes from a priviliged background in Juarez. An informant told me that one of her ancestors was a viceroy, and that she is not bound by traditional notions of feminity like *marianismo* because of her identification with an aristocratic model of Mexican womanhood. This kind of talk serves as a reputational measure of the prominence of her status, regardless of its validity. She has an American education, having studied sociology at the postgraduate level at universities in Michigan and Arizona, where she became interested in the work of Fromm and Freire. Such a level of educational achievement confers great legitimacy in Mexico, where those with even one university degree are addressed by the title of *licendiado*. The persona with which she often interacts publicly is that of a critical intellectual.

While she was raised as a Catholic when a child, she became an atheist and a Marxist in adulthood. Her atheism was not combined with anticlerical or antireligious attitudes, however, and she was intellectually interested in the importance of religion in the civil rights movements of u.s. Blacks and Chicanos. Her role as a critic is part of a more general civic mindedness, which is carried out from within the PRI. Many people thought she should run for the mayoralty of Juarez in 1987, and in 1988, she told me that she would run for political office if it were vital for her work. She has also encouraged other Mexican women to run for office on the PRI ticket.

She married a Mexican pediatrician in 1963 and returned to Juarez with him, bearing two children in as many years. Thus, she was present to witness the early formation of the BIP. She was socially involved in her community, giving lectures from a Marxist perspective in the technical schools and colleges on current issues such as Mexican migrant workers in the United States, etc.

Indeed, there was a great deal to be critical of in the Mexico of the late 1960s, since development was not proceeding as smoothly as planned. As Fitzgerald (1985:216) says of the period between 1967 and 1982: "internal migration and emigration northward accelerated, labour unrest appeared to be breaking the bounds of the PRI organizations, and there was growing resentment at the increasing international control of Mexican industry". Thus, Juarez was experiencing rapid social change and population growth, both of which contributed to what Guillermina Valdez described as a sense of anomie, lack of belonging, and incomplete identity. She spoke of widespread feelings of meaninglessness and disassociation caused by a lack of social cohesion. At that time, she was politically active in small, leftist social action groups, which were also the site of praxis for Roman Catholic priests, some of whom were in the process of leaving the church. Among the projects of these social action groups were the efforts to help maquiladora workers and material handlers at the dump. Although she did not share the religious beliefs of the priests with whom she worked politically, she became active in church-related social change efforts for strategic reasons (Laurentin 1982:59). Some of the most far-reaching social analyses developed then were coming from the church. She described herself as an organic intellectual in such groups, contributing a Marxist perspective and interpretation. The concept of an organic intellectual comes from Gramsci (see Joll 1977:90–5) who meant someone who functions socially as an ideologue, unifying the masses with ideas so that they can more effectively engage in class struggle. Gramsci used priests in medieval Europe as his prime example in developing the concept of an organic intellectual. He believed that in modern times, however, priests had become disconnected from the popular classes and were serving the interests of those in power.

The attempt to separate the church from the state has the same roots in liberalism as does the social science theory which states that modernization necessarily entails increased secularization and differentiation. As has been demonstrated again and again, however, the relationship between religion and politics is dialectical, so that "the two cannot and should not be separate" (Levine 1979:17). While a dichotomy between the religious and political has characterized Mexican civil society for some time, people have nevertheless continued to integrate the two in their personal lives.

When twentieth century traditions of reform within the Catholic church are considered, the obvious starting point is Catholic Action, through which the church attempted to implement its social doctrine in a specifically Christian way. In Mexico, this was constructed as an alternative to the popular nationalism of the PRI and the Marxism of more left-wing parties and was associated with the conservatives who had opposed the revolution. Dussel (1981: 108) says that it was not until the 1950s that the Mexican laity in Catholic Action began to take positions independent of the conservative church hierarchy and entered into dialogue with Marxism.

The notion that Catholic Action could be a "third way" between the strategies of the political left and right was undermined at the end of the 1960s as popular opposition mounted to development programs which came to be understood as instruments contributing to Latin America's increasing dependence on the United States. Theologians were in the forefront of those articulating a critique of the Alliance for Progress which was seen as one of the best examples of this form of development. They became the "new Catholic vanguard which did not insist on a specifically Christian alternative, but rather accepted those alternatives which served best the cause of the majorities" (Costas 1976:64). The new political formations which resulted from these reforms were explained by Miguez Bonino (1975:47):

Laymen who had militated in the social democratic parties and in Catholic Action movements related to them have radicalized their political views as they experienced the critical conditions, the failure of "development", and the retrenchment of their parties into alliances with the conservatives. Some move in the direction of armed struggle, others to student opposition, some to work for conscientization and politicization in slum areas and shanty towns, in trade unions and among peasants. The traditional Catholic lay organizations have as a consequence entered a severe crisis, and some new forms and groupings are taking their place (usually transconfessional and many times not exclusively Christian).

By the early 1970s, some of Guillermina Valdez's political enthusiam had been dampened by the fact that her political projects were faltering; she was tired and in ill health. During a difficult pregnancy, she spent much of her time at home reading, and one of the questions she studied was whether the holy spirit could be seen as the new person needed for such troubled times. She says that her friends who were priests were horrified that she was considering such an idea, since they interpreted it as coming from Wesley and thereby being American and Protestant. They asked themselves why the Protestant church was the only one that had been able to move people into the modern world and considered the new ideas emerging from the theology of liberation for that purpose.

Guillermina Valdez has always been in the forefront of ideological debates on contemporary issues. It is not surprising then to find that the questions which engaged her in the early 1970s became central tenets of a specifically "Latin American socialist project of liberation" thereafter. Miguez Bonino (1975:39–40) lists seven basic elements which constitute this project, the last of which reads as follows:

Development is not seen as merely economic or structural change; rather, there is a strong emphasis on the human dimension. A Marxist revolutionary like Guevara and Christians like Dom Helder Camara or Camilo Torres are at one on this point: liberation is the process through which and in which a 'new man' must emerge, a man shaped by solidarity and creativity over against the individualistic, distorted humanity of the present system.

In contrast to his wife's cerebral approach to the world, Antonio Villalva appears as a relatively nurturant and supportive care giver. Along with Guillermina's mother, he had become involved with the charismatic renewal and been converted. This affected his work life as well, since he lost his middle-class practise when he started treating sick children from the dump for free. It was through her husband and mother that Guillermina Valdez, still convalescing at home, began to enter into dialogue with those in the charismatic movement.

During the early 1970s, Juarez Catholics who wished to get involved in the charismatic renewal had to drive across the bridge to El Paso, Texas, because the Bishop of Juarez had stopped them from meeting in his diocese. A brief look at the diffusion of Pentecostalism shows the importance of questions about its Catholicity and cultural roots, an examination of which caused some hesitation among gatekeepers in the hierarchy.[5] Historically, Roman Catholics have not been very open to contributions from other churches and, like many Protestants, have considered classical Pentecostalism to be a little less than respectable. Several new ruling during the Second Vatican Council in the early 1960s, however, made it structurally possible for the Pentecostal movement to grow within the Catholic church. Indeed, "it seems unlikely that any form of Pentecostalism among Catholics would have been accepted by the bishops and the pope if it had not been for some important decisions that they themselves had made at the Council" (Sullivan 1988: 111). These changes included the opening of the Catholic church to the ecumenical movement, the recognition of the importance of charismatic gifts in the life of the church, and a new emphasis on the role of the laity.

The Catholic charismatic renewal began in 1967 with some junior lay instructors of theology at Duquesne University, whose interest in the Pentecostal movement had been stimulated by reading Wilkerson's *The Cross and the Switchblade*. They participated in a prayer group made up of people from mainline Protestant churches, since they were perceived as safer than classical Pentecostals, who were more likely to be derisively labelled "holy rollers". News of their experiences spread quickly; several important conferences were held at Notre Dame and, eventually, a distinctive Catholic charismatic renewal movement emerged. By 1970, the Catholic renewal had spread from the United States to Mexico and other Latin American countries, and, by 1973, the leaders of the renewal in eight Latin American countries had established the communication centre *Encuentro Carismatico Catolico Latino-Americano* (ecc-la) (Sullivan 1988:113–117)

In El Paso, Father Rick Thomas was the leader of the prayer group attended by Antonio Villalva and Guillermina's mother. Thomas had been ordained to the priesthood as a Jesuit in the early 1960s and assigned to Our Lady's Youth Center which serves the poor and underpriviliged in El Paso. While his vocation had always inclined to the poor, he did not join the renewal until almost a decade later. Laurentin (1982:54–5) says that although his ministry had been efficient and well organized up until that time, it had remained barren. Another American member of this group was Jean Soto, a friend of Guillermina Valdez's since they had attended an exclusive Catholic girls' high school in El Paso. Also members were many Americans of Mexican origin; i.e. Chicanos, who were poor by u.s. standards but lived much better than the poor in Mexico. This was the group Guillermina attended with her mother and husband, and in which she was eventually converted. She said she learned a great deal from the poor Chicanos in the group about the simplicity of a life of faith. It appears that their emotional depth provided a balance for her more intellectual orientation. She said of this time, "I was born with a hunger and thirst for justice, but had to learn love". In her reorientation through this group, she began to feel a greater resonance with figures such as Ghandi.

Henceforth, she became a militant Catholic. Once she had accepted the basic premise of faith – the belief that God exists – she returned to the study of Scripture more seriously. She is convinced that as long as people believe something is possible, it can happen, although she is unsure how many people it takes to believe. While she says this as a clear statement of faith, I was also struck by the fact that it is not incompatible with certain sociological conceptions of the importance of subjectivity. W.I. Thomas, for example, said that if men believe situations to be real, they are real in their consequences.

Guillermina Valdez described her religious beliefs as more logical than emotional and said she thought reason was one thing that made people God-like. This same argument was made by Bartholome de las Casas in the sixteenth century in his attempt to protect Mexico's indigenous people from the Spanish conquerors. The publication she cited as most closely representing her orientation if *Cristianismo y Sociedad,* a Mexican journal which Miguez Bonino (1975: 49) gives as an example of theology of liberation in Latin America.

Soon after her conversion, she went to the Bishop of Juarez with her husband to request that charismatic prayer meetings be permitted in that city. He agreed and the meetings started to take place in the basement of her husband's office. The Bishop commissioned her as leader because, as she said, she was a "safe bet". He confirmed her role as one of power, largely because of her proven organizational abilities, and because he trusted her. Laurentin (1982:34) quotes the Bishop of Juarez's recommendation of Guillermina to him as a person with good judgment, who would not paint as real that which was not real.

A turning point came for her when she began to see the Mexican church as a church for women. The church was the only institution that has consistently provided a socially acceptable space for women's active participation. Guillermina observed that this feminization of the church congregation had a long history in Mexico, beginning at the end of the last century. Her experience of faith reinvigorated her and she returned to her community involvement with maquiladora workers and material handlers at the dump. Thereafter, the political work she had been doing took on a religious dimension as well, and other Catholic women joined her in this. They began to live the phenomenon of a lay-inspired leadership recommended by the Second Vatican Council. Many of these were young women who saw Guillermina as a role model. Nevertheless, the inspiration for their activities came from the base and not any elite, according to her.

For the next ten years, there was tremendous support in the Juarez diocese for women's active participation and support in all activities. This change was not without its difficulties. When the Bishop of Juarez had given Guillermina Valdez the role of overseer, her authority extended to priests as well. As some of them were not accustomed to answering to a woman, their attitudes caused tension at times. However, there were not many priests in Chihuahua as a legacy of the stuggle between the church and the state, and even their small numbers were dwindling. Thus, support for women's leadership continued because it filled a vacuum.

Already deeply involved in building COMO when she underwent her conversion, Guillermina began to link the religious and the political in her work there, developing a systematic leadership training process that incorporated both factors. She does not agree with Mother Theresa that one should follow people to the grave without giving them political help and support, and she believes it naive to consider that religious ideas might not have political ramifications. Her view of miracles is consistent with these ideas. Although she has been involved in miracles on many occasions, their proof is not important to her. Her emphasis is more likely to be on the social and the political. In response to an alleged miracle at the Juarez dump in 1972, when the food supplies that Guillermina, Father Thomas, and their group were serving as Christmas dinner inexplicably multiplied, Guillermina said: "The real miracle [...] was the new spirit and determination that brought us together as a result of Christmas 1972. The whole community joined forces for the Basurero" (Laurentin 1982:32) Later, in the same work, she is quoted as saying: "In this community ... I have seen, in the last seven years, many cures, especially cures of degrading habits. So many men have gone back to one woman: *their* woman. All this is the fruit of the gospel: human compassion and spiritual weapons (emphasis in the original)" (Laurentin 1982:37). It is this orientation that is capable of bridging Pentecostalism and the theology of liberation. This understanding of miracles not only supports the inner world of the believer but also represents concrete steps toward social justice in the public realm.

The process by which a female leadership cadre developed can be illustrated with reference to the *Life In The Spirit Seminars,* that arose among Catholic charismatics, "young men ... who had previously worked together in Catholic renewal organizations like the Cursillo movement, which had clear-cut training programs and encouraged a strategic approach to pastoral formation" (Hocken, 1988:539). The *Team Manual for Life in the Spirit Seminars* was an important reference work for the El Paso prayer group, even though they thought it lacked sufficient emphasis on social justice.These seminars involve a team of trained people who systematically help others seeking baptism in the Spirit.

Baptism in (or with) the Spirit is of critical importance in Pentecostal and charismatic traditions, and originated in the experience of Christ's followers in Jerusalem on the day of Pentecost, recorded in Acts 2: 1–4.

"The primary purpose of Spirit baptism ... is *power*. The biblical term is
*dunamis* – power, strength, force – and represents an endowment of
spiritual power ... The power of God – transcendent power – is the purpose of the gift of the Holy Spirit" (William 1988:45). Once Jesus
Christ is accepted into a person's life and is allowed to take the centre,
the gift of the Spirit and a new life are given to that person (Clark
1971:43). The gifts of the Spirit are also called charisms.

God endows believers with spiritual gifts that are distinct from natural talent,
or natural gifts that come at birth or that are developed by experience. Paul's
most familiar listing of spiritual gifts, and the one traditionally emphasized by
Pentecostals, is found in I Corinthians: (1) the message of wisdom, (2) the message of knowledge, (3) faith, (4) gifts of healing, (5) miraculous powers,
(6) prophecy, (7) the ability to distinguish between spirits, (8) the ability to
speak in different kinds of tongues. (Wilson 1988:196)

Catholic charismatics do not limit the spectrum of charisms to the
list above, nor do they insist that speaking in tongues must take place
to mark a person's baptism in the Spirit (Sullivan 1988: 119). Jean Soto
said that they considered prophecy to be the most important gift of the
Spirit. This is congruent with the understanding of the importance of
prophecy coming from the theology of liberation, that a Latin
American socialism must be anticipatory, and "born of a certain dis-
cernment of the future" (Miguez Bonino 1975:35). Soto also added
teaching, administrative abilities, and other gifts to the list. Guillermina
reported that her academic background in psychology helped her to
discern what was Spirit.

This model of empowerment is particularly well suited to women,
the poor, ethnic minorities, and others who have been denied the
opportunity to develop strong attitudes of political efficacy because of
their position in the social structure. The focus in the empowerment
process is not only on the individual person and on God but also on a
supportive group of helpful others. In Life in the Spirit Seminars, the
team helps a person along by praying over her and laying hands on her.
Touch, or close physical proximity, is a form of interpersonal support
and prayer is a way of invoking internal resources upon which a social
network can be built. A fully developed community or prayer group will
have a person with each of the gifts of the Spirit, or will be on the look
out for someone gifted by the Spirit in a way that would complete the
group.

An individual is responsible to claim the promises of God. As Clark
(1971:76) says in the *Team Manual*, "we can have it because of what
Jesus did for us, not because we can earn it or deserve it". At the Second

Vatican Council, when the recognition of the vital importance of charismatic gifts was strongly contested by some Council members, Cardinal Suenens convinced the majority otherwise. The following is a key sentence of his text which expresses the dutiful attitude toward proper reception of the gifts of the Spirit: "These charismatic gifts, whether they be the most outstanding or the more simple and widely diffused, are to be received with thanksgiving and consolation, for they are exceedingly suitable and useful for the needs of the church" (Sullivan 1988:11). Jean Soto said that being baptized in the Spirit is a great leveler because it puts those who are socially unequal due to class, gender, race, etc. on an equal footing in the eyes of the Lord. Indeed, priests, husbands, children, and others often withheld objections to women's leadership or were overruled by the group. When situations arose in which husbands objected to wives' participation in activities outside the home, the latter could decide that to receive the gifts of the Spirit from God was more important than being an obedient wife, and still maintain the identity of a decent woman within the tenets of *marianismo.*

When I asked Jean Soto if the charismatic renewal was a safe place for a female leadership to emerge, she replied that it was more than safe, it was an opportunity. "It was the only place that would take me the way I was. We are all looking for community and relationship and to make the world better. The charismatic movement was a place where that could happen." She also observed that women's leadership had characterized other charismatic religious movements, like the Baptist sects in the prerevolutionary colonies in the United States (Spruill 1972:247). Support for women's leadership can also be found in the nineteenth century revivals. The support for gender equality in the beginning of these movements has been generally recognized. "The perfectionist theology of both the Holiness and Pentecostal movements saw the subordination of women as part of the sinful state out of which redemption was needed" (Riss 1988:898). Indeed, in America, women first spoke publicly as preachers. The Scriptural support for this comes from Galatians 3:28 where the reader is told that in Christ there is neither Jew nor Greek, slave nor free, male nor female.

This form of empowerment is not inevitably part of the charismatic renewal but developed in Juarez because of the way the renewal was integrated with ongoing efforts for social justice. Guillermina Valdez said that the idea of many other religious groups, that a person had sinned and was, therefore, in need of salvation, was the opposite of what she and her group emphasized. Beginning in 1972, they developed a five-step process of salvation which helped people to understand how their personal problems were linked to the social structure. If people understand their difficulties only in terms of personal sin, the attendant guilt tends to paralyze them socially. If the public-private dichotomy is erased, however, the person can help herself and others around her through being in partnership with God.

They borrowed from many areas in developing this five-step process, but always moved from the specific to the general in their understanding, and thereby transcended things that might otherwise have inhibited action. The sources from which they borrowed are both sociological and feminist. C. Wright Mills articulated the path from personal troubles to public issues in his book *The Sociological Imagination* in 1959, and feminist consciousness raising has always held that the personal is political. Among those values implicit in Pentecostal spirituality, personal experience is thought to validate the religious (Spittler 1988:804). Feminists share this focus on personal experience and have used it to redefine politics and set original political agendas. Moreover, an appeal to the Spirit has a special attraction for women because it is anti-hierarchical. As Laurentin (1982:36–7) said in accounting for why Guillermina, a woman, would be leader, "the spirit breathes where the spirit wills"; i.e. it does not depend on priests or other human intermediaries for its transmission. This is very important to Catholic women in their self-organization, because in their church they have no access to the ministry.[4]

The specific structure formed by the group of religious people gathered around Guillermina Valdez and her husband is called the St. John the Baptist Community. It is in this social structure, as well as in the sets of ideas referred to above, that the charismatic renewal and the theology of liberation are joined. Both are part of the latest movement for renewal within the Roman Catholic church, with their roots in the "house church" that was the normal model for church community before Christianity was officially adopted by the Roman Empire. This was the practise by the early Christians of meeting in each other's homes before large church buildings existed. From the point of view of the theology of liberation, the St. John the Baptist Community is a kind of base ecclesial community. These groups have operationalized Freire's ideas throughout Latin America, even though they may differ greatly within and across nations. This diversity within the social structure known as the base community is possible because one of the basic tenets of Freire's (1968, 1973) educational philosophy is that if people are to learn, they must start from their own experience and have authority to learn what they want to know more about.

Berryman (1984:27) defines base communities as: "small lay-led groups of people, primarily poor, who combine consciousness-raising,

Bible study, worship, mutual help, and (often) political action in defense of their rights". He also names Catholic Action as a precipitator for base communities because it originated the practise of meeting with small groups of workers to discuss, in a Christian context, their living and working conditions. Levine (1986:14) highlights three elements that are common to base communities: "a striving for community (small, homogeneous); a stress on the ecclesial (links to the church); and a sense in which the group is basic, either at the base of the church's hierarchical structures or at the base of a social hierarchy, or both". The St. John the Baptist Community defined itself as part of the larger Juarez community and, thus, its political actions were directed at the local scene. As the discussion above indicated, there was certainly no lack of needs crying out to be met.

The most common unit of organization among charismatics is the prayer group, with covenant communities sometimes developing out of the prayer process:

when people who have formed close bonds through praying together felt ready to make a deeper commitment to one another. Such a commitment expressed in a "covenant" usually involves sharing at least some degree of financial resources, praying, and taking meals together at regular intervals, accepting mutual correction, and submitting to the appointed leaders of the community [...] People of all walks of life and in most cases of several different Christian churches are members of such covenant communities. Most households are centered around one or two families but there are also households made up of single men or women, and there are also some single persons who have committed themselves to a life of celibacy. (Sullivan 1988:123–124)

The covenant communities, like the prayer groups, can also draw their members from different parishes. Organizationally, the St. John the Baptist Community shares elements from both the base community and the covenant community.

The clearest available evidence of this is the videotape entitled "Pepenadores – Down, But Not Out", produced by the International Foundation for Economic, Social, and Spiritual Development (Barry 1983). This documentary presents the formation of COMO and the St. John the Baptist Community as organizations through which Christians lived the gospel through service to the poor. Both Guillermina and her husband Antonio are depicted as responsible for these efforts. While the political dimension is not excluded, it takes second place to the religious. In this video, Guillermina says: "The first time I came to the dump, I was a Marxist. I couldn't stand such a situation. The second time, I came with my Bible in hand and I didn't see injustice. I saw beyond the injustice. I saw, felt, the presence of the Lord, and then I understood that it was a sign for me." Near the end of the program, her husband says: "The work of COMO can be summarized in two points. The first one is to evangelize. The second one is to try to reduce the chasm between the rich and the poor". Members of the St. John the Baptist Community are shown holding a prayer meeting in what looks to me like the Villalva's home, where Guillermina stands preaching and the others listen seated. Her husband sits behing her.

Although the video does not present COMO and the St. John the Baptist Community as the same organization, almost all of the people interviewed in the documentary are part of both. Several examples show how this duality worked. Maria Helena Villalga, a nurse, taught maquiladora workers to be nursing assistants in COMO classes after they get off their factory shifts. She tells the viewer that her students came to learn a skill and that the course is now recognized by the department of health. She is shown as a nurse giving bedside care and encouraging her patient to pray. Her voice over this scene says: "Before, I was relying on my skills. Now I say to God, Lord, they are your children and you know what has to be done". Another example is Esther Tones who is the director of a CEBI school established under the CONAFE government umbrella. These schools are presented as centres of intensive basic education where students who have previously dropped out can return to complete their education. The Freirian influence is clearly illustrated when the viewer is told that in these schools the goal is for the child to convey what is learned to his or her peer group, thus becoming a promoter within his or her community. Tones says: "In the beginning, I thought it would be impossible to work with such difficult children, but I realized that it's only the love of Christ, because you really need a great deal of love for the Lord and for the children, that this CEBI is maintained (sic)". Hector Isaacs is shown teaching in a CEBI and wearing a crucifix prominently above his shirt. He says: "I chose COMO because my Christian faith and commitment called me there. First, it is to edify people and renew the world bringing Jesus Christ". Don Chote, President of the Valle Nuevo cooperative, says: "Before I looked at the world and felt lost, completely lost. But now that I work for COMO, I feel much more love for my God. I have also experienced a new feeling in my heart, a fondness for all my fellow workers". And finally, Chavira, the secretary of SOCOSEMA, says that the material handlers' cooperative "is a community of the Lord's because God is with us".

Community notables who were also interviewed in the documentary, through their different characterizations of COMO, show that there has always been a diversity of views about its organizational nature. Mayor Reyes of Juarez refers to COMO as a service organization offering moral support and vocational guidance to the women of the city. Monsignor Talamas Camandari, Bishop of Juarez, sounds very much like he is espousing the "third way" of Catholic Action when he says: "We find ourselves between two ideologies which are based on materialism and challenge us as Christians. We want to go beyond this materialism, whether it be capitalism or Marxism. The church is aware of it and wants to help the Mexican to discover that his faith can go beyond these contradictions and illuminate the true sense of his life and of his dignity" (Barry 1983).

### DISCUSSION

Given the broad array of organizational definitions of COMO, it is no wonder that previously published reports have not been consistent. A clarification of infrastructural organization is in order, and it will also serve as a convenient summary of the analysis presented here. In the late 1960s, Guillermina Valdez de Villalva and former maquiladora workers founded COMO. In 1972, she and other members of her family became part of an American charismatic prayer group in El Paso, based in Our Lady's Youth Centre. Guillermina led this group to the Juarez dump, where they shared food, prayer, etc. with some of the inhabitants as part of their ongoing spiritual development. American and Mexican charismatics continued to visit the dump together for a few years, until there was criticism from Mexican activists that too much assistance was coming from the United States (Magee 1983). At this point, there was an organizational split between the Mexican and American charismatics, with the Americans from our Lady's Youth Centre continuing to visit the Juarez dump, where they established a Food Bank.[5] Many of the supplies distributed at the Food Bank are grown and/or processed through Our Lord's Ranch, which is an extension of Our Lady's Youth Centre, located a few miles west of El Paso in New Mexico. Father Rick Thomas is in charge of both Our Lady's Youth Centre and Our Lord's Ranch, and he has brought his endeavours to international attention through funding drives which specifically target charismatic Catholics.

Meanwhile, Guillermina Valdez, with the women factory workers she had trained at COMO, helped the dump material handlers to organize themselves into the SOCOSEMA cooperative. While the Food Bank and SOCOSEMA were totally independent of each other, some of the material handlers also used the Food Bank (Laurentin 1988:99). The fact that SOCOSEMA was born from within COMO is symbolized by the housing of the administrative offices for SOCOSEMA within COMO's building. The Bishop of Juarez appointed Guillermina as the overseer in charge of all charismatic groups in Juarez, and the St. John the Baptist Community was formed. Many of the same people were active in both COMO and the St. John the Baptist Community. COMO helped organize several other cooperatives like GUILLE for seamstresses, *Valle Nuevo* for farmers, and it also set up several CEBI schools under government auspices. While the American charismatics mobilized resources through international charismatic networks, COMO was funded first by contracts with the maquiladoras, then by grants from development agencies like the Inter-American Foundation, and finally by the Mexican government.

The events that eventually led to the separation of the St. John the Baptist Community from COMO and the decline of community leadership by Catholic women began in 1983. As noted above, COMO was having difficulty maintaining its source of funding, and evaluations of the organizations were critical of its over-reliance on Guillermina's leadership and the underdevelopment of its internal structure. When the conservative opposition to the PRI won the municipal elections in Juarez and several other northern Mexican cities in 1983, they responded by reviving the flagging COMO organization in the hope that this would help to improve their electoral fortunes. Under their control, however, men took over COMO leadership, and services were extended to men from the same class background as maquiladora workers. Because of the gender bias prevalent in the factories' hiring practises, however, these men worked in the informal economy.

At the same time that the state acted to displace the female leadership of COMO, conservative groups within the church also began to criticize the fact that women held prominent positions of leadership As a result, many of the lay-inspired female leaders were replaced by men, especially men from middle-class backgrounds and priests. This meant that St. John the Baptist Community women left COMO and got jobs in other lay, or secular, organizations. For example, four people from the St. John the Baptist Community women now work with Guillermina Villalva in her present position as Director of the *Colegio de la Frontera Norte*. About forty-five of them still meet formally as a prayer group, although they earn their livelihood in different places. Guillermina did not oppose this change because she sees the more appropriate site of women's struggles as being in the larger society. When women have equal rights in the larger Mexican society, she argues, the church will have to respond. Women who began their public activism in religious communities have now moved into leadership positions in community organizations, government, and local agencies in the private sector (Yudelman 1987:28).

Guillermina says that today there are two COMOs. Men are the visible leaders of the government funded COMO, and it serves young men who work in the informal sector as well as women and men maquiladora workers. In 1988, Guillermina Villalva, while no longer involved in the daily management of COMO, had a role in planning the future of the organization for the six years until the next election. She did this, however, as the *former* leader of COMO and through her present work as a PRI official, where she is responsible for planning policy for the social development of the border region for the party while it is in power and to ensure that it can maintain that power.

The second COMO she speaks of is the one described in the videotape, the one which the church asked Guillermina to form, and with which she developed her own religious politicizing process. The second COMO is the St. John the Baptist Community, which still continues to exist as an independent religious group, but whose members are no longer employed by the government-funded COMO. Guillermina says that it was the economic crisis and the political stress that it has caused in Mexico since 1986 that have created the separation and distance between the two COMOs. According to her, the PRI does not understand the St. John the Baptist Community and distrusts it because it contains supporters of other political parties. Government officials asked her to write papers on religious phenomena such as "resting in the spirit", but they have not been convinced by explanations that rely on faith rather than science. Even those within the PRI who understand that the St. John the Baptist Community is not simply a facade for other parties may oppose its involvement in COMO because this runs counter to their struggle in the revolutionary years to make the state the primary integrative institution of society. To the extent that the state has achieved this integrative role of forming a national political consciousness by taking control of education away from the church, the appearance on the scene of a religious group which plays an educational and political role is no doubt experienced as disintegrative.[6]

The forces within the Catholic church which undermined women's leadership did not originate in Juarez, or even in Mexico, but are part of a larger movement inspired by John Paul II. While the Vatican refers to this movement as the Restoration, critics like Lernoux refer to it as the Roman winter. What the Pope is trying to restore is an integralist vision which views society as bad in itself unless it reflects church teaching in every detail (Lernoux 1989: 84). These ideas originated in the Middle Ages before the Renaissance when a church-dominated society existed in Europe. From this perspective, the separation of the church from the state in America is seen as a temporary aberration, one of many evil consequences of the spread of liberalism. In working toward his ideal of a Christian world united from Rome, the Pope has disci-

plined theologians with whom he disagrees with authoritarian measures, and has pressured religious workers to withdraw from political
activities of which he disapproves.

In regard to gender issues and the status of women, the Roman winter has meant a reinforcement of patriarchal forms of organization and
ways of thinking. The Vatican has attacked those Catholics, particularly
American nuns, who take independent stands on issues of birth control, abortion, and women's ordination. U.S. bishops have not come to
their support, prompting at least one of those attacked to observe, "It
is a matter of men protecting us from other men, and they're simply
not doing it" (Lernoux 1989:244). In fact, Vatican representatives
have taken a strongly anti-feminist position, as the following quotation
indicates: "The trouble with North American nuns, said Cardinal
Ratzinger, was that they had been infected with a 'feminist mentality'
Only the cloistered orders had withstood very well because they are
more sheltered ... and because they are characterized by a clear and un-
alterable aim: praise of God, prayer, virginity and separation from the
world" (Lernoux 1989: 245). Also indicative of this position is Cardinal
Hamer's remarks about "good" nuns and "bad" nuns – with those who
refused to wear a habit placed in the latter category.

However, even if the Pope were not at present promoting a movement which attempts to restore unquestioning obedience to his integralist vision, there is copious evidence from other times and places
that leadership by women and lay people is characteristic of only the
first stages in the rise of charismatic religious communities. Barfoot
and Sheppard (1980) attribute this to accommodations that are eventually made to culture, institutionalization and bureaucratization. This
contradiction is recognized by Elson and Pearson (1981:163) in their
study of women workers in other free trade zones: "The support
offered by religious groups can often be in many ways more radical,
because it tends to draw on a different set of values, rooted in a more
organic vision of society ... from the point of view of women, such support may be particularly double-edged, because religious values tend so
often to encourage the subordination of women as a gender."

Thus, the dynamics operative in the working women's movement in
Juarez embodied in COMO from 1968 to 1988 appear to be more conjunctural than organic. While Guillermina may have acted as an organic intellectual, the forces which she was able to bring together
emerged coincidentally in this time and place. The Catholic working
women's movement itself is not organic in the Gramscian sense (see
Joll 1977: 86) because it is not a part of long-term trends inherent in
Mexican society. In fact, the needs of women as a group to address
problems of particular import to them (e.g. sexuality, family, etc.) run
counter to the Catholic church's institutional structure which is based

on a male hierarchy and a very limited conception of what is appropriate for women; i.e. *marianismo.*

This analysis of COMO in terms of conjunctural and organic movements is useful in predicting whether the unique creation that was COMO – with its integration of aspects from feminism, the Catholic charismatic renewal, and the theology of liberation – will ever be recomposed in exactly this form again. Yudelman (1987:28–9) argues that the commitment of the women workers at the core of COMO is too strong to disappear, and that the social energies which fueled their movement will emerge again later in another, perhaps different, movement. My own analysis is that those women who learned and developed through COMO will likely engage in social and political life in an independent and self-directed way, but that they will not do so as part of the same religious movement as before. The individuals involved, or those whom they succeed in educating through their work as community promoters, will probably apply what they have learned and continue to grow in positions of responsibility and leadership, if not prevented from doing so by patriarchal attitudes and structures.

The final lesson to be learned from this case study is that such a pattern of organizational dynamics is theoretically possible, that there is a concrete historical example in Juarez, and that it might be hypothesized to occur in other situations where the essential elements are similar. While the charismatic renewal and the theology of liberation are usually seen as alternatives to each other, and neither is inherently feminist, observers limit their vision by assuming that this is universal. Activists committed to social justice limit the scope of their alliances when they assume that links between these sets of ideas are out of the question.*

NOTES

* During the final stages of the preparation of this book, the author learned that Guillermina Valdes Villalva had died in a plane crash. On September 12, 1991, the *El Paso Herald* reported that she was on her way "from Laredo, via Houston to visit a daughter in Rochester, N.Y. On Tuesday, she attended the opening of a federally funded Colegio de la Frontera Norte office in Piedras Negras, Coahuila, Mexico." All twelve people aboard the small plane were killed when it crashed in a corn field after losing a wing.

1 While many people were extremely helpful in my field work during these years, I would like to acknowledge Guillermina Valdez de Villalva for the interviews and information that she provided which allowed me to explore the analysis presented here. Not only did she make her own time available to me, but she also directed me to several sources which would illustrate what she said. Her

own research is on Protestant charismatics in northern Mexico, since the Catholic experience is too close for her to be objective. A most important connection she made for me was with Jean Soto, who not only allowed me to interview her, but also read and commented on more than one previous draft of this work. I am grateful to them both, but take personal responsibility for any inaccuracies which might be included here. Ed de Silva asked stimulating questions in regard to a previous draft and suggested additional sources. Cathy Mendler typed this manuscript with great speed and efficiency. I would aslo like to thank Dante Lenardon for translating the abstract into French.

2 Nemiroff (1987:538) says that "The concept of empowerment defines us as drawing power in the form of energy from within ourselves as individuals and through our mutual and collective support as a group". She lists as steps toward change such things as transforming ourselves personally and individually, validating our specialized affective abilities and using them politically, standing on conviction, drawing upon the energy trapped in anger, consciousness raising, collaboration, and developing one's own vision.

3 Spittler (1988: 804) cites Newbigin's distinction between Protestants, who "view religion as belief, doctrinal assent" and the Catholic churches (including the highly liturgical Protestant groups) who "think rather in terms of obedience, participation, and religious acts". There was an additional hesitation due to a rejection of North American theology in favour of an authentically Latin American theology (Costas 1976:18), with Mexican and other Latin Americans being suspicious of missionary efforts on the part of Anglo Christians which result in deculturation and further dependence on foreign resources.

4 I am indebted to Edmund Arens, University of Munster, Munster, Germany for this insight that he shared with me when we were both teaching in a course on "The Future of Religion: The Problem of Humanism" at the Inter-University for Post-Graduate Studies in Dubrovnik, Yugoslavia, April 1989.

5 By 1981, the Food Bank had moved four times. In 1988, it was in its fourth location on the outskirts of Juarez.

6 I am indebted to A.N. Margaretic and D. Lalic, Centar Za Socioreligioska, Istrazivanda Sveucilista U Splitu, Split, Yugoslavia for this insight. Their comments were informed by Milton Yinger's discussion of how religion and Marxism are two different although equally functional patterns of integration (Yinger 1957). They shared these ideas with me as resource persons at the 1989 Dubrovnik seminar on "The Future of Religion: the Problem of Humanism".

## REFERENCES

Baker, Stephen 1988. "The magnet of growth In Mexico's north", *Business Week*, 6 June: 48–50.

Barfoot, C.H. and G.T. Sheppard 1980. "Prophetic vs. priestly religion: The changing role of women clergy in classical Pentecostal churches", *Review of Religious Research*, 22:2–17.

Barry, G.H. (ed.) 1983. *Pepenadore – Down, But Not Out.* Videotape. International Foundation For Economic, Social, and Spiritual Development.

Berryman, Phillip 1984. "Basic Christian communities and the future of Latin America", *Monthly Review*, 36, 3:27–40.

Chaney, Elsa M. 1979. *Supermadre: Women In Politics In Latin America.* Austin, University of Texas Press.

Clark, Stephen 1971. *Team Manual for the Life in the Spirit Seminars.* Notre Dame, Charismatic Renewal Services.

Costas, Orlando E. 1976. *Theology of the Crossroads in Contemporary Latin America.* Amsterdam, Rodopi.

Dussel, Enrique 1981. *A History of the Church in Latin America.* Grand Rapids, Eerdmans.

Elson, Diane and Ruth Pearson 1981. "The subordination of women and the internationalisation of factory production," in K. Young, C. Wolkowitz, and R. McCullagh (eds.), *Of Marriage and the Market.* London, CSE Books: 144–66.

Fernandez, Kelly and Maria Patricia 1983a. "Alternative education for 'Maquiladora' workers", *Grassroots Development. Journal of the Inter-American Foundation*, 6, 1:41–5.

– 1983b. *For We Are Sold: I And My People. Women and Industry in Mexico's Frontier.* Albany, State University of New York Press.

Fitzgerald, E.V.K. 1985. "The financial constraint on relative autonomy: The state and capital accumulation in Mexico, 1940–82", in C. Anglade and C. Fortin (eds.), *The State And Capital Accumulation In Latin America.* London, Macmillan: 210–40.

Freire, Paulo 1973. *Pedagogy of the Oppressed.* New York, Seabury, 1968.

– 1968. *Education: The Practice of Freedom.* London, Writers and Readers Publishing Cooperative.

Goulet, Denis 1988. "The Mexican church: Into the public arena". Paper presented at the annual meeting of the Society For the Scientific Study of Religion, Chicago, October.

Hamilton, Nora 1982. *The Limits Of State Autonomy: Post-Revolutionary Mexico.* Princeton, N.J., Princeton University Press.

Herrera-Sobek, Maria 1979. "Mothers, lovers, and soldiers: Images of woman in the Mexican corrido", *Keystone Folklore Journal*, 23:53–77.

Hocken, P.D. 1988. "Life in the spirit seminars", in S.M. Burgess and G.B. McGee (eds.), *Dictionary of Pentecostal and Charismatic Movements.* Grand Rapids, Regency: 539.

Joll, James 1977. *Gramsci.* Glasgow, Fontana.

Laurentin, Rene 1982. *Miracles in El Paso?* Ann Arbor, Servant.

– 1988. El Paso. *Le miracle continue ... autrement.* Paris, Desclee De Brouwer.

Lernoux, Penny 1989. *People of God. The Struggle For World Catholicism.* New York, Viking.

Levine, Daniel H. 1986. *Religion and Political Conflict In Latin America.* Chapel Hill, N.C. University of North Carolina Press.

– 1979. "Religion and politics, politics and religion: An introduction," in D.H. Levine and J.P. Harrison (eds.), *Churches and Politics in Latin America.* Beverly Hills, C.A., Sage: 13–15.

Macias, Anna 1982. *Against All Odds. The Feminist Movement in Mexico to 1940.* Westport, Greenwood.

Magee, James R. 1983. *Life In The Juarez Dump.* Center for Inter-American and Border Studies, no. 1 (March). El Paso, University of Texas.

Miguez, Bonino, Jose 1975. *Doing Theology in a Revolutionary Situation.* Philadelphia, Fortress.

Nemiroff, Greta Hofmann 1987. "On power and empowerment", in Greta Hofmann Nemiroff (ed.), *Interdisciplinary Readings on Gender.* Toronto, Fitzhenry & Whiteside.

Pena, Devon Gerard 1983. "The class politics of abstract labor: Organizational forms and industrial relations in the Mexican maquiladoras." Ph.D. dissertation, University of Texas at Austin.

Riss, R.M. 1988. "Role of women", in S.M. Bugess and G.B. McGee (eds.), *Dictionary of Pentecostal and Charismatic Movements.* Grand Rapids, Regency: 893–9.

Shepperd, J.W. 1988. "Sociology of Pentecostalism", in S.M. Burgess and G.B. McGee (eds.), *Dictionary of Pentecostal and Charismatic Movements.* Grand Rapids: Regency, 794–9.

Spittler, R.P. "Spirituality, Pentecostal and charismatic", in S.M. Burgess and G.B. McGee (eds.), *Dictionary of Pentecostal and Charismatic Movements.* Grand Rapids, Regency: 804–9.

Spruill, Julia Cherry 1972. *Women's Life and Work in the Southern Colonies.* New York, Norton.

Stevens, Evelyn P. 1973. "Marianismo: The other face of machismo in Latin America", in Ann Pescatello (ed.), *Female and Male in Latin America.* Pittsburgh, University of Pittsburgh Press: 89–102.

Sullivan, F.A. 1988. "Catholic charismatic renewal", in S.M. Burgess and G.B. McGee (eds.), *Dictionary of Pentecostal and Charismatic Movements.* Grand Rapids, Regency: 110–26.

Thompson, Chandler 1988. "Twin plant pay upsets bishop," *El Paso Times,* June 23.

Turner, Frederick C. 1971. *Catholicism and Political Development in Latin America.* Chapel Hill, University of North Carolina Press.

U.S.-L.D.C. 1984. *Trade Link Policy Research Project 1984. U.S. Finance and Trade Links with Less-Developed Countries.* Austin, University of Texas.

Williams, J.R. 1988. "Baptism in the Holy Spirit", in S.M. Burgess and G.B. McGee (eds.), *Dictionary of Pentecostal and Charismatic Movements.* Grand Rapids, Regency: 40–8.

Wilson, D.J. 1988. "Church leadership" in S.M. Burgess and G.B. McGee (eds.), *Dictionary of Pentecostal and Charismatic Movements.* Grand Rapids, Regency: 195–7.

Yinger, Milton 1957. *Religion, Society, and the Individual. An Introduction to the Sociology of Religion.* New York, Macmillan.

Yudelman, Sally W. 1987. *Hopeful Openings. A Study of Five Women's Developement Organizations in Latin America and the Carribean.* West Hartford, Conn., Kumarian.

ROSEMARY BROWN

# Lubicon Lake Cree Women: Responses to Rapid Social Change

While Lubicon Lake Cree women have retained their traditional roles as wives and mothers, they have had to perform these roles within the context of new constraints and problems brought about by the imposed and rapid transformation of their traditional hunting, trapping and gathering economy into one based on transfer payments and wage labour. These constraints have included the erosion of social networks that women were responsible for maintaining and on which they depended for mutual aid and support. Women's responses to these new constraints and problems have been conditioned by the articulation of both traditional ideological structures and new ideological and economic ones. For example, the demand raised during land claim negotiations for a combined child care centre and nursing home for the elderly reflects the fact that women's productive and reproductive activities are no longer compatible, as well as the desire to maintain aspects of the traditional relationship between the elders and the rest of Lubicon Lake Cree society.

## Les femmes cries du Lac Lubicon face au changement social rapide

En dépit du fait que les femmes cries du Lac Lubicon maintiennent leurs rôles traditionnels d'épouses et de mères, elles doivent désormais exercer ces rôles dans le contexte de contraintes et de problèmes nouveaux causés par la transformation rapide de l'économie traditionnelle de chasse et de cueillette en une économie basée sur les prestations d'aide sociale et le travail rémunéré. Ces contraintes ont entraîné l'érosion des réseaux sociaux qu'elles étaient chargées de maintenir et dont elles dépendaient pour les échanges et le support. Les réactions de ces femmes ont été conditionnées par l'articulation des structures idéologiques traditionnelles et des nouvelles structures idéologiques et économiques. Par exemple, lors des négociations de la bande pour la récupération des droits de propriété sur

leur territoire, la demande de mise sur pied d'une garderie combinée
à une maison de retraite démontre, d'une part, qu'aujourd'hui les activités
productrices et reproductrices des femmes cries du Lac Lubicon ne sont
plus compatibles et, d'autre part, que ces femmes souhaitent maintenir
certains aspects des liens traditionnels entre les aînés et le reste de la
communauté.

> When babies were born shots were fired for the boys.
> Why? Because they would grow up to be hunters. Why
> not for the girls? Because the boy was expected to be a
> good hunter and the girl they wanted to stay home
> to look after the house and the babies.
>
> Lubicon elder and her daughters 1988

Shots are no longer fired when baby boys are born to the Lubicon Lake
Cree, and it is no longer assumed that girls will grow up to stay at home
to look after the house and take care of the babies. Men can no longer
count on hunting and trapping to provide a living, and increasing
numbers of women, for a variety of reasons, are working outside the
home or preparing themselves to do so.

These two facts are interrelated and part of a larger process of rapid
social change taking place within Lubicon Lake Cree society as a result
of imposed oil and gas exploration activity in their traditional hunting,
trapping and gathering lands in northern Alberta. These changes are
not unique to the Lubicon Lake Cree, as shown by an extensive literature on the impact of "frontier development" on similar societies in
Canada (Asch 1979, Berger 1977, Brody 1981).

One significant theme which runs through this literature is the
"frontier/homeland dichotomy" (Berger 1977, vii) within which two
different modes of production, one based on wage labour and the ex-
traction of non-renewable resources and the other on the hunting,
trapping and gathering of renewable resources, compete for the same
means of production – the land. To industrial society, lands which have
successfully sustained various indigenous societies for generations
represent a frontier waiting to be developed. As land is removed from
indigenous control, however, hunting, trapping and gathering societies can no longer reproduce themselves.

The literature also describes the overall impact of development as
negative. "The alarming rise in the incidence of alcoholism, crime, violence and welfare dependence in the North in the last decade is
closely bound up with the rapid expansion of the industrial system and
with its intrusion into every part of the native people's lives (Berger
1977, xviii)". According to the social change literature, people are not

passive victims of change (Dixon 1978, 265; Garner 1977, 41), and as
Hogbin (1958: 58) and Dixon (1978: 280–83) argue, because not
everyone in a society is affected by change in the same way, individual
responses to change will differ.

Yet, with few exceptions (Blythe, Bryzinski, and Preston 1985;
Cruikshank 1971; Klein 1980; Matthiasson 1978; McElroy 1975, 1976;
Poelzer and Poelzer 1986), the literature on the Canadian North has
not addressed the impact of imposed development on women in aboriginal hunting, trapping and gathering societies. The result has been
to render invisible the crucial economic, political, ritual and social
roles native women have traditionally played in these societies and the
fact that they often experience, perceive and respond to the process of
social change differently than men do. One theme which runs through
the literature that does address women and change in the North is the
question of role continuity. The classic argument, as articulated by
Mead (1932) and the Spindlers (cited in McElroy 1976:195), was that
because of role continuity as wives and mothers, aboriginal women experience less social dislocation than men in situations of rapid cultural
change. However, the work of McElroy (1976), Klein (1980) and
Cruikshank (1971) demonstrates that role continuity has to be examined in relationship to many other factors before one can evaluate how
it conditions women's experiences, perceptions and responses to
change. For instance, McElroy (1976:195) argues that because of role
continuity and opportunities for participation in the intrusive system
without loss of self esteem, Inuit women have found culture change
relatively free from stress.

In order to explore these issues further, and in an attempt to redress
the lack of literature on "development" and aboriginal women living in
boreal forest societies, research was carried out with Lubicon Lake
Cree women during the summers of 1987 and 1988 and for a short
period of time in October 1988. These women are part of the Lubicon
Lake Cree Nation, which is located 95 miles northeast of Peace River
at Little Buffalo Lake in Northern Alberta, and consists of over 450
members. Geographically and culturally they are considered to be part
of the Western Woods Cree. Their traditional hunting, trapping and
gathering area extends from the Peace River on the west, the Wabasca
and Loon Rivers on the east, the northern point of the Buffalo Head
Hills on the north and Whitefish Lake (Utikuma Lake) on the south
(Smith, 1982:3).

I worked with 38 Lubicon Lake Cree women between the ages of 12
and 77. All of them lived in Little Buffalo in 1987 and 1988. One
woman was in her 70s (77); two in their 60s (66 and 69); three in their
50s (53–57); five in their 40s (42–49); nine in their 30s (30–38);

eleven in their 20s (20–28); and seven in their teens (12–19). Of these, there were women from three generations in five family groups, from two generations in one group and from one generation in another group. The number of women interviewed for each age group compares well to the number of women actually living in the community: they represented between 50% and 65%, and in one case 100%, of those women available for interviewing. They represented between 21% and 50%, and in one case 62%, of the total number of women in each age group on the band list, which includes women living outside the community. The total number of women aged 12 and over on the band list was about 138, compared to about 140 men, but the number of women compared to the number of men in each age category varied. I also talked to other people in the community, such as the school principal, and participated in a variety of activities where I could chat with women on a casual basis.

The aim of the research was to document women's experiences and perceptions of change, as well as the strategies or plans of action which they have developed in response to change. In order to analyse the data collected I employed an articulation of modes of production framework, paying particular attention to ideological as well as economic structures. I also kept in mind Hartsock's point (1983:286) that materialist theories have usually concentrated on women's productive rather than reproductive roles, but that if we are what we do, women's reproductive roles have to be considered. Lubicon Lake Cree women's reproductive roles entail social as well as biological reproduction. Hence the issue of role continuity is not limited to the roles of wife and mother but also includes that of participant in a complex of kin relationships. Lubicon Lake Cree women are responsible for maintaining these networks, for example, as elders and sharers of meat, and in turn they rely upon these networks for mutual aid and support.

In this paper, I will present a brief overview of Lubicon Lake Cree women's experiences and perceptions of change and will then focus upon their responses. All of the information presented is based on interviews and participant observation and on an unpublished band-prepared history written in 1989. In conclusion, I will argue that these responses or strategies for dealing with change have been conditioned not only by changing material circumstances, but by the disjunction which exists between the social values associated with the traditional way of life of Lubicon Lake Cree women and new relations of production and values. Specifically I will argue that while there is role continuity for women as wives and mothers, these roles are being carried out within the context of new constraints and problems, including the erosion of social networks. Overhall, oil and gas development on the traditional lands of the Lubicon Lake Cree has proved to be an extremely negative experience for Lubicon Lake Cree women.

## EXPERIENCES OF CHANGE

Until the 1970s, the Lubicon Lake Cree were involved in two different yet articulated modes of production: hunting and gathering for subsistence, and trapping for the fur market. Both modes were combined in a yearly cycle of seasonal movements and activities designed to simultaneously exploit and maintain their boreal forest environment.

In this context families and hunting groups were the locus of a complex web of interlocking economic, social, religious and political roles and relationships. For example, Lubicon men and women performed complementary productive roles. Men hunted the larger game animals, trapped fur bearers for the market, cared for the horses and dogs, and butchered meat and dressed pelts, usually in conjunction with women. Women, while in the bush or in Little Buffalo, snared small game such as rabbit and prairie chickens and fished. A few hunted and trapped as well. As one women, whose mother still traps, stated: "most women can do what men can do". Lubicon women collected a variety of berries, including strawberries, saskatoons, blueberries, low bush cranberries and high bush cranberries or mooseberries. They either canned or dried the berries and stored them in handmade hide bags, birch bark containers or wooden boxes. Other tasks included collecting herbs and roots for medicines, and moss for diapers. Women also butchered animals, dried moosemeat and made it into pemmican with berries and fat from the moose. They baked bannock and cooked a variety of meat based stews and soups. A few had gardens. They were responsible for keeping teepees, tents, and log cabins clean. They were also involved in the fur trade: skinning animals, stretching pelts, and tanning hides. From moosehide, they fashioned mocassins, mukluks, jackets, vests, gloves, and moss bags, and decorated them with beadwork. They also sewed dresses, pants, teepees and tents. These articles were made for family use and for selling at the trading posts. Women controlled the income earned from the sale of items at the post, but the disbursement of this income as well as that earned from the sale of furs was conditioned by family needs. They also controlled the distribution of game meat once it was brought back to the camp or home.

Women were responsible for childcare which, however, was compatible with their productive work. This care consisted of feeding, cleaning, clothing, watching, and teaching the children. It was only after they were eleven or twelve years of age that boys went with their father into the bush. Although in general boys and girls were socialized through play and work to learn the skills of their fathers and mothers respectively, they also learned those of the other gender.

Decision making was both autonomous and shared, and authority accrued to senior hunters with the most skills and spiritual ties to the land. Both male and female elders were respected for their experience and wisdom. Hunting and gathering activities were imbued with ritual; both men and women were healers; and the participation of both were essential in the tea dances. Families relied upon each other for mutual support as exemplified through the sharing of meat. Until the 1950's, when the community settled in Little Buffalo in order to send their children to school, families spent most of the year in the bush, coming together at Lubicon Lake during the summer and at specific times for tea dances.

The traditional lands upon which the Lubicon Lake Cree lived, hunted, trapped and gathered have never been ceded through treaty. The community was bypassed during the treaty negotiations of 1899, because of its isolation. In 1939, the federal government promised a reserve at Lubicon Lake, but it was never established. Then, in the 1970s, the provincial government, against the expressed wishes of the community, built a road connecting the Lubicon Lake Cree settlement at Little Buffalo to Peace River. Power and telephone lines were installed. Once the traditional lands of the Lubicon were opened up, the provincial government proceeded to issue licenses to multinational and national oil and gas companies for exploration and development. As oil and gas activity was intensified in the late seventies and early eighties, the relationship of the Lubicon Lake Cree to their traditional lands was ruptured, as was a total way of life (economic, social, political and religious) based on the land.

Families were transformed from units of production, in which women's productive roles complemented those of men and were compatible with their reproductive roles, into units of consumption, which relied upon transfer payments and offered insufficient employment opportunities for income. A massive shift to welfare took place in 1983. Whereas before 1983 only 10% of the community was dependent upon social assistance, this figure climbed to over 90% afterwards.

Men who had been socialized to be hunters and trappers were no longer able to provide for their families as such. The skills, experiences and religious knowledge of the elders were no longer needed to survive in the bush. Tea dances were rarely held. Electricity meant telephones and an increased demand for consumer goods including video machines. There was less available meat for sharing with neighbors and kin. Families began eating more store bought and processed foods. In addition, a tuberculosis epidemic broke out in 1987; thirty-three people were treated for active tuberculosis and another one hundred for prevention.

The social dislocation, associated with the loss of productive land-based activities and easy access to town, led to an increase in alcohol abuse which in turn compounded the above problems and created new ones. These included a significant increase in marital discord, wife abuse and family breakups; children left on the loose and/or neglected; youth dying in accidents; a decrease in community cooperation and sharing; and elders who were no longer listened to.

Meanwhile, in the mid-1970s, the band launched a major land claim struggle which began with an unsuccessful attempt to file a caveat on the land in the provincial courts. This land claim struggle has led to the creation of new political structures within the band and it has involved band members in a whole range of non-traditional political activities, including the boycott of the 1988 Olympic Games in Calgary and the October 1988 blockade of the access to their land. These latter activities brought the situation of the Lubicon Lake Cree to the attention of the international community.

It is important to keep in mind that the rapid changes resulting from the oil and gas exploration activity on their traditional lands were experienced by the Cree within the context of other slower changes. In the 1940s, Lubicon children began leaving their families in order to attend mission schools, and, in the 1950s, the community moved from the bush to Little Buffalo in order to send its children to a mission school built by the Baptists. As a result, women lived in the community for most of the year in order to be with their children while their husbands continued to hunt and trap in the bush for extended periods of time. Once people began moving into Little Buffalo, two churches were built, one Catholic and the other Baptist. This exposure to mission schools and churches marked the introduction of new agents of socialization into Lubicon Lake Cree society. Lubicon elders say that one result was the weakening of traditional spiritual beliefs. This fact is recognized by a younger woman: "The nuns taught us to believe we were better than our parents because we knew English ... I'm ashamed of those feelings now ... school toughened me ... gave me aspirations for something different than traditional life".

Also, in the 1940s, some Lubicon Cree families began working for farmers in the summer time, helping to clear fields and to harvest. In the 1970s, a few jobs opened up at the school. Furthermore, there was some minor oil and gas activity prior to the late 1970s. These transitional changes, however, left intact the relationship of the Lubicon Lake Cree to their land and to their traditional economy. It was the oil and gas activity of the late 1970's and early 1980's which reduced the number of moose and furbearing animals necessary for the functioning of the traditional Lubicon economy below critical levels. It thereby destroyed the capacity of the Lubicon Lake Cree to sustain themselves as they had in the past.

Among the women I interviewed, those in their 50s, 60s and 70s were raised in the bush and spent most of their married lives in traditional hunting, trapping and gathering families in the bush or later in Little Buffalo. Women in their 30s and 40s were brought up in traditional hunting, trapping and gathering families in the bush and moved as teenagers to Little Buffalo. They married men who were hunters and trappers but began experiencing the impact of the loss of hunting and trapping activities at a relatively early stage of married life, in other words when they were between the ages of twenty and thirty. Most of the women in their twenties and younger were born and raised in Little Buffalo in families which were already experiencing the transition from hunting and trapping to social assistance and wage labour. They are also beginning married life in families totally dependant upon either social assistance or wage labour.

### PERCEPTIONS OF CHANGE

During the interviews I conducted with Lucicon Lake Cree women, general questions on change elicited a wide variety of responses. A few stated that now there was more housing and a band store, the road made access to medical care easier, and the electricity supply allowed for the use of freezers, wringer washers and televisions. On the other hand, due to the fact that the federal government funds housing on a piecemeal basis, women also identified inadequate and/or insufficient housing as concerns. Several women without vehicles stated that they now had to pay for rides into town. Others mentioned the burden of high monthly car payments, gas and electricity bills to pay, and the cost of appliances.

Most of the comments made as to change, either in response to a question about change or in response to other questions, mentioned the increase in alcohol abuse in the community since the road was built; the loss of wildlife and less sharing of moosemeat than in the past; changes in diet; marital breakups; children on the loose; more fatal accidents; the loss of quietness; and the loss of respect for the elders. Children no longer listen to the elders, they no longer help them and they laugh at them. One woman in her forties drew the connections between several of the above comments when she said: "Young people won't listen anymore, ... they stay up late, sleep into the day, ...

they don't want to work, ... they have no respect for the elders, ... this is why there is too much drinking". Perhaps the most poignant response to the question about change came from one young woman who said: "More people are dying in accidents because of alcohol". Nine different accidental deaths and one suicide connected to drinking were mentioned during the course of interviews. The impact of these deaths extends far beyond the immediate families involved because as another woman stated, "not everyone drinks but because everyone is related, everyone is affected".

While these tragic deaths severed kin ties overnight, the values associated with capitalist relations of production are also slowly at work eroding kin and community networks. Mentioned only once, but of significance was the comment made by one teaching aide that the children she was teaching were not as aware of all their family relationships as she had been when she was growing up. This would indicate that the range of kin with whom families shared had of necessity narrowed since the destruction of the traditional economy, because there has been much less moose meat to share. It might also indicate that dependence upon the state for transfer payments has decreased the necessity of calling upon a wide range of kin ties for assistance. A few others mentioned that now one had to pay for favours like rides into town, and the fetching of water and groceries. "Nobody does anything for free, ... even for water I have to pay ten dollars or they'd want the gas, ... even to go to the store I would have to pay". Another woman mentioned that women used to help each other more with tanning hides and picking berries, but that they do not help each other now.

It was the issue of drinking and the problems associated with alcohol abuse which permeated almost every conversation, regardless of the age of the woman with whom I was talking. In fact, when asked about community and personal problems, women identified alcohol abuse by young people, husbands, and other relatives (including women) as the key problem. They also expressed concern about the fact that some young people were beginning to experiment with gas sniffing and dope. Drug and alcohol abuse among the young have become a problem only since the late 1970s.

Although domestic violence and marital breakups were not identified as major problems in response to questions about changes and problems, these issues emerged repeatedly in the process of talking about other questions, or in reference to other people in the community. One reliable source estimated that almost half of the women in the community have been abused at one time or another, with most of this abuse occuring since the 1970's. She believes that the level of drinking and abuse "would be less if the men had jobs and more self respect". Her estimate of the level of abuse was borne out by other interviews, but her assumption as to the cause of abuse is problematic because some men with jobs also drink and abuse their wives. Women said, however, that this was a problem which has increased in the past ten to twelve years. Therefore, it might be argued that increasing drinking and wife abuse are related to social and cultural dislocation. In other words, the shift in mode of production brought about by imposed oil and gas exploration activity resulted in the loss of a way of life, not simply the loss of a source of income.

RESPONSES TO CHANGE

Lubicon Lake Cree women have responded to changes in economic, social, political and religious structures with a variety of strategies which in turn have been responsible for some of the other changes taking place in Lubicon Lake Cree society.

*Economic Strategies*

Women's economic strategies have included working outside the home, pursuing further education and job training, ensuring control over welfare income, and using food banks and second hand stores in Peace River, as well as continuing to produce use values. All of the women who were employed outside the home worked within the community except for two who had worked in the recent past cooking and cleaning at a nearby camp for oil industry workers. Jobs within the community are found in the school, the health centre, the band office and store, and in band housing.

With one exception, the women in their 50s, 60s or 70s did not engage in paid labour. Several of these women mentioned working with their husbands in farmers' fields in the summer months in the late 40s, 50s and 60s. Two of these women continue to process hides for sale. Of the women in their 30s and 40s who were employed outside the home, one worked as a bookkeeper for the school lunch program as well as a part time caretaker, two worked as cooks for the school lunch program, and one was a counselling aide at the school. Two women earned money babysitting nieces and nephews and grandchildren. Two women, including one of those who babysat, made money selling crafts, for example handmade quilts. One woman in this group was earning money from the sale of hides.

Of the women in their 20s who were interviewed, two were working as secretaries, one in the school and one in the health centre, one was working as a teaching aide, one as a health worker trainee, one as a cleaner at the store and one as a band social worker. None earned income from hides or crafts. One woman earned money from babysitting. Although some of these women worked on band housing in the early eighties, and the Band office said that women could do so if they wanted to, no women are employed in housing today. Some women indicated that they wanted to work in this sector but had not applied to do so. Of the teens interviewed several were employed for three weeks in a summer work program for students; one worked as a babysitter in someone else's home and one held a job in the band store on a part time basis.

Stated motives for working included: "I wanted more than being at home with the kids ... it was a way away from home"; "bills getting us down"; "better making money than welfare and always wanted to be a teacher's aide". It was the younger women who stated that they were working because they had a chance to work at jobs to which they aspired.

Of those women who were not working, several are continuing their education, either at the high school in Little Buffalo or at the Cadotte Vocational Centre, 20 kilometers away from Little Buffalo. The latter are paid a daily stipend to attend vocational classes. When asked why they were finishing or upgrading their education, their answers included: "to satisfy my Dad, and also my own self, [get] a job"; "get a job-clerical"; "want to go into something, some kind of higher job, maybe work in a hospital as a nurse"; "so I could have money" (i.e. the stipend); and "can't even help my kids in high school with their homework". Related to the pursuit of more education and training is the desire stated by most of the mothers that their children finish school. With the loss of hunting and trapping, many aspects of socialization which were carried out within the family group have been shifted to the schools; and as the principal pointed out it is the mothers who make sure that their children attend school.

Women have also devised a variety of other ways to make ends meet. Women on welfare who have husbands who abuse alcohol ask for the family's welfare check to be made out to them. They have the full support of the band office in this matter. One women told me that some people in the community have used the food bank in Peace River this past year; she and many members of her family buy clothes and other items second hand. I also observed that several women sewed blankets and quilts, laundry bags, mattress covers, baby pads, instead of purchasing them.

### Social Strategies

Women employ a variety of social strategies for dealing with the problems associated with change. They are very concerned about young people in the community, especially those who abuse alcohol or are experimenting with gas sniffing and dope. Women say they spend a lot of time talking to these youth. As a preventative measure, they also talk a lot to youth who do not drink or take drugs. In one situation where a young teenager had been experimenting with gas sniffing his grandmother threatened to call in the RCMP. In another situation a boy's mother did just that. In the latter case, other relatives also intervened to watch over him and he was sent out to camp in the bush with his grandparents for a few days. Some mothers also take their children to alcohol and drug abuse counselling (AADAC) meetings in order to discourage them from drinking or using drugs.

Women have also developed ways to deal with husbands who drink and or are abusive. They range from talking to their husbands when they are sober; asking other relatives to talk to them; leaving them temporarily; fighting back; and drinking with them. Most of those who leave their husbands temporarily turn to other relatives, for example sisters, daughters and aunts for a safe haven.

Some women have chosen to leave their husbands permanently, and as a result the 1980s witnessed an increase in marital breakdown among all age groups, except among women above fifty years of age. Of the five women in their 40s who were interviewed, three were still married, and, of these three, one had experienced a long term separation before the 1980s. Of the nine women in their 30s, five were still married although one had experienced an extended separation in the past and was undergoing difficulties. Four had separated permanently from their husbands. Of the eleven women in their 20s, eight were still married. Three of these women had separated from their husbands in the past and were experiencing difficulties now. Three women had separated permanently. Only one teen had married and she was now separated from her husband. Some of the women who had separated permanently from their husbands were now with new partners.

Two women who had put up with abuse for many years before they left declared that they would never put up with anything like it again. One stated "no one can tell me what to do now" and the other "that was another woman, this is me now". Women have been willing to help each other in case of abuse. One said that when she heard that someone was being abused she let them know what kind of help and services were available based on her own experience. Another has sheltered five women during the past three years on a short term basis. This same woman wants to organize some kind of group, perhaps in conjunction with the clinic. "I want to start with women because they are important, they're the ones with the kids, they have to put up with husbands when drunk". When women need advice and/or someone to talk to about their worries and concerns, they turn to each other – mothers, daughters, sisters, aunts, and close cousins. One interesting point which emerged from the data was that several of the larger family groupings had one particular woman to whom several different female family members turned to for support.

## Political Strategies

Women also seek solutions to community problems. Many women have actively supported the Lubicon Lake Cree land claim over the last ten years by being present at meetings and in court, participating in the 1988 Olympic torch relay protests, attending the 1987 Buffy Sainte Marie concert, and letting anthropologists and the media interview them. During the October 1988 blockade on Lubicon land, women made picket signs, attended the October 12th, 15th and 22nd meetings, and spent time at the main blockade. Some spent hour after hour staffing the main meeting hall and providing coffee and sandwiches while others cooked enormous meals for band supporters. Women support the settlement of the land claim because "Bernard [the chief] would be able to keep out the outsiders who befriend the young people and bring them drink"; it would mean "a better life, ... having running water, and new houses and a better school"; "people would feel more settled"; "people will live better, ... the band can work at having a dry reserve"; "the band will be able to keep out outsiders who bring in alcohol, ... there will be jobs"; "give people a sense of belonging"; "because then children and grandchildren will have roots ... a future"; "it could keep out troublemakers ... who party and booze"; and it would help provide "jobs".

While women wait for the land claim to be settled, they have also approached the band for short term solutions to their problems. One woman suggested that the band help pay the costs of professional driving lessons for young people in order to prevent accidents, a suggestion which was acted upon. Several asked for AADAC programs in the community, and one was started in 1988. Women have asked for a day care centre. Not only would they be able to use the centre while working or going to school but it would also provide more employment in the community. Several women and the chief reported that the Department of Indian and Northern Affairs refused to fund a day care centre because the government felt that day care standards could not be met without running water and other "modern" amenities. Several women have also asked for recreation programs for teenagers, hoping that if they are kept busy they will not drink. While the band could not build a hall for this purpose at this time because it would mean building infrastructure on land that is not part of their land claim, women still felt that recreation programs which did not depend upon a hall could be developed.

It is important to note that women do not constitute an organized group within the community and that they have no representation on the Cree Development Board, which in line with traditional patterns of authority is composed of senior male heads of family groups as well as the male band counsellors. The Board makes most of the ongoing decisions. Women do have a voice, however. Although not organized as a group they express their views at community meetings and within their families. This is evident from an analysis of some of the concrete provisions the band is seeking in the land claim negotiations. These include economic development, vocational training and job creation, a range of recreational facilities for the youth in the community including an indoor swimming pool and an ice skating arena, a laundromat, and a combination day care and nursing home for the elders. Of concern, however, is the fact that with the loss of respect for the elders, the increase in alcohol abuse, and the increasing number of households headed by women, the lines of communication which allow women's voices to be heard do not always function, leading to some feelings of alienation.

### Religious Responses

Many women in the community also find support and strength in religious activities and beliefs. In 1987, one change taking place in the community was the increasing number of families participating in Pentacostal and Alliance Bible camps which run throughout the summer. Other families attended the Catholic church, participated in the pilgrimage to Lac Sainte Anne, and prayed at home. When asked to whom they turned for support, several women mentioned that they pray: "Six months ago, I learned that you can ask God for help and now we know he can help". Two said that they turned to friends met through the Bible camps. Another woman, when asked if she drew strength from the Bible camps, replied "Yes, I could not have gotten through the time after _____'s death without it". Three other women said that they prayed for the young people who drink. One of these women said that she and her husband stopped drinking because they had found religion.

One woman ran a Bible study program out of her home that was mentioned by two of her relatives who sent children to the school. When asked about it, she said that she wanted the children to learn; that they would learn more if she started them now; that she taught them not to swear and "little things they would understand" and how to live a good life, without fighting. During the summer of 1988, mothers were also very supportive of a Bible School run by the Lutheran Church for one week; over thirty children between the ages of five and twelve attended. Furthermore, three of the women who attended the Catholic Church on a regular basis, two of whom also attended the Bible camps, participated for the first time in a three day Bible study at Saddle Lake run by the Catholic Church.

## THE IMPACT OF REPRODUCTIVE ROLES AND TRADITIONAL IDEOLOGICAL STRUCTURES ON RESPONSES TO CHANGE

The shift in mode of production imposed on the Lubicon Lake Cree, as a result of the activities of the provincial government and the multinational oil companies, and the failure of the federal government to fulfill its constitutional responsibilities, has created immense social dislocation and distress for Lubicon Lake Cree women as well as men. The stress for women is not rooted in the loss of traditional productive roles. Instead stress is caused by the fact that their reproductive roles are now performed within the context of new and severe constraints and problems. These constraints include less expendable income in relation to changing needs and wants; husbands who abuse both alcohol and sometimes their wives; children who are experimenting with alcohol, gas sniffing and dope; a decrease in land based food; an increase in health problems such as tuberculosis; the commercialization of relationships; and the weakening of kin ties due to less available moose meat for sharing and the impact of alcohol.

Women's perceptions of these changes which have taken place in Lubicon Lake Cree society revolve mainly around the dramatic increase in alcohol abuse that has occurred since the opening of the road to Peace River in 1979 and the destruction of hunting, trapping and gathering as a mode of production. While alcohol consumption is a symptom of the dislocation experienced as a result of the disjunction between socialized roles and the capacity to perform those roles, it has also caused many of the increasing social strains and problems experienced by Lubicon Lake Cree women as wives, mothers and elders. Alcohol abuse has been associated with the increase in marital discord, wife abuse and family breakups; the fact that children are on the loose and or neglected; that children have died in accidents; that community cooperation and sharing has decreased; and that elders are no longer listened to.

Women have developed a variety of strategies for dealing with change and associated problems. These strategies need to be considered not only in the context of the changes themselves, but in the context of how these changes are at odds with traditional values such as respect for elders, and the importance of sharing and maintaining kin networks. In other words, ideological structures associated with the hunting, trapping and gathering mode continue to operate within the context of the new mode, even while they come into conflict with the values associated with this new mode, for example the commercialization of relationships. These responses also have to be assessed of course, not only in relationship to the changes that have taken place since the late 1970s but also to those that began in the 1940's with the introduction of mission schooling and the move from the bush to Little Buffalo in the 1950s. For example, Lubicon Lake Cree women's participation in paid work has been a response not only to economic need but also to aspirations developed in the course of schooling.

There appears to be a direct correlation between age and participation in the workforce, with a preponderance of those working being in their 20s. This might be directly connected to the fact that younger women grew up in Little Buffalo in families experiencing the transition from a hunting and trapping mode to one based on wage labour. These younger women have also had more formal education. It might also be argued, however, that working outside the home is due not only to need and increasing opportunities, but also to the fact that traditionally women have always contributed to the family income, either directly or indirectly. However, productive roles are now no longer compatible with reproductive roles, hence, the urgency of the demand for day care.

There is no correlation between women's participation in the labour market and their marital status and/or work status of their husbands, but there is a high correlation between women's participation in the upgrading of their education and the fact that they are single parents or living with husbands who worked intermittently or not at all. While the latter trend indicates economic need as the motive for working, the former indicates that other factors are at work also. Another pattern which is noticable is that all the jobs women hold or aspire to hold fall under the rubric of what the rest of Canadian society refers to as "women's work". It is difficult to determine whether this is because these are the only jobs available, except in housing, or whether television and videos have been responsible for imposing and perpetuating stereotypes about the kinds of jobs women should do.

Women identified drinking as the key problem facing the community. Yet the literature describing the impact of alcohol abuse on family relationships (Hamer and Steinbring 1980; Fudge 1985) fails to dis-

cuss how women have responded. The Lubicon Lake Cree data suggest
that the change in mode of production, preceded by the introduction
of new agents of socialization such as the schools and the churches, and
the weakening of traditional spiritual beliefs have deprived elders of
the respected and authoritative position they once held in society. Yet
elders are needed more than ever to influence the behavior of the
young, especially as regards alcohol abuse. This is why women mentioned over and over that the elders had lost respect and that children
did not listen. As a result we now find some mothers turning to AADAC
meetings, and to churches, Bible camps and Bible study groups, as
additional alternative mechanisms of social control.

In order to cope with husbands who abuse alcohol and/or their
partners, attempts are made by women to use kin networks, not only to
talk to the husbands involved but also as a refuge, at least on a temporary basis. At the same time, kin ties have been weakened because of alcohol, the lack of game meat to share, and the commericalization of
relationships. Some women, it must be remembered, have attempted
to cope by drinking with their husbands. This was mentioned by several
women as a problem because children of mothers who abused alcohol
were sometimes neglected. Their relatives then had to stretch meager
resources in order to look after the children without being able to
count upon reciprocal child care.

As for women who leave husbands for extended periods of time or
permanently, their capacity to do so has been conditional upon access
to alternative sources of income, either jobs or welfare, as well as the
support of kin. In other words, marital breakups are a response to a
variety of changes. Of note is the fact that marital breakups are more
frequent among women in their twenties and younger than among
those in their thirties and older.

On the political level, women have been active in support of the
Lubicon Lake Cree land claim because they perceive it to be, and in
fact it is, in their interests to do so. Their hope is that a settlement of
the land claim will enable the Band to deal with the alcohol abuse
which has had such a negative impact upon their reproductive roles. A
significant gap exists, however, between the problems women experience on a day-to-day basis as mothers, wives and homemakers, and the
capacity of the political structure to respond to these problems, for example the need for day care and recreational programs. This capacity
has been constrained by government regulations, the impact of alcohol
upon community involvement, the fact that many families are now
headed by women, and the fact that while women traditionally had significant decision making powers within family groups, it has not always

been extended to the larger political arena, in other words to participation in the Cree Development Board.

Women do exercise influence, however, as is evident in many of the
negotiating demands presented by the band to the federal government. One demand that most clearly demonstrates the strength of
traditional ideological structures in the face of change is that of the
combination child care centre and nursing home for the elders. The
demand for child care reflected the fact that increasing numbers of
women were seeking paid work outside the home or were training to
do so and that productive and reproductive roles were no longer compatible. The fact the day care would be combined with a nursing home
for the elders demonstrates a commitment to respect and care for the
elders within the community, and a commitment to continue the traditional relationship between the elders and youth – i.e. traditional
roles of cultural transmission and guidance. In other words respect for
the elders and tradition are to provide a context within which change
will continue to take place in Lubicon Lake Cree society.

I would argue though that because this political system is not able to
offer any kind of immediate solution to the daily problems women have
to contend with as wives and homemakers, and because kin ties are
weakening at the same time as they are needed more than ever, women
are increasingly turning to religion, especially Pentacostal Bible camps
for spiritual strength and social support. This is not an uncommon response according to some of the literature on Pentacostal movements
(Glazier 1980; Oosthuizen 1975). Behavior patterns in the new
Church are based on the same norms of reciprocity and mutual aid inherent in relations among kin and fictive kin. Pentacostalism flourishes
where "traditional supports have been eroded without provision of ...
resources for individuals to cope independently with life crises".
(Glazier 1980, 2). As one woman said, "the greatest strength [of the
community] is in the traditions from the old people – respect for each
other, ... but this is breaking down, ... the Bible camps help". Of interest is the fact that, in general, it is women who attend church and Bible
camp, who pray regularly, and who are turned to most often by others
for support.

In sum, Lubicon Lake Cree women are actively pursuing a variety of
strategies to deal with the changes and problems brought about by the
transition from one mode of production to another. Up to this point,
their strategies have been developed within the overall context of the
Lubicon Lake Cree land claim struggle. Therefore, a key question facing Lubicon Lake Cree women, is how long these strategies will suffice
without an honourable settlement of the land claim issue.

## POSTSCRIPT 1993

Four years have passed since this article was written. During that time many changes have occurred within the Lubicon Lake Cree community at Little Buffalo. Not only does oil and gas activity continue but every fall the community faces the threat of logging on its traditional lands. Thirteen community members currently face charges as a result of the December 1990 destruction of logging equipment belonging to a company that was under subcontract to Daishowa and was operating on Lubicon land. In the early 1990's the federal government created the Woodland Cree Band in order to undermine the Lubicon land claim. Some Lubicon families joined this band. New negotiations between the Lubicon and the federal government in 1992 failed to produce a settlement. Meanwhile untimely deaths continue to place great strain upon community members. There has been an increase in participation in traditional ceremonies within the community. Some women attend these, while others continue to attend Pentacostal Bible camps. During the summer of 1992 women in the community formed the Lubicon Lake Nations Women's Circle to strengthen community ties and to support the land claim struggle. In March 1993 the Lubicon Settlement Commission of Review, an in dependent and non-partisan group, found that the federal and provincial governments have not acted in good faith in negotiations. The Commission made twelve recommendations which support the Lubicon claim. For more up-to-date information please see John Goddard's Last Stand of the Lubicon and the forthcoming PhD thesis of Dawn Hill at MacMaster University.

## REFERENCES

Asch, Michael 1979. "The ecological-evolutionary model and the concept of mode of production", in David H. Turner and Gavin A. Smith (eds.), *Challenging Anthropology: A Critical Introduction to Social and Cultural Anthropology*. Toronto, McGraw Hill Ryerson.

Berger, Thomas 1977. *Northern Frontier, Northern Homeland*. Ottawa, Minister of Supply and Services.

Blythe, Jennifer, Peggy Martin Brizinski and Sarah Preston 1985. *"I Was Never Idle": Women and Work in Moosonee and Moose Factory*. TASO Report no 21. Hamilton, Program for Technology Assessment in Subarctic Ontario, Mac Master University.

Brody, Hugh 1981. *Maps and Dreams*. Vancouver, Douglas and McIntyre.

Cruikshank, Julia 1971. "Matrifocal families in the Canadian north", in K.

Ishwaran, *The Canadian Family: A Book of Readings.* Toronto, Montreal, Holt, Rinehart and Winston of Canada: 39–53.

Dixon, Mim 1978. *What Happened to Fairbanks?* Boulder and London, Westview Press.

Fudge, Glen R. 1985. *"The problem of alcohol abuse among the Native peoples of Labrador as it relates to familial interaction".* Occasional Papers no 12. Toronto, Centre for Women's Studies in Education, Ontario Institute for Studies in Education.

Garner, Roberta Ash 1977. *Social Change.* Chicago, Rand McNally.

Glazier, Stephen D. 1980. *Perspectives on Pentacostalism: Case Studies from the Caribbean and Latin America.* Washington, D. C., University Press of America.

Hamer, John and Jack Steinbring 1980. *Alcohol and Native Peoples of the North.* Lanham, Md, University Press of America.

Hartsock, Nancy 1983. "The feminist standpoint: Developing the ground for a specifically feminist historical materialism", in Sandra Harding and Merrill B. Hintikka (eds.), *Discovering Reality: Feminist Perspectives on Epistemology, Metaphsics, Methodology, and Philosophy of Science.* Dordrecht, Holland, D. Reidel:283–310.

Hogbin, Herbert 1958. *Social Change.* London, Watts.

Klein, Laura F. 1980. "Contending with colonization: Tlingit men and women in change", in Mona Etienne and Eleanor Leacock (eds.), *Women and Colonization: Anthropological Perspectives.* New York, Praeger: 88–108.

Matthiasson, John 1978. "Northern Baffin Island women in three cultural periods", *The Western Canadian Journal of Anthropology,* 6, 3:201–212.

Mead, Margaret 1932. *Changing Culture of an Indian Tribe.* New York, Capricon.

McElroy, Anne 1976. "The negotiation of sex-role identity In eastern Arctic culture change", *The Western Canadian Journal of Anthropology,* 6, 3:184–200.

Oosthuizen, G. C. 1975. *Pentecostal Penetration into the Indian Community in Metropolitan Durban, South Africa.* Pretoria, Human Sciences Research Council.

Poelzer, Dolores T. and Irene A. Poelzer 1986. *In Our Own Words: Northern Saskatchewan Metis Women Speak Out.* Saskatoon, Linden-Blatt and Harmonic.

Smith, J.G.E. 1982. Affidavit, in Ominayak vs Norcen et al., Alberta.

PEGGY BRIZINSKI AND LINDA JAINE

# Native Women as Entrepreneurs

Drawing on two separate studies of Canadian Native women, this chapter adapts the concept of "entrepreneurship" to identify a core of women who are regarded by their peers as competent, innovative individuals. A survey of women and work in Moosonee and Moose Factory, Ontario, in 1984 yielded information about generational and maturational change in women's work, and provided insights into the development of "social entrepreneurs". A series of presentations made to the Task Force on Native Women and Economic Development in 1984 for the Native Economic Development Program revealed that some of these social entrepreneurs go on to become successful businesswomen. The authors explore the historic roles of Native women as entrepreneurs in both traditional and capitalist economies, and conclude that women can be powerful influences in their communities by providing both covert and overt leadership and by reinvesting private sector expansion in community welfare.

## Les femmes autochtones entrepreneures

Ce chapitre réinterprète les données de deux études sur les femmes autochtones en utilisant le concept d'« entrepreneure » pour décrire celles qui sont considérées par leurs consoeurs comme des personnes particulièrement compétentes et innovatrices. Une enquête sur les femmes et le travail menée à Moosonee et à Moose Factory en Ontario en 1984 révèle les transformations qui caractérisent le travail des femmes d'une génération à l'autre et au cours de leur développement individuel. Des communications présentées devant un groupe de travail sur les femmes autochtones et le développement économique durant la même année indiquent que certaines femmes « entrepreneures » deviennent des femmes d'affaires prospères. Les auteures explorent le rôle historique des femmes autochtones, aussi bien dans l'économie traditionnelle que dans l'économie capitaliste. Elles con-

cluent que ces femmes peuvent avoir beaucoup d'influence dans leur communauté en exerçant un leadership d'arrière-scène autant que
d'avant-scène, ainsi qu'en investissant le secteur privé en expansion pour le
subordonner au bien-être de la communauté.

In today's economy the role of the "entrepreneur" has become a signa-
ture of many new economic initiatives. Native people are part of these
initiatives, and some debate has arisen about whether the entrepreneurial role is an appropriate one for them, and whether they can fea-
sibly participate in small business without damaging the cultural and
political unity of their communities. Native women, in particular, are
rapidly seeking to enter the small business arena, as well as gradually
moving into administrative positions in both the private and public
sectors.

This paper began as an attempt to use the knowledge we have about
Aboriginal women's traditional roles to explain how their roles might
function in today's changing political economy.

In 1984 both authors participated in studies of Aboriginal women
that examined their traditional and contemporary careers. Peggy
Brizinski cooperated with Jennifer Blythe, Sarah Preston, and a team
of Cree women researchers from the host communities of Moosonee
and Moose Factory, Ontario, to study women's work and stake in community.[1] Linda Jaine was part of a task force (Native Women and
Economic Development) which evaluated the proposed participation
of Aboriginal women in the Native Economic Development Program
(NEDP). The NEDP was a major federal initiative in planning and funding Aboriginal economic development between 1984 and 1989.

In both studies the women involved spoke extensively about their
concerns for economic development in their communities; they placed
their interests into the framework of community. Many identified
Native women as being disadvantaged in a colonial economy built
upon the patriarchal control of men. Although they rarely spoke of the
need for women to gain control of the economic power structure from
men, they did speak of situations whereby they could share access to
critical economic and political resources. They talked about the need
for protection of women's interests in Native economic development
programming, and for more control over both personal and political
spheres in order to create a vision of community which would protect
and enhance personal growth for children.

Respondents in both investigations also identified women who were
exceptional in their personal competence and sense of community integration. These were women who were active in community organiza-

tions and politics, who were excellent communicators, and who were regarded as role models by other women. They were "successful" in both traditional women's activities and ideologies and in comprehending contemporary economic structures, even though they were often denied the access to resources and control they needed to fulfill their visions. In reviewing the overlapping data from the two studies, the authors proposed to trace the historical and contemporary development of exceptional competence within women's traditions in Native communities by using the cencept of entrepreneurship as a model for analysis.

There are several questions which motivated our review of the data:

- To what extent did men and women in traditional societies recognize exceptional competence and leadership in some women?
- What kind of changes in women's work and competence were incurred by the fur trade and the subsequent intervention by the state?
- What is an entrepreneur in the contemporary usage, and can this be applied effectively to protohistoric, pre-capitalist developments?
- What influence do current political policies of development in Native communities have on the economic and political roles of women – including the encouragement of entrepreneurial strategies in the private sector?
- What conditions are necessary to maximize women's inclusion and influence in community economic development?

Investigation into women's work and leadership is made urgent by the recent growth of private sector development strategies in Native economic development. Some feminist scholars have cogently argued that, historically, the growth of capitalist enterprise has undermined the contributions of women to the economy in many developing areas (see for example Sacks 1979; Etienne and Leacock 1980; Lamphere 1977; Leacock 1981).[2] Thus it is necessary to look closely at the emerging conditions of development for Native women and then to compare these with traditional roles and expectations.

## NATIVE ECONOMIC DEVELOPMENT: THE CONTEXT

The major federal funding agencies for Native economic development include Indian and Northern Affairs, Industry, Science, and Technology, and Employment and Immigration. Recent programs have included the now-lapsed Native Economic Development Program (NEDP) and the Special Agriculture and Rural Development

Agreements (SARDA) between the federal and western provincial/ territorial governments. In June of 1989, a new program, the Canadian Aboriginal Economic Development Strategy, was announced by Indian Affairs and Industry, Science and Technology. The new five-year program, which will replace the NEDP, appears to continue and broaden NEDP policy objectives, although it has more of an ostensible emphasis on long-term planning and funding for community development. The implementation of new programs has not been fully developed, however, and future implications for policy are somewhat vague. There have historically been problems in coordination of jurisdiction among the various sponsoring agencies, and although new programming is intended to reduce this, inevitably bureaucratic boundaries will continue to influence access to funds.

There are several features of the programs in the 1984–89 period which should be noted here in relation to our analysis. Much of the funding, both capital and equity, has been channelled to Native institutions. These organizations have been primarily male-run and have frequently been in competition with each other (in urban and northern areas) as status and non-status Indians and Metis groups have operated separate institutions with similar small business agendas.[3] In addition, the programs have sustained a view of economic development based upon the growth of a private sector. Increasingly, applications have centered on the building of small businesses and specialized training rather than primary producing, basic skills training, community infrastructure, or indeed community-based development which might integrate economic development with self-governing structures. Objectives have shifted away from job-creation and "culturally meaningful" enterprises and toward the creation of profitable, self-sustaining businesses which may or may not have positive consequences for social welfare or which may place capital accumulation and jobs in the hands of a few. Proponents of the expansion of private sector development point out that it will however reduce Native dependence upon government subsidization. Small businesses are capable of providing more jobs than are larger public or private sectoral enterprises, and it is felt that the greatest job creation potential both on and off-reserve lies here. And in fact the Native business sector is growing.

But there is a potential for destruction as well. There are opponents to private sector expansion within the Native community, academe, and government services. For example, many of the supporters of the Lubicon land claim in northern Alberta point to the demise of the quality of life for the people of Little Buffalo with the intrusion of oil companies doing exploration in the area. The division of opinion over private enterprise goes beyond the philosophy of Native self-determination alone to encompass basic disagreements about the nature of the Indigenous economy and of economic motivation. The transfer of communal resources to private ownership such as now exist to some degree on reserves can undermine the resource base, such as land. This privatization can also weaken the social and political structures which underlie Native identity and provide for self-maintenance. The capitalist spirit can conflict with the communalism which ensured the basic social welfare of all individuals, not just the successful entrepreneurs, and it can lead to the creation of class stratification and unequal distribution of wealth – as it has in other Third and Fourth World areas which have been incorporated into the world market economy. In addition, the financing of Native businesses through Native institutions has been controversial because of the potential for manipulation of funds by corporate and tribal leadership. This "neo-colonialism" has also been widely reported in industrializing areas (Daniels 1986).

Yet, as will be argued below, even the communalism of pre-contact societies, particularly band-level political structures, could accomodate some entrepreneurial motivation while distributing rewards for community welfare; women have always been instrumental in ensuring this process by their individual initiatives, as they suggested to the authors in both studies. Can women continue to play this role? The Executive Summary of the Report of the NEDP Task Force on Native Women and Economic Development stated:

In general, many of the Native women presented viable business ideas which were small in scope and designed to meet the perceived needs of their community for a particular good or service. There was little talk of relocating to urban or growth centres where markets might be more favourable to develop business. The position advocated by many of the women can be summarized as "production by the Native community for the Native community" (Native Economic Development Advisory Board 1985:4–5).

## THE CONCEPT OF "ENTREPRENEUR"

The concept of the "entrepreneur" is critical to our analysis; it is one used by the authors to describe innovation and effective organization in family and community work. The concept indeed comes from orthodox economics, but has been expanded to incorporate a range of social and cultural as well as economic behaviours. In the more limited conventional sense, the entrepreneur is a businessperson operating in the marketplace wherein he/she is able to assess markets, adapt innovative ideas in such a way as to invest in new opportunities, and to make rational choices about the risks and benefits involved in new ventures. The recognition of the importance of the entrepreneur in motivating the market economy is as old as the study of economics itself, dating back to the 18th century. But it is Joseph Schumpeter in the early 20th century who is often credited for elaborating entrepreneurship as an economic concept. Schumpeter (1934) viewed the entrepreneur primarily as an innovator, both an instrument of change and an astute calculator of supply and demand. Other writers have identified the entrepreneur also as one who assumes risk associated with uncertainty, a supplier of capital, a leader, a manager, a decision-maker, a labour organizer (Hébert and Link 1982: 107–8). In essence, the entrepreneur is one who can evaluate opportunity and ideas and assemble the people and resources to put concepts into practice. He/she both initiates change and facilitates adjustment to it.

Much of the post-World War II literature on the entrepreneur focusses on the psychological, cultural and social correlates of entrepreneurship. For example, the classic study by David McClelland (1961) on the need for achievement identified personality characteristics which engender innovation and placed these in a cultural context. But, insufficient attention has been given to examining how cultural attitudes foster entrepreneurship within the economy, or to how entrepreneurship can have emergent cultural functions (Robinson and Ghostkeeper 1988:173–5). Some literature in the social sciences focusses on the situational and transactional appearances of entrepreneurship cross-culturally, and this has led to a widened focus on how entrepreneurship manifests itself in decision-making behaviour within the defined parameters of opportunity in a given situation (see Greenfield and Strickon 1979). Anthropologists have used the concept in a broader sense to identify both economic and sociopolitical functions of entrepreneurship, especially in changing and westernizing societies. In so doing, writers like Fredrick Barth (1972) have placed the entrepreneur in cross-cultural settings – and not purely capitalist ones – as individuals who maximize not only profits but prestige, information, and social assets. The concept has been used to explain the emergence of leadership, patrons, and brokers, and the creative innovations of cultural change (Greenfield and Strickon 1986) as well as the adaptation of new technology and the shift to class-based corporate maximization from communalism. Entrepreneurs may be political innovators or mediators as well as producers and traders. The entrepreneur may be self-interested, but he/she is not free from the constraints of community life and the limits of opportunity which determine whether a new idea or item will survive – thus the entrepreneur invests not only in personal profit but in community utility (Barth 1972; Beveridge and Schindelka 1978; Greenfield and Strickon 1979). Perhaps entrepreneurship is best seen as a socio-political ideology rather than as a psychological trait; it has existed in many non-capitalist societies as a mechanism of social differentiation, but it has been a mainstay of class differentiation only within capitalism (Wilken 1979:252–80).

The concept of the entrepreneur is thus used here in an experimental sense. If it can be shown to apply to pre-capitalist societies as well as to capitalist economies, it may help to explain how maximization of social utility by innovators can be transformed in industrial development into private sector market innovation and resource distribution, and how modern economies can minimize the development of class inequalities by creating an acceptable prototype of the entrepreneur.

Very little information on women entrepreneurs exists, with the exception of the trading women of West Africa and the Caribbean (see for example Schildkrout 1986; Saunders 1980). Since Canadian Aboriginal women, like many other Indigenous women of the Third and Fourth Worlds, are often both innovators/organizers and interested in community maintenance, a closer look at the development of their roles might be of critical importance in understanding how entrepreneurship can be more effectively utilized in industrializing economies. These women are gradually emerging as elected as well as informal leaders in bands and communities across the country.[4] The questions raised by this proposal can only be explored here, but it is hoped that further study can "test" the cross-cultural applicability of the concept of entrepreneurship.

## THE PROTOHISTORIC ROLE OF NATIVE WOMEN AS ENTREPRENEURS

A look at the role of women in Native communities will help us understand the means by which Aboriginal production was oriented to the maintenance of community utility. It is now widely recognized within social science that Aboriginal women in Canada once lived in societies where their labours were difficult but fully appreciated by residents. In most societies, women's labours were separate from and interdependent with those of men, and they received separate but equivalent social prestige (Kehoe 1976; Cruikshank 1984; Swampy 1982; Van Kirk 1980; Leacock 1981, 1986; Brown 1970; Ager 1980; Sharp 1981). Work was not removed from the networks of gender and family, and within the spheres of women's endeavours some women excelled, innovated, and directed other women in the production of material goods and services, and in the setting of standards for daily social interaction within the community.

A close look at the literature on Aboriginal economies in general reveals that exceptional and competent individuals were recognized, and that innovators were a source of new ideas and adaptations. Entrepreneurship, exemplified in competent individuals (male and female), functioned in this context to ensure that production levels were adequate and that there was necessary innovation and integration of new ideas. The "profits" of entrepreneurial activity were redistributed for social welfare; for example, the potlatch of the Northwest Coast societies may have functioned to redistribute accumulated surplus within a stratified society, and it is commonly understood that in band societies the products of the hunt were distributed according to social relations in order to achieve a measure of egalitarianism.[5] Because of the lack of institutionalized leadership in most Canadian Aboriginal societies, effective leadership depended greatly upon the abilities and persuasions of individuals, men and women. Recent debates about territoriality in Subarctic hunting groups reveal a similar concern about the balance of communual and individual concerns (Tanner 1987). One must indeed be cautious about over-idealizing the degree to which communal principles pervaded all aspects of traditional life, since both continuity and change depended both upon leadership and individual capacities to be innovative and flexible (Leacock 1987). Nonetheless, the ideology of cooperation in an egalitarian setting has continued to inform values and perceptions about the nature of Aboriginal society, including those, mentioned above, who criticize the impact of private sector growth.

We recognize that women were able to excel in a variety of economic and political roles. Women on the Northwest Coast intimidated European fur traders with their bargaining acumen (Fisher 1977:76–7; Littlefield 1987). Ojibway women of the interior also often assumed the trading role (Buffalohead 1983:240), as did the women of the eastern shores (Grumet 1980:55–9; see also Van Kirk 1980:75–94). We now know much about the leadership capacities of women in both the public and private spheres: witness of direct political administrations by women from both Iroquoian and coastal Algonkian societies, and the supremacy of women elders in most groups. The "manly-hearted" women of the Blackfoot, the Ojibway, the Cree, and other societies hunted and went to war, becoming respected leaders in their post-menopausal years (Kehoe 1976; Buffalohead 1983; Medicine 1983). Adult females were also the primary distributors of communal food supplies in most foraging groups, and through the direct application of the rules of reciprocity they were able to influence the rules themselves, and thereby their own social status.

Women in Cree society, for example, were given credence for individual competence, or behaviour which showed an ability to interact effectively with the environment through aptitude, strength, and experience (R. Preston 1976; S. Preston, Blythe and Brizinski 1984). In many societies, women were reputed for their abilities to adapt the new with the old as cultures changed (Buffalohead 1983:239–40). Women excelled in secular tasks, in the raising of children, and in the perpetuation of social liaisons (Kehoe 1976; Swampy 1982; Cruikshank 1984; Littlefield 1987). These women were accorded extra prestige, and occasional wealth, which they reinvested in the teaching of their daughters – as generations thus adjusted to change and to the consequences of change. This played a vital role in both preservation and change of culture. Women were not discouraged from striving for competence and excellence, and such exceptional women were widely regarded, indeed, as cultural innovators and organizers in a variety of contexts. It was the mission of women to teach their children about change while retaining "traditional" language and custom. Women had to test the enduring risks / benefits of new ideas, as it was their task also to distibute social reward for new behaviours through networks of marriage, partnerships, and sanction; perhaps they were the ultimate assessors of value placed on community activities, including those of men. Therefore, their activities can easily be incorporated within the broader usage of the model of the entrepreneur described above.

With the changes in the fur trade and the colonialist encounter, the position of women as economic and political contributors generally declined and their work was devalued. Historical experience cross-culturally has shown that the imposition of capitalism has pivoted upon a segregation of private (family) and public spheres, an ideology of male dominance, and, with the development of economic classes, a confinement of women's roles to the private sphere where their communal contributions were undermined. Within capitalism, women are relegated to the reproduction of labour rather than given a direct productive role in the economy (Étienne and Leacock 1980; Lamphere 1977; Rapp 1979). In the fur trade, Native women found themselves subjected to racist social stratifications in marriage; they gradually lost their vital influence in the early fur trade as they became wives and mothers under European conventions (Bourgeault 1983). Birth rates escalated, and the nature of women's work was increasingly confined to the domestic (Brown 1976).

Later, with the collapse of trade and the introduction of wage labour, Native women suffered the stresses of being left at home when men went out to work in the wider westernizing environment, of being deprived of knowledge of that other world, of being dominated by husbands who were learning Euro-Canadian models of patriarchy. Social distresses resulting in part from this have been identified in both

northern and southern Aboriginal communities; these include substance abuse, child abuse, spousal abuse.

Yet, in many Native families women continued in their child-rearing
roles with a measure of their original roles intact, which allowed them
a degree of adaptability to new situations – an adaptability which may
well allow entrepreneurial women to function in industrializing
communities as well as traditional settings. This pattern has been documented for women in other cultures (Bourguignon 1980). When
Indian and Métis families moved into settlements, women sometimes
moved more easily than did men into wage work as clerks, secretaries,
and service personnel (McElroy 1975; Matthiasson 1979; Lange 1988;
Ager 1980).[6] They innovated in finding ways to accomodate work outside the home with that inside. They embraced the education of the
schools while listening to the stories of their grandmothers. By the
1960s and 1970s, many Native communities had been incorporated
into the agricultural and industrial/wage economy which succeeded
the fur trade in Canada. Although many communities, especially in
northern Canada, maintained a viable bush economy, this was not
separate from the cash and market economy generated by government
and industry.

Several descriptions are available of reserve and Native community
life in the 1970s, an era of government-directed community development and job-creation projects over which people were powerless.
(Lithman 1984; Driben and Trudeau 1983; Larsen 1983; Hedican
1986). The investigators point to internal division, segmentary opposition, and levelling mechanisms which operate to suppress individual
entrepreneurship; this is seen as a threat to equitable distribution of
limited resources.

Yet, there is little evidence that this levelling is entirely a continuance
of pre-contact communalism, as is often argued. Instead, it likely also
stems from the kind of powerlessness that the "welfare" system has
imposed. Hedican (1986:41–2) points out that, in band societies,
competence, experience, and initiative were recognized attributes for
leadership and that these still characterize the development of entrepreneurs as leaders in the northern non-reserve community he studied. In addition, the entrepreneurs who procured the funds for a
community-run tourism business were in fact operating within an ideology of community unity. Although our understanding of pre-fur
trade Native economies is limited, what we do know indicates that entrepreneurship and specialization were framed by unifying pressures in
distribution and the circulation of reinvestments. Material accumulation did not exist even in the complex Northwest Coast economies
without a mode of distribution which limited the escalation of social

classes into true economic inequality; high status leaders had to affirm their leadership through generosity (Seguin 1984, 1986; Walens 1961:21–66; Millar 1984). Entrepreneurship in effect provided the impetus for innovations in production.

None of these studies provides particular insight into the roles of women, although they do demonstrate that women can and have been influential figures in informal village and band politics. Our own studies allowed us to focus upon the roles of women today as entrepreneurs in both the business and social parameters. While women did not emerge as major keepers of economic power, they did reveal themselves as quietly accumulating success in local politics and business.

## "I WAS NEVER IDLE": WOMEN AND WORK IN MOOSONEE AND MOOSE FACTORY

In the summer of 1984, one of the authors participated in a study of women and work in the communities of Moosonee and Moose Factory, Ontario. Both Moosonee and Moose Factory's economies rely on transport, tourism, and government services. The island community of Moose Factory incorporates both a reserve and a non-reserve village. Moosonee is more of a government town, with a large transient population, but with a Cree and Métis sector also. The communities have a combined population of about 3500 residents.

Three principal investigators worked with a team of women from the communities to administer a series of questionnaires and interviews. A sample of 330 questionnaires was obtained, a figure which represents about one third of the adult female population in the two communities combined. Of this number, 54 were non-Native, primarily from a transient civil servant/educator sector. The rest were women of Indian, predominantly Cree, ancestry. Detailed interview data were also obtained from a sample of women identified by the community at large as significant social, political, and economic figures in the area.

The objective of the study was to discover the roles of women in managing familial relations and economic involvements, including public and domestic employment. By looking at how women managed work within the home, workplace, and community, the researchers were provided with data about the range of variation in how women perceived and performed these tasks. By interviewing the women selected by local researchers and respondents as significant, the researchers could further identify the entrepreneurial role as a pattern of involvement and change. Nonetheless, the study itself was not informed by the model of the entrepreneur used in this paper, nor did the women themselves use the term. The authors have used the concept retrospectively to understand the patterns identified in the study.

The research team examined change along two dimensions: the maturational changes as women aged from 14 to 90, and the changes in the nature of the community faced by women aged 14 today as compared to the active social communities of their mothers and grandmothers. These two dimensions intersected at several points to reveal age ranges where turning points in personal development, in conjunction with changing perceptions of community and work aspirations, tended to occur.

We asked the women to describe their work and what it meant to them. The significance of work for the older Cree women was similar to that identified above as derived from "traditional" roles. They had achieved complementary work and decision-making relationships with their husbands as they matured through a process of flexible trial and error. They still assessed leadership as personal competence, and they pointed to the flexibility of both women's and men's work in the bush economy in adapting to special circumstances – such as the birthing of babies in the bush by men when no older women were available. The exceptional women were those who best exemplified this kind of flexibility, going out to fish and trap when there was need. One older woman said, "My parents taught me to sew, and how to cook the Indian way, not the white man's way. I lived with white people for two years and learned how to make pies and all cakes. Now I know both. My father taught me to set traps and hunt".

Indeed many women stated that they had learned trapping from their fathers, and some women, usually those now aged 40 to 69, have continued to enjoy weekend and holiday bush life and could feed themselves and their families as their mothers once did. Both women who had grown up in the bush and those who had been reared in the settlements found that they had to adjust to the growing and changing communities of Moosonee and Moose Factory, and this often meant taking wage labour. The first wage work available to women was at the trading posts and in private homes. At the time they were interviewed, these older women, many of whom were still active in home and wage work, handicraft production, and community service, freely compared the present with their own pasts. When asked what they would want for their communities, their most frequent request was for recreational services that would secure youth's physical and emotional development the way that families once had.

Women aged from 14 to their late 20s were those most familiar with the urbanism of Moosonee and Moose Factory in the 1980s. Whereas their mothers and grandmothers who were raised in the bush were taught to discipline themselves through trial and error, the young girls lacked an environment where this was possible. In the towns, the consequences of trial and error and self-learning could be disastrous, and the youth needed more direction in making choices than their families, in some cases, were able to give them. Young girls who were planning their life's work had to make difficult choices about children, jobs, and relationships with men. Some chose early parenting to give substance to their emotional lives, and others had it thrust upon them; some had to choose between school and family obligations, and many experimented with various unskilled wage labour jobs. The younger women comprised a very unstable labour force; they held jobs with few rewards and they had difficulty balancing them with other obligations and choices.

When asked what they would want for their communities, the young women focussed on the physical infrastructure of the region, wanting a modernization which duplicated that of the south. This is what the schools and media of their generation had taught them to want, and this was a way of life through which they could envision a productive future. While they knew that their lives were shaped by economic and political forces beyond their immediate knowledge, the younger women had difficulty effectively using societal institutions, such as the education system, to provide the discipline which they were not always ready to find within themselves. We found that many young women reached a turning point in their late teens and early twenties during which they examined the course of their lives. Some made major changes then, including going back to school, marital separation, and seekng job advancement toward managerial and professional jobs. It was at this time that they began to make choices which, as they matured, led to entrepreneurial roles.

The women in between these two age categories were the ones who had been most affected by the need to cope with change. Families were nucleated and isolated; women's work was initially devalued by the market and by the bureaucratic economy emerging in these and other northern communities. Young men absorbed the role models offered by Euro-Canadian construction workers, churchmen, and civil servants, and they learned how to keep women out of the non-domestic economy and out of political life. Where some women suffered greatly from the stresses of subjugation, others, as we suggested above, increasingly emerged from the home in the late 1950s and 1960s to take jobs in private and public service industries. Gradually the opportunities for women to take permanent full-time jobs – in the "women's sector" of clerical, sales, nursing, and social service jobs – outstripped those for men, and allowed women the chance to expand their work and influence (Lange 1988; McElroy 1975; Matthiasson 1979). Women began to constitute a reliable labour force, esteemed by employers, although they sometimes had to resort to divorce or to refuse marriage in order to accomplish their goals. Some innovative women began to change the community to accomodate women's work in home and office. They were literally or figuratively the eldest daughters, the ones who mediated between parents and children, who were responsible for daily chores and who provided primary care and support for younger siblings – or for other women in the community.

It was primarily the women in the middle years, those who had been raised in the crux of socio-economic change in mid-century, who were the entrepreneurial role models in the sample. We interviewed several of these women, and one of the authors selected 17 of them for review, ranging in age from their late 20s to age 60. Only one was in fact a small-business entrepreneur; she began when her children were teenagers by selling bread door-to-door, and now she owns a laundromat. But all of the women have a long history of working outside the home, and they fit the model of the social entrepreneur described above: they were socio-political risk-takers, and they were thought by their peers to be competent innovators and organizers.

Several patterns typify these women. Most had worked outside the home since their youth, often starting with jobs like cleaning in the hospital or clerking in the stores; they had varied work histories culminating in later years in positions where they assumed some management responsibilities. One woman began at the checkout counter in the grocery and became a buyer; another began as a cook and became a cafeteria manager. Like other women, they may have begun to work out of economic necessity when their husbands could not get permanent well-paying positions, but they came to enjoy other intrinsic job satisfactions.

The women were also community facilitators. Two of them were serving on the Moosonee town council, for example, and two were active in band leadership in Moose Factory. Others were active in service organizations. They were the ones to whom others turned to raise money for community projects because they knew how to organize and motivate others. They were also often community critics, acting as watchdogs in regard to local government.

Marital status emerged as qualitatively significant. Most of these women were either single (often divorced) or they had husbands who were regularly employed and who shared both household work and decision-making. Women said that they organized budgets, but major decisions were shared. The husbands were generally supportive of their work outside the home, although they may not always have been so. The women stressed the importance of building mutual respect in a relationship, since many younger Native women in the area felt oppressed by husbands who were threatened by their wives' job successes. But they emphasized also the need for complementarity to evolve in a relationship; both partners must be willing to survive the trial and error and flexibility in roles whereby they "trained" each other.

The expectations set by their mothers were important. All but one of the women had mothers who worked outside the home and encouraged them to do so; this pattern was particularly characteristic of families of mixed ancestry deriving from the settlement population of the fur trade. They all encouraged their daughters to get an education and find in wage work and self-employment the satisfaction that their grandmothers had once found in the hard labour of the bush. And whereas the women said they had learned their tasks by watching and imitating, they saw a need for younger women to get formalized training because it was required on the job market. In the same way, they often paid daughters to babysit, recognizing that their labour must be accorded the currency of value on the market in order for their work at home to complement other demands. Otherwise, family demands for labour could conflict with the need of the young to make other critical decisions concerning school and work. These women also tended to be advocates of child care programs, because they saw this as a necessary support system not always provided anymore by the extended family.

The women also stressed the simultaneous but not contradicting need for cultural continuity. They often did traditional handicrafts as hobbies, inviting daughters to watch, and they wanted their daughters to learn Cree and the stories of the grandmothers. Through these stories, they could learn some of the traditional values and responsibilities of womanhood. Many found, however, that their daughters were less interested in Cree culture, particularly handicrafts; both handicrafts and bush activities (such as camping and trapping) were, for many of the more urbanized youth, a means of recreation rather than sustenance. Yet even the young appreciated the importance of perpetuating these domestic activities to preserve cultural identity and social vitality for future generations, as well as to provide a needed source of extra income and food.

Invariably the women spoke of the facets of their communities which they would like to change: the drinking, the child neglect, the unwanted pregnancies, the stresses of economic and political powerlessness, and neo-colonialism in local government. But they phrased these problems in personal terms of competence and power. Some of them had been oldest daughters, and thus were particularly concerned with their roles as family mediators: getting parents and children to talk, coaxing sisters out of bad relationships. They were visibly affected by the many dimensions of power, and to them this meant everything from taking the economic future of the communities out of the hands of outsiders to helping the young cope with decisions they must make. A powerful person was, to them, a competent person. For the communities to heal themselves, people must be given, and be willing to accept, responsibility for themselves and their families. Communities must be re-defined and revitalized.

## THE NATIVE WOMEN AND
## ECONOMIC DEVELOPMENT TASK FORCE

The Native Women and Economic Development Task Force also identified and heard from women who were interested in community-based economic growth. Unlike the respondents in the Moosonee/Moose Factory study, however, most of the women who made submissions to the Task Force were specifically interested in the conditions of small business development. Women are increasingly entering the small business sector across Canada, and Native women, North and South, are no exception.[7] The point has frequently been made that the management skills needed for small business often flow from skills women learn in managing homes and other careers. And, as with other Canadian women, the businesses owned by Native women are sometimes run from the home and involve an extension of traditional women's roles (Lavoie 1988). For example, some women in Native communities are specializing in services such as hide processing or butchering, which have traditionally been part of the work of all women. As more women are working outside the home and no longer have time to do these tasks, the door is opened to the specialized provision of these services just as the provision of domestic work and child care are becoming supplementary services operated within the market. Native women, as other Canadian women, evaluate their skills and resources, and enter the private sector both by assisting other family members in business and through specific training and design (Lavoie 1988:39–40).

Although the preference nation-wide is still for service sector industry, women – including Native women – are also going into areas of retailing and commodity production, long-designated as "male" enterprises; they thus maximize the opportunities open to them and fill in gaps in community services (Lavoie 1988:12). In the Moose Factory/Moosonee study, many young women expressed interest in entering fields considered "non-traditional" for women; one of the submissions to the Task Force discussed in this section stated that 61% of the Indigenous women interviewed by the Ontario Native Women's

Association desired non-traditional work (Native Economic Development Advisory Board 1985:56). Many women are also combining the political experience of social entrepreneurship with the access to resources and information which this brings; for instance, a Cree chief in Alberta, one of the few female chiefs in western Canada, recently stepped down to pursue her business interests, to accomplish something which she feels would be personally satisfying, away from the stagnating forces of politics (Michell 1988:1).[8] Other women are also choosing similar skills conversion, according to the Task Force submissions reviewed below.

The first public initiative ever taken by the federal government to investigate the methods by which Aboriginal women could become more involved in economic and business development was begun by the federally appointed Native Economic Development Program (NEDP). A Task Force on Native Women and Economic Development was asked to undertake this investigation. Between May 28 and June 19 1984, regional meetings were held in each province and territory. In total, 23 communities were visited, 27 formal presentations were heard, and approximately 313 individuals participated in the process. A report containing a summary of the submissions as well as a list of recommendations was prepared for the NEDP Advisory Board and the Ministers of Tourism and Small Business and Regional Industrial Expansion.

Most of the submissions were made by organizations rather than by individuals; the collective approach would help organize resources, including experience and labour, and would allow more women to be involved. More than a third, or 41%, of the formal presentations contained suggestions for small business entreprises; of the 18 business ideas presented, 10 had gotten beyond the "idea" stage and 4 were at least partially in operation. Most of these businesses were small in scope and designed to meet the perceived needs of their community for a particular set of goods or services. The largest number of business plans focussed on small manufacturing and retail outlets; many of these were for the purpose of buying, manufacturing, designing, and distributing various "Aboriginal" garments and crafts, such as mukluks, coats, or moccasins. There were also large-scale community project submissions. For example, the Prince Albert (Saskatchewan) Native Women proposed to develop a non-profit housing corporation. The Rankin Inlet (NWT) community proposed to take over the government fish plant for local operation. Members of the Frontier School Division in The Pas (Manitoba) were interested in expanding the existing community gardens through the development of a bedding plants project; this, they argued, would not only supplement the income of local operators, but would also better service the needs of the community.

Over half (10) of the projects were designed to provide women with cottage industry employment in their own communities. In addition, almost half (48%) of the Task Force submissions recommended that women be encouraged to market the arts and crafts they produced, and that government programs should provide the necessary assistance. There was therefore an attention to community as well as individual needs, as many women stressed that they preferred to locate their businesses within small Native communities rather than relocating to urban or growth centres. They advocated "production by the Aboriginal community for the Aboriginal community". Over a third (37%) of the presentations specifically endorsed the concept of commuity development as an integral part of economic development, in spite of the need for women to become more profit-oriented in their businesses. In Toronto, Mary Lou Fox said: "The submission notes the importance of understanding Indian culture in addressing the issue of business development. Business stresses individualism and competitiveness, but traditional Indian values stress the importance of the community and the sacrificing of one's personal interests to the wider society's good. Hence Indian involvement in business must be based on their own values and world view" (Native Women and Economic Advisory Board 1985:60).

The Anigawncigig Institute in Peterborough, Ontario suggested in their submission: "There is no wealth re-distribution in Native communities. Services must be established by Indians for Indians so that money spent can benefit the community" (Native Women and Economic Development Advisory Board 1985:62).

Almost all of the submissions mentioned the need for more specialized training programs for women entrepreneurs, particularly "on-the-job" training and basic skills upgrading. Similarly, most pointed to the helplessness and confusion that women felt when faced with government red tape and poor information flow about programming. Forty-four percent (44%) of the submissions contained recommendations that funding be channelled directly to women, bypassing male-dominated band councils and organizations, and 30% recommended that women be given advisory or managerial positions in funding agencies like the NEDP. Sixty percent (60%) of the presenters asked for more support services for women to allow them more access to employment, particularly day care and language translation. Other barriers to involvement in entrepreneurship cited included discrimination by workplaces and banks, lack of spousal support, lack of self-confidence, large urban markets, and lack of access to special programs targetting to particular groups, such as status Indians. To some extent these barriers are functions of the political process which so often excludes women; women realized the need for structural changes to accomodate their community-based enterprises.

The women hoped that the NEDP would provide the basic means to overcome the barriers to effective business development. Sheila Bonspille from Québec stated:

Native women are among the poorest people in Canada. This is due to many historical factors including discrimination, lack of education, and few opportunities available to them. One way Native women can increase their participation in Canadian society and in their respective communities is through economic development. But the creation of viable enterprises is not an easy task. It requires firm commitment, sensible ideas and adequate capital. While Native women can provide the ideas, the commitment, and some capital to a project, they require the support of programs like NEDP to maximize the probability of success for a given project. (Native Women and Economic Development Advisory Board 1985:66)

Yet the women also felt that, in spite of profound disadvantages, they had the potential for personal and business development which would make entrepreneurship a success. Like the Moosonee/Moose Factory women, many of the women who spoke to the Task Force were in fact showing social entrepreneurial initiatives and putting their skills to use in the commercial arena. Alma Brooks, President of the New Brunswick Native Indian Women's Council, stated succinctly that: "The resources we possess as Native women are stubborn commitment, a rich store of ideas, a sense of adventure, the capacity to make business ventures succeed and the production skills" (Native Women and Economic Development Advisory Board 1985:36).

The hopes and the plans of the women and organizations making submissions were expressed in the recommendations of the Task Force, but many of these were ignored by the NEDP planners. Recommendations about infrastructural needs such as day care and special education programs were overlooked. There was one positive action taken, however: to give Aboriginal women the opportunity to learn about and participate directly in economic development ventures. NEDP made it a mandatory requirement for funding that Native women be hired for training or employment in each project; alternatively, they must be on the board of directors or other decision-making body of each business venture.

The authors were unable to obtain any information about the extent to which this mandate has been upheld, and on the extent to which Native women's businesses have been funded. Much of the funding has gone to Aboriginal institutions, and they have in turn allocated it to specific businesses. Apparently, no centralized records exist of women's involvement in these institutions. One official in Saskatchewan noted that, while Native women have submitted fewer applications than have men, their business plans have generally been better prepared. But since community-service oriented projects which are likely to show only slim profits are usually rejected, many plans developed by women do not meet the criteria for acceptance.

One of the programs funded through NEDP is the Métis Economic Development Foundation of Saskatchewan – Women's Program. It was set up to promote and assist Saskatchewan Native women interested in economic development. The coordinator of the program distributed questionnaires in 1988 to 19 Métis and non-status women who own businesses in Saskatchewan. A preliminary analysis of results shows interesting trends.

The largest category of businesses owned by women is that of "community service oriented", or those designed to meet the specific needs and markets of a community. These include many businesses in the retail and service sector: confectionery, service station, bakery, greenhouse, restaurant, car wash, upholstery store. Another category of business is compatible with the individual skills of the entrepreneur: print shop, consulting agency, diet centre, music store. Two businesses fell into a "social service" category: a day care and a senior's home care businesses. Only two of the businesses in Saskatchewan fell into the category often proposed a few years earlier in the NEDP hearings, marketing a "traditional" craft or service: one woman owned an outfitters-fly in camp in northern Saskatchewan and the other owned a retail leather-craft store.

Fifteen of these businesses were begun within the past four years. Even though many of the enterprises were therefore within the lifespan of the NEDP, and over half had obtained funding from NEDP and SARDA, these programs were only part of the input into a successful business. Half of the women had owned previous businesses, and most of the women obtained financial assistance from spouses and relatives as well as from government programs. Spousal support was especially critical, as it was for the Moosonee and Moose Factory entrepreneurs. The need for adequate cash flow, reliable staff, and acceptance by the community in terms of markets were most frequently mentioned as obstacles. While competition is a risk factor for all new businesses, in small communities, problems of marketing and staffing relate to the integration of the business into social and economic networks (Bill Hanson, personal communication 1988).

All of the women had had years of employment outside the home. One pattern which emerged in their employment history was a varied job sequence; most of the women had sampled different types of work roles. Seven of them specially stated that they went into business to achieve independence, and others mentioned the challenge of beginning yet another type of role endeavour. Like the social entrepreneurs of Moosonee and Moose Factory (which many were before they went into business), their careers were built of a coalescence of experience, inclination (innovation, dedication, and strength), personal skills, and favourable home and workplace conditions. The women stressed that they wanted to meet the personal challenges of competence and responsibility that business development offered, but they needed the family network within community to provide resources and markets.

## BUILDING A VISION OF COMMUNITY

In the original analysis of women and work in Moosonee and Moose Factory, the researchers used a model which allowed for sliding margins of family and community; women re-created the support of family in community. The behaviour model of entrepreneurship for these women was not so much a sole function of commercial or wage activity as it was a complete and competent way of life which had ramifications in family and community structures. The traditional competence of the bush woman of Moosonee or Moose Factory who distributed food and arranged marriages was translated, in the urbanizing setting, into the women who staged community events and guided younger women into adapting a functional competence in home and work, complemented by a fundamentally Cree set of values. To have a stake in community, the women said, the individual must be provided with some of the same supports and leadership that the family traditionally offered. The principle of reciprocity inside the extended family remained intact as an ideology, but was supplemented by cash transactions and specialized work roles to facilitate an adaptation to a westernizing economy.

Women need to have a monetary value placed on their efforts, the women realized, because without it their work would continue to be seen as secondary and threatening rather than as primary and supportive. What these women maximize is not just personal profit, however, but participation in a community political economy, allowing each person a "share" in resources. Many women who made submissions to the NEDP Task Force recommended that a step be taken toward marketing their skills, because they wanted to be active participants in improving economic opportunity for Native people.

The vision of community that many women expressed in both

studies reported here was a traditional one of cooperation rather than competiton, although a great deal of competition exists in most Native communities. The powerlessness brought in by colonialist dominance and the structure of the welfare system has led people to compete with each other for scarce resources since they have had little power to affect their fate in the larger political and economic institutions outside the community. In both studies, women said that they would like to see a revival of a measure of cooperation and communalism by seeing resources utilized for community welfare. Their abilities are ultimately placed in service to their stake in community as they perceive it. A broader vision of economic development is needed, they suggest, one in which business creation is not separated from community development, and in which the private sector is subject to broadly conceived sectoral controls within the Native regional economy; these controls would organize and integrate projects to enhance community welfare and quality of life rather than stimulating class divisions. This is of course an ideal situation, one extremely difficult to operationalize, but nonetheless we can look to the vision of women as an inspiration to change.

Although women do not identify themselves in many instances as entrepreneurs, social or economic, they are the ones who are willing to take the risks- of working outside the home, of teaching Cree in an English-speaking world, or re-orienting families to a blend of traditional and modern education. We can look now at the initiatives and successes of women in each region and community and at the political impediments to success which exist on societal and institutional levels. We can see that there is much work to be done to make these individual enterprises relevant not only to personal challenge but to the political economy of Aboriginal governments.

Few women stated outright that women should have more control over community politics, partly because women already had some control, and partly because they realized that their communities, like their households, would have to develop the complementary competence between women and men that well-established marriages have. However, they had comments on how their situations could be improved: more access to training and courses; more information about how to obtain these programs; more exposure to the world farther south which dominated their lives and which must be understood to be conquered; more work opportunities in managerial, professional, and non-traditional roles. Most importantly, they needed access to resources currently controlled by the often male-dominated bureaucracy of both Native and non-Native organizations.

CONCLUSION

Although women in non-western societies have often been characterized in social science literature as being essentially relegated to
the home and as playing a conservative role in culture, recent re-
evaluations of the situation of Native women have shown that some
women played a prominent role in making decisions, showing leadership, and embracing innovations which affected the entire community.
Rather than regarding women's roles in terms of a public/private
socio-political dichotomy, it is useful to view them in relation to a series
of family and community spheres of influence. Women extended the
structures and obligations of family into the community as a whole,
whether in a small band society or a larger tribal entity. There was a
function for the entrepreneurial individual in this process: the competent, responsible, and flexible individual who could provide guidance
in times of change and stability. This type of person fits the model of
the social entrepreneur as we have described it, the entrepreneur who
functions in non-capitalist as well as capitalist societies. In order to
understand how the traditional entrepreneur might have functioned,
we have to look beyond the psychological research done on entrepreneurship and look for the cultural attitudes within each society – including Aboriginal society – which shape its development. Rather than
assuming that entrepreneurship is a factor only in capitalism, we need
to look further into the possibilities that it has ideological and cultural
functions in many societies.

With the imposition of capitalism through the fur trade and its aftermath, women lost economic status as their contributions were devalued. Yet many continued to perform the social role of the entrepreneur, helping their families cope with change. These women aided
others in trying to emerge from economic repression – taking jobs
outside the home, dealing with restrictive spousal relationships, and
making choices about balancing commitments.

In the Moosonee/Moose Factory study, the authors were able to view
the emergence of women in social entrepreneurial roles through generations. Although these women were in their middle years at the time
of the study, there appeared to be a generational continuity as women
learned these roles from older female relatives and attempted to pass
them on to younger women. The social entrepreneurs of these communities were those who were active in political and service organizations,
who had wide networks which they could organize and mobilize, who
evaluated new trends in occupation and education, and tried to seek a
working compromise between these and the old ways. They had a stake
in community which for them meant the revival of strong family

supports and reciprocity in an urbanizing community; they sought to organize community institutions to support the family in some domains (e.g. classroom education), and to replace traditional family functions in others (e.g. structured recreation activities).

Many of the women who made presentations to the NEDP Task Force on Native Women and Economic Development were also social entrepreneurs, and some had embraced the economic and political opportunities created by capitalism to enter the private sector and become economic entrepreneurs in small business. It appeared that most of the women who were successful in this regard had shown competence in other domains of their lives, and had effective support relationships to allow them to innovate and to take the necessary risks. More investigation needs to be done in this area, however, as more women enter business. This investigation needs to focus not only on the women themselves, however, and the ideology which suppports them, but on the consequences of the growth of the private sector on the Native economy and the role of women within this.

As we suggested at the outset of the paper, economic development policies on both federal and provincial levels encourage the growth of private sector enterprise within the Native community, whether on reserves, in non-reserve communities, or in urban areas. This is seen as an alternative to the continued flow of government subsidies into the Native economy. There are, however, some points of caution about this, since the principles of competitive free enterprise conflict to some degree with the traditional ideology of reciprocity of Indigenous economies and with the communalism set up by the reserve system. Native women feel that the commercial service and retail sectors have failed to take specific notice of the needs of women as business operators, and that the new entrepreneurial era has not yet given them room to grow. The integration of women into the private sector, and the integration of small business into an overall vision of economic renewal for Native communities cannot be left to chance. Native women speaking from across the country have a surprisingly similar vision, as we have seen, of re-building Native communities by reviving familial and reciprocal bonds in community integration.

It is unlikely that government alone will provide the means to achieve this vision as economic funding is increasingly separated from community development programming. Funding programs always have agendas, but Native people now cannot afford to reject funding and what land is available. They must find ways to use these resources within their own self-governing institutions in order to achieve a balance of growth and development, perpetuating local and regional economies instead of exporting capital and labour. Small business must be encouraged only within a context wherein integrated regional planning can protect vital renewable resources, provide administrative assistance, develop necessary infrastructure, and encourage intra-regional markets.

Native women, as they stated at the NEDP hearings, are practical. They can play a role in economic development, but in order to continue to succeed in small business or community leadership, and to emerge from the dominance of men in political and financial institutions, they need assistance. They need more information for the decisions they must make, including more training in private sector enterprise, and more insight into the way that the non-Native political economy operates. They need a structured opportunity to use community resources like land, capital, and labour to build businesses and jobs. Many women speaking to the two investigations reported here were acutely aware that they, as women or as family members, were often left out of the resource patronage of Native communities. They wanted more accountablity in resource allocation within communities and regions. The biggest challenge for many communities is to ensure that the "goods", such as jobs and contracts, are allocated competitively but equitably. In addition, women knew that they must have monetary value placed on their labours as long as they operate in a market economy, but that, at the same time, they can respect the communal growth of their villages by having the opportunity to re-invest profits into other community businesses, into services, and even into the family support networks (e.g. paying family members for necessary child care).

Salisbury (1977:189–90) has argued that Native people in Canada are facing a power structure which constantly can and does overwhelm their decisions, but that an emerging ideology of self-determination as conscious future planning can have an impact by encouraging the "grass roots" community members to continue to negotiate power to their own advantage. The types of businesses and jobs that women wanted were those that they perceived to be feasible within the local political and cultural economy, and those which would reinforce their vision of quality of life for their children. Thus, they were assessing community as well as personal utility, and they regarded the competent, innovative individual as vital for the support and maintenance of community as family. A woman chief from Arctic Red River, NWT, has recently described the problems of being a female chief when many men still expect women to stay at home (Linder and Pellissey 1988:17). People watched her carefully, but she feels she is gaining the credibility to open the way for women. She had to hire help at home to fulfill her office duties, reallocating her resources as creative entrepreneurs must. Her primary goals include uniting the community and establishing positive role models: "We can't stop trying to work at what we think can be done at the community level".

This is not a unique situation internationally, and entrepreneurship in its broadest sense can be identified as part of women's involvement in many grass roots organizations. The utility of the concept can only be evaluated over the long term by analyzing the specific types of roles that women play in economic and community development, the quality of community response to their endeavours, and the skills and qualities which they bring to the process. The nature of entrepreneurial behaviour within economies which are only partially integrated into the capitalist market system deserves far greater attention, for this will help us understand the necessary conditions for integrated development in Indigenous communities everywhere.

### NOTES

1 The research undertaken at Moosonee and Moose Factory, Ontario in 1984 was part of a larger assessment process being undertaken by a multidisciplinary team at McMaster University, Research Program for Technology Assessment in Subarctic Ontario (TASO). The researchers spoke with both Native (Cree and mixed ancestry) and non-Native women about their work, households, recreation, relationships, and community evaluations; in this paper, the emphasis is on the 300 Native women in that sample who were approached by interview and questionnaire. Funding was provided through a Strategic Grants program on Women and Work offered by the Social Sciences and Humanties Research Council of Canada.

2 The Marxist hypothesis that the status of women declines in the transformation of the economy from a simple communal one to a complex class-based system is one of several theories about the impact of development on women. Some theorists suggest that women's status improves with development, but many argue that changes in the mode and relations of production inevitably undermine women's control of the factors of production, and hence status. There is in addition some debate about what constitutes "status", and about what economic, social, political, and cultural variables are most important cross-culturally in predicting status (see for example Whyte 1978; Hendrix and Hossain 1988). Scholars are moving away, however, from a search for universal causal factors to look more closely at the interaction of key variables in each individual society. These debates also incorporate the question of whether or not women's status in foraging societies is truly egalitarian; since it is generally thought that simple foraging societies are the most egalitarian political forms,

the presence of male dominance in these societies would suggest that such dominance is universal.

3 The term "Metis" is used here to refer to persons of mixed European and Indian ancestry. Status Indians are those individuals recognized by the federal government under the Indian Act as registered Indians, whereas non-status Indians are people of Indian ancestry who are not so registered. The terms "Native" and "Aboriginal" are used here to include all people of Indigenous ancestry, regardless of legal status.

4 Just over 10% of band chiefs in Canada in 1989 were female. In Ontario, the proportion is much higher, at almost 20%.

5 The hypothesis that potlatches helped to redistribute resources among Northwest Coast communities is only one of a number of ideas about the function of the potlatch in its symbolic, social, organizational, political, and economic manifestations (McMillan 1988:189; Littlefield 1987). It stresses the ecological importance of the ceremony. Much of the debate, now no longer widely pursued, focussed on the purpose of the ceremony among the potlatch (see Piddocke 1969 and Vayda 1961 for reviews of this position). The view that hunting and foraging societies maintained effective redistribution of the products of the hunt among group members is now classic (see Leacock and Lee 1982, for example). This redistribution was accomplished through kinship and partnership relationships, and women in most foraging societies were responsible for distributing food through the social system (Étienne and Leacock 1980).

6 In the 1960s and 1970s, a pattern emerged across northern Canada whereby there were more full-time, permanent jobs in the "women's sector" of clerical and service jobs than in traditionnal men's sectors. Women also moved quickly into white collar administrative and managerial jobs. This pattern was evident in 1984 in Moosonee and Moose Factory, where men often had to resort to a series of seasonal and/or part-time jobs while their wives had stable full-time employment. There is some evidence that this has been changing in the late 1980s as men are procuring more jobs in industry and in local administration and Native organizations.

7 Although it is not known how many female entrepreneurs can be identified in Canada, partly because of the difficulties of operationally defining the concept, Lavoie (1988:5) reports that, according to Revenue Canada statistics, between 1972 and 1983 the number of female sole proprietors increased 140.3%. A comparable figure for men during the same time period was only 10.7%.

8 The exploitation of information gained through administrative or political office for subsequent use in business is a frequent criticism levied at entrepreneurs who leave the public sector to go into private business: women are no exception here.

# REFERENCES

Ager, Lynn Price 1980. "The economic role of women in Alaskan Eskimo society", in E. Bourgignon (ed.), *A World of Women.* New York, Praeger, 305–18.

Barth, Fredrick (ed.) 1972. *The Role of the Entrepreneur in Social Change.* Oslo, Scandinavian University Books.

Beveridge, John and C. Roger Schindelka 1978. *Native Entrepreneurship in Northern Canada: An Examination of Alternative Approaches.* Saskatoon, Institute for Northern Studies, University of Saskatchewan.

Blythe, Jennifer, Peggy Brizinski and Sarah Preston 1985. *I Was Never Idle: Women and Work in Moosonee and Moose Factory.* Research Program for Technology Assessment in Sub-Arctic, Report no 21. Ontario. Hamilton, MacMaster University.

Bourgeault, Ron 1983. "The Indians, the Métis, and the fur trade: Class, sexism", and racism in the transition from 'communism' to capitalism'", *Studies in Political Economy,* 12:45–80.

Bourgignon, Erica (ed.) 1980. "Conclusions", in E. Bourguignon (ed), *A World of Women.* New York, Praeger: 321–42.

Brown, Jennifer S.H 1976. "A demographic transition in the fur trade country: Family sizes and fertility of company officers and country wives, ca.1759–1850", *The Western Canadian Journal of Anthropology,* 6, 1:61–71.

Brown, Judith 1970. "Economic organization and the position of women among the Iroquois", *Ethnohistory,* 17, 3–4:151–67.

Buffalohead, Priscilla 1983. "Farmers, warriors, traders: A fresh look at Ojibway women", *Minnesota History,* Summer: 236–44.

Cruikshank, Julie 1984. "Life lived like a story: Women's lives in Athapaskan narrative". Unpublished paper.

Daniels, Douglas 1986. "The coming crisis in the Aboriginal rights movement: From colonialism to neo-colonialism to renaissance", *Native Studies Review,* 2, 2:197–16.

Driben, Paul and Robert S. Trudeau 1983. *When Freedom is Lost: The Dark Side of the Relationship between the Government and the Fort Hope Band.* Toronto, University of Toronto Press.

Étienne, Mona and Eleanor Leacock (eds.) 1980 . "Introduction", in Mona Étienne et Eleonor Leacock (eds.), *Women and Colonization: Anthropological Perspectives.* New York, J. F. Bergin.

Fisher, Robin 1977. *Contact and Conflict: Indian European Relations in British Columbia 1774–1890.* Vancouver, University of British Columbia Press.

Greenfield, Sidney and Arnold Strickon 1979. "Entrepreneurship and social change: Toward a populational, decision-making approach", in S.M. Greenfield, A. Strickon and R.T. Aubey (eds.), *Entrepreneurs in Cultural Context.* Albuquerque, University of New Mexico Press.

– 1986. "Introduction", *Monographs in Economic Anthropology,* 2:4–18.

Grumet, Robert Steven 1980. "Sunksquaws, shamans, and tradeswomen: Middle Atlantic Coastal Algonkian women during the 17th and 18th centuries", in M. Étienne and E. Leacock (eds.), *Women and Colonization*. New York, J.F. Bergin.

Hébert, Robert F. and Albert N. Link 1982. *The Entrepreneur: Mainstream Views and Radical Critiques*. New York, Praeger.

Hedican, Edward J. 1986. *The Ogoki River Guides: Emergent Leadership among the Northern Ojibwa*. Waterloo, Ontario, Wilfred Laurier University Press.

Hendrix Lewellyn and Zakir Hossain 1988. "Women's status and mode of production: A cross-cultural test", *Signs*, 13, 3:437–53.

Kehoe, Alice 1976. "Old woman had great power", *The Western Canadian Journal of Anthropology*, 6, 3:68–76.

Lamphere, Louise 1977. "Anthropology", *Signs*, 2, 3.

Lange, Lynda 1988. "The changing situation of Dene elders, and of marriage, in the context of colonialism: The experience of Fort Franklin 1945–85", in G. Dacks and K. Coates (eds.), *Northern Communities: Prospects for Empowerment*. Edmonton, University of Alberta, Boreal Institute for Northern Studies.

Larsen, Tord 1983. "Negotiating identity: The Micmac of Nova Scotia", in A. Tanner (ed.), *The Politics of Indianness*. Social and Economic Paper. St. John's, Nfld, Institute for Social and Economic Research, Memorial University.

Lavoie, Dina 1988. "Women entrepreneurs: Building a stronger Canadian economy". Background Paper. Ottawa, Canadian Advisory Committee on the Status of Women.

Leacock, Eleanor 1981. "History, development, and the division of labour by sex: Implications for organizations", *Signs*, 7, 2:474–491.

– 1986. "The Montagnais-Naskapi of the Labrador Peninsula", in R.B. Morrison and C.R. Wilson (eds.), *Native Peoples: the Canadian Experience*. Toronto, McClelland and Stewart: 140–70.

– 1987. "The Innu bands of Labrador", in B. Cox (ed.), *Native People, Native Lands*. Ottawa, Carlton University Press: 90–106.

Leacock, Eleanor and Richard Lee (eds.) 1982. "Introduction", in Eleanor Leacock and R. Lee (eds.), *Politics and History in Band Societies*. Cambridge, Cambridge University Press: 1–20.

Linder, Mike and Kathy Pellissey 1988. "Key for Grace Blake is support of family", *Native Press*, 18:17.

Lithman, Yngve Georg 1984. *The Community Apart: A Case Study of a Canadian Indian Reserve Community*. Winnipeg, University of Manitoba Press

Littlefield, Loraine 1987. "Women traders in the Maritime fur trade", in B. Cox (ed.), *Native People, Native Lands*. Ottawa: Carleton University Press: 173–184.

Matthiasson, John 1979. "Northern Baffin Island women in three cultural periods", In A. McElroy and C. Matthiasson (eds.), *Sex-Roles in Changing*

*Cultures.* Occasional Papers in Anthropology. Buffalo, New York, State University of New York.

McClelland, David 1961. *The Achieving Society.* New York, Free Press.

McElroy, Ann 1975. "Continuity and change in Baffin Island Inuit family organization", *The Western Canadian Journal of Anthropology*, 5, 2:13–40.

McMillan, Alan 1988. *Native Peoples and Cultures of Canada.* Vancouver, Douglas and McIntyre.

Medicine, Beatrice 1983. "Warrior women': Sex role alternatives for Plains Indian women", in P. Albers and B. Medicine (eds.), *The Hidden Half: Studies of Plains Indian Women.* Lanham, University Press of America: 267–280.

Métis Economic Development Foundation of Saskatchewan 1988. "Questionnaire for Métis and non-status women in business". Régina: Métis Economic Development Foundation of Saskatchewan.

Michell, Patrick 1988. "Ambitious Cree band chief steps down", *Windspeaker*, 6, 22:1.

Millar, Jay 1984. "Feasting with the southern Tsimshia", in M. Seguin (ed.), *The Tsimshian: Images of the Past: Views for the Present.* Vancouver, University of British Columbia Press: 27–39.

Native Economic Development Advisory Board 1985. "Native women and economic development". Task Force Report. Ottawa, Department of Regional Industrial Expansion, Native Economic Development Program.

Piddocke, Stuart 1969. "The potlatch system of the Southern Kwakiutl: A new perspective, in A.P. Vayda (ed.), *Environment and Cultural Behavior: Ecological Studies in Cultural Anthropology.* Garden City, New York, The Natural History Press: 130–156.

Preston, Richard 1976. "Reticence and self-expression: A study of style in social relationships", in W. Cowan (ed.), *Papers of the Seventh Algonquian Conference*, Ottawa, Carleton University 1976:450–494.

Preston, Sarah, J. Blythe and P.M. Brizinski 1984. "Gender, role and competence: An East Cree example". Unpublished Paper delivered at the Canadian Ethnology Society Meetings.

Rapp, Rayna 1979. "Anthropology", *Signs*, 4, 2:505–513.

Robinson, Michael and Elmer Ghostkeeper 1988. "Implementing the next economy in a unified context: A case study of the Paddle Prairie Mall Corporation", *Arctic*, 41, 3:173–82.

Sacks, Karen 1979. *Sisters and Wives: The Past and Future of Sexual Inequality.* Westport, Conn., Greenwood.

Salisbury, Richard 1977. "A prism of perceptions: The James Bay hydroelectricity project", in S. Wallman (ed.), *Perceptions of Development.* Boston, Cambridge University Press: 171–190.

Saunders, Margaret O. 1980. "Women's role in a Muslim Hausa town", in E. Bourgignon (ed.), *A World of Women.* New York, Praeger: 57–86.

Schildkrout, Enid 1986. "Entrepreneurial activites of women and children among the Islamic Hausa of Northern Nigeria", in Sidney Greenfield and Arnold Strickon (eds.), *Entrepreneurship and Social Change*. Monographs in Economic Anthropology 2. New York, University Press of America: 195–223.

Schumpeter, Joseph A. 1961. *The Theory of Economic Development*. New York, Oxford, 1934.

Seguin, Margaret 1984. "Introduction", in M. Seguin (ed.), *The Tsimshian: Images of the Past, Views for the Present*. Vancouver, University of British Columbia Press: ix-xx.

– 1986. "The Northwest Coast: A regional overview", in R.B. Morrison and C.R. Wilson (eds.), *Native Peoples: The Canadian Experience*. Toronto, McClelland and Stewart: 467–472.

Sharp, Henry S. 1981. "The null case: The Chipewya", in F. Dahlberg (ed.), *Woman the Gatherer*. New Haven, Yale University Press.: 221–244.

Swampy, Grace Marie 1982. "The role of the native woman in a native society", *Canadian Journal of Native Education*, 9, 2:2–20.

Tanner, Adrian 1987. "The significance of hunting territories today", in B. Cox (ed.), *Native People, Native Lands*. Ottawa, Carleton University Press: 60–74.

Van Kirk, Sylvia 1980. *"Many tender ties": Women in fur trade society in Western Canada 1670–1870*. Winnipeg, Watson and Dwyer.

Vayda, Andrew P. 1961. "A re-examination of Northwest Coast economic systems", *Transactions of the New York Academy of Sciences*, Series II, 23: 618–624.

Walens, Stanley 1981. *Feasting with Cannibals: An Essay on Kwakiutl Cosmology*. Princeton, Princeton University Press.

Wilken, Paul 1979. *Entrepreneurship: A Comparative and Historical Study*. Norwood, N.J., Ablex Publishing.

Whyte, Martin King 1978. *The Status of Women in Preindustrial Societies*. Princeton, Princeton University Press.

LINDA CARDINAL, ANNETTE COSTIGAN
AND TRACY HEFFERNAN[1]

# Working towards a Feminist Vision
# of Development

The authors of this chapter trace the evolution of MATCH International Centre, a non-governmental development organization which was founded by and for women in 1977. They discuss why MATCH has recently begun to address theoretical and practical issues with regard to feminism and development, and outline the implications of a feminist vision of development for MATCH's work, both within the women's movement and the development community.

## Vers une vision féministe du développement

Les auteures de ce chapitre retracent l'évolution du Centre International MATCH, un organisme géré par et pour les femmes depuis sa création en 1977. Elles montrent comment celui-ci a été amené à repenser sa politique d'intégration des femmes au développement au profit d'un projet féministe de développement. Elles présentent les grandes lignes de ce nouveau mandat féministe et tentent d'en cerner la portée théorique et pratique tant pour l'organisme et le mouvement des femmes que pour le milieu du développement.

While there is a growing literature on women-and-development and feminism-and-development, MATCH International Centre (together with Le cinquième monde in Quebec City) is the only non- governmental organization (NGO) in Canada that devotes itself exclusively to this question. Other development NGOs and some government agencies – notably the Canadian University Service Oversea (CUSO) and the Canadian International Development Agency (CIDA) – have been giving increasing attention to the "women's component" of their programming. However, while these initiatives are welcome, they do not lessen the importance of MATCH as an independent feminist NGO in providing leadership in this area through the promotion of new ideas, action, and programming. Such initiatives challenge the development community to address issues they might otherwise exclude from their planning. At the same time, MATCH is forging its way in the Canadian women's movement through an attempt to promote a global perspective on women's issues and by encouraging the establishment of global networks linking local groups.

The impetus for this paper arises out of our attempt at MATCH to resolve some of the theoretical and practical issues involved in the articulation of the relationships between feminism and development. We began discussing these questions in a systematic fashion in 1988. This process has led us to examine a variety of approaches, including the increasingly well-known Women in Development (WID) approach, and the perhaps less well-known Gender and Development (GAD) and Global Feminism (GF) frameworks, in order to determine how they can relate to MATCH's overall programming and orientation. Our conclusions have implications for MATCH's role in the women's movement and in the development community, and for its feminist vision of development.

These discussions have by no means exhausted the theoretical and practical questions which have arisen from our attempt to articulate the relationships between feminism and development. Some limited progress has been made, though, in defining the place of feminism within MATCH as an organization. This is reflected in our formulation of a new philosophy and mission statement, a set of long-term goals, and approaches to programming. What follows will provide a brief history of MATCH, and will then examine in greater detail the nature of our redefinition of its identity.

## MATCH: ITS HISTORY, STRUCTURE, PROGRAMS AND TRANSFORMATION

Inspired by meetings with Third World women at the United Nations International Women's Year conference in Mexico in 1975, two Canadians, Norma Walmsley and Suzanne Johnson, decided to set up a centre to enable Canadian women to support the development efforts of their Third World counterparts. Suzanne Johnson describes the process whereby she and Norma Walmsley became motivated to act: "We had felt such a sense of urgency from women we had spoken to (in Mexico)... In all the bilateral and multilateral aid projects, women were included, if at all, only as an afterthought, a spin-off effect... 'and by the way women won't have so far to walk for water'. We felt finally convinced that if somebody didn't do something with, by and for women, women were going to remain in the situation that they were talking about in Mexico" (*MATCH News*, August 1977, 3).

Thus motivated by their growing realization that Third World women were marginalized by existing development agencies, in 1977 Walmsley and Johnson established MATCH International Centre. MATCH was set up as an international development agency, run by and for women, to be devoted to integrating women fully into the development process. MATCH was to forge links with women everywhere and to respond to the needs of women in the Third World as defined by those women themselves.

The name MATCH was chosen to reflect the belief that women in Canada and the Third World had needs which could appropriately be addressed by women working together. MATCH International Centre was thus established to:

- create a direct link for action between Third World and Canadian women;
- match resources and needs, by sharing the experience and knowledge of women internationally on a cooperative basis;
- provide funding, goods or services for international programs and projects designed by women. (*MATCH News*, August 1977, 2)

The establishment of MATCH represented an explicit statement concerning women and then-existing development theories and projects. The pathbreaking work of Ester Boserup in *Women's Role in Economic Development* (1970) and later Barbara Rogers' *The Domestication of Women* (1980) emphasized the extent of the bias against women in development policies, and their marginalization in development projects. In this context, MATCH made an important and valuable contribution to redressing gender-biased development theory and practice.

From its inception, MATCH has had some important and unique features. It was set up with, by, and for women and was to address the needs of Third World and Canadian women. It proposed and developed (not unlike other development agencies) an "Integration of Women in Development" (IWID) focus and directed much-needed resources to women in the Third World.

In 1977, MATCH International Centre was incorporated fully as a development agency and was structured, in the main, hierarchically. The structure of the organization included: a national membership, a Board of Directors which has ultimate responsibility for the organization, an Executive Committee which makes necessary decisions between Board meetings, and an Executive Director who is reponsible for all MATCH staff and who reports to the Board of Directors. It is interesting to note that, for a brief period, the Board was composed of both Canadian and Third World women – including among the latter such figures as Peggy Antrobus and Marie-Angelique Savané (*Annual Report* 1981–82). Eventually, however, the expense of including Third-World women on the board became prohibitive.

Practically and essentially, MATCH was a response agency, reacting to requests for funds rather than assuming a broader role. It focused its activities primarily on the funding of small projects for Third World women. Thus, for example, in 1979–1980, amounts awarded to projects ranged from $420.00 (the smallest) to $9000.00 (the largest) (*Annual Report* 1979–80) The "match" between Canadian and Third World women took the form of a Canadian women's group being "matched" with a Third World group. The former would take the responsibility of raising funds for the latter. For example, in 1982, the United Church of Wilton sponsored a $968.00 community sanitation project for the Women's Advisory Committee of Western Samoa (*Annual Report* 1981–82). Thus, historically, the relationship between Canadian and Third World women through MATCH has been more that of funder and recipient than a true exchange of experience and knowledge. To some extent this was also true of MATCH as an organization.

MATCH reached a point in 1987 where it realized, in conjunction with a CIDA evaluation, that many other development agencies were doing work in the area of "women and development" and that they too were working directly with Third World women's organizations. MATCH was thus forced to re-evaluate its *raison d'être*. If other agencies were doing effective work with women in the Third World, why was it necessary for MATCH to exist as an agency dealing exclusively with women? What implications did the new context have for MATCH – a women only organization – and its role in development?

These questions led MATCH to address the issues alluded to above: the nature of the funder/recipient relationship it had with Third World women, and the apparent loss of its leadership role within the development community. MATCH's provision of project funding was seen as one way in which Canadian women could demonstrate their support for their Third World counterparts while sharing information, experiences, and resources. However, the funding of Third World women's projects had become an end in itself. Incrementally, MATCH's initial vision of transforming the traditional development relationship of funder/recipient to one of linked action between Canadian and Third-World women based on matched resources and needs had become diluted. During that period, MATCH increasingly attracted active members (paid and unpaid) who were self-defined feminists.

Many of these members felt and believed that feminism had a transformative potential which could appropriately be applied to issues such as over and under development and the subordination of women. Harking back to the original ideal of matching resources and needs, they believed that applying feminism to development was something which could only be done in partnership with Third World women.

At the same time, MATCH was witnessing the emergence of a new reality, that is, the growth of indigenous women's movements in the Third World. This, in conjunction with dissatisfaction with the funder-recipient relationship and a growing feminist consciousness, served as a catalyst for the process of redefining the organization's orientation and its relationship to feminism. Most importantly, the emergence of Third World women's movements provided MATCH with new and exciting alternatives for linked action between Canadian and Third World women.

## DEFINING FEMINISM IN DEVELOPMENT

Up to 1987, MATCH's overseas and domestic programs were split conceptually and financially. Each program had separate staff and separate advisory committees. The overseas program comprised the funding of various projects in the Third World and the Canadian program included such components as a resource centre, membership recruitment and development education through a newsletter. It was the Canadian Programme Advisory Committe (CPAC) in collaboration with the Overseas Programme Advisory Committee (OPAC) which initiated the process of exploring the relationship between feminism and developement.

Generally speaking, CPAC had its roots more firmly in the women's community and OPAC, in the development community. The ensuing dialogue between the two committees addressed many of the concerns within each community. There was a wide diversity of opinion within and between each committee; what was shared was a commitment to MATCH. Each committee went through a process of self-education, drawing on two approaches to feminism and development: Gender and Development and Global Feminism. Through the newsletter and workshops, the members and the national board were also involved in this exploration.

Through this process, MATCH arrived at a new philosophy and mission statement and came to adopt the term "feminism". For the organization, a feminist perspective addresses issues ignored within development frameworks (e.g. violence against women); feminism is inherently concerned with the oppression of women and its analysis –

that applies to Canadian as well as Third World women; the use of the term feminism emphasizes the universality of the issues with which MATCH is concerned; a feminist approach connects MATCH with a global women's network and facilitates the creation of linkages between women's groups worldwide; feminism is concerned with long-term structural change.

In the context of our desire at MATCH to examine the relationship between feminism and development, drawing on both GAD and Global Feminism seemed a logical step. GAD could address the development and project component of MATCH's work, and Global Feminism could provide the necessary feminist and global framework for the whole organization. Furthermore, it appeared that the transformation of the funder/recipient relationship in project funding could be better accommodated within the GAD and Global Feminist paradigms.

*Gender and Development (GAD)*

GAD emerged in the 1980s in the University of Sussex. Theoretically rooted in socialist feminism, it links the relations of production to the relations of reproduction taking into account all aspects of women's lives (Rathgeber 1989: 10). Kate Young (1988: 2) of the Institute of Development Studies outlines the main components of a GAD approach as follows:

- GAD is an approach preoccupied with gender relations in a variety of settings. It is not concerned with women *per se* but with the social construction of gender;
- GAD sees women as agents of change, and not as recipients of development assistance, but it "does not assume that women have a perfect knowledge or understanding of their social situation";
- GAD privileges a holistic perspective, which means it focuses on: "the fit between family, household or the domestic life and the organization of both political and economic spheres. For example, from a gender perspective, the structure of the working day in the sphere of production is only intelligible if the existence of the domestic sphere is taken as a given";
- GAD sees development as a complex process for the betterment of individuals and society itself. Therefore, in examining the impact of development, a proponent of the GAD approach would ask: "who benefits, who loses, what trade-offs have been made, what is the resultant balance of rights and obligations, power and privilege between men and women, and between social groups";
- The GAD approach is sceptical about the role of the market as the distributor of benefits; rather, it stresses "the need for women's self-organization so as to increase their political power within the ecomomic system".

Theoretically, GAD asks fundamental questions about economic and political structures and, indeed, about the structure of power relations between men and women as expressed through the social construction of gender. Eva Rathgeber argues that GAD leads "inevitably, to a fundamental reexamination of social structures and institutions and, ultimately to the loss of power of entrenched elites, which will affect some women as well as men" (1989:13).

The practical application of GAD theory is called "Gender Planning". Caroline Moser (1989:3) defines it as "based on the underlying conceptual rationale that because men and women play different roles in society, they often have different needs". Women's needs once distinguished from men's can then be broken down into "practical/basic" gender needs and "strategic" gender needs. Practical/basic gender needs are those which arise from the material conditions which women experience, for example, the need for a well, food processing technology, income-generating activities. The meeting of practical gender needs does not seek to change the gendered status quo. Strategic needs, on the other hand, derive from an analysis of women's subordination and the desire to change this. They could include the following: the transformation of the sexual division of labour; the establishment of political equality; the removal of institutionalized forms of discrimination such as the absence of the right to own land or property; freedom of choice over childbearing; access to credit; and the struggle against male violence and control over women. In other words, strategic needs refer to changing those factors which oppress women because they are women.

For us, at MATCH, seeking to explore the relationship between development and feminism, GAD provided a good theoretical and practical link. Primarily concerned with the subordination of women, it serves as a feminist lens with which to view development. In distinguishing between practical and strategic gender needs, it also provides useful feminist tools for analyzing development projects and thereby challenges the development community to think in a more feminist way about project work. Moreover, and perhaps most importantly, GAD challenged MATCH to work with Third World women's groups who organised against the subordination of women.

Nothwithstanding its advantages, GAD also has a number of shortcomings. First of all, it is primarily Third World focussed, and, as such, does not promote an analysis of "underdevelopment" and "overdevelopment" as global issues. Secondly, the "production and reproduction" framework as the primary means for analyzing development does not allow the exploration of issues such as sexuality. Thirdly, as it is not explicitly feminist, GAD focusses on the development community rather than trying to draw links between the feminist and development communities. Finally, it does not identify itself as part of the global women's movement. In short, while GAD allowed us at MATCH to begin to analyze development projects from a feminist perspective, it could not address our concern with how to become a more feminist organization with a global perspective. We looked to Global Feminism for a complement to these limitations.

*Global Feminism*

Global Feminism reflects the understanding that in a world which operates internationally, in the late twentieth century, any feminist struggle for change must have a global perspective. Not only must each of our individual movements be informed by a global perspective, but women all over the world must "learn from each other ... it means the expansion or our understanding of feminism and changes in our work, as we respond to the ideas and challenges of women with different perspectives" (Bunch 1987:328). Global Feminism therefore affirms the need for "struggles and insights gained from feminist demands on a variety of fronts" (Bunch 1985:31). Thus, an important element of the global feminist approach is the establishment of networks which can provide the basis for effective collaboration.

Global Feminism also represents the understanding that the oppression of women is pervasive across patriarchal societies, and that there is a "commonality in the dynamic of domination by which women are subordinated to the demands, definitions, and desires of men" (Bunch 1987:331). This commonality is not based on a naive or classist view of sisterhood, but is rather informed by the incredible diversity and difference which exist in feminist activity all over the world. Central to Global Feminism is the belief that "every issue is a feminist issue". Global feminists therefore incorporate issues such as absolute poverty, structural adjustment, international capitalism and racism into their analyses and strategies for change and, thus, begin to address the challenge posed at the United Nations conference for women at Copenhagen in 1980, that "to talk feminism to a women who has no water, no food and no home is to talk nonsense".

Perhaps the most important aspect of Global Feminism is that it is a transformational politics that addresses every aspect of life. As such it can be defined in terms of two long term goals:

1  The freedom from oppression for women involves not only equity, but also the right of women to freedom of choice, and the power to control our own lives within and outside of the home. Having control over our lives and our

bodies is essential to ensure a sense of dignity and autonomy for every woman.

2 The second goal of feminism is the removal of all forms of inequity and oppression through the creation of a more just social order, nationally and internationally. This means the involvement of women in national liberation struggles, in plans for national development, and in local and global struggles for change. (Bunch 1987:302)[2]

Global Feminism therefore affirms: the need for a global dimension in all our movements; that women globally are oppressed and that they share a certain commonality in this oppression; that every issue is a feminist issue; the importance of networks in building a global movement and of transforming every aspect of our lives. In defining every issue as a feminist one, and in affirming the need to address such issues as absolute poverty, Global Feminism suggested a way for MATCH to view development as a feminist issue. In stressing the importance of a global movement, to be built through networking, with all women sharing aims and objectives, Global Feminism indicated a way of transforming MATCH's funder/recipient relationships.

### Implications for MATCH

By combining GAD and Global Feminism, we arrived at a new philosophy and mission statement that reflect our use of GAD to analyze development projects in a feminist manner and our use of Global Feminism to place these projects within the larger framework of building a global feminist movement. Our philosophy now reads as follows:

MATCH is a Canadian-based women's organization committed with our Third World sisters, to a feminist vision of development. Such a vision requires the eradication of all forms of injustice, particularly the exploitation and marginalization of women.

MATCH, Philosophy and Mission Statement, *1988.*

The theoretical implications of this philosophy are reflected in our new mission statement that a feminist vision of development involves:

- an ongoing analysis of the process of development in Canada and overseas;
- strategies that will empower women to challenge existing systems of domination and exploitation;
- opportunities for communication, solidarity and united action among women throughout the world;
- strengthening the women's movement nationally and globally;

• influencing Canadian national and international policies to reflect the feminist analyses Third World and Canadian women.

*MATCH,* Philosophy and Mission Statement, *1988.*

We then had to reflect on how these new philosophy and mission could inform our programs. How were we going to transform our theory into practice in order to work towards the empowerment of women; to develop a more equal funder-recepient relationship; and to become participants in, and facilitators of, the building of a global feminist movement?

## FROM THEORY TO PRACTICE: BUILDING A GLOBAL FEMINIST MOVEMENT

In developing a feminist vision, we began to move away from the notion of integrating women into the development process towards one which challenged and transformed the gendered status quo both locally (in Canada) an globally (in the Third World). In mapping out a role for ourselves as a feminist development agency, and in attempting to address development from a gendered perspective, we realized that our programming should address issues which affect women as subordinate and not just as economic agents. The "Buffalo project" (funded in 1983) summarized below clearly illustrates not only where we are coming from at MATCH, but also allows us to demonstrate where we would like to go, in practice, with our feminist vision.

The objectives of the project were as follows:

1  to enable 25 rural women to become self-reliant through managing a small-scale dairy industry by providing each woman with a buffalo;
2  to provide the necessary training to the women regarding the care of the buffalo and account keeping;
3  as a concrete result, to allow the women to pay more attention to the health, education, and nutrition of their children

*Dairy Development for Women,* Final Report to CIDA, July 1988.

In our evaluation and final report, we concluded that the group had successfully accomplished what they had set out to do. Were we to receive a similar project proposal today, however, we would raise a number of questions, in the light a GAD analysis. For instance, although the project would benefit 25 specific women and their families, would it have a broader impact? How would it affect class and gender relations within the community? Would it challenge women's subordinate status in society and, if so, how? How would it contribute to the building of a global feminist movement?

Because it focusses on basic needs, the "Buffalo project", for us, is grounded in a women-and-development approach (WAD). Since that time, GAD has taught us to recognize the importance of both basic and strategic needs within a project framework, while Global Feminism has taught us that small projects in themselves are not enough to effect social change: they need to be incorporated into a larger vision aiming at building a global feminist movement. GAD and Global Feminism convinced us to begin to address issues which could serve as a unifying force between women – locally, nationally, and globally; issues such as prostitution, violence against women, women's cultural expression, and the sexual division of labour. In short, we wanted to "encourage ongoing feminist analyses of the process of development in Canada and overseas; develop and promote strategies that will empower women" (MATCH *Philosophy and Mission Statement* 1988).

This prompted the formulation of new specific means in order to implement MATCH's feminist vision of development. There are:

1 to be an activist organization, initiating, supporting, and promoting action to achieve our long term goals;
2 to identify and address women's issues currently not adequately addressed by the Canadian international development community;
3 to develop a thematic and activity focus for programming relevant to Third World and Canadian women;
4 to provide financial support to a limited number of strategic projects related to a principal theme and several minor themes;
5 to create strategic programs that have both an overseas and a Canadian component;
6 to create programs that link Canadian and Third World women's groups (in person, by written or verbal communication, through the exchange of materials and joint action)

*MATCH Philosophy and Mission Statement* 1988.

These elements are reaffirmed in the "Basic Elements of MATCH's New Directions":

1 fewer but larger programs rather than more and smaller projects;
2 programs planned and executed by Third World and Canadian women's groups working together;
3 programs built around a major theme (and several minor themes) identified as priorities by Canadian and Third World women;

4 programs addressing women's strategic and not only basic needs.
                    *MATCH Philosophy and Mission Statement* 1988.

### MATCH'S NEW PROGRAMMES

In pursuit of these goals, we began to develop programs around specific themes. Within each program, we have included not only funding for small projects, but funds for linkage and "movement-building" work as well – elements which reflect both GAD and Global Feminist analyses. Many of MATCH's small projects are still financed – in part – by women's organizations throughout Canada. The main difference in the new funder/recipient relationship is that today we no longer expect it to suffice either in creating a "direct link for action" between Third World and Canadian women or in allowing women to share their experiences and knowledge. MATCH will now play a conscious role in promoting these linkages.

At a consultation in Toronto in 1988, Honor Ford-Smith a member of Sistren, a women's theatre collective in Jamaica, knowingly commented on MATCH's shift in orientation, as she has been acquainted with the organisation almost since its inception. She noted that: "It had been difficult to get funding if one was not involved in income-generating schemes or the provision of water pipes. In so doing the organization (MATCH) had overlooked broader issues related to development such as why communities were without water pipes in the first place. The shift in MATCH's policy allows Third World women to struggle together with women who support them in Canada. It is a move toward a commitment to social transformation for women" (*Words of Women* 1988:8).

As part of this commitment to social transformation, MATCH has developed four programs: 1. Violence Against Women (VAW); 2. Gender and Development (GAD); 3. Words of Women (WOW); 4. two research projects: the Latin American Women's Network (LAWN) and the Southern African Women's Initiative (SAWI). All reflect the shift in MATCH's orientation from a "Women and Development" perspective to one focussed on feminist development. To date, VAW and GAD are the larger programs.

### VIOLENCE AGAINST WOMEN

In June 1988, we started work on a major program focussing on the issue of violence against women. We consulted with a number of women's groups in both Canada and the Third World with a list of potential themes ranging from agriculture, domestic workers, and free trade zones to violence against women. Overwhelmingly, the responses we received underscored the need for support for initiatives to end violence against women. We have since conceptualized a program in which violence is viewed as a systemic continuum from military abuse and wife abuse to female genital mutilation. In our work, we emphasize that not only are women victims of violence, but that women are organizing and fighting back.

To date, the violence program has three components: the funding of small projects related to violence, a series of workshops examining the global dimensions of violence, and a resource kit based on submissions from both Canadian and Third World groups working on this issue.

The small projects funded by MATCH under the VAW program address not only women's basic need to live free from the threat of violence, but their strategic need to organize to end violence against women. They include a project in which fifty rural midwives in Gambia will participate in workshops on the harmful effects of genital mutilation while training in other areas of health care. In Lima, Peru, MATCH funds will enable La Voz de la Mujer (The Voice of Women) to continue and expand services to battered women in a low-income neighbourhood. In Lahore, Pakistan, MATCH is funding a project undertaken by the Simorgh Collective to research the treatment of sexual assault victims in order to raise national consciousness of this issue.

The violence workshop concept and format was developed in consultation with over sixty groups concerned with issues of violence in the Third World and Canada and brought together facilitators from the Capetown Rape Crisis Centre in South Africa, the Women's Crisis Centre in the Philippines, a member of the Inuit community working on issues of violence in the Northwest Territories, a facilitator from the Popular Theatre Alliance in Winnipeg, and a member of the Immigrant and Visible Minority Women Against Abuse based in Ottawa. The facilitators were brought together for an initial ten days in order to create the workshop; they then travelled to various parts of Ontario, Manitoba, and the Northwest Territories for over a month, giving the workshop with shelter workers, on reserves, and with immigrant women's associations. As a part of the much larger project to build a global movement to end violence against women, the workshops were intended to give voice to Native, Third World, and Visible Minority women with regard to issues of violence, and to begin to establish links between all women working to end violence.

*The Gender and Development Program*

The Gender and Development program seeks to advance GAD analysis and provide training for development non-governmental organisations. This is done in collaboration with the Canadian Council of International Co-operation (CCIC). The program is Canada-wide and the training addresses the following key components:

- analysis: the program should deepen our understanding of gender and development at a theoretical and practical level and provide specific tools that can be used by Canadian NGOs (and with modifications, their overseas partners);
- communication/teaching skills: the analysis alone is not enough: people have to learn how to transmit the analysis to others and encourage them in the learning process;
- institutional strategic analysis: often women arguing for gender analysis have been marginalized from the main structures of power within their organizations, thus part of the training program will encourage an analysis of how change is brought about within organizations.

*National Gender and Development Training Programme* 1989.

The overall goal is to develop and implement a training program and develop training material that will assist Canadian international development NGO's to incorporate a gender analysis in all of their work and thus support their efforts to improve the position and condition of women overseas and in Canada. By February 1990, two national training programs had been held, one in French and one in English. They were attented by several NGO's. An evaluation will permit MATCH to build on the feedback from the workshop.

*Words of Women*

Words of Women (WOW) is a literature exchange program which focusses on women's cultural expression in Canada and the Caribbean. It addresses the silencing of women's voices globally. WOW was initiated after extensive discussions with Caribbean women and women of Caribbean origin in Canada involved in various forms of cultural expression. It reflects MATCH's ongoing process of developing a "new definition of development". Honor Ford-Smith, said of the program:

This is the first time that I've seen a development project which relates to literature in its broadest sense. The concept of development somehow doesn't include a whole lump of stuff which gets called "culture". That's typical of the way in which economic development takes priority over everything else ... Development is seen as the production of things and not something that refers to relationships between people. It comes down to a choice between a dam and a literature project – when, in fact, to be complete, we need to challenge those kinds of artificial separations and create a new definition of development. (*Words of Women* 1988)

We are currently working to link writers, publishers, bookstore owners and development agencies so that they can exchange skills and experiences, and in order to promote women's writing in Canada and the Caribbean.

### Two Research Projects

Two research projects were also initiated by MATCH: LAWN and SAWI. Their objectives were to understand better the needs, issues and struggles of women globally. More specifically, LAWN serves to strengthen networking among women's organizations in Latin America and Canada. SAWI is designed to learn from women's organizations in southern Africa about their development priorities and the type of support they need from Canadians. It will encourage the creation of women-centered development programs in southern Africa.

In the process of defining, developing, and beginning to implement these four programs, the GAD approach has been a useful tool for discriminating between basic and strategic needs. However, as noted earlier, it could not address our concern with how to become a more feminist organization with a global perspective. While Global Feminism has allowed us to address this concern conceptually – unlike GAD – it does not provide a blueprint for action. Thus, in the past year we have begun to develop tools for building Global Feminism through workshops, exchanges and networking. We believe that a feminism which is global needs to be created in cooperation with women's groups from all over the world.

### CONCLUSION

This paper is a first attempt to describe some of the discussions and issues which have led to MATCH's transformation into a feminist development agency. We have tried, also, to present and analyse the approaches which have inspired the promotion of a feminist vision at MATCH. However, that analysis is still incomplete since an answer to the question of a feminist vision of development can only emerge out of the lessons of more practical experience, and the constant questioning of practice with respect to a feminist vision of development means.

We hope that, through the programs focusing on violence against women, women's cultural expression, and gender and development, we will give a more explicit and concrete form to the concept of a feminist development. In asking the question "why are these issues development issues?" we begin the process of making links between traditional development issues and women's particular vulnerability to specific kinds of violence and subordination. The ultimate goal is not to integrate feminism into development, but rather to transform development from a feminist perspective.

In integrating our overseas and Canadian programs around specific themes, many issues have arisen which we have been forced to confront. Such issues range from the appropriateness of the hierarchical structure within MATCH and avoiding the imposition of our programming priorities on Third World women to the existence of racism in our organization and work.

We realize that we must expand our frameworks to construct an authentic feminist vision of development which represents the many voices within the global women's movement; at all costs, we must avoid having MATCH's vision evolve into a white middle-class paradigm. In affirming women's universal oppression, we must also recognize the diversity and differences in women's experiences. Therefore, we will have to be concerned about process: what is the best means for developing alliances with non-white/working class/lesbian/disabled women's organizations?

To conclude, MATCH's redefinition of its mandate has been possible due to its recognition not only of the diversity of women's experiences, but of the emerging feminist movement in the Third World. Thus, MATCH's philosophy and mission share a similar vocabulary and approach with organizations like Sistreen Theatre Collective, the Caribbean Association for Feminist Research and Action (CAFRA), Development Alternatives with Women for a New Era (DAWN). However, it is important to recognize that the construction of a feminist vision of development is an ongoing process at MATCH. We remain convinced that it is through this process that we will be begin to create, together with feminists in both the Third World and Canada, a shared and exciting transformational politics.

NOTES

1 The authors of this article would like to thank Alan Fenna for his editorial advice as well as the editors of this book for their judicious comments in the preparation of this manuscript.
2 Apart from Charlotte Bunch, important contributions in this area have also been made by Maria Mies (1986) and Anita Anand (1984), among others.

REFERENCES

Anand, Anita 1984. "Rethinking women and development: The case for feminism", *CUSO Journal*: 18–23.
Boserup, Ester 1970. *Women's Role in Economic Development*. London, Allen & Unwin.
Bunch, Charlotte 1985. *Feminism in the '80s: Bringing the Global Home*. Book III. Colorado, Antelope Publications.
– 1987. *Passionate Politics: Feminist Theory in Action*. New York, St. Martin's Press.
Mies, Maria 1986. *Patriarchy and Accumulation on A World Scale*. London, Zed Press.
Moser, Caroline 1989. "Gender planning in the Third World: Meeting practical and strategic gender needs". Unpublished paper. London, London School of Economics and Political Science.
Rathgeber, Eva 1989. "WID, WAD, GAD: Trends in research and practice". Ottawa, International Development Research Centre.
Roger, Barbara 1980. *The Domestication of women: Discrimination in Developing Societies*. London, Tavistock.
Young, Kate 1988. "WID: A retrospective glance into the future", *Worldscape*, 2, 1:3–5.

CITED DOCUMENTS

CCIC Inter-Agency Working Group
     1987–88    "Feminist Perspectives on Development".
MATCH International Centre
     1979–80    "Annual Report".
     1981–82    "Annual Report".
     1988    "Board Document: Philosophy and Mission Statement".
     1988    "Canadian Programme Advisory Committee Minutes", 12 September.
     1988    "Dairy Development for Women". Final Report to CIDA, July.
     1977    *MATCH News*, August.
     1989    "National Gender and Development Programme".

1988    *Words of Women: Linking Women Internationally Through Feminist Literature.* First Consultation With Participating Canadian Groups, Toronto, December.

1988    'Working Document: Summary of Theme Discussion to Date", September.

*Testimonies / Témoignages*

# Indian Rights for Indian Women

For over thirty years Native women have had to fight to see their right to the status of Indian recognized. Their traditions provided the energy and solidarity that were essential to keep them going.

### Les droits indiens pour les femmes indiennes

Les femmes autochtones ont dû mener une lutte de plus de 30 ans pour obtenir la reconnaissance de leur droit au statut d'Indiennes. C'est la tradition qui fut leur source d'énergie et de solidarité dans une telle lutte.

I would like to talk about my involvement with my native sisters and their struggle to become persons within the framework of the Indian Act.

My experience gives me the authority to speak on these issues. I have led the fight for equal rights for Indian women since 1965.

I come from the Kahnawake Mohawk reserve, an Iroquoian settlement that dates back to the earliest years of the seventeenth century. It was settled primarily by Mohawks and Oneidas as well as other Indians who were part of the Iroquoian Confederacy. The Iroquoian Indians, according to anthropologists and leading North American historians, had a sociopolitical structure held together by a system of clans, each of which were headed by women in a true matrilineal family system. This clan system which was the corner stone and foundation upon which a political system was built created a democratic structure of government which has been acclaimed by historians to be a model for modern democratic representative government in this hemisphere.

Having been steeped in a culture that has a legacy of the equality of men and women, and having had the good fortune of being reared by

grandparents who passed on to me the history and legends of my
people, remembering these stories of my culture told to me as a child,
I felt that the Indian Act governing my people, as it relates to the separate treatment of men and women, to be in violation of the tenants of
my ancestral heritage, and in violation of the inalienable right of every
woman to be equal to every man in the eyes of the law.

During the late fifties and the sixties, women's long struggle for
equality emerged here and abroad. In 1968, we Indian women felt that
the climate was right, that our time had come. We petitioned the newly
appointed Royal Commission on the Status of Women, claiming that
section 12-1-B of the Indian Act was sexist and discriminatory in that
any Indian woman who married a non-Indian suffered.

They suffered banishment from their tribal roles, loss of family or
tribal inheritance, and forfeiture of any ownership of property. They
were stripped of their Indian cultural identity, evicted from their
homes, separated from family and friends, and denied burial in their
sacred burial grounds beside the mothers who bore them and the
fathers who begot them.

Men, on the other hand, who married non-Indians were able to
endow their wives with all the rights and priviliges of full band membership.

It seems inconceivable that being a woman should be reason enough
to deprive us of our birth rights and our cultural heritage at the
moment that we enter into a sacred union with another child of God.
Although the same blood flows in our veins and the same views and
beliefs are forever a part of our conscious being – the same memories
of our traditions, folklore and customs are imprinted in our subcon-
scious, the same Indian words pass over our tongues – we are said to
have lost these, our Indian cultural assets as though they were tangibles
that can be freely given or taken away.

1973 was a memorable year for us. In that year Indian women from
all parts of the country amalgamated to form a national group "Indian
Rights for Indian Women". And I became the eastern Vice-President.
This group gave us the opportunity to represent all the women in every
province of Canada who shared the pain and anguish of losing their
"Indian-ness", because the law treated women differently than men.

On that summer day when the Canadian government gave me back
my status, I felt that I had come to the end of a long journey. I was
weary. I had fought a long hard fight for what I believed to be a fair and
just cause. I was thankful that the Creator had spared me so I could
continue the struggle to the end, and I was happy that we Indian
women who had lost our status had at last come home.

We Indian women who waged such a long and bitter fight for justice
for ourselves and our children walked a long path of broken promises,

but we have achieved some measure of justice. Now we pass the torch on to the younger women. We ask them to ensure that the implementation of this new amendment to the Indian Act will be just and fair.

Throughout the long years of struggle, there were so many days of despair. My eyes saw so much suffering as I met women and their families on my travels across the country. My senses were numbed, my ears heard only the words of anguish and despair as I was told by widows, mothers and daughters of the experience and pain of their exile. I was outraged by the grave psychological effects, experienced by so many of my sisters, of being expelled from their families and from their communities, stripped of their cultural identity and banished from their bands and their tribal roles. They were no longer considered as persons – it was as though they were dead. I was angry because I was so helpless as a victim as well as an observer of the devastating effects on so many women who sought comfort with drugs or alcohol and escape through suicide in the psychiatric wards of hospitals.

There were also the days of shame when certain Indian leaders threatened to shoot us and to burn down our homes. Shame for our brothers and shame for our government and for our political leaders who remained silent. It was Canadian women who broke the silence, raising their voices in protest and condemning those threats of violence against us.

There were days of hope, days when I had a vision of the life that could be, if Indian nations reclaimed their old cultural values of community caring and sharing, of respect and love for women and children, of Indian communities where women received the recognition of their importance to community life – where children born of Indian fathers and Indian mothers would both be equally Indian.

I was sustained by that vision and by thousands of Canadian men and women who supported us.

I want to emphasize that our fight was never directed against our people. It was always against the government. It was a Canadian parliament, acting without consultation with the Indian people, that wrote the Indian Act. Therefore, I felt that it was the responsibility of the Canadian government to change it.

Let me give you a brief review of our struggle to force the government to make that change.

In 1969, thirty of us Quebec Mohawk women who had lost our status through marriage came together to fight the discrimination of section 12-1-B of the Indian Act. We prepared a brief for the newly formed Royal Commission on the Status of Women. We chartered a bus and traveled to Ottawa to present it personally to the commission members. Our brief was well received and a recommendation to end the discrimination of the Indian Act appeared in the final report of the Royal

Commission, but when the report was published, that recommendation was deleted. Later in the same year, we founded the first Indian women's organization dedicated to repeal 12-1-B "Equal Rights for Indian Women".

In 1973, a national organization "Indian Rights for Indian Women" was formed in Edmonton. In that year, Janette Laval, an Ojibway Indian from Ontario, after having won a decision from the Supreme Court of Ontario to have her lost Indian status reinstated, saw the Ontario Supreme Court decision overruled after the Minister of Indian Affairs had her case tried by the Supreme Court of Canada. The Supreme Court of Canada voted 5 against, 4 in favour, and Janette Laval lost her case. This was a major setback to our cause.

In 1975, I spoke at the United Nations International Women's Year Conference in Mexico. On the 18th day of the conference, I received word that I had been evicted from my home, a log house built by my great-grandfather. Three thousand women from around the world learned for the first time of the shameful treatment accorded to the Indian women in Canada. In an unusual demonstration of international solidarity, they joined together to protest against the Canadian government's unjust treatment of Canadian Indian women.

In June 1977, the government passed to the Senate for approval Bill C-25, the new human rights legislation which made no provision for the protection of the rights of Indian women. Again we protested.

In July 1979, several hundred Indian women and some of their children, from every province in Canada, walked to end the discrimination. The Honorable Jake Epp, Minister of Indian Affairs, promised us that a change would be made. The government was defeated and our new hope with it.

In July 1980, for the first time in the history of Parliament, the women parliamentarians of the House of Commons and the Senate crossed party lines to stand in solidarity behind their native sisters.

In 1981, the World Court of International Justice rendered its judgment in the Lovelace case and declared that Canada was in violation of its obligations to the United Nations Universal Declaration of Human Rights.

In April 1982, during the last days of Parliament, the government introduced Bill C-47, an Act to amend the Indian Act. It was a very badly written piece of legislation, and it contained some provisions that could have been harmful, but we dared not delay its passage – it was our last hope. The bill passed final reading in the House before parliament was prorogued. Quebec Indian women representatives were there when it was rushed to the Senate and we listened in disbelief as Charlie Watt and two other male liberal senators denied it the necessary unanimous consent. We were heartbroken – never had we come so close before. After a summer of reflection, we were convinced that we had been the victims of a charade, a political strategy designed to deflect political pressure from the women's lobby and to retain the good will of the Indian leaders before the forthcoming election. The strategy failed. The liberal government was defeated. The attitudes of Indian chiefs of rich Albertan bands hardened against us, and they continued their campaign to deny women their rights with the newly elected conservative government.

The Canadian government knew that it could no longer ignore the pressure of the Canadian women's lobby. It could not delay: Canada's reputation as a free and democratic society was at stake.

In the spring, the government introduced Bill C-31. It was far from perfect. The government had tried to strike a compromise between the human rights of non-status Indian women and their children on the one hand and the self-government demands of the Indian leaders who opposed us on the other hand. Quebec's native women fought to eliminate the inadequacies of the bill. Amendments to the legislation were made and the bill became law. The cause of Justice had at last prevailed.

Now that Indian men and women are to be treated equally, they will be able to work together to address the problems of poverty and despair that affect so many of our people.

We must accept the responsibility for our children who are orphaned or separated from their families. We must give them hope and the will to live. Our children must be educated in law and medicine. They must be encouraged to become lawyers, judges and members of Parliament. We must aspire to produce doctors and scientists.

All of the Indian people of this land must work together to build an Indian unity within a Canadian unity. Together we can become an invincible force for Peace and Justice.

# Inuit Women in Action

In their everyday life, Inuit women work at changing their community's ways of doing and being. They also try to understand and control the social transformations brought about by development.

## Les femmes inuit et l'action dans le quotidien

Ce chapitre décrit la lutte des femmes inuit dans le quotidien pour modifier les façons de faire et d'être d'une communauté et de ses membres. Ces femmes cherchent ainsi à mieux comprendre et maîtriser les transformations sociales qui les effectent.

It's been a bit hard for me to decide how to deal with the subject of Inuit women and development, mostly because I live in an isolated community. I do not have easy access to women from other regions, although I would have liked to exchange ideas with them before writing this article.

For this reason, I have decided to speak mostly about the work I've been involved in with Inuit women in my own community and in my own area. I would like to open up a window into our world and show what our women face today.

Our Inuit women's group started as a "feminist" group only about 4 years ago. Our initial concern was to distinguish and separate the women's movement from religious women's organizations. At first, everybody wanted to identify us as auxiliary members of religious denominations and keep us busy doing volunteer work for the church. It was important for us to establish a distinct identity for ourselves first because, as you might imagine, in a small community, women are women are women, and all women are supposed to accept this, like it or not.

We started off by exposing our wounds to the Inuit – to ourselves – exposing what hurts the most. How we were abusing our own flesh and blood: our daughters. Far from concentrating on one aspect of our lives, we wanted to take everything into consideration: teenage pregnancies; education; parental responsibility toward children; violence against women and children; nutrition; husband and wife relationships; and political and economic considerations.

I will touch only briefly on each of these subjects, explaining how we feel about them from the Inuit "feminist" point of view.

## TEENAGE PREGNANCIES

Teenage pregnancies are numerous every year; most of them are bound to be unwanted for one reason or another. We felt we had to foster concern and help find solutions to this problem. So, one of the first things we did was to offer a special course at the local school, for all students 10 years old and over. It dealt with the male and the female body, growing up, conception and prevention of conception, childbirth, and sexually transmitted disease – all of which are the responsibility of the parent, male or female. Discussion of the body and relationships between the sexes was encouraged. We did all the ground work – meeting with the parents, the teachers, the community council and the public – planned the course, and then gave it for the first time. It is now included as a regular course in the curriculum in the community of Povignituk. Unfortunately, however, it has not been introduced in any other communities, although the women's groups in these communities have voiced their support for such a course.

## EDUCATION

Because we are convinced that the high rate of teenage pregnancies accounts for our high failure and dropout rates, we advocate that the schools make this course available in all communities. You cannot prevent youngsters from growing up – you have to have the same understanding of what is happending to them and you have to help them to prepare for adulthood if you want them to be able to deal with it. We are convinced that providing all students with information about the body is the only way we can bypass the problems of a high dropout rate.

## PARENTAL RESPONSIBILITY TOWARD CHILDREN

One of the first things we did here was to participate in a research study being conducted by the local school on the changes that have taken place in the past 20 to 50 years in connection with parental responsibility toward children. This research helped us define our goals with regard to parenting. As a result of this work, we have been able to focus on the priorities. For example: the kind of advice we can and should give an expectant parent regarding parental responsibility, and the kind of action we can recommend if a woman is experiencing difficulties disciplining a child. We are also learning more about the problems encountered in husband and wife relationships.

Our involvement in this research led to our being made responsible for preparing and publishing booklets and pamphlets on parental responsibility. This literature will be used by local and regional resource people such as midwives, teachers, nurses, people in charge of community health, future parents and others. It will help to make them more aware of the problems facing young parents today in Inuit society.

I can personally vouch for the quality of these booklets and pamphlets. I did not become a parent until I was 26 years old and by then, I can assure you, I had read books upon books on parenting by authors of all races. But nothing I read prepared me in a more realistic way than the things written in connection with this research work, simply because they came from my own environment – that in which I was raising my children. The information corresponded to my needs and I could refer to it whenever I needed to.

## VIOLENCE AGAINST WOMEN AND CHILDREN

This is always the most upsetting aspect of our work, but it is also the one where our energies are refueled the most, the point where we redefine our priorities. It is a subject that has ignited us into action.

Of all the hard work we face in our communities daily, violence is always the hardest-hitting reality. It tears us apart and violates our rights as human beings, as women and as mothers of innocent children.

We have decided to unite! We have decided to denounce violence against women and children. We have decided to ask all the Inuit organizations across Canada, and every man, woman and child in all the Inuit communities to denounce violence against women and children. This resolution was passed at the last annual national Inuit women's general assembly in the spring of 1988.

Unfortunately, it takes time for such a movement to be translated into action. Unless there is a radical change in the way things progress in the north, it will be another 10 years before everyone has realized the validity of the message carried in this resolution.

## NUTRITION

Our interpretation of nutrition can be defined as a search for food by the body, the mind and the soul.

Nutrition is the one subject that I am embarassed to speak about, basically for reasons that are so simple and typical that they might seem easy to solve. Generally speaking, the Inuit people have healthy bodies, shaped by generations upon generations of animals and land. They depended on animals, which depended on the land, and occasionally suffered from starvation like all other animal species. The strongest lived and ensured the survival of the species.

Then the white man came and introduced the Inuit to tea, tobacco, sweets and flour, most of which have since been denounced by health authorities as addictive and harmful to the health. Unfortunately, this information has not been made available to the general Inuit public. Most of these people still only speak and understand the Inuit language. The health of my people deteriorated rapidly. Statistics show that a high percentage of pregnant Inuit women and newborns are dangerously anemic, that lung cancer is a leading cause of death, second only to death by violence and accidents in Inuit communities, and that on our coast we have the highest rate of dental decay in the whole of Canada. Statistics do not lie – we have reason to be concerned about nutrition.

But nutrition today involves powerful lobbies, big money and fast profits. It involves information on nutrition being available in our own language. It involves lobbying local outlets so they will provide better quality products. It also involves the health sector.

## HUSBAND AND WIFE RELATIONSHIPS

Right from the beginning, our work has also led us to study the dynamics of husband and wife relationships. We need to define contemporary problems and decide how we can help to understand and solve these problems permanently, while helping to promote "feminist" ideals at the same time. The basic issue, in my opinion, is that men have to be encouraged to become once again responsible for their families, to care for their daughters and to respect them and help them to live full lives.

## WOMEN, POLITICS AND GOVERNMENT

How do we see ourselves and see our problems as being solved? How can we ensure that the feminist movement survives and plays a role in society?

First, let me point out that women are not mentioned in the James Bay and Northern Quebec Agreement, under which Inuit organizations are established and funded on a permanent basis and expected to take on responsibilities. We have been left to fend for ourselves in a place where we often have to rely on groups for information. We have to search and beg for help and funding.

Over the last few years, day care has been a major concern in Canada, and funding has been made sporadically available. But we are operating our own day care centers, and given housing fit to be adapted according to official standards, with no facilities whatsoever. The services we provide depend on what the mother is willing to pay to have her children looked after while she works or goes to school. She can't pay much: although women do make up the majority of the work force in the Inuit community, their work is still not recognized as being indispensable or valuable. The working woman still feels insecure in this context. We are aware that millions are being made available in Canada, but here we are having a hard time keeping our day care facilities open. We are up against a brick wall and don't know who or where to go to for help or resources.

The same applies to women's shelters. Millions of dollars have recently been made available to bring services to women, but where do we start when we are from a small violence-ridden community? What do we need to do to make our needs known?

The James Bay and Northern Quebec Agreement consists of legislation concerning education, health and social services, business management, hunting and fishing rights, land settlement, and so on. It talks about a regional government body which is to be responsible for overseeing the operation of these newly created bodies for the Québec government. But nowhere does the Agreement talk about women. Other governments have recognized the importance of including departments charged with the responsibility of the status of the nation's women. Where does the Inuit woman fit in? Who is responsible for her rights and those of her children?

Are we going to let evolution and history take care of Inuit women or are we going to do something about them ourselves. If so, who will take the first step and in what direction?

To conclude, development has not been kind to the Inuit woman. Today, however, Inuit women are doing their share of the work; they are studying the environment into which they were born and are determined to do something about it.

SONIA M. CUALES

# Feminism and Development
# in the Caribbean

Looking at the condition of women in the West Indies, this chapter underlines
the necessity of examining women's experience in their regional and historical contexts. For example, the author examines the particular condition
of women with respect to their participation in intra-regional trade.

*Féminisme et développement dans la Caraïbe*

Passant en revue la situation des femmes dans la région caraïbe, ce chapitre
souligne l'importance d'ancrer la lecture de l'expérience des femmes
dans les conditions qui prévalent dans leur milieu. L'auteure s'intéresse entre
autres aux conditions de la participation des femmes antillaises au
commerce intra-régional.

Much of my approach here is the product of several years of active
participation in the women's movement and of work in short-term
research for policy orientation. It surfaced again recently at a regional
consultation which I attended in Barbados on the occasion of the
Tenth Anniversary of WAND, the pioneering Women and Development Unit of the University of the West Indies. The consensus was
that in whatever we analyze and in whatever we do, we need to look
at gender relationships; we must reject separation of the private and
the public; we must reject separation of the personal and the political;
we must confront and deal with the reality of the racial question in our
societies; we must realize that women are not a homogeneous group;
and we must recognize the presence of power relationships.

Women and women's issues are not a component, a paragraph, or
a reference in a larger matter. They should permeate the headspace of
every man and woman undertaking anything that impacts on people.

Development is about people. I would like to begin by defining the terms in the theme I have been asked to cover: Feminism and Development in the Caribbean.

For me, "feminism" is an awareness of inequality in gender relations and a commitment for action to change this situation. This definition hinges on four elements: inequality, awareness, commitment and action.

For me, "development" means the achievement of improved living conditions for people in all spheres of life and an increase in the number of choices that enable us to do this.

The main elements here are: improvement and choices, or options.

With these elements in mind, I would like to look at a number of areas, which I hope will give an insight into the relationship between feminism and development in the Caribbean[1].

The areas which I shall touch upon have been selected from those with which I have been closely involved professionally, to which I have been exposed or which I have experienced personally. They are: inter-island trade; governments and policy changes; and the social sector.

Inter-island trade is an important economic activity of women in the Caribbean, both in agricultural products and in light consumer commodities (the so-called suitcase trade). Traders are constantly on the move in the region.

Many women in the inter-island trade in fresh agricultural produce are at a disadvantage *vis-à-vis* male traders with regards to: the opportunity to trade full time; the cost of child care services during long absences; psychological strain, often caused by the burden of personal and family problems; factors preventing them from taking leadership positions in organizations which promote their interests as traders; a lack of alternatives when they are forced to quit, as a result of the shrinking markets in the Caribbean; and the difficulty for women to penetrate new markets.

Why are we looking at women here? For two reasons. Inter-island trade in agricultural produce is a vital sector in fresh food supply for the region, and 80–90 percent of this trade is undertaken by women. Awareness of their disadvantaged position has grown as a result of the decline in the inter-island trade since the early eighties (regional cooperation problems, economic crisis, etc.). While male colleagues gain access to extraregional trade in the same agricultural produce, female traders drop out.

With regard to commitment and action, traders have started to organize themselves. This is an extremely difficult process considering among other things, their constant geographical mobility and their individualistic/autonomous *modus operandi*. But, they are nonetheless organizing themselves for collective action; to pursue the interests of the group as a whole; to address issues of common concern; to seek training and upgrading of skills relevant to their activity.

If the women traders organize themselves and apply strategies which take them beyond survival, which increase their choices, which improve living conditions for themselves, their families and their communities, then their feminism is vital to development. Development is about people.

Now, I would like to take a look at the question of governments and policy changes. We cannot deny that Caribbean governments have gained an awareness of gender inequality in Caribbean society. Although some officials within the institutions maintain that there is no such problem, actions have been taken at the level of government to address gender inequality.

Whether these actions are the result of the pressure and the heat of the women's movement and the international community, or the result of the sum total of the UN International Women's Year, the Declaration of a Decade, the Mid-Decade Conference, the CEDAW, Nairobi, funding agencies' agenda, or of money, the voice of women is getting louder and louder. Some of these voices – too few of them still – are being heard within institutions, and things are changing.

With respect to the social sector, the findings of seven budget studies conducted in the region have identified areas and levels of gender inequality as regards social service benefits provided to the population. These studies looked at such sectors as health, education, social welfare, labour, employment and income. I shall only touch on a few points because of their immediate relation to the subject.

One refers to inequality within a particular occupational group: female teachers. In one country, unmarried teachers who become pregnant lose their jobs. In a society where most mothers are unmarried, where family structures have accommodated a range of partnership forms, people do not consider it fair to differentiate between a pregnant woman who is married and a pregnant woman who is not married. According to the law of that country, the unmarried woman teacher should be dismissed in case of a second pregnancy. In practice, she is quite often already dismissed at her first pregnancy. Awareness of unequal treatment has grown in recent years, and under the umbrella of the Teachers Union, in which the female members have activated the issue, commitment and action for change is spearheaded at every level of life in that country.

In the area of health, there are some matters of concern which have not reached the stage of commitment to action. Among these is the massive exodus of our nurses, who are mainly women. The negative impact of this exodus on the health status achieved in our region should not be underestimated. At this time, for example, there are only 20 nurses left to serve all of Dominica.

The other question is the increase of involuntary sterilization of poor women and unnecessary cesaerians among the middle class and rich women. I am confident that a feminist approach to these questions will emerge when we realize the need to take control of our own bodies and are empowered to do so.

Finally, we should admit that there is a serious limitation to the advancement of women, a barrier to inequality and hence to development: the double standard of behaviour in gender relationships in the Caribbean.

When I left the vibrant, exciting and stimulating women's consultation in Barbados, the taxi driver who drove me to the airport said to me: "Ms. lady, you know, you all talk on women in there and I agree, women are very important. But while you talk or go to work and go home and cook and look after the children, you can really only deal with one man and I can still deal with six women! And also madam, whether there is a queen and a king or a queen alone, we still own the queen".

We have lived with this double standard for centuries, but this does not mean it cannot change. The signs are there if only we observe our teen-agers, the young people.

If awareness grows, commitments strengthen and people are empowered to act for change, we can look forward to a better Caribbean for all of us. We have come a long way. This feminism is pregnant, it bears development, and development is about people.


NOTE

1 I would like to point out that the regional feminist organization CAFRA is currently engaged in the same process with regard to the areas in which it has worked during the past three years of its existence.

# Collaboratrices
# Contributors

SUSAN A. BECKERSON obtained her B.A. Sc. and her M. Sc. degrees from the University of Guelph (1983) with a major in Family Studies. She served as a teaching assistant at Bunda College of Agriculture, University of Malawi (1980–82). During that time she was involved in field studies of seasonal labour allocation of women and men, and household food supply in two villages near the College. Currently, she is head of the Family Studies Department, Forest Heights Collegiate, in Kitchener, Ontario.

LAUREL BOSSEN is an Associate Professor in the Department of Anthropology at McGill University. She is the author of *The Redivision of Labour: Women and Economic Choice in Four Guatemalan Communities* (1984). Since 1987 she has been engaged in fieldwork for a comparative study of women and rural development in two Chinese provinces.

ROSALIND E. BOYD is currently Senior Research Fellow at the Centre for Developing-Area Studies, McGill University, where she was the Director of the Publications Program and of numerous research projects from 1968–88. She is the founding editor of the bilingual journal *Labour, Capital and Society,* a journal devoted to critical analysis of development issues in the Third World. She has edited over two dozen books dealing with socio-economic and political problems in the Third World, among them *International Labour and the Third World: The Making of a New Working Class* (Avebury, 1987) co-edited with Robin Cohen and Peter Gutkind. She has lectured extensively on international development issues and their impact on gender inequities within Canada and abroad.

PEGGY BRIZINSKI was formerly with the Native Studies Program at the University of Saskatchewan. She is now with the Office of the Treaty Commissioner in Saskatoon.

ROSEMARY BROWN a enseigné « La condition des femmes » et « La question autochtone » au Mount Royal College de Calgary. Elle a aussi oeuvré plusieurs années à la reconnaissance des droits des autochtones au sein du mouvement contre le racisme. Après avoir obtenu un baccalauréat et une maîtrise en histoire de l'Afrique de l'Université de Londres et de l'Université de Toronto, elle a entrepris une maîtrise en anthropologie à l'Université de Calgary. Elle travaille présentement pour Arusha à Calgary.

LINDA CARDINAL is an Assistant Professor in Sociology at the University of Ottawa and has been a member of MATCH National Board.

ANNETTE COSTIGAN is the Women and Development Officer at the Canadian Cooperative Association in Ottawa and has been a member of MATCH National Board.

SONIA M. CUALES has a Ph.D. in Sociology from the University of Leyden in the Netherlands. She has been with the United Nations for eleven years, during which she worked as Project Officer with the UNICEF Regional Office in Bogota, Colombia, and as Social Affairs Officer responsible for the Women in Development Programme at UN-ECLAC Subregional Headquarters for the Caribbean.

HUGUETTE DAGENAIS est professeure titulaire au département d'anthropologie de l'Université Laval et directrice de la revue *Recherches féministes*. Ses recherches ont porté principalement sur les rapports sociaux de sexe et la condition des femmes au Québec et dans la Caraïbe. Elle s'intéresse particulièrement aux questions de méthodologie et d'épistémologie.

LILA E. ENGBERG obtained a Ph.D. from Cornell University in 1971. She is a retired faculty member from the Department of Family Studies, University of Guelph. Assignments in Africa took her to Malawi (1963–68), where she served as Home Economics Officer for the Food and Agriculture Organization (FAO); to Ghana (1970–75), as a member of the University of Ghana/Guelph Project to head the Home Science Department in the Faculty of Agriculture; and back to Malawi

(1982–85), with the Home Economic Project of Mount Saint Vincent University.

EDITH FRANÇOIS was born in Accra, Ghana. She obtained her B.Sc. degree from the University of Ghana after teaching home science in secondary schools in Ghana for a number of years. She completed her M.Sc. at the University of Guelph in 1981 with a major in Family Studies. Currently she is employed by the University of Ghana, Legon, as a lecturer in the Home Science Department.

ARLETTE GAUTIER est maître de conférences en démographie à l'Université de Paris X-Nanterre. Elle a travaillé sur les politiques démographiques et les rapports sociaux de sexe aux Antilles françaises et au Mexique. Elle a publié notamment *Les sœurs de Solitude. La condition féminine aux Antilles françaises pendant l'esclavage* (Paris, éditions caribéennes, 1985); « Traite et politique démographiques esclavagistes » dans *Population* en 1986; « Politique familiale et démographique dans les départements français d'outre-mer depuis 1946 » dans les *Cahiers des sciences humaines de l'ORSTOM* no. 3 en 1988. Elle a également coordonné le numéro spécial « Antillaises » de la revue *Nouvelles questions féministes* en 1985.

TRACY HEFFERNAN is working for MATCH. She is responsible for the Violence Against Women Programme.

LINDA JAINE is coordinator for the Indigenous Peoples' Program at the University of Saskatchewan, Saskatoon.

NANCY E. JOHNSTON was an Assistant Professor in the School of Nursing, University of Ottawa. Having lived and worked in Africa and China, she was responsible for an exchange project between the Tianjin Medical College School of Nursing and the University of Ottawa, School of Nursing. She is currently Executive Director of Nursing at the Clark Institute of Psychiatry, Toronto.

ELLEN JUDD is Associate Professor of Anthropology at the University of Manitoba, Winnipeg. She has published widely on symbolic production in modern and contemporary Chinese drama, and is now engaged in a project, based on fieldwork in Shandong province, examining the social and symbolic production of gender in contemporary China.

KATHRYN KOPINAK is a member of the Department of Sociology,

King's College, the University of Western Ontario in London. This article is part of her ongoing research on working women's organizations on both sides of the Mexican-U.S. border in the El Paso/Juarez urban complex. The author's previous work includes the study of gender differences in Canadian political ideology, women's candidacy and election rates in municipal governments in Canada.

CECILIA NG Choon Sim was educated at Swarthmore College, Pennsylvania (BA), Harvard University (N.Ed.) and the University of Kuala Lumpur (Ph.D.). She is Senior Lecturer and the Co-ordinator of the Women's Studies Unit at the Centre for Extension and Continuing Education, Pertanian University Serdang, Malaysia. Cecilia Ng is also a committee member of the Malaysian Social Science Association, the Acting Secretary of the Federation of Family Planning Associations of Malaysia, Secretary of the Institute of Social Analysis, Adviser to the Catholic Students' Society and a member of the Steering Committee and South-east Asia Representative on the Asian Women Research Action Network, and a member of Women's Development collective and the Malaysian Support Group of the Singapore ISA Detainees.

AANI PALLISER TULUGAK has been an activist and the director general of Inuulitsiuik Health Center at Povignituk.

DENISE PICHÉ est professeure à l'École d'architecture de l'Université Laval. Elle est engagée dans des recherches sur le rapport entre les femmes et l'environnement, l'habitation des familles monoparentales, les perspectives féministes en écologie et les femmes dans l'espace régional.

EVA M. RATHGEBER, who holds an MA from McGill and a Ph. D. from the State University of New York, is Co-ordinator of Gender and Development at the International Development Research Centre in Ottawa. She has considerable experience with research on women and development in Africa, Asia, Latin America and the Caribbean. She also has been active in the establishment of gender and development training courses, both in Canada and in developing countries. Her most recent research has been on Zimbabwe's agricultural sector and she has published widely on science institutions and training in the Third World with a special focus on the integration of women into science and technology programs.

GLENDA S. ROBERTS is a free-lance researcher employed presently by the Japan Foundation. She has lived in Japan and China for extended periods. Her major work, "Non-Trivial Pursuits: Japanese Blue-Collar Women and the Lifetime Employment System" has been submitted for publication.

MARY TWO-AXE EARLY has rendered outstanding service to Canada by raising central issues concerning the human rights of cultural and political minorities. She has fought powerfully to help us see that Indian women are a double minority in this country, as Indians and as women within their own communities. Through her struggle to enlarge the legal, political and social rights of native women in Canada, she has contributed to the great tradition of those women and men who in earlier times, but especially in our own century, have fought to improve the status of all women.

PENNY VAN ESTERIK is Associate Professor of Anthropology, York University, and directs a linkage program on women in development in Thailand. She publishes on maternal and child health, refugee studies, nutritional anthropology and Thai studies. One of her books, *Beyond the Breast-Bottle Controversy*, published in 1989 by Rutgers University Press, explores the determinants of infant feeding in several developing countries. An earlier book on *Women in Southeast Asia* republished and updated in 1992. She is particularly interested in the relation between research and advocacy.

ROSINA WILTSHIRE has a Ph.D. in Political Science. She participated in the formation of the Women and Development Studies programme at the University of the West Indies, St. Augustine campus, where she was Coordinator of Women and Development Studies, 1987–88. She was a visiting professor at the University of Ottawa, and at WAND, University of the West Indies, in Barbados. She is now Program Officer at IDRC/CRDI, in Ottawa.